세계선교와 한국여성선교사들

한국선교역사의 산증인인 여성선교사 49명의
헌신과 간증문을 최초로 엮은 책

이정순 지음

기독교문서선교회

기독교문서선교회(Christian Literature Crusade: 약칭 CLC)는
1941년 영국 콜체스터에서 켄 아담스에 의해 시작되었으며
국제 본부는 영국의 쉐필드에 있습니다.
현재 약 650여 명의 선교사들이 59개 나라에서 180개의 본부를 두고,
이동도서차량 40대를 이용하여 문서 보급에 힘쓰고 있으며
이메일 주문을 통해 130 여국으로 책을 공급하고 있습니다.
CLC는 청교도적 복음주의 신학과 신앙을 선포하는
국제적, 초교파적, 비영리 문서선교기관으로서, 하나님의 뜻에 합당한 책을 만들고
이 책을 통해 단 한 영혼이라도 구원되길 소망하며
이를 위해 주님이 오시는 그날까지 최선을 다할 것입니다.

World Mission and Korean Women in Mission

by
Chung-Soon Lee

본 저작물은 저작권법에 의하여 한국 내에서 보호를 받는 저작물이므로
본문 내용의 무단 전재와 복제를 금합니다.

Copyright © 2013 by Christian Literature Crusade
Seoul, Korea

추천사

강승삼 박사(Ph.D.)
한국세계선교협의회(KWMA) 사무총장
전 총신대학교 선교대학원 원장

21세기 한국은 세계 2대 선교사 파송국가이다. 한국교회는 짧은 선교 역사 속에서 엄청난 일을 이루어 냈으며 그 업적은 매우 대단하다. 한국교회는 성령의 강력한 역사를 통해 전 세계에 한국선교사를 파송하여 귀한 열매를 맺었다. 한국선교사는 해외의 한인디아스포라에게 사역하기보다는 대부분이 현지인을 위한 다양한 활동을 하고 있다. 많은 여성선교사들의 헌신과 사역은 한국선교 역사 속에서 표면적으로 잘 드러나지 않으면서도 하나님의 역사를 이루는 데 큰 기여를 해오고 있다.

21세기에는 여성선교사들의 사역이 더 활발해지고 영역이 넓어질 것이다. 여성선교사들의 건전한 자리매김을 위해서는 '21세기 선교 구조'로 한국선교가 변화되어야 한다. 이제 한국교회는 파송 선교사의 양적 성장과 숫자에 만족하지 않고, 이미 파송된 선교사들이 효과적인 세계선교를 잘 감당하도록 선교사들에 대한 효율적인 관리와 구체적인 돌봄, 전문적인 선교적 지원을 정책적으로 지원해야 할 때이다. 이를 위하여 파송 선교사들에 대한 체계적인 연구는 한국선교의 지속적인 활성화와 질적 성장을 위하여 반드시 필요한 부분이다.

　전 세계 어느 곳에서든지 한국 여성선교사들을 쉽게 찾아볼 수 있을 정도로 그들은 활발하게 사역하고 있지만, 체계적으로 이들을 이해하는데 도움이 되는 책을 발견하기 힘들 때에, 비록 세계 전역에 흩어져 있는 모든 한국 여성선교사들을 만나볼 수 없다고 해도 『세계선교와 한국 여성선교사들』에서 하나님이 여성선교사를 어떻게 부르시어 선교현장에서 사용하고 계시는가 하는 안목으로 독신 여성선교사들과 부인 선교사들을 살펴볼 수가 있었다. 21세기 한국교회의 선교가 발전을 위하여 고민할 때에 특별히 이 책은 참으로 시의 적절한 책이다. 세계선교에 있어서 여성선교사가 차지하고 있는 역할이 지대하다는 점을 고려해 볼 때, 한국교회에 『세계선교와 한국 여성선교사들』이란 책은 매우 의미가 있다. 이 책에서 저자는 성경의 여성관, 여성선교사의 사역, 여성선교사의 생활과 역할, 사역의 실제, 여성선교사의 중도 탈락 방지를 위한 방법, 한국 여성선교사의 자기개발과 리더십 개발 등을 섬세하게 다루며 구체적으로 제시하고 있다.

　한국교회는 지금까지 해온 과거 선교를 중간 평가하여 새로운 미래 선교를 설계해야하는 시점에 와 있다. 파송 선교사의 규모가 커지고 있는 현 상황에서 한국선교의 발전과 내실화 문제, 선교단체의 건강한 구조와 관련된 부분들은 반드시 논의되어야 할 주제들이다. 이 책『세계선교와 한국 여성선교사들』은 한국 여성선교사에 대한 선교학적 연구를 통해 많은 것들을 제안하였다. 그 제안들에 대한 실행 가능성을 더욱 높이고 한국선교가 진일보하기를 기대한다. 이러한 한국 여성선교사들을 오랫동안 탐방하고 연구하여 온 이정순 교수의 수고와 업적과 한국선교의 학문적 발전에 기여한 그 가치를 인정하여 감사한다.

저자 이정순 교수는 현재 백석대학교 교수이며, 선교사로서 현장 경험과 더불어 오랫동안 전 세계 구석구석의 선교현장을 방문하여 한국 여성 선교사의 실상을 누구보다도 깊이 파악하고 있는 선교학자이다. 따라서 이 책은 선교학적 이론과 함께 현장 감각을 충분히 가지고 있으며, 선교 이론과 더불어 현장의 여성 선교사들에 대해 오랫동안 고민하면서 깊이 연구한 데에서 나온 결정체이다. 이런 점을 고려할 때 이 책은 여성선교사들의 사역을 위한 지원을 맡고 있는 교회와 선교회 및 신학교에게 중요 자료가 될 것이다.

선교는 교회의 가장 중요하고 긴박한 사명이므로, 21세기에는 여성 선교사들의 활동이 더 활발해지고 사역 영역이 더 넓어질 것이 틀림없다. 앞으로 이 책을 통해 한국교회안의 많은 사람들이 도전 받고 세계선교에 헌신하며 한국 여성선교사들을 전문적으로 지원하는 좋은 계기를 마련하기를 바란다.

이 책은 모든 한국교회 목회자들, 선교단체 지도자들, 여성선교사, 선교사 후보생과 선교에 관련된 분들, 특히 여성선교사들에 대하여 무관심한 분들도 여성선교사들을 이해하며 관심을 갖게 되리라 생각되어 필독서로 적극 추천하는 바이다.

추천사

김상복 목사(Th.D.)
할렐루야교회 담임목사
햇불트리니티신학대학원대학교 명예총장
세계복음주의연맹(WEA) 회장

내가 오랜 전에 아세아연합신학대학교대학원 교수로 가르치고 있었을 때 당시에는 학생이었던 저자인 이정순 교수를 만났다. 넉넉한 마음씨, 열심히 공부하는 학생, 교수들과 학생들 사이에서 좋은 관계를 유지하며 신앙인의 모범을 보여주어 나에게는 이 교수에 대한 긍정적인 인상이 남아 있다.

오랜 세월이 지난 오늘은 이정순 교수는 한국의 선교학자 중 가장 잘 준비되어 있고 영향력 있는 교수님이 되었다. 일찍부터 세계선교에 헌신하여 오엠(OM)국제선교회 선교사로 로고스와 둘로스 선교선을 타고 오대양 육대주를 다니며, 헌신한 여러 나라 선교사들과 함께 선교한 현장 경험이 풍부한 선교학자가 되었다. 이 교수는 현장 선교의 경험을 토대로 대학원에서 공부하며 석사학위 논문으로 "한국 여성선교사의 생활과 사역"을 써서 학위를 받았을 뿐 아니라 『하나님을 향해 홀로선 여인들』이라는 제목으로 이 교수의 첫 번째 저술이 출판되었다. 이 교수의 선교를 향한 열정과 연구는 지금까지 불타고 있고 꾸준히 여성과 선교에 대한 연구가 계속 되면서 인류의 절반이요 교회의 대수를 차지하고 있는 여성의 자리를 찾아주고 있다. 이 교수에 대해 우리가 고맙게 느끼는 것은 한국교회에서 여성해방운동을 일으키려는 것이 아니고, 확실한 복음주의적 신앙과 성경관을 유지하면서 하나님께서 교회와 선교에 있어서 마지막 때에 요엘 선지가의 예언대로 성령이 임하시면서 "남종과 여성, 아들과 딸, 시니어와 주니어"가 함께 사역하는 시대를 입증해주고 있다.

이번에 저술된 『세계선교와 한국 여성선교사들』이란 이정순 교수의 저서는 오늘까지 출판된 한국교회의 여성선교에 대한 가장 포괄적이고 집대성한 기념비적인 책이라 할 수 있다. 구약과 신약의 여성관을 종합적으로 한 번에 알 수 있도록 자세하게 제시해줌으로써 하나님의 나라에서 여성의 자리를 분명히 해주었다. 세계적인 선교단체들에서 여성선교사들의 사역과 경험을 간증적으로 보여주어 여성 선교사의 세계적 공헌을 확인시켜 주었다. 그 콘텍스트 안에서 한국교회의 여성선교사들의 역사를 짚어주고 한국 선교역사 속에서 빛도 없이 이름도 없이 섬겨온 싱글 선교사들, 선교사의 부인들에 이르기까지 구체적으로 한국 여성선교사들의 자리매김을 의미 있게 해주었다. 여성선교사들의 중도 탈락을 예방하기 위한 대책을 포함한 사역개발, 자기개발, 리더십 개발에 이르기까지 구석구석까지 학자적 소양을 발휘해 소상하게 연구해서 이 책을 내놓았다. 앞으로 이 책은 선교사나 선교사의 부인이 이미 되거나 선교를 위해 헌신하려는 수많은 선교지망 여성들과 선교에 관심을 갖고 있는 한국교회 여성들, 여성들과 함께 사역을 하고 있는 모든 남성 선교사들이 꼭 읽어야 할 교과서적인 책을 내놓았다. 이 교수님께 이런 좋은 책을 오랜 세월 동안 준비하셔서 출간하시는 것을 진심으로 축하드리고 감사하고 함께 기뻐한다.

추천사

장영일 박사(Ph.D.)
장로회신학대학교 총장

할렐루야! 21세기에 들어서면서 그 어느 때보다도 많은 한국출신 여성 선교사들이 지구촌 방방곡곡에 파송되어 온갖 고난과 핍박 속에서도 복음 전파에 매진하는 감동적인 모습들을 바라보면서, 이와 같은 놀라운 은총을 한국교회에 베풀어 주신 하나님께 감사와 찬양을 돌리지 않을 수 없다.

이와 같은 여성선교사들의 괄목할만한 활동에도 불구하고, 지금까지 이들의 활동상에 대한 심도 있는 소개 책자가 눈에 띄지 않아서 아쉬웠는데, 이번에 백석대학교의 교수이신 이정순 박사를 통해 『세계선교와 한국여성선교사들』이라는 제목으로 책이 출판된다는 소식을 듣고 반갑기 그지없었으며, 특히 이 책을 통해 사도행전 이후로 계속되는 선교사들의 발자취가 또 하나의 기록으로 남게 된다는 점에서 축하하지 않을 수 없다. 한국 개신교가 해외에 선교사를 파송한 지 70년이 지난 현 시점에서 그동안의 업적과 시행착오를 반성 평가하고 새로운 도약과 발전을 위한 모델을 모색하는 데 도움이 될 수 있다는 관점에서도 이 책의 출판은 참으로 요긴하고 시의 적절한 일이라 생각된다.

이정순 교수는 일찍부터 남다른 선교열정 속에서 해외의 선교현장에 뛰어들어 여성선교사로서의 실제적인 선교경험을 터득한 바 있는 선교학 교수로서, 그동안 선교학을 강의하면서도 특히 여성선교사의 정체성과 그들에 대한 선교정책상의 문제를 놓고 오랫동안 씨름해 왔으며, 여성해방신학자들이 주장하는 남녀평등과 여성권익 보호 차원이 아닌, 순수한 의미에서의 세계선교 현장에서의 한국 여성선교사의 중요성과 역할을 새롭게 조명하고 부각시키는 데 남다른 사명감을 갖고 있는 선교학자이다.

따라서, 이 책은 단순히 한국 개신교의 여성선교사들에 대하여 소개한다든지 아니면 기존의 선교 이론과 현장을 평가하기 위해서 쓰여진 책이 아니다. 이 책에서 이 교수는 지구촌 구석구석에서 사역하고 있는 여성선교사들을 때로는 직접 방문하기도 하고, 때로는 전화와 이메일을 통한 인터뷰를 거쳐 소개함으로써 그들의 선교열정과 애환을 통해 독자들도 간접적으로나마 선교사역에 동참할 수 있는 기회를 제공해 주려 노력했으며, 아울러 이 자료들을 기초로 하여 여성선교사들의 사역에 대한 체계적이고 논리적인 진단과 분석을 병행하여 제시함으로써 현직 여성선교사들과 선교후보생들은 물론 이들의 사역을 후원하는 교회와 신학교 및 다양한 선교회의 회원들께 선교자원의 효율적인 활용과 운영 및 전략적인 선교정책 수립에 도움을 주려고 시도하고 있다.

아무쪼록 이 책을 통해 많은 사람들이 지금까지 막연하게 생각했던 여성선교사들에 대한 이해를 새롭게 할뿐만 아니라, 그동안 여성선교사들에 대하여 비교적으로 무관심했던 한국교회가 큰 도전을 받고 여성선교사들에 대한 관심과 후원이 더욱 강화되는 좋은 계기가 되기를 바라며, 땅 끝까지 복음을 전하라는 주님의 지상명령에 항상 부담감을 느끼며 사는 모든 성도들에게 이 책을 적극적으로 추천하고 싶다.

머리말

오늘날 세계인구가 68억에 이르렀다. 현재 한국교회가 파송한 세계선교사는 미국에 이어 세계 2위다. 오늘날 전 세계 선교사 중 여성선교사의 비율이 65%를 차지한다는 것은 현대선교운동에 있어서 여성의 역할이 얼마나 지대한가를 보여준다. 한국선교사들의 55% 이상이 여성이며 한국교회가 세계 제2의 선교파송국이 된 데에는 여성선교사들의 공헌이 크며 그들의 사역은 여전히 활발하다. 한국 여성선교사들의 모습은 아프리카의 사하라 사막에서, 아시아의 길거리 어린이들 속에서, 오지 지역에서, 남미의 인디오 마을에서, 러시아의 북단 소수민족 마을에서, 유럽의 아프리카 이민자 마을에서, 중동의 무슬림 여성들 속에서, 전 세계의 다양한 여인들 속에서 쉽게 만날 수가 있다. 그들의 모습은 마치 퍼즐들이 모여서 아름다운 세계지도를 만드는 모습과도 같다. 한국 여성선교사들은 한국세계선교 역사에 중요한 징검다리 역할을 담당하고 있다.

여성들의 선교에 대한 기여도가 실제적으로 높아지면서 여성선교사들은 오늘날 세계선교사역을 감당하는 데 있어서 가장 중요한 동력 중의 하나가 되고 있다. 우리가 세계선교를 생각한다면 한국교회는 한국 여성선교사의 역할과 사역의 중요성을 간과해서는 안 되며, 선교사역에 있어서 여성의 능력과 잠재력을 인식해야 한다. 세계선교사 중에는 미혼이나 기혼의 여성선교사가 남성선교사보다 많다. 그러나 선교단체의 이사회나 실무자들은 대부분이 남성이다. 이는 한국교회가 지금까지 그들의 역할과 위치를 올바로 인식하지 못하고 평가절하하고 있음을 반영하고 있는 것이다.

한국교회는 2020년까지 10만 명의 선교사와 2030년까지 100만 명의 전문인 선교사를 파송할 계획을 발표하였다. 그렇다면 어떻게 이 인원을 동원할 것인가? 이것이 한국교회의 과제이다. 한국교회 내에 여성 성도의 비율이 70% 이상이다. 이들을 21세기의 위대한 선교사역에 동참하도록 격려하고 그것에 합당한 프로그램을 개발해야 한다. 이제 한국교회는 미래의 선교 자원으로서 교회의 여성들을 선교에 동원하기 위하여 여성선교사들에 대한 새로운 인식을 가져야 할 것이다. 21세기에 들어와 여성선교사에 대한 인식이 좋아졌지만, 실제적인 면에서는 거의 변화되지 않고 있다. 이러한 현실에서 특히 독신 여성선교사들이 선교에 참여하는 비율은 계속해서 떨어질 수밖에 없다. 이로 인하여 선교 인력이 낭비되고 있다. 한국교회는 세계선교 면에서 여성들의 공헌과 가치가 높다는 것을 인식하여 세계선교의 동력이 되는 여성선교사들의 잠재력을 극대화하며 활성화해야 할 것이다.

여성선교사 대회가 과거에 비하여 실제적으로 여러 교단선교부나 선교단체 주관으로 일어나고 있는 것은 고무적이다. 교단이 관심을 갖고 여성들을 주체로 대회를 개최했다는 것에 의미가 있다. 이러한 대회에서 21세기 세계선교의 전망과 여성의 역할, 독신 및 부인선교사의 과제, 선교정보, 지원체계 등 다채로운 방향의 논의를 하고 있다. 그러나 문제는 그런 대회 이후에 후속 프로그램이 거의 실행되지 않고 있는 것이다. 선교대회에서 여성선교사들의 지원체계와 지도력 개발에 대한 의제를 설정한다 할지라도 그 의제가 실행되도록 체제나 기구가 없어 탁상공론으로 끝나고 있다. 한국교회가 하루 속히 교단차원에서의 여성선교사 지원 프로그램과 개발 등을 적극 지원해야 한다. 또한 한국 기독교 여성들이 활발하게 세계선교사역에 참여하도록 하기 위해서는 남성 중심적 사역과 후원에서 탈피해야 한다.

선교현장의 필요는 매우 다양하다. 그러나 본국 선교부와 선교단체가 교회개척사역만을 강조하다보면 다양한 은사를 가진 여성선교사들의 선교사역이 제한받게 된다. 다양한 은사를 사용한 사역의 최종열매는 현지인들을 위한 교회개척으로 이루어져야 하며, 다양한 선교사역의 영역과 전문화를 강조하여 여러 가지 은사를 가진 여성들이 세계선교에 직접 참여하도록 개방되어야 한다. 이에 맞게 한국교회의 후원과 광범위한 지원이 이루어진다면 한국 기독교 여성들의 세계선교에의 적극 참여와 선교사역은 더욱 활성화 될 것이다.

이 책은 여성선교사의 세계선교 참여에 대한 성경적 기초를 밝히고 여성선교사들이 세계선교에 참여하도록 부르신 하나님의 부르심과 인도하심 그리고 선교현장에서의 여성선교사들의 상황과 사역을 소개하고 있다. 이 책에는 독신 및 홀사모선교사 28명과 부인선교사 21명의 여성선교사들의 간증이 담겨져 있다. 이 책에 나오는 한국 여성선교사들은 믿음의 영웅이나 특별한 사람들이 아닌 하나님의 부르심에 순종한 평범한 여성들이다. 하나님께서 평범한 여성들을 부르셔서 어떻게 훈련시키시고 선교지에서 사용하셨는지를 보여주고자 하였고 여성선교사들의 순종과 사역의 성공과 실패에 초점을 맞추었다. 이를 통해 하나님만이 영광을 받으시기를 기도한다. 이 책을 읽는 독자들도 '가는 선교사든지 보내는 선교사'로 있든지 세계선교에 동참하게 되기를 바란다.

21세기 현대 사회의 세계적인 중대한 이슈 중 하나는 여성의 역할에 대한 여성관의 급속한 변화이다. 21세기에 들어와 한국교회의 여러 교단선교부와 선교단체에 조금씩 변화가 일어나고 있다. 여성 부서를 둔다거나 선교대회와 선교포럼 등에서 여성에게 발제나 논찬의 기회가 주어지거나 선교단체 연례행사에서도 여성들의 발언권이 조금씩 주어지고 있다. 그러나 미약한 실정이다. 여성선교사에 관한 인식이 과거보다 개선된 상태임에도 여전히 제도적인 뒷받침이 없고, 교단선교부와 각 선교단체에서 여성선교사대회가 이벤트성이며, 제도적으로 발전하지 못하고 있으므로 여전히 문제점이 많은 것이 현실이다. 21세기 한국교회의 세계선교는 여성선교사들의 행정적, 정책적 위치를 재정비할 필요가 있다.

필자는 여성해방운동을 주장하거나 무조건 여성선교사를 두둔하는 신학자가 아님을 분명하게 밝힌다. 세계선교의 소명을 받아 필자는 두 번, 즉 1980년 세계선교사로 파송 받아 국제오엠(Operation Mobilisation)선교회 선교선 로고스(M. V. Logos)호와 둘로스(M. V. Doulos)에서 순회사역을 하였고, 그 후 한국오엠국제선교회 초대 부대표를 역임하였다. 또한 하나님은 필자에게 지역연구차 많은 나라들을 방문할 기회를 허락하셨으며 선교지에서 한국선교사들을 만날 기회도 많이 주셨다. '한국 여성선교사'에 대한 연구는 한국선교의 활성화를 위하여 반드시 필요한 부분이라 생각하여 오랫동안 선교현장과 더불어 학문적 연구를 해왔다.

선교현장에서 남녀 사역자들이 상호존중하며 함께 일할 때에 시너지 효과가 크다. 한국선교가 총체적으로 발전하기 위하여, 미약하지만 이 책을 통해 한국교회가 여성선교사들을 올바로 더욱 인식하고 그들의 헌신적인 삶을 적극적으로 활성화하며, 한국교회의 세계선교에 대한 발전에 조금이라도 도움이 되기를 바란다. 또한 세계선교에 관심이 있는 선교후보생들에게는 선교준비의 길라잡이가 되고, 이들을 후원하고 기도하는 교회들에는 기쁨이 되기를 소망한다.

1960년 교육선교사로 한국에 오셔서 1987년까지 한남대학교에서 화학 및 한국에 최초로 성경과 과학을 도입하여 강의하며, 제자훈련 사역을 하신 계의돈 박사님(Dr & Mrs. Robert L. Goette)을 기억하며 깊은 감사를 드린다. 그분은 필자에게 예수 그리스도를 전하시고 기도와 하나님의 말씀으로 양육하여 주셨으며, 그분과 함께 필자는 한남대학교에서 10여 년 이상 제자훈련 사역을 하였다. 그렇게 인도하신 하나님의 주권적 은혜에 늘 감사드린다.

이 책이 나올 수 있도록 인도하신 하나님께 모든 영광 돌리며 깊이 감사를 드린다. 바쁘신 중에도 세계선교에 관심을 가지고 추천의 글을 통해 격려해주신 총신대학교 선교대학원 원장을 역임하신 한국세계선교협의회(KWMA) 사무총장 강승삼 박사님과 세계복음주의연맹(WEA)회장 및 할렐루야교회 담임목사이신 김상복 박사님, 장로회신학대학교 총장이신 장영일 박사님께 진심으로 감사를 드린다. 이메일을 통한 인터뷰를 해 주시고 진솔한 이야기를 보내주신 교단선교부와 선교단체의 여성선교사들에게 진심으로 감사드린다. 책 원고 교정에 도움을 준 이현희님과 이 책의 출판을 위하여 수고를 아끼지 않으신 CLC에도 감사드린다.

끝으로 오늘도 선교현장에서 하나님의 부르심에 순종하여 최선을 다하는 모든 한국 여성선교사들에게 큰 박수를 보내며 이 책을 바친다.

저자 이정순

목차

추천사_ 강승삼 박사, 김상복 목사, 장영일 박사 _5

머리말_13

제1장_성경의 여성관_21
1. 구약의 여성관_21   2. 신약의 여성관_38

제2장_여성선교사의 사역과 영향력_55
1. 여성선교사의 사역 종류_56
2. 여성선교사의 사역을 위한 제안_60
3. 여성선교사가 선교단체에 대해 미친 영향력_64

제3장_한국 독신 여성선교사의 생활과 역할_71
1. 독신에 대한 성경적 이해_71
2. 독신(single)으로 부르심의 의미_75
3. 독신 여성선교사의 장점_77
4. 독신 여성선교사의 특권_78
5. 독신 여성선교사의 어려움_81
6. 독신 여성선교사의 장애요인_85

제4장_한국 독신 여성선교사의 사역 실제_95
1. 1930년대_95   2. 1960년대_98   3. 1970년대_102
4. 1980년대_113   5. 1990년대_134   6. 2000년대_211

제5장_한국 부인선교사의 생활과 역할_217
1. 부인선교사가 인식해야 할 사항_218
2. 부인선교사들의 긍정적인 태도와 역할_221
3. 부인선교사들의 부정적인 태도와 역할_223
4. 부인선교사들의 스트레스 원인_224

제6장_한국 부인선교사의 사역 실제_227

1. 1920년대_227　　2. 1950년대_231　　3. 1970년대_239
4. 1980년대_242　　5. 1990년대_272　　6. 2000년대_313

제7장_한국 여성선교사의 중도 탈락 방지를 위한 방법_327

1. 독신여성선교사들의 중도 탈락 원인_327
2. 부인선교사들의 중도 탈락 원인_330
3. 여성선교사들이 한국교회에 바라는 점_332
4. 여성선교사들의 중도 탈락 방지를 위한 제안_338
5. 여성선교사들을 위한 개선안_346

제8장_한국 여성선교사의 자기개발_351

1. 여성선교사가 공통적으로 인식할 관점_352
2. 여성선교사의 자기개발 영역_355

제9장_한국 여성선교사의 활성화와 리더십 개발_365

1. 여성선교사 활성화의 중요성_366
2. 활성와를 위한 제안_368
3. 여성 리더십 개발_369

닫는 말_386

미주_389

참고문헌_400

01

World Mission and Korean Women in Mission

성경의 여성관

구약과 신약에 나오는 남성과 여성의 관계에 대한 신학적인 접근을 시도하였다. 성경에 등장하는 여러 여성들의 활동과 모습을 통해 구약과 신약의 여성관을 살펴볼 수 있다.

1. 구약의 여성관

1) 창세기 1-3장에 나타난 남녀에 대한 하나님의 관점

창세기 1~3장에서는 남녀에 대한 하나님의 관점과 남녀의 기본적인 관계 형식을 묘사하고 있다. 창세기 1장에서 우주적 관점 속에서 남녀 상호간에 대한 포괄적이고, 총체적이며, 일반적인 관점을 설명하고 있다. 창세기 1장 26~28절에서는 하나님의 형상으로서의 남성과 여성의 상호 동등성을 보이고 남성과 여성은 모두 하나님의 형상으로 창조되었음을 언급하고 있다.

창세기 1장 31절에서는 "하나님이 그 지으신 모든 것을 보시니 보시기에 심히 좋았더라…"라고 남성과 여성에 대한 하나님의 창조가치를 언급하고 있다. 이는 인간이 하나님과 교제와 사랑을 나누며 하나님의 성품을 소유하는 것을 의미한다.

창세기 1장 28절에서 하나님은 남성과 여성에게 복을 주신 이후 그들에게 문화명령을 주신다. 남성과 여성에게 생육하고 번성하여 땅에 충만하고, 정복하여, 모든 생물을 다스리라는 사명이다. 하나님은 그의 형상대로 창조한 남녀가 문화명령을 공동사명으로 성취하기를 기대하신다. 이 문화명령은 남녀가 하나님의 대리자로서의 특권과 책임을 가지고 세상을 '관리 및 보호하는 것'을 의미한다.

구약의 사회 배경은 매우 남성 중심적이었으며 남성 지향적이고, 남성이 지배하는 사회였다. 구약의 이야기는 족장들이 주축을 이루고 있으며, 딸이 아니라 아들이 중요했고, 종교의식과 율법마저도 주로 남성에게 맞추어져 있다.[1] 성경의 이러한 남성 중심성은 여성을 과소평가 하고자 하는 하나님의 뜻과 계획이 아니다. "하나님이 자기 형상 곧 하나님의 형상대로 사람을 창조하시되 남성와 여성을 창조하시고 하나님이 그들에게 복을 주시며 그들에게 이르시되 생육하고 번성하여 땅에 충만하라 땅을 정복하라 바다의 고기와 공중의 새와 땅에 움직이는 모든 생물을 다스리라 하시니라"[2]는 말씀에서 하나님은 남성과 여성을 전혀 차별하지 않으셨다. 그들에게 땅을 정복하고 다스리는 데 서로 동역자로서 동등한 책임을 주셨다. 그들은 하나님의 형상으로 똑같은 축복과 권한을 부여받았다. 남성이 우월하지도 않고 여성이라고 열등하지도 않은 것이다. 여성도 하나님의 형상으로 축복권과 통치권을 가지고 있다.[3] 하나님은 그의 형상에 따라 인간을 창조하셨으므로 남녀는 본질적으로 그의 인격을 부여받아 우열이 없는 남성과 여성으로 구별(區別)되었다.

2장은 일반적인 남녀 관계가 아닌 부부관계 속에서 남녀 관계를 구체적으로 묘사하고 있다. 창세기 2장 18~25절에서 "사람이 독처하는 것이 좋지 않으므로" 하나님은 아담을 위해 "돕는 배필"을 주셨다. 이 "돕는 배필"이라는 용어가 전통적으로 여성의 종속성을 뒷받침하는 데 중요한 역할을 하였다. 첫째로 원문은 עֵזֶר כְּנֶגְדּוֹ ('ezer kenegnedo 에제르 케네게도)로서 "그에게 일치하는 조력자"(a helper corresponding to him)로 번역될 수 있다.

창세기 2장에서 '돕는다'는 개념은 단순히 아이 낳는 것을 넘어 존재론적인 차원에서 서로 지원하며 동반자가 되는 것을 시사해 준다. 즉 '돕는 배필'이란 '완전한 짝을 이루어 서로 돕는 동반 관계를 만든다'는 의미를 지니고 있다.[4] 이러한 여성의 '돕는 자'의 위치가 오늘날 교회와 선교지에서 여성들의 적극적 사역을 금하는 성경적 근거가 될 수는 없다. 창세기 2장 18절에서 부인이 남편을 '돕는다'('ezer 에제르)는 개념은 타락 이전에 하와에게 주신 하나님의 부르심이다. 성경적으로 '돕는다'는 개념은 하나님이 인간을 도울 때도 사용되는 개념이며 종속과 복종의 의미가 아니다. 이 용어는 절대적인 사랑에 근거하여 주는 도움이므로 지배와 억압과는 관계가 없다. 성경에서 남편의 '돕는 배필'로서의 '부인'(2:18)은 '여성의 남성에 대한 종속성'을 의미하는 것이 아니라 '그와 동등한 자로서, 돕는 자'라는 뜻을 갖는다. 성경적 의미로 돕는 위치는 창피하거나 천박한 일이 아니라 귀한 소명으로 하나님께서 인간에게 주신 것이다.

3장은 아담과 이브가 에덴동산에서 타락한 이후의 부부관계에 관한 규범과 질서를 설명하고 있다. 창세기 3장 16절의 "남편은 너를 다스릴 것이다"라는 말씀대로 남성을 위해 창조된 여성은 일찍부터 그에게 복종하게 되었다. 죄사함을 받은 남녀는 하나님의 은혜에 의해 본래의 관계로 회복하게 되었다. 즉 서로 존경하고 사랑하면서 다른 한편으로는 지배하거나 복종하는 형태이다. 하나님은 여성을 노예로 삼아 지배하지 않도록 하셨다.[5] 구속사적 경륜 속에서 하나님은 구약시대에 이미 여성들을 사사나 선지자로 사용하셨다.

2) 구약에 나타난 여성의 생활과 다양한 역할

구약에서 여성들은 다양한 모습으로 하나님과 교제하였다. 특별히 리브가, 사라, 한나[6]는 기도를 통해 하나님께로 나아가 하나님께 응답을 받았다(창 25:23; 30:6, 22). 나실인은 하나님께 특별히 헌신할 것을 서약한 사람으로 남녀 모두에게 해당되었다(민 6:2~20). 여성들은 하나님께 드리는 개인적 예배, 가족의 예배와 공적인 예배에 참가할 수 있었으며 공적예배에서 특수한 역할을 담당하였다. 모세의 성막에 사용된 놋으로 만든 물두멍과 그 받침은 회막 문에서 시중드는 여성들의 거울로 만들어진 것이었다(출 38:8). 여성들은 노래로 예배에 참석(출 15:20~21)하고, 사역을 담당하기도 하였다.

구약 사회는 남성 중심적이어서 아들을 중요시하며, 남성이 지배하는 사회였다. 구약의 이야기는 족장들이 주축을 이루고 있으며, 종교의식과 율법도 주로 남성에게 맞추어 있다. 또 다른 한편으로 구약은 다양한 여성들의 실제적인 모습을 통해 구약의 여성상을 보여주고 있다. 특히 여성은 부인, 어머니, 선지자로서 크게 분류된다.

부인으로서의 여성은 남성의 소유물로 간주되었으며, 일부다처제와 첩 제도로 부당한 대접을 받았고, 사람의 수에 들지도 않는 등 제도적으로 비인격적인 대우를 받았다. 남편의 재산은 부인에게 상속되지 않고 가장 가까운 남성 친척에게 상속되었다. 여성은 남편을 위한 공급자이며 자녀를 출산하며 양육하는 자였다. 과부는 친정집으로 돌아가야 했으며, 고아와 과부는 가장 불쌍한 존재였다. 그러나 어머니로서의 여성은 아버지와 똑같이 자녀들로부터 존경을 받았으며 지위와 명예가 전혀 차별 없이 동등했다(레 20:9; 신 5:16; 잠 15:20). 여성의 사회적 위치는 현숙한 아내(잠 31:10~31)로서의 여성의 역할을 존중하였다.

(1) 여선지자

구약시대의 이방 나라에서는 여제사장들이 있었다. 대개의 경우 그들의 직무에는 성적인 봉사를 하는 일(cultic prostitutes)도 포함되어 있었다. 그러나 이스라엘에는 여제사장이 없었고[7] 구약에서 선지자로서의 여성의 리더십은 미리암(미 6:4), 훌다, 드보라에서 볼 수 있다. 선지자는 혈통과 출신에 관계없이 백성들에게 하나님의 뜻을 전달하고, 때로는 지도자의 역할을 하였다.

구약에서 제사장은 레위족 가운데서 아론 가문의 남성들로서 성전의 일을 하는 자만이 될 수 있었으며, 나머지 이스라엘의 남성들과 모든 여성들은 제사장이 될 수 없었다(출 28:1~3).

▸ 미리암(출 15:20~21; 미 6:4; 출 2:1~11; 민 12: 20:1)

미가 6장 4절에서 하나님이 이스라엘 백성을 인도하기 위하여 모세와 아론과 함께 미리암을 사용하셨다고 말하고 있다. 모세는 자주 원망과 불평하는 자기 민족을 애굽에서 가나안으로 인도할 때, 대제사장인 그의 형 아론과 여선지자인 누나 미리암의 보조를 받았다.[8] 출애굽기 15장 20~21절에서 이스라엘이 새로운 나라로 탄생하는 순간에 미리암이 찬양 예배를 주관하는 모습을 볼 수 있다. 그녀는 지도자의 책임을 가지고 있던 자요, 하나님은 특별한 일을 맡기기 위해 결혼하지 않은 그녀를 부르셨다. 그녀는 최초의 여선지자요 하나님을 위한 대언자가 되는 특권을 가졌다. 그녀는 이스라엘 백성들이 홍해를 건넌 후 추적해 오던 애굽의 기마병을 바다 속에 수장시키고 이스라엘이 자유케 되었을 때에 손에 소고를 잡고 춤을 추며 찬양하였다. 그녀는 실수와 연약함을 지닌 한 인간에 불과했지만, 우리에게 미혼 여성이 창조적이며 충만한 삶을 살아갈 수 있음을 보여주고 있다. 미리암은 그녀의 압박받는 백성들을 위해 부지런히 사역했으며, 이동하던 중에는 모세와 아론과 함께 상담하는 일도 수행하였다. 아론은 예복을 입는 제도적 제사장으로서 제물을 드렸으나, 미리암은 일상생활 속에서 하나님과 동행하며 어머니와 바로의 딸과 함께 이스라엘의 미래를 새롭게 바꿔 놓는 역할을 담당하였다.

하나님은 역대기에서 미리암을 "아브람의 자녀는 아론과 모세와 미리암"이라고 소개하며(대상 6:3), 미가 선지자는 "내가 너를 애굽 땅에서 인도하여 내어 종노릇 하는 집에서 속량하였고 모세와 아론과 미리암을 보내어 네 앞에 행하게 하였었느니라"고 하며(미 6:4), 그녀의 위치를 모세와 아론과 같은 위치로 높이 평가하고 있다.

▶ 훌다(왕하 22:11~20)

요시야왕은 제사장 다섯 명을 살룸의 부인 훌다(왕하 22:14~20)에게 보내 왕이 발견한 율법책과 관련한 여호와의 가르침에 관해 그녀에게 묻고 자신도 그녀의 말에 복종하였다. 하나님은 여선지자 훌다를 통해서 요시야왕의 행위에 대해 "…네가 듣고 마음이 연하여 여호와 앞 곧 내 앞에서 겸비하여 옷을 찢고 통곡하였으므로 나도 네 말을 들었노라"(왕하 22:19)라고 말씀하셨다. 이스라엘 역사에서 가장 중요한 종교개혁 중 하나인 요시야왕의 종교개혁은 여선지자 훌다를 통해 시작되었다. 요시야왕은 성전을 보수하는 과정에서 율법책을 발견하였으며(왕하 22:3~13; 대하 34:8~21), 그 안에 담긴 내용을 읽고 옷을 찢었다. 이때 요시야왕은 대제사장인 힐기야와 그의 최고의 관리들을 여선지자 훌다에게 보내어 말씀의 진정성에 대해 묻게 한다. 훌다는 모세 예언의 진정성을 확인해주며, 유다의 미래와 요시야가 재앙과 저주를 받을 것에 대한 말씀을 대언한다(왕하 22:16, 19). 이 말씀을 듣고 요시야왕은 큰 충격과 감동을 받았고, 언약갱신과 위대한 종교개혁을 감행했다(왕하 23:1~24; 대하 34:29~35:19). 훌다는 영성과 지성을 겸비한 여성이었다. 현재 예루살렘에는 '훌다'를 기념하여 이름을 붙인 '훌다의 문'이 두 개 있다.

⊁ 노아댜

느헤미야 6장 14절 "내 하나님이여 도비야와 산발랏과 여선지자 노아댜와 그 남은 선지자들 무릇 나를 두렵게 하고자 한 자의 소위를 기억하옵소서 하였노라"에서 볼 수 있듯 느헤미야가 여선지자 노아댜와 다른 선지자를 비난하고 있다. 느헤미야가 여선지자들을 비난한 것은 그들의 잘못된 처신, 즉 거짓선지자이기 때문이지 그들이 여성이기 때문은 아니다. 그녀는 하나님의 말씀을 통한 영적 명령을 자신의 감정에 의한 거짓 황홀경으로 대신하였다.[9]

노아댜는 에스라 시대에 제사일에 참여한 레위인의 이름에 기록되어 있다(스 8:33).

(2) 사사

구약에서 하나님께서 여성을 단순히 여성이라는 이유만으로 편견을 갖지 않으셨음을 드보라를 사용하신 예를 통해 볼 수 있다.

✤ 드보라(삿 4~5장)

사사는 문자적으로는 단순히 재판관이란 뜻이다. 랍비돗의 부인인 드보라는 동시에 이스라엘의 사사로 소개된다(삿 4:4). 드보라는 결혼하여 남편을 가진 여성으로서 선지자이며 동시에 사사로 세움을 받았다. 여성이 '부인'으로서 '여선지자'와 '사사'라는 이중적 칭호를 가진 것은 성경에서 오직 사사기 4장 4절뿐이다. 즉 드보라는 사사로 뽑히기 전에 선지자였다.

드보라는 철병거 900대를 거느리고 쳐들어온 시스라와 싸우기 위해 직접 다볼 산으로 나가며, 전투 명령을 내렸고(삿 4:14), 하나님의 도우심으로 사사 시대에 가장 치열했던 전쟁에서 승리를 거두었다. 드보라는 하나님의 구원을 찬양하며 '드보라의 노래'를 남겼다(삿 5장). 그녀는 40년간 이스라엘을 다스려 태평세월을 누리게 했다(삿 4~5장).

(3) 왕비와 정치가
✤ 아비가일(삼상 25장)

사무엘상 25장에 아비가일은 나발의 아내였다. 나발은 부자였으나 천박하고 성품이 좋지 않았다. 아비가일은 다윗의 분노를 억제시킨 현명한 여인으로 묘사되어 있다. 나발이 죽고 다윗의 아내가 되었다. 그녀는 다윗이 왕이 아니었을 때 그와 결혼하고 광야에서 함께 살았다. 그러나 그녀는 다윗이 이미 기름 부음을 받은 자요, 장차 왕으로 즉위하게 될 것을 믿었던 것을 알 수 있다(삼상 25:30). 그녀는 사무엘상 이후에는 성경에 특별히 나오지는 않는다. 아비가일은 예기치 않던 이스라엘 왕 다윗의 부인이 되어 다윗의 자녀를 낳고 왕비로 살았다. 어려운 상황에 대한 아비가

일의 예리한 통찰력과 지혜로운 대처를 통해서, 다윗은 하나님 마음에 합당한 사람으로 하나님 앞에 남게 되었던 것이다.[10]

▸ 에스더

바벨론 포로 후 '흩어진 유대인의 구원자' 에스더(에 9:29~32)는 구약에서 여성의 이름으로 소개되는 '룻기' 다음 두 번째 책인 '에스더서'의 주인공이다. 에스더는 페르시아 왕 아닥사스다 2세 아하수에로의 왕후로 등장한다. 당시 흩어진 유대인들은 아각 족속 하만에 의하여 전멸될 위기에 처하게 되었는데, 하나님의 특별한 섭리로 왕후가 된 에스더는 "… 수산에 있는 유대인을 다 모으고 나를 위하여 금식하되 밤낮 삼 일을 먹지도 말고 마시지도 마소서 나도 나의 시녀로 더불어 이렇게 금식한 후에 규례를 어기고 왕에게 나아가리니 죽으면 죽으리이다"(에 4:16)라며 결단을 내린다. 그녀가 왕의 부름 없이 왕 앞으로 나아가는 것은 그녀의 목숨을 건 결단이었고 이로 인해 민족을 구하게 되었다. 에스더는 왕의 마음을 얻기 위하여 지혜롭게 그녀와 그녀의 민족이 당한 부당한 위기를 알렸다. 결국 온 유대인들은 구원을 받았으나 그들을 진멸하려던 하만은 심판을 받았다. 에스더(에 9:32)는 하만의 음모에서 유대인을 구원한 것을 기념하기 위하여 부림절을 정한다. 오늘날도 온 세계에 흩어진 유대인들은 매년 3월 14, 15일에 부림절을 지키며 에스더서를 읽는다.

▸ 밧세바(삼하 11, 12장)

밧세바는 우리아의 부인이었다. 그러나 우리아는 왕이 아니었다. 이스라엘 군대는 전쟁 중이었지만 다윗은 그들과 함께 하지 않고, 그는 집에 머물렀다. 이 때문에 다윗은 죄에 빠지게 되었다. "저녁때에 다윗이 그 침상에서 일어나 왕궁의 지붕 위에서 거닐다가"(삼하 11:2) 그는 정원을 내려다보다가 한 여인이 목욕하는 것을 보았다. 그 여인은 밧세바였다. 다윗은 밧세바를 자신의 여인으로 만들기 위하여 우리아를 없애기로 결정하였다. 그는 군대장관 요압에게 편지를 써서 우리아를 전쟁터에서 죽게 하라고 명령했다. 결국 그는 다윗의 명령대로 행했고 우리아는 죽었다. 다윗의 행위가 하나님이 보시기에 악하였다(삼하 11:27). 밧세바는 남편이 죽었다는 소식을 듣고 그를 위해 애곡했다. 이후 다윗은 밧세바를 데려다가 부인을 삼았고, 그녀는 왕비가 되었다. 하나님은 나단 선지자를 통해 그들의 죄를 지적하셨다. 다윗은 그의 죄가 지적되자 즉시 고백하고 회개하였다. 다윗과 밧세바 사이에 태어난 첫 아이가 병으로 죽었다. 그러나 하나님께서는 다윗과 밧세바에게 다른 아들 하나를 주셨고, 그 아들의 이름은 솔로몬이라 했다. 하나님은 밧세바에게 은혜를 베푸셨다. 솔로몬은 다윗 다음에 이스라엘의 왕이 되었다.

밧세바의 이름은 마태복음 1장 6절에 그녀의 이름이 직접 언급되지 않으나 '우리아의 아내'로 소개되고, 다윗과 그녀가 솔로몬을 낳았다고 언급되므로 그리스도의 합법적인 계보에 올라 있다. 이 영광은 오직 네 명의 여성, 다말과 룻과 밧세바와 마리아에게만 주어졌고 하나님의 말씀에 영원히 기록되어 있다.

스바여왕(왕상 10:1~13)

스바여왕은 솔로몬의 지혜와 영광에 대한 소문을 듣고, 남아라비아 반도에서 수많은 보물과 향료를 가지고 솔로몬을 찾아왔다. 그녀는 솔로몬의 건축술과 왕궁 행정 시스템을 검토하며 무역협정을 맺고, 솔로몬의 하나님에 대하여 신앙고백을 하였다. 스바여왕은 자신이 여왕이지만 자신의 지혜와 통찰력의 한계를 받아드릴 만큼 겸손하였다. 그녀는 가치가 있다고 생각하는 일에 대가를 지불할 줄 아는 행동하는 여성이었다. 그녀는 지리적으로 2천 마일의 사막을 통과하여, 수 주간의 시간을 소비하고 많은 돈을 투자하는 노력을 기꺼이 하는 적극적이고 개방적인 성격의 소유자였으며, 하나님에 관한 사실들을 중요시 여겨서 좀 더 자세히 조사하는 빛나는 본보기를 남긴 여성이었다. 그녀는 지혜롭게 백성을 다스리기 위해 어떤 대가나 어려움도 아끼지 않았고 인생의 우선순위를 알았던 여성이었다.

⁑ 이세벨(왕상 16:29~33)

이세벨은 아름답고 총명한 왕비였다. 그러나 그녀는 바알 숭배를 이스라엘에 체계적으로 도입한 여인이다. 아합은 그의 부인 이세벨의 영향으로 사마리아에 바알 사당과 제단까지 세운다(왕상 16:32). 이세벨은 선지자들을 본격적으로 박해하고 살해하였다(왕상 18:13). 또한 그녀는 농부였던 나봇의 포도원을 빼앗기 위하여, 정치적이고 종교적인 조작을 하였고, 결국 나봇을 죽이기까지 하였다. 그녀는 개인의 영광을 사랑했다. 그녀가 회개했다는 증거 없이, 그녀는 예언된 대로 비참하게 죽었다.[11] '바알의 선과 사이며 익의 화신이 된' 이세벨은 역사상 가장 악한 여성 중의 하나였으며 가장 비참한 죽음을 당했다(왕하 9:22).

⁑ 아달랴(왕하 8:26)

아달랴는 '오므리의 딸'(왕하 8:26), 또는 '아합의 딸'(왕하 8:18, 26)로 소개된다. 아합은 이세벨에게서 아달랴를 낳았으며, 남유다의 여호사밧 왕과 동맹을 맺은 후 북이스라엘의 공주로서 딸 아달랴를 남유다왕 여호사

밧의 아들 여호람과 결혼시킨다. 이로써 분열된 남유다와 북이스라엘은 동맹관계가 되며, 남유다는 아달랴로 인해 바알을 섬기게 된다. 아달랴의 어머니 이세벨이 북이스라엘로 바알을 들여왔고 그녀의 딸 아달랴는 남유다로 바알을 끌어들인 것이다. 이로 말미암아 백성들로 하여금 하나님 앞에 더욱 패역케 되는 일을 하게 한다(왕상 22:41~53; 대하 22:1~4).

열왕기하 11장에서 북왕국에서는 예후의 혁명으로 말미암아 그녀의 친정 식구들과 그의 아들 아하시야도 살해되었다(왕하 11:1~12). 이때 아달랴는 남유다에서 정권을 차지하기 위하여 '왕의 씨를 진멸하였다'(11:1). 그녀는 홀로 권력을 장악하기 위하여, 친손자들마저 죽이려고 한 사악한 여성이다(왕하 11:1~20; 10:12~14). 아달랴는 유일하게 남유다를 6년간 다스린 여인이며(왕하 11:3), 열왕기에서 가장 잔인하고 악독한 여인으로 소개되고 있다. 또한 악한 여인 아달랴의 아들들은 하나님의 전을 깨뜨리고 또 여호와의 전의 모든 성물을 바알에게 바쳤다(대하 24:7).

(4) 여성 족장

⁑사라(창 17:16)

사라는 족장 아브라함의 부인으로서, 그 남편의 순례 길에 한평생 동행하였다. 하나님께서 아브라함에게 그의 땅과 친척들을 떠나 하나님께서 지시하는 땅으로 가라고 명령하셨을 때에 아브라함은 즉시 순종하였다. 사라는 남편에게 순종하였고 남편에게 말씀하신 하나님의 약속을 신뢰하였다.[12] 그녀는 자신의 환경에서 불가능함을 바라보지 않았다. 하나님께서 그녀의 원래 이름 '사래'를 '사라'로 바꾸어 주시면서, 열국의 어미가 되게 하겠다(창 17:16)고 약속하셨다. 히브리서 기자는 하나님의 신실하심을 신뢰하는 그녀의 믿음을 칭찬하였다(히 11:11). 그녀는 삶의 터전을 떠나는 것을 어렵게 생각하지 않고 불평 없이 남편을 따라갔으며(창 12:5), 음식을 즉각 준비하였다(창 18:6). 아브라함과 같이 그녀는 강한 성품을 지녔지만 하나님 앞에 값진 것이 무엇인가를 알고 그대로 행하는 인격과 내적 자유함을 가진 여성이었다.

❧ 리브가(창 24:60)

나홀의 손녀 리브가는 하나님의 뜻을 알았을 때 아브라함이 그랬던 것처럼 무조건 순종하였다. 그녀는 지적이었으며 의지가 강하고, 정적이며 아름다운 여성이었다. 리브가가 이삭에게 시집을 갈 때, 모든 식구들은 "너는 천만인의 어미가 될지어다 네 씨로 그 원수의 성문을 얻게 할지어다"라는 축복을 한다(창 24:60). 이후 리브가는 이삭을 통해 에서와 야곱을 낳게 된다. 사도 바울은 "오직 이삭으로부터 난 자라야 아브라함의 씨가 된다"고 논증하면서(롬 9:7), "리브가가 우리 조상 이삭 한 사람으로 말미암아 에서와 야곱을 낳게 되었다"고 하며(롬 9:10), 리브가가 약속의 계통을 이어가고 있음을 확인시킨다.

❧ 라헬과 레아(룻 4:11)

이스라엘 12지파는 야곱의 두 부인인 라헬과 레아와 그들의 몸종을 통해 이루어졌다(창 29:31~32; 30:22~24; 35:16~20). 라헬과 레아는 라반의 딸들로서 그녀들의 몸종을 데리고 결혼하였다. 라헬은 아기가 잉태되지 않자 여종 빌하를 남편에게 첩으로 주어 단과 납달리를 얻어 자기 아들로 삼았으며 그 후에 자신도 요셉과 베냐민 두 아들을 낳았다. 하나님께서 레아에게 르우벤, 시므온, 레위, 유다, 잇사갈, 스불론과 딸인 디나를 허락하셨다. 레아에게서 이스라엘의 제사장 레위 지파가 시작되었으며, 이스라엘 왕손의 조상인 유다가 출생하게 되었다. 베들레헴의 백성들과 장로들은 라헬과 레아를 '이스라엘 집을 세운 두 사람'이라고 부른다(룻 4:11).

▶ 룻

구약성경에서 여인의 이름으로 쓰여진 두 권 중 첫 번째 책은 '룻'의 이름을 딴 '룻기'이다. 룻은 원래 모압 여인으로서 이방인이었지만, 나오미의 한 아들과 결혼한다. 그녀의 남편이 죽은 후, 시어머니와 함께 빈 손으로 이스라엘 땅으로 올 때, "어머니의 백성이 나의 백성이 되고 어머니의 하나님이 나의 하나님이 되실 것입니다"(1:16)라는 아름다운 신앙 고백을 한다. 룻은 청상과부가 되어 남의 나라에서 친척집에 가서 '이삭줍기'로 생활을 연명하였다. 그녀는 성실하며 온순하고, 책임감을 지닌 여성이었다. 이후 룻은 보아스와 결혼하여 오벳을 낳았고, 오벳은 이새의 아버지요 다윗왕의 할아버지가 되었다. 룻은 '다윗의 집'을 세우는 데 중요한 역할을 하였다(마 1:5). 그녀는 족장은 아닐지라도 다윗왕가를 일으킨 여인으로서 족장과 같은 역할을 하였다고 볼 수 있다.

(5) 위대한 어머니와 부인

▶ 요게벳(출 6:20; 민 26:59)

요게벳은 레위의 딸로서, 제사장 전통을 잘 이어받았다. 그녀의 이름의 뜻은 '여호와는 영광이다'. 그녀는 아므람과 결혼하여 출애굽기의 주역 3남매 모세와 아론과 미리암을 낳았다. 그녀는 그들을 잘 양육하였으며(민 26:59), 아론을 제사장으로 구별하여 하나님께 바쳤다. 또한 모세를 낳아 석 달을 숨겨 기르다 강가에 띄우게 되었다. 그녀는 모세가 '경건한 아이'(출 2:2; 행 7:20; 히 11:23)로서, 하나님의 특별한 뜻이 있음을 알았던 통찰력을 가진 여성이다. 요게벳의 이름은 성경에 두 번 언급되지만(출 6:20; 민 26:59), 지금까지 살았던 가장 훌륭한 예수님의 어머니 마리아, 사무엘의 어머니 한나와 함께 그녀의 이름은 역사에 길이 새겨져 있다. 아마도 성경의 역사 속에서 한 어머니가 세 명의 자녀들에게 많은 영향력을 동시에 주어 큰 인물로 양육한 사람은 요게벳 외에는 없을 것이다.[13]

⋇ 십보라(출 4:24~26)

흑인인 구스족의 딸로 태어난 십보라는 이스라엘 백성들을 애굽 땅에서 구해 낸 모세의 아내이다. 그녀는 하나님의 사명을 받은 모세를 끊임없이 격려하고, 모세가 이스라엘 백성들을 이끄는 동력 중에 하나의 역할을 하였다. 십보라는 성경에 세 번밖에 나오지 않지만 내조를 잘하는 현명한 아내였다. 특히 모세가 이집트로 돌아갈 때, 아들 게르솜에게 할례를 행하지 않아 여호와께서 그를 죽이려 하자 십보라가 돌칼을 가져다가 재빨리 아들의 양피를 베어 모세의 목숨을 구했다(출 4:24~26). 그녀는 위기 상황 가운데서도 두려워하지 않고 재치를 발휘할 줄 아는 용기있는 여성이었다.

⋇ 한나(삼상 1:12~16)

한나는 구약성경에서 선지자이며 마지막 사사인 사무엘을 낳고 길렀다. 한나는 무자의 고통 가운데 간절히 구체적으로 기도하며, 자신을 '주의 여종'이라고 반복하여 말한다(삼상 1:16, 18). 엘리가 술 취한 줄로 알았을 정도로 기도하는 한나의 모습은 간절하고 진지하였다(삼상 1:13). 우리가 먼저 한나의 행동에서 배워야 할 것은 하나님의 마음은 슬픈 영혼을 위로하시는 피난처라는 것이다.[14] 한나는 예수님의 어머니 마리아와 같다(삼상 2:2~10; 눅 1:46~55). 그녀는 마리아처럼, 자신의 아들을 하나님께 바치며 자신의 약속을 지켰다. 그녀의 이름은 믿음의 영웅들의 대열에 속해있다(히 11:32, 33).

(6) 욕망에 이끌렸던 여성들

▶ 보디발의 부인(창 39:6~20)

이집트 왕의 경호실장인 보디발의 부인은 공허한 생활을 영위하는 육감적인 여인으로 요셉을 지속적으로 유혹하였다(창 39:7). 그녀는 요셉의 끈질긴 거부에 분노를 느끼며 자신이 성폭행을 당한 것처럼 크게 소리 질러(창 39:14) 요셉을 감옥에 갇히게 하였다(창 39:20). 그녀는 인생의 가장 귀중한 선물인 시간을 낭비하며 헛되게 보냈다. 게으름은 그녀의 죄된 생각을 배양하는 토양이 되었다.[15] 또한 그녀는 높은 지위의 남편을 가진 풍족한 여인이었지만 하나님을 두려워하지 않고 욕망에 사로잡힌 여성이었다.

▶ 들릴라(삿 16:1~22)

들릴라는 우상을 숭배하는 문화에 속하였던 팔레스타인 여성이었다. 그녀는 미모와 성적 매력으로 남성을 유혹한 후 파멸시키는 죄악의 상징으로 속임수에도 능숙하였다. 그녀는 삼손이 가지고 있는 힘의 비밀을 캐내기 위하여, 밤마다 삼손을 졸랐다. 삼손의 비밀을 알고자 블레셋 사람은 그녀를 은 1,100에 매수한다. 그녀는 여러 번 삼손을 유혹하여 그가 나실인으로서 머리카락을 자르지 말아야 한다는 계시의 비밀을 알아내어 블레셋 사람에게 전하였고 그녀는 삼손을 악의 늪 속에 빠뜨렸다. 여호와의 신이 삼손에게서 떠났고 그는 평범한 사람이 되었다. 그는 두 눈을 잃고 머리카락을 잘라 힘을 잃게 되었고, 결국은 하나님을 모욕한 블레셋 사람들과 함께 죽는다. 들릴라를 만난 삼손의 삶은 비극적으로 끝났다.

(7) 기타 여성

▶ 라합(수 2:24~25)

여호수아는 여리고 성을 정탐하기 위하여, 정탐꾼을 보내지만 그들은 발각되었다. 이때 여리고의 기생 라합은 그들을 숨겨 주며, '하나님께서 이 땅을 이스라엘에게 주셨다'는 의미 있는 고백을 하고(수 2:9~11; 민 13~14장), 그들을 무사히 돌려보내는 역할을 한다. 라합의 믿음과 헌신을 통해 가나안 정복의 첫 발판을 마련할 수 있었다. 라합은 성실하며, 판단력이 민첩하고, 믿음을 기반으로 행동하는 과감한 용기를 지닌 여성이었다. 이후 라합은 이스라엘 사람 살몬과 결혼하여 자녀를 두었으며, 하나님의 섭리 가운데 '예수 그리스도의 계보 가운데 한 조상'이 되었다(마 1:5).

결론적으로 구약에서 창세기 1~3장에서 뿐만 아니라 욥기 31장 13~15절에도 남성과 여성의 동등함을 말하고 있다. 구약 성경에서는 여성의 기능에 대해서 구분은 있었으나 근본적으로는 동등한 것으로 나타나 있다. 고대 유대 사회에서의 여성은 문화적으로 남성의 소유였으며, 여성의 역할은 문화적 영향을 받았지만 신적인 명령은 아니었다. 하나님은 그의 형상에 따라 인간을 창조하셨고 남녀는 그의 인격을 부여받아 남성과 여성으로 구별(區別)되었던 것이지 차별(差別)은 아니다. 구별은 인식하는 것이지 무시되거나 지워버려야 하는 것이 아니다.

2. 신약의 여성관

신약의 여성관은 예수 그리스도와 바울의 여성에 대한 태도와 행동에 다양한 형태로 나타나 있다. 그들은 여성들을 간과하지 않았다.

1) 예수 그리스도와 여성

예수 그리스도 자신이 여성에게서 나시고 율법 아래서 나셨다(갈 4:4). 여성에 대한 예수 그리스도의 태도는 성경의 비유, 기적 이야기, 강해 등에서 다양한 형태로 묘사되고 있다. 특히 예수 그리스도는 여성의 역할을 인정하셨으며, 그가 만난 여성들로 하여금 자기들의 가치와 중요성을 깨닫도록 해주었다. 그는 결코 여성을 남성에게 종속되는 존재로 보지 않았으며, 여성을 섬기는 태도까지 보이셨다.

예수님은 당시 여성비하적인 문화와는 정반대로 하나님과 사람 앞에서 변함없이 여성을 인정하셨다. 예수님은 자신이 메시아임을 여성에게 처음으로 공개하셨다(요 4:25~26). 혈루병을 앓던 여인에게 자신의 옷 만지는 것을 허용하시고 고쳐주셨다(마 9:18~26). 예수님의 수많은 비유들과 가르침 속에 여성들의 일상 이야기들을 말씀하셨으며, 큰 믿음의 모델로 여성을 내세웠고(가나안 여인〈마 15:21~28〉, 과부의 헌금〈막 12:21~44〉), 한 영혼의 구원을 기뻐하시는 하나님을 묘사하는 데 여성을 사용하셨다(눅 15:8~10). 이혼에 관해서는 결혼의 헌신과 충성이 남녀 모두에게 책임이 있는 상호성의 원리가 적용됨을 가르쳤고(막 10:12), 18년 동안 귀신들렸던 여인에 대해서 "아브라함의 딸"이라 명명하셨다(눅 13:11~17).

여성을 향한 예수님의 태도는 다음에서 살펴볼 수 있다. 예수님을 따르는 여성 추종자들이 있었다. 그들은 예수님으로부터 가르침을 받기도 하고 예수님의 여행에 동행하기도 하였으며, 재정적으로 그를 후원하기도 하였다(눅 8:2~3; 막15:4). 그는 종종 여성들을 위한 사역을 하셨다. 그는 베드로의 장모의 열병을 치료해 주었고(막 1:29~31), 수로보니게 여인의 딸에게서 귀신을 쫓아내주었고(막 7:24~30; 마 15:21~30), 죽은 야이로의 딸을 죽은 자들 가운데서 일으키셨고(막 9:18~19, 23~26), 혈루증을 앓는 여성을 치유하였으며(막 9:20~22), 나인성의 과부의 아들을 죽음에서 살리셨고(눅 7:11~17), 베다니 마리아와 마르다의 집에서 그들을 가르치셨으며(눅 10:38~42), 회당 안에서 절름발이 여성을 고쳐 주셨다(눅 13:10~17).[16]

예수 그리스도의 탄생과 공생애와 죽으심과 부활에서 여성들은 중요한 위치에 있었다. 마태, 마가와 누가는 모두 예수님의 갈릴리 지방 사역 중에 상당 규모의 여성들이 예수님을 따랐음과 그 여성들이 예수님의 십자가 현장에 있었다고 기록하고 있다.

(1) 여인들에게 성경을 가르치심(눅 10:42)

예수님은 그 시대의 전통과는 달리 여성에게 성경을 가르치셨다. 예수님은 여성들이 하나님의 법을 배움이 '좋은 편'이며, 빼앗기지 아니할 것임을 확인해 주셨다. 그는 여성들에게 중요한 신학적 교훈들인 '부활'(요 11:21~27)과 '예배'(요 4:7~12)에 대하여 여성들과의 대화를 통해 강론해 주셨다. 그는 여성들이 배우고 이해할 뿐 아니라, 토론에도 참여할 능력이 있다고 보셨다. 그는 여성들이 종교적 신조를 받아들이는 것뿐 아니라 그 받아들임의 의미를 완전히 이해하기를 원하셨다(수로보니게 여인〈마 15:21~28; 막 7:24~39〉, 사마리아 여인〈요 4:7~42〉, 마리아와 마르다〈눅:10:38~42; 요 11:20~33〉, 예수님께 기름을 부은 여인〈마 26:6~13; 막14:3~9; 요 12:1~8〉). 예수님은 부정한 여인과 공적으로 대화를 하지 않았던 시대에도 부정한 여인을 차별하지 않으시고 그 영혼을 구원하시고자 대화를 나누셨다.

(2) 여인들이 예수님을 따름과 동행함을 허락하심(눅 8:1~3)

예수님의 갈릴리 사역의 초기부터 따르던 여성들은 예수님의 십자가 현장에도 참여하였다(눅 23:49, 55). 요한복음 11장 28~33절, 45절, 12장 1~8절에서의 마리아의 모습과 요한복음 11장 27절에 나오는 마르다의 고백은 요한복음 6장 69절과 마태복음 16장 16절에 나타난 베드로의 고백과 동일하게 그녀들의 제자도를 증명하고 있다. 여성들도 남성인 제자들과 함께 예수님을 따라 다니면서 그들을 섬겼다. 예수님이 허락하셨기에 여성들이 갈릴리에서부터 예루살렘까지, 처음 사역부터 부활의 마지막 사역까지 그를 따랐다(막 15:40, 41; 눅 23:55). 이 여성들은 사도들과 함께 예수님과 오랜 시간 동안 삶을 나누었다고 볼 수 있다. 여성들이 예수님의 일행과 동행하도록 허락하므로 그들의 사역이 봉사의 차원을 넘어서 그 어떤 역할을 담당하고 있었다는 것을 암시하며 그 당시 문화 속에서도 여성을 예수님의 사역에 비공식 제자로서 참여케 하신 것이다.

예수님은 남성이셨고 그 당시에 여성들이 예수님을 따라다니며 숙식을 같이할 수 없었던 사회 문화적 관습에 따라서 남성만을 제자로 삼으셨으나 예수님의 주위에는 늘 여성들이 함께하며 그의 협조자가 되었다. 예수님이 특별히 열두 제자가 모두 남성이라는 것은 분명한 사실이다. 그러나 예수님의 제자들 중에는 그를 따랐던 남성들과 더불어 여성그룹도 있었다. 막달라 마리아, 요안나, 야고보의 어머니 마리아, 살로메, 세베데의 아들들 야고보와 요한의 어머니는 예수님이 갈릴리에서 가르쳤던 제자들 중에 있던 한 무리였다.[17] 또한 수산나(눅 8:3), 베드로의 장모(막 1:31), 옥합을 깨뜨려 향유를 부은 여인(눅 7:36~50)도 예수님을 섬기는 역할을 하였다.

(3) 예수님에게 기름 부은 여인을 높이 평가함(막 14:3~9)

예수님은 여인이 자신의 머리에 기름 부은 행위를 자신의 장사와 연관시켜 그의 헌신을 중요한 의미로 받아들이며 극찬하셨다. "저가 내게 좋은 일을 하였다"면서 "온 천하에 어디서든지 복음이 전파되는 곳에는 이 여자의 행한 일도 말하여 저를 기념하라"라고 명령하시므로 이 여인의 헌신을 높이 평가하셨다.

(4) 여인에게 첫 번째로 부활소식을 전할 것을 부탁함(막 16:7; 요 20:18)

예수님은 그의 메시아적 소식과 부활을 첫 번째로 여성에게 알리셨다. 요한복음 20장 11~18절은 여성들의 선교적 역할을 이해하는 데에 여성들을 위한 중요한 본문이다. 예수께서 체포된 후, 제자들이 다 도망갔을 때, 부활을 첫 번째로 목격한 막달라 마리아, 야고보의 어머니 마리아와 살로메 등 세 여인은 천사로부터 부활의 소식을 직접 듣고, 숨어있는 제자들에게 가서 전하라는 명령을 받았다(막 16:7). 예수님이 여성들에게 이를 위임했다는 것은 여성에 대한 그의 신뢰감을 표현한 것이다.

(5) 남녀 모두에게 성령을 부어주심

요엘 2장 28~29절에서 하나님은 남종과 여종에게 성령을 부어주겠다고 말씀하셨고, 사도행전의 오순절 성령 강림 시에 마가의 다락방에 있던 남녀 모두에게 성령이 충만하게 임재하셨다. 성령이 임하시면 권능이 임하고 온 땅에 나아가 복음을 전하는 위치에 있게 되었다(행 1:8). 예수님은 "아버지께서 나를 보내신 것 같이 나도 너희를 보내노라"(요 20:21)라고 말씀하셨다. 그리고 "성령을 받으라"(요 20:22)고 명령하셨다. 성령을 남녀 모두에게 동일하게 부어주신 하나님은 교회와 하나님 나라를 세우기 위해 차별 없이 은사를 부어주심으로 사역을 그 뜻대로 자유롭게 맡기신다. '유대인이나 헬라인', '종이나 자유자', '남성이나 여성' 차별 없이 다 그리스도 예수 안에서 하나 됨이 선포되었다(갈 3:28).

(6) 예수님은 그의 비유에서 여성들을 핵심으로 사용

예수님이 복음서에서 여성을 소재로 한 비유와 이야기들이 많다. 예수님은 하나님의 모습을 여인으로 나타내며 예루살렘에 대한 사랑을 묘사하셨고(눅 13:34; 마 23:37), 잃어버린 은전을 찾는 비유(눅 15:8~15), 제자들을 떠날 날이 가까워지자 해산할 어머니의 근심을 연상(요 16:21)하기도 하셨다. 한 여성과 그녀의 누룩은 하나님 나라(마 13:33; 눅 13:20~21)에 관한 비유들에서 나타났다.

(7) 지상명령과 여성의 관계

예수님께서 열두 제자들을 남성으로만 임명하셨지만, 마태복음 28장 19, 20절에서 "너희는 가서 모든 족속에게…"라고 말씀하실 때에 "너희"는 남성들만을 지칭한 것이 아니다. 이 말씀은 사도들뿐만 아니라 남성과 여성 모두에게 주신 말씀이다. 지상명령은 하나님이 성령을 주신 남성과 여성 모두가 함께 이루어야 하는 명령이다. 하나님은 여성들도 지상명령 성취에 기여하기를 원하심이 분명하다. 복음서에서 여성이 예수님을 반대했다는 기록이 전혀 없다. 십자가 처형 및 부활기사에서는 여성들이 더 큰 역할의 위치에 있다. 특히 그 당시에 여성이 증인이 될 수 없었던 사회 속에서 첫 증인이 되는 특권이 여인들에게 주어진 것은 '사도적' 증거였다(마 28:1~10; 막 16:1~8; 눅 24:1~11; 요 20:1-2, 11~18). 초대교회는 막달라 마리아를 '사도들에게 사도된 자'(an apostle to the apolstles)로 여겼다.

(8) 남성과 여성의 동등성을 인정

예수님은 "누구든지 하나님의 뜻대로 하는 자는 내 형제요 자매요 모친이니라"(막 3:35)고 하심으로 남성과 여성의 동등함을 말씀하셨다. 예수 그리스도는 여성을 위하여 남녀평등이나 사회적 지위향상을 위한 여권운동을 부르짖지 않았다. 그러나 예수의 생애와 사역에서 여성들을 대하는 그의 태도로 볼 때 그는 여성들과 이야기하셨고, 돌보셨으며, 고쳐주셨고, 공동체의 일원으로 자유롭게 받아들이심으로, 당시의 모든 견해 및 사회적 태도와는 철저하게 다른 모습을 보이셨다.

예수님은 남성이건 여성이건 회개하고 죄 사함을 받을 필요성이 있는 죄인으로 여기셨다. 예수님은 여성들을 인격적 존재로 대하셨으며, 가치를 지닌 존재로 여기셨다. 그는 남성와 여성을 동등하게 대하셨으나 여성을 이상적이거나 낭만적으로 제시하지는 않는다. 그들 각기 필요와 약점과 은사를 가지고 있는 인격적 존재, 책임있는 개인으로 보신다. 복음서 어디에서도 예수님의 남녀 성(性) 차별은 찾아볼 수 없다.

(9) 예수님의 여성들에 대한 총체적인 태도

예수님은 여성들을 인격적으로 대하셨다. 여성에 대한 예수님의 태도를 이해하는 열쇠는 "여인을 보고 음욕을 품는 사람은 누구든지 이미 마음으로 그 여인과 간음한 것이다"(마 5:28)에서 찾아야 한다. 예수님은 그를 따르는 자들에게 여성을 바라보지 말라고 경고하시는 것이 아니라, 음욕을 품고서 여성을 바라보지 말라고 경고하신다. 여성은 남성의 욕망의 대상이 아니라 주체적인 존재요 동료이다. 유대 전통에 의하면 간음하다 현장에서 붙들려온 여인에게 돌로 쳐 죽여야 한다는 판단이 내려져야 했다. 그러나 예수님께서는 "나도 너를 정죄하지 아니하나니 가서 다시는 죄를 범치 말라"(요 8:7)고 하시며 율법과 전통보다는 인간을 더 소중히 여기는 모습을 보여 주셨다. 여인들은 예수님의 치유의 대상(눅 8:2, 40~56)이었다.

예수님의 여성관은 특히 마가복음 10장 2~12절에서 하나님께서 짝지어 주신 것을 사람이 갈라놓아선 안 된다 하시며 이혼 자체를 금하신 것에서 볼 수 있다. 예수님의 이러한 가르침 속에는 남녀의 동등성이 나타난다.

복음서에 나타난 여성에 대한 예수님의 태도는 분명하고 일관되며, 그는 다양한 여성들과 자연스럽게 어울리셨다. 예수님께서는 남성우월주의 문화권 속에서 그의 순회전도팀에 여성들을 허락하실 정도로 급진적이었다. 예수님의 선교활동(눅 8:1~2), 수난과 죽음(막 14:40), 영광(막 16:3)에 이르기까지의 여정에는 많은 여인들이 등장한다. 예수님께서 안식일에(눅 13:10~17; 막 1:29~31) 여성들에게 안수하시고, 부도덕하다고 인정되던 여성들까지도 그를 만지도록 허용하셨으며, 여성들이 그를 따랐고 섬겼다는 사실은 중요하다.

2) 여선지자와 여제자

✣ 여선지자 안나(눅 2:36~39)

안나는 구약과 신약의 중간에 서 있던 여선지자였다. 그녀는 주전 세기 말엽부터 주후 1세기 초까지 선지자로 활동하였다. 그녀는 야곱의 8번째 아들 아셀지파 출신이며 바누엘의 딸이었다. 안나는 히브리어의 '한나'에

해당한다. 그녀는 남편과 결혼한 지 7년 만에 과부가 되었고, 84년 동안 과부로 지냈다. 안나는 84년을 성전을 떠나지 아니하였으며, 주야로 금식하며 기도함으로 섬겼다(39절). 그녀는 구약에서 약속된 구원자 메시아를 믿고 간절히 기다리고 있었다. 요셉과 마리아가 그들의 첫 아기를 율법대로 하나님께 드리려고 성전으로 데려 왔을 때, 시므온과 안나는 메시아이신 아기 예수를 직접 만났다. 하나님은 안나의 오랫동안 메시아를 기다림을 귀하게 보시고 놀라운 특권을 부여하셨다. 그녀는 자기가 본 바를 예루살렘에 사는 다른 사람들에게 말해주었다.

❖여제자 다비다(행 9:36~43)

팔레스타인의 유명한 항구 도시 욥바에 다비다라 하는 여제자가 있었는데, 이는 히브리식 이름이며, 헬라식 이름은 도르가이다. 그녀의 남편과 자녀에 대한 언급이 없는 것으로 보아 미혼이거나 과부인 듯하다. 그녀는 가난한 사람들을 위해 직접 옷을 만들어 주었다. 그녀는 너무 무리하게 수고하여 병을 얻었다. 그녀가 죽었을 때에 그녀를 아는 사람들이 그녀의 죽음을 아쉬워했다. 사도행전 9장 37~38절에 보면, 다비다의 시신을 다락에 안치해 두고, 그 당시 룻다에서 활동하던 베드로에게 사람을 보내어서 급히 욥바로 오라고 간청했다. 베드로가 기도한 후 다비다가 다시 살아나, 예전처럼 바느질하고 구제와 선행을 계속하였다. 그 결과 "온 욥바 사람이 알고 많이 주를 믿더라"(행 9:42)고 했다.

성경에서는 죽었다가 다시 살아난 일곱 명의 사건을 기록하고 있다. 그들 중 다비다는 유일한 성인 여성이다.[18] 다비다가 살았던 당시는 철저하게 남성 중심의 사회였는데 다비다를 '제자'라고 부른 것은 매우 특별한 것이다. 다비다는 신약성경에서 여제자라는 칭호를 받은 유일한 여성이다.

3) 바울과 여성

바울의 여성에 대한 태도는 그의 서신들의 실례에서 잘 나타나 있다. 바울은 "주 안에는 남자 없이 여자만 있지 않고 여자 없이 남자만 있지 아니하리라"(고전 11:11)고 선언하였다. 또한 갈라디아서 3장 28절에서 "너희는 유대인이나 헬라인이나 종이나 자주자나 남자나 여자 없이 다 그리스도 예수 안에서 하나이니라"고 선언하였다. 남성과 여성은 생물학적으로 다르나 하나님의 창조의 뜻으로 된 동등한 존재로서 민족적 차별이나 남녀 차별 없이 자유인이나 노예나 그리스도 예수 안에서 하나라는 평등을 선언한 것이다.

로마서 16장 1~16절은 여성들을 위하여 특별한 의미를 부여하고 있다. 왜냐하면 바울은 여성들을 집사들로서, 사도들로서 그리고 동역자로서 인정하고 있기 때문이다.[19] 로마서 16장 3~18절에 언급된 그리스도인 중에는 9명이 여성이며, 17명이 남성이다. 바울은 여성과 함께 동역하기를 짐으로 생각하지 않고 여성을 교회에 추천하였다(롬 16:1~4).

≫ 뵈뵈

로마서 16장 1~2절에서 "내가 겐그리아교회의 일꾼으로 있는 우리 자매 뵈뵈(Phoebe)를 너희에게 천거하노니 너희가 주안에서 성도들의 합당한 예절로 그를 영접하고 무엇이든지 그에게 소용되는 바를 도와줄지니 이는 그가 여러 사람들과 나의 보호자가 되었음이니라"고 했는데 이것은 뵈뵈를 위한 바울의 공적인 추천장이다. 뵈뵈는 바울서신 중 공식적인 추천을 받은 유일한 사람이라고 볼 수 있다. 바울은 뵈뵈를 극진한 말로 천거하였다. 뵈뵈는 바울과 그와 함께 한 사람들의 보호자가 되었다. 여러 번 로마를 방문하려고 했는데 연기한 바울은 뵈뵈를 통해 로마 그리스도인들과 처음 연락을 하였다. 이것은 바울 자신이 로마를 방문하기 3년 전에 있었던 일이었다. 그때까지 로마교회는 뵈뵈의 견해를 통해 바울을 볼 수 있었다. 바울은 그의 평판을 한 여성의 손에 맡기었으며,[20] 그 만큼 뵈뵈를 자신의 동역자로 신뢰했음을 알 수 있다.

뵈뵈의 위치를 표현하는 두 가지 명칭은 여집사(diakonos)와 돕는 자, 보호자(prostatis)이며, 이 말의 동사형은 감독, 집사, 장로들의 역할을 규정하는 데 사용되고 있다(딤전 3:4; 5:17). 여집사라는 것이 공식적으로 행해졌는지 확실하지 않다. 그러나 뵈뵈는 교회 안에서 그러한 위치에 있었고 믿음의 모든 여성들에게 스승이었으며, 성도 중에 가난한 자들을 구제하는 데 열심을 내었다.[21]

바울은 뵈뵈가 겐그레아교회의 지도력을 익힌 자(일꾼)로서 중요한 역할을 담당하였고, 그 자신과 많은 사람을 도와주는 자라고 말하였다. 그는 여성으로서 그 시대에 위험한 상황에서도 남성들도 벅찼던 여행을 하였다. 로마서 16장 외에는 신약의 어느 곳에도 뵈뵈에 대한 언급은 없으나 그는 겐그레아교회의 지도자 역할을 했으며, 많은 사람과 바울에게서 존경을 받으며 뛰어난 선교활동을 하였다.

▸ 루디아(행 16:11~15, 40)

빌립보는 에게해와 아드리아해 사이의 상업의 중심지로 마게도냐에 있는 중요한 도시였다. 이 도시는 로마의 교통로, 에그네시아를 통해서 중동 아시아를 유럽으로 연결시키는 다리였다. 루디아는 빌립보에서 사업을 하고 있었다. 그녀는 자기 고향 소아시아에 있는 두아디라 성에서 부자와 왕들만이 입는 아주 비싼 옷감인 자주 빛 옷감을 수입해왔다. 루디아는 존경을 받고 있었으며 여러 하인들을 거느리고 넓은 집에서 살고 있었다. 루디아의 자주 시장은 그리스 로마 세계에서 명성이 높았으며 그녀는 성공적인 기업가였다. 그녀가 하루는 기도회에 참석하였다.[22] 바울과 실라, 누가, 디모데가 드로아에서 빌립보에 도착하여서 그 모임에 참석하였다. 사도 바울은 제2차 전도여행을 하고 있었다. 사도 바울은 환상을 통해 계시를 받고 아시아로 가려던 계획을 바꿔 마게도냐 지역으로 향하고 있었다. 마게도냐 지역의 첫 관문이자 가장 큰 성인 빌립보에 도착했다. 바울은 한 무리의 여인들에게 설교를 했는데 그 중에 루디아가 끼여 있었다. 바울의 설교를 통해 그녀는 예수 그리스도를 믿게 되었고 빌립보의 첫 번째 그리스도인이 되었으며 세례를 받았다. 바울의 유럽 전도의 첫 번째 열매는 루디아였다. 그녀가 그리스도인이 되고 제일 먼저 드린 것은 가정이었다. 그녀는 바울과 그의 동료들에게 자기 집에 머물도록 강권했다. 그리하여 유럽 땅 마게도냐의 빌립보에서 최초의 유럽교회가 루디아라는 한 여성의 헌신으로 세워졌다(행 16:14, 15).

✣ 빌립의 네 딸

전도자 빌립은 교회의 특별한 사역을 실행하는 특별히 선택된 일곱 제자 중에 한 명이다(행 6:3). 가이사랴에서 바울과 그의 동역자들은 전도자 빌립의 집에 머물렀다. 사도행전 21장 8~9절에 "그에게 딸 넷이 있으니 처녀로 예언하는 자라"는 말씀이 있는데 여기서 우리는 "나의 신으로 남종과 여종에게 성령을 부으라"는 요엘의 예언이 성취된 것을 알 수 있다. 빌립의 네 딸들의 이름은 구체적으로 알려지지 않았지만, 사도행전 21장 9절에 여선지자들로 나타난다. 빌립의 네 딸은 결혼하지 않았으며 하나님을 통해 예언하였다. 만약 네 딸이 아버지 빌립의 선교여행에 동행했다면, 유대인과 이방인 여성들에게 설교를 하거나 여성개종자들의 세례식을 도와주었을 것이다.[23] 또한 예언자 네 딸들은 대중적 사역을 어느 정도 했었음에 틀림없다. 왜냐하면 그들에 대한 어떤 제한이 성경에 언급된 곳이 없기 때문이다. 남성과 여성 앞에서 그들이 예언의 은사를 사용했었음을 가정하여 보는 것도 합리적인 것처럼 보인다.[24]

▸브리스길라
(행 18:1~4; 18:18~20; 18:24~26; 롬 16:3~5; 고전 16:19)

브리스길라는 하나님이 로마와 헬라와 소아시아에서 사역을 위하여 사용한 여성으로 소개되고 있다. 브리스길라는 성경에 총 6번 나오는데, 그 중 4번이 남편 아굴라 보다 브리스길라가 먼저 나온다. 그녀는 소아시아 동부 지역 폰뚜스(Pontus)에서 태어났으며, 남편 아굴라와 함께 로마에서 유대인들에게 쫓겨날 때까지 살면서 타문화 사역, 지도력, 가르침(행 18:1~3, 18~26) 등으로 역할을 감당하였다.[25] 부부는 모든 생활의 영역에서 함께 조화를 이루며 자기 은사를 발휘했다.

바울은 로마서 16장 3절에서 브리스길라를 동역자로 소개하고 있다. 브리스길라와 아굴라는 바울과 만나 자기 집에 유하도록 하며 1년 반 이상 말씀을 배웠고(행 18:1~4,11), 복음전도자의 고난에 동참하였다(행 18:6~17). 바울과 함께 수리아 선교여행에도 동행했으며(행 18:18), 가죽 장막을 만드는 사업가였던 그들은 로마, 고린도와 에베소에 큰 집을 소유하고 있었는데 자기 집에서 교회가 개척되어 모두 대교회로 부흥했다. 고린도에서 그들을 처음 만난 후로 바울은 브리스길라와 아굴라만큼 충성스러운 교우나 조력자를 만나지 못했다.[26] 브리스길라는 자신의 지식을 담대히 활용한 여인이었다. 그녀는 학자처럼 겸손한 마음으로 공부하고 배웠다. 그러나 유명한 학자요 또 열렬한 웅변가인 알렉산드리아 출신 아볼로의 설교를 듣고 아직 그가 깨닫지 못한 부분을 인지하여 그를 초대하여 성경을 상고하며 "하나님의 도를 자세히 풀어 일렀다"고 소개하고 있다(행 18:24~28). 후에 아볼로는 유대인들에게 복음을 유력하게 증거하는 학자로서 기독교 공동체에 큰 유익을 끼치는 사도가 되었다.

따라서 신약에는 여성에게 침묵을 요구하는 단락만 있는 것이 아니다. 바울이 어떤 교회들 안에서 여성들이 가르치는 것을 제한하였는데 거기에는 그럴만한 분명한 이유가 있었다. 그들이 교육을 받지 않았다거나 또는 용납하기 힘든 어떤 이단적 행동을 하는 자들이었기 때문이다. 그들은 배우고 변화해야 할 필요가 있었다.

바울은 로마서 16장 7절에서 유니아가 여성이지만 그녀의 헌신이 사도들에게 존중히 여겨졌음을 언급하고 있다. 바울은 "여자의 가르치는 것과 남자를 주관하는 것을 허락지 아니하나니 오직 종용할지니라"(딤전 2:12)라고 하며 여성들이 예배나 회중적 모임에서 권위로 가르치는 것을 허락하지 않았다. 그러나 바울은 회중 가운데서 누구든지 가르치는 말을 할 수 있도록 허용하고 있으며(딤후 1:5; 3:15; 딛 2:3, 4), 따라서 만일 어떤 여성이 성경공부에 참여하여 그 성경공부를 인도하고 있다면 그것은 그리스도의 몸에 대한 가치 있는 공헌으로 보고 있었다.

바울은 그 외의 교회들 안에서 많은 여성들을 사역하도록 하였다. 여성들은 바울의 사역 안에서 그의 동역자들이었다(고전 3:9). 디모데전서 2장 11~15절이 모든 여성 교사들과 설교자들을 겨냥한 것이라면 한국의 여러 보수교단 신학대학교에서 현재 목회자나 장래 목회자가 될 남학생들을 여성교수들이 가르치고 있는 것을 어떻게 허락할 수 있으며, 왜 많은 교단들은 바울의 교훈을 정면으로 거슬러 여성들을 교회학교 교사로 세우고 선교사로 파송하는가에 대하여 질문을 던져야 할 것이다. 바울은 모든 상황에서 여성의 사역을 금할 수 없으며, 에베소와 몇몇 다른 교회에서처럼 교회역사에서 비슷한 위기상황에 처한 곳에서만 제한되어 있다는 것을 분명하게 증거하고 있다. 그녀는 여성사역자들을 천거하고 동역하기를 주저하지 않았다(롬 16:1~4).

　남편과 부인의 관계는 상호의존적(고전 11:11~12)이며 동시에 상호책임(고전 7:3)을 갖고 있다. 고린도전서 11장 2~16절의 본문은 시간 순서대로 남성의 우선권을 말하는 것이므로, 그것이 반드시 우월성(superiority)을 말하는 것은 아니다. 바울의 머리됨, 권위, 연합의 상호조화는 에베소서 1장 19~23절에도 나타난다. 특히 에베소서 1장 22절에 나와 있는 '머리'에 대한 유일한 만족스러운 해석은 머리됨(head over)이다. "머리됨"이란 문자적으로 한 사람의 머리를 뜻하지만, 비유적인 의미를 많이 담고 있다. 머리에 대한 주된 의미는 '지도자'이며, 신약성경에서 가장 두드러진 의미는 '생명의 근원'이라는 뜻이다. 이는 또한 그리스도의 최고의 지위를 강조한다. 바울이 의미하는 복종은 일방통행식의 복종이 아니라 상호복종이며 '그리스도를 경외함'으로부터 행해져야 한다고 명한다(엡 5:21).

　일부 한국교회와 선교단체가 남·여 선교사의 사역에 차별을 둘 때 주로 사용하는 고린도전서 11장 3절과 14장 26~40절에 대한 올바른 이해가 필요하다. 고린도전서 14장 26~40절 "여자는 교회에서 잠잠하라"에서 "잠잠하라"라는 명령은 여성과 더불어 남성에게도 동일하게 적용된다. 이는 '잠잠하라'라는 명령이 세 차례(28, 30, 34)에 걸쳐 반복적으로 등장하고 있으며, 여기에 14장 34절의 전반부에 등장하는 "모든 성도의 교회에서 함과 같이"라는 표현도 함께 고려되어야 한다. 또한 바울은 '자유'의 원리와 '덕'의 원리를 상황과 관습에 따라 적절하게 조화시켰고, '덕'의 원리는 보다 주변적인 '임시적 원리'로 작용함을 보여주었다. 따라서

'덕'을 세우기 위하여 여성의 공적 사역을 금지하는 바울의 '임시적인 원리'를 근거로 하여, 이를 마치 바울이 보편적이고 영구적으로 모든 여성에게 공적 사역의 길을 허락하지 않는 것처럼 확대 해석하는 것은 무리가 있다.[27] 바울은 회중 가운데서 누구든지 가르치는 말을 할 수 있도록 허용하고 있으며(딤후 1:15; 3:15; 딛 2:3, 4), 어떤 여성이 성경공부에 참여하여 그 성경공부를 인도하고 있다면 그것은 그리스도의 몸에 대한 가치 있는 공헌으로 간주하였다. 즉 바울은 여성의 사역을 독단적으로 영원히 금지하는 규례를 정하기 위하여 이런 말을 한 것이 아니었다. 바울이 우리에게 여성들은 열등하다거나, 공적으로 기도하거나 예언할 권한이 없다거나, 반드시 1세기형의 머리 장식이나 베일을 착용해야 한다고 가르치고 있는 것이 아니다. 그는 복음의 원칙을 어떻게 사회적 관념이나 사회적 관계에서 적용해야 하는가 하는 문제를 가르치고 있는 것이다.[28]

바울의 인간관, 신학 등에서 남녀에 대한 불평등을 주장한다고 볼 수 없음은 고린도전서 11장 11절, 갈라디아서 3장 28절, 골로새서 3장 11절에서 확인할 수 있다. 그러므로 기독교 공동체에 들어간다는 것은 남성과 여성의 역할과 이러한 역할에 기초한 가치 평가가 폐기된 사회에 참여하는 것을 뜻하였다. 이 공동체가 외부 문화 속에서 남녀 역할에 대한 가치 평가를 변경시킬 수는 없었지만 교회 내에서는 행동양식과 상호 관계에 있어서 이러한 동등 원칙이 기초가 되었다. 바울은 여인들을 사랑하고, 인정하고, 그들에게 의존하고 그리고 그들과 함께 사역했다. 그들은 그에 대한 보답으로 그리스도 안에서 그리고 성도의 공동체 안에서 새로운 주체성과 역할들을 찾았다.[29]

예수님과 바울의 영향으로 초기 여성들이 교회와 그리스도인 모임에서 인격적이며 다양하게 동등한 대우를 받았고(행 1:14) 합심기도에 함께 참여하여 성령의 임자를 체험하며(행 2:3), 예언하며(행 2:17~18), 가르치며(행 18:24), 전도하며(빌 4:2~4), 동역자(롬 16:1~2)로 여겨졌음을 볼 수 있다. 바울의 동역자들 중에 이름이 알려진 12명의 여성들은 그들의 리더십과 권위를 실행했다(롬 16:1~16; 빌 4:2~3; 고전 1:11; 골 4:15; 행 16:14~15, 40).[30]

신약에서 남성과 여성과의 관계는 다양성, 연합과 상호보완이라는 세 가지 원리의 견지에서 제시된다. 그들이 각기 독특하고 서로 다르게 창조되었다는 점에서 다양성이 존재하며, 그 구분은 결코 부인될 수 없고 부인되어서도 안 된다. 그들이 그리스도 안에서 하나라는 것과 함께 하나님의 유업을 받을 사람이라는 것으로 인해 연합할 수 있다. 그들은 하나님께서 그들에게 의도하신 대로 삶을 살려면 서로 상대방을 필요로 하고 그런 면에서 상호의존과 상호보완적이다.[31] 여성과 남성이 동등하다는 의미가 여성이 남성을 압도적으로 지배해도 된다거나 반대로 남성이 여성을 압도적으로 지배해도 된다는 의미가 아니다. 바울의 "형제를 사랑하여 서로 우애하고 존경하기를 서로 먼저하며"(롬 12:10)라는 말씀을 여성과 남성이 서로 실천해야 성숙하고 동등한 관계가 된다. 바울은 여러 여성들을 '동역자'라고 칭하고 있다(빌 4:2~3; 롬 16:3~4).

결론적으로 구약과 신약의 증거들을 통해 여성들이 인격적이며 책임 있는 존재로 하나님에 의해 놀랍게 쓰임 받은 사실들을 살펴볼 때 여성과 남성의 동등성을 인정하지 않을 수 없다. 남녀 간의 성 차이가 하나님의 자녀로서 남녀의 역할에서의 차이를 의미하지는 않는다. 예수님과 바울의 신학을 통해 여성들에게 새로운 자유가 제공됨으로써 여성 인력이 효과적으로 사용되어 복음의 확산이 더 원활히 이루어질 수 있었음을 확인하였다. 시편 68편 11절에 "주께서 말씀을 주시니 소식을 공포하는 여자가 큰 무리라"는 말씀대로 우리는 여성의 선교사역이 효과적인 여성인력 활용의 기회가 될 수 있을 뿐만 아니라, 하나님의 복음사역을 위해 여성에게 주어진 자유와 특권이 아름답게 쓰여질 수 있어야 한다고 믿는다. 또한 선교현장에서 남녀 선교사들이 하나님의 말씀에 근거한 질서와 조화를 이루어 서로를 먼저 존중하며 효율적인 협력을 통해 하나님 나라의 완성을 이루어 나가야 할 것이다.

02

World Mission and Korean Women in Mission

여성선교사의 사역과 영향력

    19세기 초만 하더라도 선교사는 남성이었다. 남성선교사들은 대부분 부인이 있었고 부인들은 남편 곁에서 충실하게 남편의 사역을 보조하였을 뿐 따로 독립된 선교사는 아니었다. 그러나 19세기 말에는 독신 여성들이 세계선교에 몰려들었으며 기혼 여성들도 보다 중요한 직책을 수행하고자 하였다. 세계선교는 더 이상 남성의 독무대가 아니었으며,[1] 여성들은 항상 선교사역의 중심 위치에 있게 되었다.

    1900년 무렵에 미국에는 여성만을 위한 선교단체가 40개가 넘었다. 20세기 첫 10년 동안에 그 수는 개신교 역사상 처음으로 남성선교사의 수를 능가하였다. 예를 들어, 중국의 산탕(Shantang)지역에서는 1910년 침례교와 장로교 선교사들의 수가 남성은 46명이었는데 그에 비해 여성은 79명이었다. 그 후 수십 년 동안 독신 여성선교사는 더욱 증가하여 어떤 지역에서는 여성선교사와 남성선교사의 비율이 2:1 정도가 되었으며 결혼한 여성까지 포함하면 남성에 비해 3배나 되었다.[2]

    한국교회의 부흥은 1907년 1월 2~15일, 평안남도 사경회가 개최된 평양 장대현교회에서 발생하였다. 부흥회 강사였던 길선주 목사가 설교시간에 죄의 회개를 외치며 자신의 죄를 고백하자 참석자 중에 청일전쟁 당시 자기 아이를 죽였던 한 여인이 살인의 죄를 고백했다. 그의 죄 고백은 엄청난 파장을 일으켰으며, 수많은 사람들이 자신의 숨겨진 죄악을 고백하므로 한국교회의 부흥의 불씨가 되었다. 한국교회의 부흥에 앞서 1859년의 웨일즈의 부흥도 한 여인의 회개에서 비롯되었다.[3] 한국교회의 부흥역사와 웨일즈 부흥에서 각각 한 여성이 회개하여 부흥의 불씨 역할을 하였듯이, 한국 여성선교사의 사역이 현재에는 작은 시작에 불과하고 그 열매가 뚜렷하게 보이지 않지만 하나님의 때에 열매를 보게 될 것이다. 한국에서 발생한 부흥과 같이 한국 여성선교사들이 선교지에서 뿌리는 복음의 씨앗이 하나님의 때에 선교지에서 같은 부흥의 결과를 가져오리라 기대할 수 있다. 오늘날 종교와 정치가 사회를 향해 갖는 영향력이 지대한 것을 고려할 때에 한국교회의 여성 인구는 세계를 변화시킬 수 있는 큰 잠재력을 갖고 있다고 하겠다.

1. 여성선교사의 사역 종류

타문화에서 선교사역하는 여성사역자를 크게 둘로 나눌 수 있다. 독신 및 홀사모 여성선교사와 부인선교사이다. 여성선교사는 결혼의 유무와 관계없이 언어와 현지 문화에 대한 적응력이 빠르고 어린이 및 여성과 노인사역에 장점을 갖고 있다. 선교지에서 예상치 않은 일들이 수 없이 발생하고 있다. 가족들이 들어가기 힘든 오지와 빈민촌 등에 독신 여성선교사는 기동성과 적응력으로 쉽게 투입될 수 있고 선교의 효율성을 극대화할 수 있다. 부인선교사들 중에 자녀가 있는 사람은 자녀가 있는 마을 여성들과 쉽게 만날 기회를 만들 수도 있다.

여성선교사가 선교지에서 참여할 수 있는 사역의 분야는 매우 다양하다. 남성만이 할 수 있는 몇 분야의 일을 제외하고는 여성선교사들은 남성들과 대등하게 거의 모든 분야에서 다음과 같은 사역을 할 수 있다.

첫째, 다양한 교육과 학교 설립사역이다. 전통적으로 여성은 교육의 현장에서 가르쳤고, 온 세계 그리스도인들을 훈련하고 개발시키는 데 무수히 기여해 왔다. 이슬람권의 어떤 나라에서는 여성들의 93%가 문맹이다.[4] 가능한 학교를 많이 세운다. 아시아와 아프리카의 대부분의 빈곤 국가가 공교육이 파산상태로 교육부재이다. 사립학교가 인기 있는 이유가 여기에 있다. 무슬림도 모스크를 세워 학교를 세우고 주일학교를 하듯 아동들을 흡수한다. 기독교 정신으로 무장된 인재를 양성하여 그 사회전반을 기독교 정신으로 개량해야 한다.[5] 한국 여성선교사들의 사역 만족도는 대개 신학교, 교회, 중고등학교 종교시간에 성경을 가르치는 데 있다. 전문인 사역자로서 비자받기가 어려운 나라에는 성경 외에 컴퓨터, 영어교사 및 음악교사 등으로 선교지에 입국이 허락되므로 여성선교사들은 사역의 전문성을 개발해야 한다. 여성과 아이들, 고아들을 위한 학교, 유치원 및 선교원, 노동자들을 위한 성경학교, 선교사 자녀학교, 여성 성경공부 그룹 및 성경학교, 주일학교 사역, 장애자 학교, 중고등학교, 대학교, 단기학교, 가정 성경교실, 기숙사 사감, 영어, 한국어 등을 가르치는 언어학원, 신학교, 일반대학 교수, 중고등학교 교사들을 가르치는 사역, 목회자들을 재교육하는 프로그램(TEE), 캠퍼스 사역, 목회자 세미나 인도, 성경 통신과정, 교사훈련, 의과대학, 선교사 자녀학교(MK) 교사, 농업분야, 컴퓨터, 양재, 사진, 미용, 전통공예, 재봉, 제빵 등을 가르치는 직업훈련학교를 세우고 특별히 언젠가는 선교사가 선교지를 떠날 때를 대비하여 현지인들이 선교사가 떠난 이후에도 사역을 계속할 수 있도록 현지인 사역자를 양성해야 한다. 여성선교사들은 행정적인 사역보다는 전도, 교회학교, 어린이 사역 등에서 활동하므로 계속적인 충전과 개발이 필요하다.

둘째, 건강관리 및 건강보조사역이다. 이 분야의 봉사들은 매우 많고 다양하다. 정형외과, 치과, 안과, 신경외과, 산부인과, 간호사, 조산원, 의과 대학생, 임상의사, 노동기술자, 치과 보조사, 예방의학 등 이 분야에 있어서 그 목록은 셀 수 없을 정도이다.

셋째, 무슬림 여성을 위한 사역이다. 무슬림 여성들은 서구 가정에서 일어나는 낙태, 난잡한 성생활, 부모를 존중하지 않는 것, 노인을 방치하는 것 등에 대해 들으면 매우 놀란다. 대영제국 시대의 절정 때에도 여성선교사들은 종종 현지 여성들과 함께 살면서 밀접한 관계를 형성하며 사역했다. 여성 사역이 단지 지성에만 호소한 적은 결코 없었다. 그것은 언제나 육체와 마음과 영혼을 다 포함하는 총체적인 것이었다.[6]

넷째, 인터넷 웹 디자인 및 방송사역 등의 사역이다. 인터넷 웹 디자이너는 인터넷을 사용하기 쉽도록 디자인하는 전문 직업이다. 이들은 홈페이지의 문자, 그림, 동화상, 음성들을 재가공하고 다듬어 이용자들이 내용을 알기 쉽도록 만드는 일을 한다. 21세기는 IT 시대이며, IT의 산물 중에 인터넷이 가장 돋보인다. 인터넷이 사회전반에 핵심단어로 등장하였고 세계 인터넷 인구가 13억 정도이다. 선교지의 기업 및 단체들이 인터넷에 홈페이지를 개설하면서 웹 디자이너의 수요가 크게 늘어나고 있다. 특히 선교지의 교회나 기독교단체들의 인터넷 홈페이지를 디자인하여 줌으로 큰 호평을 받고 있다.

시나리오(방송)작가, 아나운서, 프로그램 계획자, 방송조정자, 단파방송 운영자로도 활동한다. 번역, 문서사역, 방송사역, 문화 예술 및 음악, 전도 영화 상영, 라디오와 녹음사역 등을 할 수 있다. 텔레비전과 라디오가 사람들의 생활과 사고방식에 미치는 위력은 크다. 특히 노인들과 남녀 성인, 어린아이들은 텔레비전과 라디오 앞에서 하루 일과 중 많은 시간을 보낸다. 국내 텔레비전의 인기 드라마 작가들이 대부분 여성이듯이, 은사가 있는 여성선교사들이 시나리오 작가 등 방송에 다양하게 참여하는 것은 바람직하다.

다섯째, 기독교 음악사역이다. 특히 노래는 국제 언어(International language)이다. 노래를 싫어하는 민족은 거의 없다. 다만 선교지의 문화에 따라 여성들이 노래를 부르는 장소와 상황이 다를 뿐이므로 이를 고려하면 된다. 여성선교사가 현지 언어가 아직 익숙지 못했을 때에도 현지 여성들이나 어린아이 앞에서 노래를 불러주면 무척 좋아한다. 따라서 어떤 여성선교사는 특별히 음악교육에 은사를 받아 뮤지컬 그룹을 조직하고, 운영하며, 작사 작곡 등에 종사할 수 있다. 복음 성가를 녹음하여 배급하거나, 주일학교 교사나 아이들에게 음악을 가르치거나 현지인 학교에서 음악교사로 봉사할 수 있다.

여섯째, 상담사역이다. 그리스도인 심리학자, 정신 치료사, 평신도 상담자로 여성선교사는 일할 수 있다. 전 세계 어느 나라에 가든 사람이 있는 곳에는 문제가 있고 사람들은 그 문제를 해결하기 위하여 때로는 누군가와 그 문제를 나누며 올바른 인도를 받기 원한다. 여성선교사는 여성 특유의 섬세함으로 문제를 잘 들어주며, 문제의 근원을 파악하여 피상담자가 하나님 앞에서 올바른 결정을 하도록 도와준다.[7]

일곱째, 행정사역이다. 여성들도 비서나 행정직 위치에 임명되어 선교지에서 팀장이나 대표로서, 선교지 이사회의 행정을 담당한다. 선교사가 선교지에서 장기적으로 팀사역을 하다보면 많은 경험과 일에 대한 새로운 안목을 갖게 된다. 이런 경우에 여성선교사가 행정 사역에 필요한 훈련과 은사가 있으면 그들 고유의 세심함과 따뜻함으로 행정 일을 보다 효과적으로 할 수 있다.

여덟째, 스포츠 분야 사역이다. 에어로빅, 체육 강사, 수영, 태권도, 탁구, 농구, 배드민턴 등의 스포츠 분야 전문가로 사역할 수 있다. 선교사로 파송되기 전에 스포츠 대회에 출전하여 상장을 받았다거나 스포츠 분야에서 전문가로서 자격증이 있으면 선교지에서 유용하게 사용될 수 있다.

아홉째, 교회개척, 사회사업 및 구제, 여성 성경학교 등의 사역이다. 여성들은 기독교 사역에서 대단히 광범위한 일을 해왔다. 그들의 사역은 복음전도와 교회개척에서부터 성경을 번역하고 세미나에서 가르치는 것까지 다양하다.[8]

2. 여성선교사의 사역을 위한 제안

하나님은 그리스도인 여성들을 부르셔서 선교현지에서 사역할 수 있도록 은사와 능력을 주신다. 하나님이 주신 은사를 좀 더 효과적으로 사용하기 위하여 여성선교사가 준비해야 할 부분이 다양하게 있다.

첫째, 기본적인 신앙과 신학훈련이 되어야 한다. 선교에 대한 헌신과 열정만 가지고 너무 준비 없이 선교지로 가기 때문에 사실상 선교지의 필요에 도움을 주지 못하는 경우가 있다. 선교훈련을 받지 않은 선교사가 파송되었을 때 그 선교사는 자신뿐만 아니라 자신이 속한 선교단체와 현지에 있는 다른 선교사들, 나아가서는 현지인들에게까지 어려움을 줄 수 있기 때문에 선교사의 선교훈련은 절대적으로 필요하다.

모든 장기선교사가 신학교나 신학대학교를 꼭 졸업해야 하는 것은 아니다. 평신도 장기선교사는 선교사로 나가기 전에 신학교나 신학대학교에서 일 년 정도 수업을 받는 것도 좋다. 그러나 장기선교사로 헌신하려 하고 신학교육이나 신학교에서 가르치는 사역에 관심이 있는 자는 목회학 석사(M. Div.)나 신학석사(Th. M.)정도의 학위가 있어야 한다. 21세기에는 복음이 많은 나라에 이미 들어갔기 때문에 현지인 지도자 양성을 위한 학위를 가진 고급 인력의 선교사를 필요로 한다.

둘째, 영어와 현지어에 능숙해야 한다. 선교지에서는 대부분 2개(현지어, 영어) 이상의 언어를 구사하게 된다. 여러 나라에서 온 선교사들과 협력하며 전략을 세우고 친교를 할 때 영어를 쓰게 되므로 21세기 국제화 시대에 의사소통에 불편함이 없기 위해서는 영어에 능숙해야 한다. 선교사가 외국인에게 영어를 가르치는 영어프로그램 TESOL(Teachers of English to speakers of other language)교사 자격증이 있으면 사역에 효율적으로 사용할 수 있다. 영어가 국제어로서 인기가 높으므로 선교지에서 영어공부반을 통해 많은 여성들을 접촉할 기회를 가질 수 있다. 또한 선교지의 언어는 더욱 능숙해야 한다. 선교에 있어서 언어는 필수적인 강력한 무기이다. 선교는 사람의 말로 하는 것이기 때문이다. 결혼이 의무이기도 한 이슬람 문화에서는 외국 여성이 특별한 전문적인 일도 없이 혼자 살면 오해를 받기 쉽다. 독신을 이해하지 못하는 대부분의 현지인으로부터 "왜 결혼하지 않았느냐?", "남편이 어디 있느냐?"는 질문을 독신 여성선교사가 받게 되는데 이런 상황에 독신 여성선교사들이 현지어로 능숙하게 설명하지 못하면 오해받기 쉬우므로 현지어에 능숙해야 한다.

셋째, 전문직 사역을 개발해야 한다. 선교사로서 전도와 양육은 기본적으로 해야 한다. 이것들을 포함하여 자기의 은사를 따라 전문직을 개발해야 한다. 하나님께서 자신을 통해 하시고자 하는 사역이 무엇인지 잘 분별하여 사역의 열매를 맺을 수 있도록 다양한 경험을 가질 필요가 있다. 21세기는 전문인의 시대이다. 선교지의 필요에 부응하여 그 방면의 사역을 개발시키며, 이에 걸맞은 전문성을 갖추어야 한다. 여러 가지 일을 잘 할 수 있는 것도 좋으나 그 중에서 효과적으로 열매를 거둘 수 있고 자신이 잘 감당할 수 있는 한 가지 일을 집중적으로 개발하는 것은 더 중요하다. 은사와 더불어 숙련된 기술 등을 여성선교사는 사역을 위하여 끊임없이 개발해야 한다.

넷째, 현지인 교회 지도자들과 올바른 교제를 할 수 있어야 한다. 선교사들은 선교지에서 군림하면 안 된다. 선교사가 있는 곳의 현지인 지도자들을 존중해주는 의미로 자신이 선교지에 도착하면 그곳 지도자들에게 자기를 소개하여 선교사가 일방적으로 무엇을 가르치고 주장하러 온 느낌을 주지 않도록 해야 한다. 독신 여성선교사들이 성공적인 선교사역과 교회개척을 할 수 있었던 것은 토착교회의 지도자들과 긴밀한 관계 속에서 사역을 했기 때문인 것으로 선교 역사에서 찾아 볼 수 있다.

다섯째, 동역자들의 사역업무를 파악해야 한다. 여성선교사가 혼자 하는 사역도 있지만 단독 선교를 한다고 해도 그 사역지에는 대부분 국제선교단체나 다른 선교사들이 있으므로 이들과 직접 또는 간접으로 협력하게 되는데 자신과 다른 선교사의 책임, 업무, 자격, 역할 분담, 사역관계, 장소, 작업환경 등을 파악함으로써 서로를 더 잘 이해하며 협력할 수 있어야 한다. 이는 각 선교사가 자기 자신의 역할과 위치를 잘 파악하므로 직무 유기나 월권행위를 하지 않기 위함이며, 서로 다른 관점을 상호존중하기 위함이다.

여섯째, 선교지의 역사, 문화, 법과 예의범절 등을 기본적으로 공부해야 한다. 선교지에 빠른 시간 내에 적응하기 위해서는 그 나라에 대한 전반적 상식이 있어야 한다. 선교지와 그 주변의 역사적 고찰은 현지인들을 이해하는 데 큰 도움이 된다. 몇 백년 또는 몇 천년 동안 내려오는 현지인들의 역사 속에 잠재해있는 민족 감정과 의식구조를 이해함이 필요하다. 현대사를 알면 현지인들을 더욱 쉽게 이해하며 적응할 수 있다. 예절을 배우므로 현지인에게 친근하게 다가갈 수 있다. 그래야 그들이 이해하는 방식으로 복음을 전할 수 있다. 예를 들어, 이슬람 문화에서는 잘 모르는 손님이라도 차나 음식을 대접한다는 것을 선교사는 상식적으로 알아야 한다. 이슬람 국가에서 손님 대접은 가장 중요한 문화 중 하나이며 식사에 초대 받으면 응하는 것이 예의이다. 이외에 선교지에서 다른 나라에서 온 선교사들과도 때로는 협력하며 어울려야 하므로 국제적인 매너와 교양을 갖추어야 한다.

일곱째, 파송 받은 선교 지역에서 충실해야 한다. 순회선교사로 부르심을 받지 않았다면, 처음 적응 기간부터 선교지에서 이리 저리 옮겨 다니지 말고 한 곳에서 그곳 언어와 문화와 사역에 익숙할 때까지 충실해야 한다. 자기의 사역지가 아닌 곳에도 필요하면 방문할 수 있으나, 선교지에 적응하기 전에 너무 많이 움직이면 혼돈을 가져오므로 적응 기간을 연장시킬 수 있다.

여덟째, 팀사역에 있어서 실제적인 조화를 이루는 자가 되어야 한다. 여성선교사들은 선교지에서 다른 선교사들과 연합하여 팀사역을 하게 되는 경우가 있다. 팀사역에서 다른 선교사들을 동역자요 지체로 생각하여 그들의 은사와 인격을 귀중히 여길 줄 알아야 한다. 한국인은 단일문화권에서 성장하였기 때문에 자기와 다른 기질을 가진 사람에게 적응하기가 쉽지 않으므로 끊임없는 대화를 통해 서로 이해하고 존중하며 한 마음으로 일치해 나가야 한다. 또한 팀사역의 실제에서 자기의 은사를 따라 잘

할수 있는 분야가 있어야 한다. 예를 들어, 성경을 가르칠 수 있다거나, 전도훈련을 시킬 수 있다거나, 음악을 가르치거나, 또는 팀원이 이동할 때에 차를 운전한다거나 팀사역에 유용성 있는 사역자가 되도록 훈련된 자가 되어야 한다.

아홉째, 컴퓨터, 운전, 위생, 미용, 요리, 양재 훈련을 받는다. 선교지에서 선교사 자신의 업무와 기록을 위하여 컴퓨터를 사용할 수 있으면 편리하다. 선교사 비자를 내주지 않는 선교지에서 컴퓨터 교사로 비자 연장을 받을 수도 있다. 현지인 지도자나 제자훈련생들을 초대하여 식사를 대접하기 위해서는 요리나 운전에 익숙해야 한다. 현지인들을 초대할 때에 결혼한 사람은 부인과 함께 초대한다. 선교사 자신을 위한 미용과 양재 기술이 필요할 뿐만 아니라 대부분의 여성들은 자신의 외모에 관심이 많으므로 현지인 여성들에게 미용, 양재기술들을 가르쳐주면 그들과 쉽게 가까워질 수 있다.

열째, 교육과 사회사업에 관한 경험과 상식을 쌓는다. 국내에서 선교사로 준비하는 동안 유치원, 학교, 고아원, 양로원을 방문하여 운영에 관한 훈련을 받는다. 대부분의 나라는 사회 복지 시설이 낙후되어 있다. 선교사는 평화봉사단으로 선교지에 가 있는 것이 아니나 고아원이나 양로원 등을 운영하는 동안 봉사를 통해 예수 그리스도의 사랑을 체험토록 한 후에 복음을 전하면 효과적이다.

3. 여성선교사가 선교단체에 대해 미친 영향력

20세기 세계선교에 큰 공헌을 하고 있는 세계적인 선교단체들을 통해 여성선교사들의 기여도를 살펴보고자 한다. 많은 선교단체에서 여성사역자의 숫자는 무시할 수 없는 큰 비중을 차지하지만 네 선교단체만을 대표로 소개한다.

1) 인터서브 코리아(INTERSERVE Korea)선교회

인터서브 선교회(INTERSERVE International)는 세계에서 가장 긴 역사를 가진 초교파 국제선교단체중에 하나이며, 전문인(Professional) 선교단체로서 협력사역을 주로 한다. 1852년 3월 1일 부유한 은행가의 아내인 메리 키너드(Mrs. Mary Kinnaird)여사가 인도에 여학생들을 위한 캘커타 교원양성학교(The Calcutta Normal School)를 세워 인도의 여성과 어린이 사역을 위해 제나나(Zenana Mission) 선교회가 창립되었다.[9] 영국에서는 '제나나 성경선교회'(ZBM-Zenana Bible Mission)로도 알려졌다. 이것이 인터서브의 모태가 되었다. 거의 동시에 뉴욕의 사라 도레무스 부인(Mrs. Sarah Doremus)은 미혼여성들로 구성된 '여성연합선교사회'(WUMS-Women's Union Missionary Society)를 결성했다. 이들은 아시아의 여성들에게 교육사역과 의료사역을 통해 다가갔다. 1976년 양 대륙으로부터 두 단체의 통합이 이루어졌으며,[10] 국제선교단체의 면모를 갖추게 되었다.

19세기는 총체적 선교(holistic ministry)라는 용어가 알려져 있지 않았다. 그러나 제나나 선교회는 인도 여성들을 단지 구원받아야 할 영혼이나 혹은 교회를 세우기 위한 숫자로서가 아니라, 하나님께서 그들의 교육, 사회, 경제, 의료상의 모든 필요에 대하여 돌보신다는 믿음으로 그 여인들이 예수 그리스도를 주인과 구세주로서 관계를 맺고 사는 일까지 인도하기를 원하였다. 그 당시 여성선교사들은 위험을 감수하며 사역에서 사용할 새로운 기술을 발전시켜 나갔다. 이런 이유로 150여년이 지난 현재, 여러 리더십 직책을 포함하여 인터서브 내에서 여성들의 사역과 은사는 계속적으로 높은 가치를 두고 있다.[11] 1980년에 들어와 서남아시아와 중동의 문화적 정치적 변혁기를 맞이하여 선교사 입국거부가 일어나자 1987년 International Serve Fellowship으로 변경, 사역을 더욱 확대해 오늘의 면모를 갖추었다. 인터서브의 설립취지와 목적은 세계 교회와의 파트너십을 통해 아시아와 아랍세계의 필요가 가장 큰 사람들에게 총체적인 사역을 통해 예수 그리스도를 알리는 것이다. 한국인터서브는 1990년 12월에 창립되었다. 한국선교사들은 자신의 전문인 사역에 전념함과 동시에 전도와 제자 양육과 교회사역에 참여하고 있다.[12]

2) OMF(Oversea Missionary Fellowship)선교회

1865년 OMF(Oversea Missionary Fellowship)의 전신인 중국내지선교회(CIM)는 중국대륙의 복음화를 위해 허드슨 테일러에 의하여 창설되었으며 그는 오랫동안 지도자로 사역하였다. 1940년대 후반에 들어서면서 공산군은 남부를 온통 승리로 휩쓸었고, 1949년부터 1952년 사이에 중국내지선교회의 멤버는 한 사람도 남김없이 다 중국에서 축출 당하였다. 이로 인하여 1964년 중국내지선교회(CIM)는 국제본부를 중국에서 싱가폴로 옮기고 OMF로 명칭을 바꾸었다. OMF는 국제적이고 초교파적이며 성경의 모든 권위와 영감을 신뢰하는 기관이다. OMF의 설립취지는 동아시아의 신속한 복음화를 통해 하나님을 영화롭게 하는 것이다.

허드슨 테일러는 중국의 경우 자라나는 세대들에게 도덕적 면과 종교적인 면에서 더 큰 영향력을 미칠 수 있는 것은 남성이 아니라 여성이라고 믿었다. 그리고 중국 여성들에게 복음을 가지고 들어갈 수 있는 최적의 사람들은 그들과 똑같은 여성 그리스도인들이라고 생각했다. 1879년 그는 「차이나 밀언즈」를 통해 "주님은 중국의 여성사역자 수를 열 배나 증가시켜주셨다"고 말했다.[13] 예를 들면, 1935년부터 1950년까지 중국내지선교회(현재 OMF)에서 결혼하지 않은 남성은 단지 두 사람이고, 나머지 수백 명은 독신 여성선교사들이었다.[14] 실제로, 중국내지선교회의 초기 사역에 있어서 중국을 질주했던 무리는 15명의 모집인원 가운데 7명이 독신 여성이었다. 현장에서의 독신 여성은 종종 다양한 업종에서 전도자로서 일했고 큰 지역에서 직접 교회를 계획하고 세우는 일 등을 남성 감독자 없이 담당하였다. 허드슨 테일러는 많은 수의 독신 여성을 포함한 안수받지 않은 평신도들을 모았다.

허드슨 테일러는 특히 미혼 여성들이 섬기는 사역을 많이 하도록 하였다. 중국내지선교회의 사역 첫 십 년 동안 중국 안에서 가장 훌륭한 전도 여행자 가운데 몇 사람이 여성이었다. 그들은 몇 달 동안을 마차로 여행했으며, 마침내 변두리에 있는 맨 끝 도시에 이르곤 하였다. 그러한 방법으로 그들은 훈련받지 못한 그리스도인 그룹을 위한 성경공부를 하였다. 중국 땅을 밟게 된 결의에 찬 프리실라(훗날 WEC국제선교회의 창설자 C. T. 스터드와 결혼함)와 3명의 독신 여성선교사들은 사람들의 온갖 방해 속에서도 겁내지 않고 담대하게 사역을 해나갔다.[15]

OMF는 1895년부터 독신 여성선교사들을 사역현장에 투입시켰으며 오늘날에도 모든 사역의 분야에서 여성들에게 남성과 균등한 조건하에서 사역에 전념하고 있다. 남성의 두배에 달하는 여성들은 교회개척, 신학교나 성경학교 사역, 언어훈련 조력자, 행정에 남성과 똑같이 참여하고 있으며 특별히 행정사역과 관련하여 현지 이사회의 이사로도 선출되어 활동할 수 있는 권리를 부여받고 있다. 허드슨 테일러는 독신 여성을 전임 선교사로 받아들이는 것에 대한 많은 장벽이 되는 풍습, 문화, 편견을 무너뜨렸다. 1981년 아써 글라스(Arther Classer)는 중국을 방문한 후에, 중국 가정교회 리더의 85%가 여성들인 것은 중국의 공산주의 아래에서 OMF 여성선교사들이 모델이 되었기 때문이라고 믿었다.[16] 한국 OMF는 1980년에 설립되었다.

3) WEC(Worldwide Evangelization for Christ)국제선교회

WEC(Worldwide Evangelization for Christ)국제선교회는 영국인 C. T. 스터드 (Studd)가 1913년 아프리카 오지인 지금의 자이레에 아프리카 심장선교부 (Heart of Africa Mission 후에 1919년 WEC으로 개명함)를 창설함으로써 시작되었다. C. T. 스터드는 사역 초기에 주로 여성에 의존하는 선교를 했다. 대부분의 경우에 있어서 독신 여성들의 희생과 승리가 결혼한 자매들의 경우보다 더 많았다. 1930년대 초기 아프리카 사역자였던 노만 그룹은 독신 여성선교사들의 사역을 다음과 같이 기록하였다.

남자가 부족한 지역에서는 처녀 선교사들이 마을을 돌아다니며 긴 복음전도 여행을 한다. 어떤 지역에서 '뱃속에 백 명의 토인'을 집어넣었다고 존경 받는 가장 악랄한 식인종이 그의 마을을 방문한 어떤 처녀 선교사에 의해 그리스도께 인도되었다. 가장 번성하는 선교지 두 곳은 회중이 500명에서 때로는 1,500명까지 모이는데 처녀 선교사들만 사역하는 곳이다. 몇몇 지역에서는 사역자가 두 명뿐이며 선교회의 기본 취지가 둘씩 함께 일하는 것임에도 불구하고, 현지로 더 깊이 들어가 새로운 지역에 복음을 전하기 위해서

자원하여 서로 헤어져 사역하기도 했다.[17]

C.T. 스터드에 의하여 설립된 WEC국제선교회는 복음주의적 국제 선교단체가 되었다. C.T.스터드의 부인 프리실라(Priscilla)는 개인적으로 소명을 받고 선교사로서 중국에 와서 스터드를 만나 결혼하였다. 그는 남편을 따라 선교지에 온 것이 아니었다. 그는 남편과 똑같은 비전과 열정을 가지고 미전도 지역에 복음을 전하기 위해 전 생애를 드렸다. 1929년 1월 5일 프리실라가 사망하였을 때에 WEC은 그 개척자요 창립자를 잃은 것이다. 아마도 프리실라가 없었다면 WEC은 존재하지 않았을 것이다.[18]

WEC국제선교회의 설립취지는 전 세계 미전도 지역에 교회를 개척하는 것을 최우선 목표로 삼아 다양한 국가와 민족 출신의 선교사들이 팀을 이루어 활발히 사역하고 있다. 한국 WEC은 1997년에 설립되었다.

4) UBF(University Bible Fellowship대학생성경읽기)선교회

국내에서 자생하여 세계적인 선교단체로 성장한 대학생성경읽기(UBF : University Bible Fellowship)선교회는 파송선교단체 중 가장 많은 세계선교사를 파송한 단체이다.

1961년 전라도 광주에서 고 이창우 목사와 미국 남장로교 소속 사라 배리(Sarah Barry) 선교사에 의해 창립된 UBF는 4·19와 5·16 직후의 배경 속에서 대학생들에게 복음을 전해 성경을 읽게 하고 말씀대로 살도록 도와 예수님의 지상명령을 실천한다는 목적으로 창립되었다. '성서한국, 세계선교'라는 동기로 성경공부와 기도모임을 시작했던 UBF는 지금도 변함없이 목적에 충실하고 있다.

　UBF의 설립취지는 한국과 전 세계 대학생 및 청소년들에게 예수 그리스도의 복음을 전파하며, 주와 복음을 위해 헌신하고, 사회와 국가에 이바지 할 수 있는 예수님의 제자들과 전문인 자비량 선교사들을 양성하여 전 세계에 파송하는 세계선교에 그 목적을 두고 있다. 이를 위하여 일대일 성경공부와 소그룹 성경공부를 통해 개인 지도식으로 이뤄지는 성경공부로 말씀을 삶 속에 적용하며 그리스도의 참된 제자가 되는 과정을 배운다.

　UBF 선교사들은 대학과 대학원 시절부터 체계적인 성경공부는 기본이며 졸업 후 직업을 가지면서 2년 이상 신앙기초훈련, 제자양육, 자비량전문인 선교사 준비, 현지 언어 및 타문화 연구 등 훈련을 받는다. 그 후 최종적으로 본부 선교센터에서 2개월 간 집중 훈련을 받고 파송된다.

　UBF 선교 정책은 전문인 자비량 선교사 양성이므로 파송 선교사들은 직업을 가지고 자비량으로 선교사역을 감당해야 한다. 1969년 간호사가 서독으로 제1호 선교사로 파송되었다. 1969년 외화를 벌기위해 독일로 간호사를 파견한다는 소식이 알려지자 UBF는 3명의 간호사를 7일간의 선교사 훈련을 시켜 손으로 쓴 선교사 파송장을 주고 보냈다. 이것이 UBF 해외선교의 시작이었다. 지금까지 파송된 선교사들은 모두 직업을 가진 장기 선교사들로 이루어져 있다.

　21세기에 전문인선교가 새로운 선교 전략으로 떠오르면서 UBF 선교사들이 관심의 대상이 되고 있다. 이들은 전문인 또는 유학생 선교사로서 약 300여 명이 박사(Ph. D.)학위를 가진 선교사 또는 교수로 사역에 참여하고 있다. 현지인들이 제자훈련을 받은 뒤 선교사의 소명을 받고 제3국으로 파송되는 등 전 세계에서 선교 열매를 맺고 있다. 2008년 12월 현재 한국인 선교사 1,567명이 국내외에서 사역하고 있다.[19]

03

World Mission and Korean Women in Mission

한국 독신 여성선교사의 생활과 역할

하나님은 세계복음화를 원하시며 이를 위하여 남녀노소, 빈부귀천, 결혼유무에 관계없이 믿음으로 헌신된 자를 통해 그 뜻을 이루신다. 성경은 이러한 하나님을 우리에게 소개하고 있으며, 또한 성경 안에 나오는 인물들은 오늘날 우리들에게 모범이 된다. 이처럼 하나님께 쓰임 받았던 인물들 가운데 여성이 차지했던 역할에 대한 이해를 얻기 위하여 먼저 성경이 독신에 대하여 무엇을 말하는가를 이해할 필요가 있다.

1. 독신에 대한 성경적 이해

독신자는 하나님의 형상에 따라 지음 받은 온전한 인간이며(창 1:26), 하나님의 영광을 위하여 창조된 자이다(사 43:7). 독신이 비정상적인 것은 아니다. "너희가 먹든지 마시든지 무엇을 하든지 다 하나님의 영광을 위하여 하라"(고전 10:31)는 성경 말씀은 그리스도인의 모든 행동에 대한 시금석이 될 것이다. 그리스도인이 결혼을 하든지 안 하든지 하나님의 영광을 위해 선택받은 것이라면, 독신도 그분께 영광이 될 것이다.

결혼은 인간 생애에 대한 하나님의 궁극적인 뜻이 아니다. 인간을 향한 하나님의 궁극적인 뜻은 우리 안에 그리스도의 형상을 이루는 것이다(롬 8:29). 하나님께서는 우리 안에 그의 아들의 형상이 나타나도록 하기 위하여 우리의 의지와는 관계없이 우리의 삶 속에 때로 불같은 시련을 허락하신다. 그러므로 그리스도인은 결혼의 유무에 관계없이 각자의 부르심 안에서 하나님의 궁극적인 뜻을 이루어야 한다. 이 세상에서 살아가는 동안에 독신이나 결혼한 그리스도인에게 궁극적인 결혼은 요한계시록 19장에 묘사한 어린양과 교회의 혼인잔치이다.

독신생활은 거절당함을 뜻하지 않으며, 사회적으로 정상에서 벗어난 형태가 아니다. 독신생활은 치욕도 아니며, 사회적 병폐도 아닌, 하나님에 의하여 선택된 것이다(마 19:11). 선택은 축복만을 받기 위한 것이 아니고 봉사를 위한 것이다. 하나님의 축복은 저장하기 위함이 아니고 나누기 위한 것이다.[1] 독신은 하나님의 은혜요 그의 나라를 위한 특별한 헌신이며(마 19:12), 결혼과 똑같이 명예로운 것이다.

독신은 결혼과 같이 하나님의 은사(고전 7:7)로서 특별히 하나님을 섬기기 위한 은사(gift)이다(고전 7:32~35). 하나님의 부르심과 은사에는 후회함이 없다(롬 11:29). 하나님은 독신으로 부르신 자에게 그 부르심을 감당할 은사도 주시는 분이시다.

독신생활은 그리스도 안에서 하나님의 목적하심을 발견할 수 있는 특별한 기회를 제공한다(렘 1:5; 시 139:13~16; 고후 4:7). 성경은 분명히 독신자가 세상적인 방해물 없이 주님을 섬길 수 있는 특권을 가지고 있으며, 독신생활이 하나님의 목적을 이루고 그를 섬기는 데 더 유익이 있음을 말하고 있다. 이를 통해 독신자가 하나님의 뜻 안에서 그 자신의 정체성에 대하여 감사하며 확신을 가지고 사역을 감당할 수 있다.[2]

독신은 하나님께서 세계를 가장 아름답게 재생시키는 데 선봉장으로 활용하시는 하나님의 힘 있는 군대의 한 부분이다(고전 12:14~18). 하나님은 독신자의 능력, 재능, 기술과 경험을 세계를 변혁시키는 데 사용하시기를 원하신다. 느헤미야 3장 12절에는 열심 있는 딸들이 예루살렘 성벽을 중수하는 힘든 일에 참여하였다고 기록되어 있다.

인생에 눈물과 고통이 있지만, 독신을 향한 하나님의 생각은 다른 그리스도인들처럼 평안과 장래에 소망을 주는(렘 29:11) 풍성한 삶이다(요 10:10). 예수님께서 "내 양은 내 음성을 들으며… 저희는 나를 따르느니라"(요 10:27)고 말씀하셨다. 이 말씀은 독신이 목적지 없이 도처를 헤매며 다니는 것이 아니라 하나님의 완전한 뜻 안에서 주님을 따르는 것을 의미한다. 하나님은 독신 자녀도 결혼한 자녀만큼 사랑하시며(요 3:16), 그분의 은혜를 족하게 주신다.[3] "거룩하게 하시는 자와 거룩함을 입은 자들이 다 하나에서 난지라 그러므로 형제라 부르기를 부끄러워 아니하시고…"(히 2:11~13)라는 말씀에서 알 수 있듯이 독신이나 결혼한 자나 주 안에서 형제로서 하나이며 하나님은 독신이나 결혼한 자나 편애하지 않고 동등하게 대하신다. 예수 그리스도 안에서 독신과 결혼 모두 마음에 기쁨이 있다.

하나님께서 유다에 임할 심판으로 인하여 예레미야에게 결혼하지 말라고 하셨다(렘 16:1~4). 오늘날 위험한 지역과 정치적으로 매우 불안한 지역으로 하나님의 부르심을 받은 자들은 결혼과 독신을 심각하게 고려해야 한다. 위험하고 불안정한 지역에 부부선교사와 자녀들이 들어간다면 때로는 선교사역 보다 가족의 안전이 우선적으로 고려되어야 하므로 선교사역은 뒷전으로 밀려나게 될 수밖에 없다.[4]

예수 그리스도와 이방인의 사도 바울 역시 독신(고전 7:7)이었다. 예수 그리스도께서 세상에 오셨을 때에 "…하나님의 뜻을 행하러 왔나이다"

(히 10:7)라고 성경은 기록했다. 그리스도는 지상에서 하나님의 뜻을 행하기 위하여 독신으로 지냈다. 독신은 예수 그리스도를 본받는 것에 그 뿌리를 두고 있다. 예수 그리스도는 독신생활을 통해 하나님의 뜻을 이루었을 뿐만 아니라, 세상에 살았던 사람 중에 유일하게 온전한 사람이었다. 예수님 자신이 독신으로 살며 일을 하시는 것이 더 낫다고 보신 사실은 의미심장한 것이다. 결혼은 그의 생애의 최고 목표를 이루는 성취가 아니었다. 독신자가 주님과 자신을 동일시하여 볼 수 있다는 것은 특권이다.[5]

바울이 다메섹 도상에서 처음으로 주님을 영접한 때부터 많은 결실을 맺었던 생애의 마지막까지, 그의 최대 관심사는 하나님의 뜻을 행하는 것이었으며, 그의 모든 계획은 이 위대한 목표에 초점이 맞추어져 있었다.[6] 바울은 결혼의 속박 없이 자유롭게 산다면 훨씬 더 온전한 마음으로 자기에게 맡겨진 사명을 성취할 수 있다는 것을 알고 있었다.[7]

넓은 의미로 사람은 누구에게나 독신의 시기가 있다. 결혼한 사람이라 할지라도 결혼하기 전에는 독신의 상태이며 부부가 동시에 세상을 떠나지 않기 때문이다. 결혼한 사람도 하나님의 심판 앞에 설 때에는 혼자임을 명심해야 한다(롬 14:12). 결혼도 독신도 일시적인 상태다. 천국에는 결혼제도가 없기 때문에 우리는 모두 "천사들과 같이" 될 것이다(마 22:30). 이것은 하나님께서 땅에서 축복해 주시는 한 남성과 한 여성 사이의 독점적인 관계가 천국에서는 계속되지 않는 일시적인 상태라는 의미로 보인다.[8]

성경은 천하에 기한이 있고(전 3:1) 모든 목적과 모든 일이 이룰 때가 있다(전 3:17)고 말씀하지만, 성경 어느 곳에서도 사람이 몇 살에 결혼해야 된다고 말하지 않았다. 지금의 환경 아래 놓였기 때문에 지금이라는 때를 감사하며 힘 닿는 데까지 섬기기 위해서 독신으로 사는 것이다. 특히 '지금'이라는 말을 강조한 것은 남성에게나 여성에게나 마찬가지로 결혼 적령기라는 것은 없다는 것이다. 적령기라는 것은 그 사회의 관습에 의한 숫자에 지나지 않는다. 40, 50이 지났어도, 하나님이 풍요로운 결혼생활을 할 수 있도록 인도해 주신다면 그때가 두 사람에게 있어서 진정한 결혼의 적령기인 것이다.[9] 다시 말하면 독신선교사는 하나님의 뜻 가운데 평생 독신으로 지내겠다고 독신서원을 하지 않았다면, 언제나 결혼할 가능성이 있음을 시사한다고 하겠다.

2. 독신(single)으로 부르심의 의미

"내가 누구를 보내며 누가 우리를 위하여 갈꼬?" 그때에 내가 이르기를 "내가 여기 있나이다! 나를 보내소서"(사 6:8)에서 이사야가 하나님의 소명을 받는 장면이 그려져 있다. 하나님은 하나님의 사역을 위하여 남성들과 마찬가지로 여성들을 부르신다. 하나님은 추수할 현장의 어느 부분이건 그들 각자를 최대한으로 어떻게 쓰실 수 있는지를 가장 잘 아시기 때문이다.

어떤 여성은 일찍 하나님으로부터 독신으로 명확한 부르심을 받는다. 종종 독신은 매우 긍정적인 면이 있음에도 불구하고 부정적으로 비추어질 때가 있다. 하나님은 어떤 여성들을 독신으로 부르셔서 헌신토록 하신다. 하나님은 오직 독신 여성만이 할 수 있는 사역을 국내나 해외에 가지고 계신다.[10] 이것은 독신선교사들이 결혼한 선교사들보다 신앙 인격이나 사역 면에서 뛰어나다거나 이들 스스로가 문제점을 지니고 있지 않음을 전제로 하는 것은 아니다.[11] 그러나 독신선교사는 결코 비정상인이거나 인생의 정도에서 빗나간 사람이 아니다. 결혼은 대부분의 여성들에게 있어서 보편화된 환경이다. 독신 역시 그리스도의 지도력과 모범 아래에

서 훈련 과정을 마쳐야 할 인간적인 환경의 하나인 것이다.[12]

결혼은 남성과 여성 사이의 애정 문제만이 아니라, 인생의 주관자이신 하나님과 인간의 문제이다. 어떤 사람은 자기는 결혼해서 행복하므로 결혼을 안 한 사람은 불행하다고 생각하고, 이와 반대로 어떤 사람은 독신이기 때문에 행복하고 결혼한 사람은 여러 가지 복합적인 문제 가운데 있으므로 불행하다고 생각하기도 한다. 그러나 그리스도인은 결혼해서 행복하고 독신이라 불행한 것도 아니고, 그 반대도 아니다. 오직 하나님의 뜻에 순종하는 삶을 살 때에 행복한 것이다. 독신 여성들이 기억해야 하는 것은 독신이 부르심인 것처럼 결혼도 부르심이지 상급은 아니라는 점이다.[13] 결혼과 독신 중에 어느 것이 더 나은가의 문제가 아니라, 하나님의 나라와 영광을 위하여 최선으로 선용되어야 할, 하나님의 뜻 안에서 서로 다른 부르심의 형태라는 것이다. 따라서 둘 다, 가치가 존중되어져야 하며 하나님 앞에 각자 나름대로의 부르심을 받은 축복되고 의미 있는 삶이다.[14] "하나님의 은사와 부르심에는 후회하심이 없느니라"(롬 11:29).

예수님을 구세주와 주님으로 영접한 이후에 그분의 부르심에 순종하여 타문화권에 가서 복음을 증거하는 소명에 남성과 여성의 차별은 없다.

그러므로 독신 여성선교사들은 세계선교라는 필수적 대사명 앞에 부르심을 받은 자이며 또 하나님께서 귀하게 쓰시는 동역자임을 인식해야 한다. 남성이나 여성이나 예수 그리스도를 믿는 믿음 안에서 모두 하나님의 자녀들이다. 그리스도인 남녀는 하나의 동일한 명령, 동일한 목표, 동일한 목적을 지닌 공동체의 지체들이다.

3. 독신 여성선교사의 장점

독신 여성선교사들의 가장 큰 장점은 하나님께서 그를 보내신 장소와 시간에 구애받지 않는 것이다. 그들은 가정에서 해야 할 책임들에 매이지 않기 때문에 주님께 봉사할 수 있는 무수한 기회들을 갖는다. 따라서 그들은 복음 전파를 위한 사역에 그들의 모든 시간을 헌신할 수 있다. 그들의 목적은 몸과 정신을 모두 주님께 드리는 것이다(고전 7:34).

독신 여성선교사의 활발한 선교활동임에도 불구하고 이것이 종종 무시되는 경향이 있었다. 선교분야는 모든 여성의 직종 중에 독신이 가장 많은 분야이다. 독신 여성선교사들은 많은 시간을 내어 일하기 어려운 지역에서 효과적인 사역을 수행하며, 가정에 매이지 않기 때문에 부인선교사들보다 더 전문적이고 뿌리내린 선교사역을 오래할 수 있는 장점을 갖고 있다.

타문화권 선교에서 선교사역을 가장 훌륭하게 수행한 모델 중에는 독신 여성선교사들이 많이 있으나 불행하게도 독신 여성선교사들의 이야기가 선교역사에서 거의 언급되지 않는 것은 선교역사를 쓴 사람들이 남성들이기 때문이다. 반면에 독신 여성선교사들 중에서도 사역의 기획 없이 하루하루 사역을 하는 사람들 역시 많다. 독신들은 결혼한 부부들처럼 새로운 문화 속에서 배우자나 가족의 지원을 받지 못하며 그들이 속한 선교단체에서 결정권을 갖지 못한다. 이런 이유로 그들은 그냥 선교지로 나가 사역할 뿐이다. 독신 여성선교사들의 사역에서 나타나는 가장 공통된 현상은 그들이 어려운 개척사역에 과감히 뛰어든 것이라 할 수 있다.[15]

이슬람, 힌두교, 불교, 원시부족들 중에 세계의 복음을 접하지 못한 지역에 사는 여성들에게는 종종 남성선교사가 가까이 갈 수 없다. 이러한 지역에서 흔히 여성과 남성은 별개의 세계에 살고 있다. 어떤 경우에 남성은 남성에게만 목회자가 될 수 있다. 따라서 여성을 인도하고, 상담하고, 가르칠 여성 인력이 필요하다. 독신 여성선교사가 선교지에서 참여할 수 있는 사역의 분야는 다양하다. 남성만이 할 수 있는 몇 분야의 일을 제외하고는 여성선교사들은 남성들과 대등하게 거의 모든 분야에서 사역을 할 수 있다. 사람은 결혼을 해야 완전해진다거나, 결혼한 사람만 교회 지도자가 될 수 있다는 등의 독신에 대한 편견이 한국교회와 선교단체에 존재하고 있는데 오히려 한국교회와 선교단체도 독신 여성선교사의 장점을 적극 활용해야 한다.

4. 독신 여성선교사의 특권

사람이 살아가면서 각 사람을 향한 하나님의 절대주권을 믿음으로 받아들이면 삶의 정황이 어떠하든지 간에 감사한 생활을 할 수 있다. 이처럼 독신이 하나님의 뜻으로 이루어졌다는 것을 수용할 때 독신도 유익한 것이 되며 즐겁게 사역할 수 있다. 목회적인 측면이나 개인적인 측면에서, 독신은 하나님의 사랑을 실천하는 연결통로로서 독특한 기회를 갖는다. 예수 그리스도가 가장 좋은 실례로서 그분은 독신으로서 제자들, 내담자들과의 교제를 즐기셨다.

독신 여성선교사는 가족에 대한 책임으로부터 자유롭다. 부인선교사는 남편을 기쁘게 해야 하며, 자녀들을 잘 돌봐야하는 책임이 있다. 전쟁, 내전, 홍수, 지진, 기아, 오지 사역 등 예기치 않은 재난이 일어날 때에 독신선교사는 가족 부양으로부터 자유롭다. 또한 사역하는 동안에 가족의 안전을 염려하지 않고 자기 자신만 신경 쓰면 된다. 이러한 자유에 대하여 남침례교 세계선교회(Southern Baptist Foreign Mission Board)의 총무였던 터퍼(H.A.Tupper)는 1879년 로티 문(Lottie Moon)에게 보낸 편지에서 다음과 같이 말하고 있다. "중국에서 여성선교사 한 명은 결혼한 두 명의 남성 선교사보다 낫다고 생각합니다."[16) 가족 부양에 대한 책임이 있는 사람들은 보통 독신선교사들처럼 현지인들이 사는 방식으로 외지에서 오랜 기간을 지낼 수 없다.[17)

현지인들과 더 친밀하게 교제할 수 있다. 현지 여성들이나 소녀들과 일체감과 적응에 있어서 독신 선교사가 항상 더 유리하다. 독신 여성선교사는 현지 여성이나 어린 아이와 자유롭게 접촉할 수 있다. 언제든지 현지인들과 함께 대화하고 성경공부와 기도할 수 있으며 그들이 원하는 만큼 교제할 수 있다. 현지 여성 청년들은 결혼한 부인선교사를 찾아가기 전에 남편선교사가 집에 있을까 또는 부인선교사가 집안일과 자녀들로 인하여 바쁘지 않을까 하여 망설이게 된다. 그러나 독신 여성선교사들에게는 항상 현지인들을 향한 문이 열려있으며 시간적으로 자유하다. 그래서 현지 여성들과 독신 여성선교사들 사이에 깊은 관계가 형성된다. 자녀들이 있는 부부선교사는 그들의 본국 생활양식을 선교지에서 어느 정도 유지해야 한다. 이것은 안식년기간 동안 고국에 돌아왔을 때에 자녀들이 국내 생활 적응을 쉽게 하는 데 도움이 되기 때문이다. 반면에 독신 여성선교사는 자기 자신만 생각하면 되므로 현지인들의 음식을 먹고, 그들 고유 의상을 입으므로 현지인들에게 친밀감을 주고 그들의 문화에 빠르게 적응할 수 있다.[18)

사역을 위한 시간확보를 더 많이 할 수 있다. 부인선교사들에게 우선적인 책임은 사역보다 가족일 수 있다. 남편과 자녀들을 위한 시간은 부인선교사의 하루일과의 대부분이다. 특히 자녀들이 학교에 입학하여 기숙사에 들어가기 전까지는 어머니의 보살핌이 많이 필요하다. 그러나 독신은 온전히 사역에 집중할 수 있다.

언어 습득이 유리하며 더 능통할 수 있다. 외국어 습득의 지름길은 현지인들과의 접촉이며 그 문화적 상황에 깊이 들어가야 한다. 독신 여성선교사들은 선교지에서 자신만을 돌보므로 언어공부를 위하여 현지인들을 만나 어울리면서 오랫동안 대화를 할 수 있다. 이것은 독신선교사가 결혼한 부인들보다 언어 습득 면에서 유리한 점이다. 부인선교사가 어린 자녀를 돌보며 가사일을 책임지면서 언어를 유창하게 공부한다는 것은 어려운 일이다.

선교 여행에 융통성을 가질 수 있으며 자유롭다. 독신 여성선교사는 폭넓게 여행하는 것이 가능하고, 여행 스케줄을 융통성 있게 조절하며 장기간 여행할 수 있다. 가족선교사가 한 번 움직일 때는 부부선교사의 자녀들의 책과 기저귀 등 생활용품들을 운반해야 하므로 여행이 단순하지 않다. 선교사역을 위하여 활동이 자유로운 사역자들이 필요하다.

선교비가 가족선교사보다 저렴한 편이다. 선교비 전체 예산을 비교해 보면 가족 선교사의 선교비와 많은 독신선교사의 선교비는 거의 차이가 없지만 자녀 교육비, 여행경비, 생활비 등은 가족선교사에 비하여 적게 든다. 제2, 제3세계에서 사역하는 많은 부부선교사들 중에는 자녀 교육비가 싼 현지인 학교보다는 비싼 수업료를 지불하는 국제학교나 현지 사립학교에 자녀들을 보내므로 자녀가 여러 명인 경우에는 교육비가 엄청나게 많아 생활비의 많은 부분이 교육비로 들어간다. 예를 들어, 이슬람권 국가에서는 선교사의 자녀들이 신앙적 차이로 인하여 현지인 학교에 다니기가 어렵다. 유치원과 초등학교에서도 의무적인 종교시간에 이슬람의 경전인 꾸란에 대하여 배우기 때문에 부모가 날마다 꾸란과 성경의 차이

점을 가르쳐 주지 못하거나 자녀들의 질문에 시간을 내어 토론하지 못하면 선교사의 자녀가 정신적, 신앙적으로 혼돈을 겪게 된다.

은사대로 자유롭게 사역하며, 주님의 뜻에 따라 주저하지 않고 사역을 추진할 수 있다. 어떤 일을 추진하려고 할 때에 부인선교사는 남편과 자녀들의 의견도 참고하여 결정해야 한다. 반면에 독신 여성선교사는 주님의 뜻에 따라 자유롭게 사역을 추진할 수 있다.

자유롭게 자기 개발을 할 수 있다. 혼자이므로 시간을 융통성있게 활용하여 독서를 하거나, 인터넷이나 테이프를 통해 설교, 성경 강의 등을 듣거나, 사역에 필요한 기술이나 기능을 배울 수도 있다.

하나님과 더 깊이 교제할 수 있으며, 그의 특별하신 보호와 은혜를 체험하게 된다. 가족이 없으므로 주위의 방해를 받지 않고 자유롭게 주님과 깊이 교제할 수 있다. 하나님은 그의 자녀들이 남성이든 여성이든 결혼의 유무와 상관없이 돌보신다. 그러나 독신들에게는 하나님의 특별하신 도움과 위로를 체험할 기회가 더 주어진다.

5. 독신 여성선교사의 어려움

독신 여성선교사의 유익한 점들에 비하여 너무도 강한 압박감을 느끼게 하는 몇 가지 불편한 점들이 있다.[19]

결함이 있는 사람으로 취급당한다. 어떤 사람은 사람이 결혼하기까지는 단지 반쪽의 사람으로 존재할 뿐이라고 생각한다. 따라서 남성선교사들이 독신 여성선교사들을 그들과 평등한 동역자로 대하려 하지 않는다. 결혼 중심의 문화권에서는 독신 여성선교사는 현지인에게는 호기심의 대상이 된다. 가족 간의 유대를 중요하게 여기며 전통을 유지해온 문화권에서는 독신으로 사는 것이 일상적이지 않다. 또한 독신은 결혼하지도 않고 가정과 자녀에 대한 책임이 없기 때문에 미성숙한 사람으로 생각된다. 그러나 현지인들은 독신 여성선교사가 외국인이기 때문에 자기들과 다른 점이 있을 것이라고 기대한다. 더욱이 선교사가 교육수준이 높다거나 전문 직업인으로 높은 지위에 있다면 존경하기도 한다.

함께 거주할 동료에 대한 선택권 부재이다. 독신 여성선교사들이 같은 집에 살다 보면 긍정적인 면도 있으나 문제점도 발생할 수 있다. 선교사들은 성장배경과 생활습관이 매우 다르므로 다른 사람들과 적응하기가 처음부터 쉽지는 않다. 같은 선교단체나 교단선교부는 때로는 독신 여성선교사들의 의견도 묻지 않고 독신이니까 함께 살아야 된다는 당위성을 강조하기도 한다. 바울과 바나바는 함께 동역해 가는 데 불협화음이 생기자 서로 헤어져 다른 동역자들을 만나 선교사역을 계속 진행하였지만(행 15:36~41), 실제로 선교지에서는 이런 상황들은 잘 허용되지 않고 있다.

동료 부인선교사에게 오해를 받을 수 있다. 독신 여성선교사와 남편선교사가 사역 관계로 만나서 자주 동행하고 대화를 나누는 것에 대해 부인선교사가 함께 참여하지 않을 때에는 부인선교사가 이해하지 못하므로 미묘한 긴장감이 발생할 수 있다. 그러므로 독신선교사와 남편선교사는 가능하면 부인선교사가 동행하지 않을 때에는 두 사람만이 동행하지 말고 다른 동역자나 제 삼자가 함께 하도록 한다. 부인선교사와 독신 여성선교사는 서로의 입장에서 이해하고 조심하면서 더욱 가깝게 교제함으로써 서로 시험에 들지 않아야 한다.[20]

외로움과 정서적 불안정이다. 독신선교사들이 항상 홀로 사는 것은 아니라고 할지라도 외로움의 감정이 있다. 자기의 생각과 사역에 대하여 마음을 열고 의견을 쉽게 나눌 수 있는 대화의 상대가 없으므로 사고의 폭이 좁아지며 폐쇄적 성격으로 변할 가능성이 있다. 혼자 있는 시간을 적절하게 이용하는 습관이 잘 훈련되지 못한 사람은 시간을 낭비하며 정서적으로 불안정하게 되기가 쉽다. 선교지가 오지여서 전화 통화, 신문구독과 우편물 배달이 쉽지 않는 지역에서 사역하는 선교사일수록 더 외로움을 느낄 수 있다.

사역과 목회의 효율성에 한계성이 있다. 이슬람권에서는 여성의 지위에 따라 권위도 상당한 차이가 난다. 부토 전 파키스탄의 수상과 칠레르 매가와티 터키 탄수, 매가와티 전 인도네시아 대통령, 마수메 에브테케르 전 이란 부통령, 아랍에미리트의 루브나 빈트 카리드 알 카시미라는 여성이 정치일선에서는 여성장관이었지만, 실제생활에서는 명예살인과 여성할례 등과 같은 여성차별에 노출되어 있다. 이슬람권 국가에서는 여성의 지위가 낮아 영적지도자로서의 역할을 인정받기 어려우므로 효과적으로 사역하기가 어렵다. 문화적으로 여성선교사가 남성들에게 성경공부를 가르친다거나, 남성 독신선교사가 여성들에게 성경공부를 가르치는 일은 허락되지 않으므로 사역에 제한이 있다. 마찬가지로 남성선교사는 그 나름대로 문제점이 있으므로 여성선교사의 한계성을 과장해서는 안 된다. 남성선교사 역시 여성에게 접근할 수 없고 가르칠 수 없으므로 한계성이 있다. 이슬람 국가의 문화에 따라 여학생들에게는 여성 교수만이 가르칠 수 있으므로 여성 교수가 필요하다.

이성의 유혹이 있다. 선교지에서 동료 남성선교사, 한국인 현지상사원과 현지인과의 연애 사건이 있을 수 있다. 한국인 독신 여성선교사들 중에는 선교지에서 현지인을 만나 결혼한 경우가 간혹 있다. 독신 여성이기 때문에 유혹이 많이 올 가능성이 있으므로 하나님의 뜻을 잘 분별해야 하며 사탄의 올무에 걸리지 않도록 영적으로 깨어있어야 한다. 시험에 들지 않도록 장소와 때를 잘 분별하여 몸가짐을 조심해야 한다.

혼자서 모든 일을 처리해야 하는 부담이 있다. 독신은 혼자서 집안일과 사역에 관계된 모든 일을 결정하고 책임져야 하는 부담이 따른다. 부부선교사는 크게 사역과 집안일을 나눔으로 서로 도울 수 있다. 독신은 주된 사역 후에도 지친 몸으로 집안일까지 스스로 해야 하므로 매일의 생활 속에 쉼이 부족할 수가 있다.

혼자 여행할 때나 현지인이 접근할 때 불안전하다. 제2, 제3세계의 오지를 여행할 때에 선교사가 자가용이 아닌 일반 교통수단을 이용할 때에 버스 등이 정시에 오지 않고 오랫동안 기다려야 할 때가 있다. 버스 대합실이 허름하며 외국인이 여성선교사 혼자일 때에 주위 사람들에게 호기심을 주기도 하며, 경찰이 없을 때에 불량배라도 있으면 시비를 걸어 올 수도 있다. 선교사가 돈이 많다고 생각하여 집에 도둑이나 강도가 들어올 수 있다. 집이 안전하고 보안이 잘 되어 있어야 하며, 비상시를 대비하여 쉽게 도와줄 수 있는 사람이 가까이에 있어야 한다.[21]

남편이 있는 부인선교사보다 사회적 위치가 불안정하다. 대부분의 부인선교사들은 남편의 위치에 따라 사회적으로 인정을 받지만, 독신은 자기 자신의 직위와 위치가 사회적 신분 보장이 된다. 선교사는 그 자체가 직위와 위치이다. 선교사의 신분을 공공연하게 드러낼 수 없는 이슬람 국가들과 여성 열등사회에서는 사회적 위치가 더욱 불안정하다.

전기 고장과 수리, 차량 정비 및 관리와 점검 등 기계를 다루는 데 어려움이 있다. 선교지가 오지이거나 농업 및 목축업을 주로 하는 곳일 경우 전기나 차가 고장이 났을 때에 현지인 기술자를 신속하게 구할 수 없고, 있다 하더라도 다른 곳의 일감이 밀려서 무작정 순서를 기다려야 할 때에 막막하다.

 병이 발생했을 경우 자신을 도와줄 간호자가 없다. 말라리아나 자동차 사고 등 며칠 또는 몇 주간씩 치료를 받아야 할 때나 갑자기 병이 발생했을 때에 간호해줄 사람이 없다면 회복이 늦어지게 된다. 음식 먹은 것이 갑자기 체하거나 급성 맹장염 등이 발생했을 때, 이때에 주위에 응급처치나 병원에 연락할 사람이 없으면 매우 위험하다.

 자기중심적이며 편협한 경향을 가지게 될 수 있다. 독신 여성선교사는 공동사역을 제외하고는 모든 일을 자기중심적으로 관리, 계획하여 결정하므로 다른 지체들과의 상호 의존과 협력이 약화될 수 있으며, 지나치게 독립성이 강하게 될 수 있다.

6. 독신 여성선교사의 장애요인

 독신 여성선교사의 문제가 발생하는 요소가 다양하다. 외적인 요소와 내적인 요소를 파악하여 문제점을 최소화하도록 노력해야 한다.

1) 동료 남성선교사들

 남성선교사들이 독신 여성선교사들의 리더십을 인정하지 않으려 한다. 또한 남성선교사들은 여성의 리더십에 밑에서 사역하기를 원치 않거나 협력하지 않으려는 경향이 많이 있다. 그들은 독신 여성선교사들이 남성선교사의 사역을 보조하는 것 이상의 역할을 감당하는 것을 기대하지 않고 있다.

인격적으로 동등한 사역자로서 인정받지 못하는 문제이다. 여성은 남성 밑에서 일해야 한다는 식이다. 성경은 아내는 자기 남편에게 복종하라 (엡 5:22)고 말씀하였지 여성은 남성에게 복종하라고 말씀하지 않았다. 여성들만 남편된 자들이나 그리스도인 형제들의 권위 아래에 있지 않다.[22] 인격은 남성만을 가리키는 말이 아니라 남녀 모두를 가리킨다. 하나님이 "생육하고 번성하여 땅에 충만하라"고 하신 의미는 남성과 여성이 함께 세계를 건설하도록 창조되었다는 것이다. 여성과 남성이 서로 존중하며 협력하여 그리스도의 몸을 이루는 것이야 말로 성숙한 관계인 것이다.

남성선교사들 중에는 독신 여성선교사의 사역을 경쟁의 대상으로 여기는 사람도 있지만 반면에 독신 여성선교사들과 협력하며 인격적으로 잘 대해주는 이들도 있다. 독신 여성선교사들이 어렵고 힘들 때에는 도와주려고 하지만 독신 여성선교사들이 사역을 잘 감당하고 능력이 있을 때는 경쟁의 대상으로 생각하고 은근히 무시하며 끌어내리려는 사람도 있다. 남성과 여성은 예수 그리스도의 지상명령을 성취하기 위하여 서로 지원해야 하며, 세계 복음화를 위하여 모두가 스스로 준비되고 헌신되어야 한다.[23]

2) 사회적인 면

사회적인 특수성이 있다. 선교지의 문화가 지역마다 다르다. 인도와 같이 결혼 중심의 사회 속에서 친목을 위한 사교모임이 있을 때 부부동반해서 온 현지인들과 독신 여성선교사가 교제를 나누기는 어렵다. 독신 여성선교사가 부인들과 대화를 나누려고 해도 부인들이 영어를 모른다면 선교사가 현지어에 능통하게 될 때에만 서로에게 불편함이 없다.[24]

보수적인 이슬람국가에서 독신 여성은 예외적인 존재로서 사회적인 수

수께끼로 취급된다. 일부이지만 이슬람 문화권에서는 일부사처제가 허용된다. 이러한 사회에서 20대나 30대에 독신으로 지내고 있다면 도덕적으로 올바른 여성일 수가 없다고 생각한다. 이러한 여성의 행동을 설명할 만한 어떠한 사회적 규율도 존재치 않는다. 독신 여성이 있으면 그의 아버지가 무능하여 딸을 결혼시키지 못한 것으로 비쳐진다. 한편 사우디아라비아, 아프카니스탄, 이란과 예멘 등에서 보수주의 무슬림 여성들은 머리부터 발끝까지 검정 베일을 착용하고, 손에도 장갑을 끼며 눈 주위도 망사 등으로 가린다. 그러므로 이러한 지역에서 사역하는 여성선교사는 현지 여성과 비슷한 의복과 행동으로 일정한 자유를 누릴 수 있다.

독신 여성선교사에 대한 오해와 편견이 있다. 독신 여성선교사들에 대한 편견은 매우 강하다. 독신에게는 어떤 결점이 있을 거라는 선입견이 있다. 선교단체 본부나 선교지에서 기혼자를 선호하므로 하나님의 부르심에 대한 분명한 소명의식을 가지고 있고 잘 훈련받은 독신 여성들이 있어도 이들을 파송하는 데 주저하는 경향이 있다.

독신 여성선교사들의 사역이 올바르게 평가받지 못하고 있다. 독신 여성선교사도 연약한 인간인지라 때로는 실수할 때도 있다. 그러나 선교사는 역경의 상황에서 여성들이 남성들보다 더욱 뛰어난 업적을 남긴 유일한 직업 중의 하나이다. 선교지에서 그들의 고귀한 공헌에도 불구하고, 지도력을 발휘하는 지위를 가지거나 선교정책이나 선교전략을 수립하는 부분에 있어서는 여성들에게 거의 기회가 주어지지 않았다.[25] "사역이 어렵고 위험할수록 남성에 대한 여성의 비율은 더욱 높았다"라고 허버트 케인(J. Herbert Kane)은 주장하였고,[26] 세계선교역사가 이를 증거하고 있으나, 대부분의 한국독신 여성선교사는 올바르게 평가를 받지 못하고 있다.

3) 여성선교사 스스로의 문제점

한국교회에 선교의 문이 활짝 열려지고 선교의 열정이 높아지면서 여성선교사들도 늘어나고 있다. 그러나 충분한 선교훈련 없이 열정과 헌신만 가지고 사역지로 나가기 때문에 많은 문제들이 야기되고 있다. 독신 여성선교사 자신들이 역할 개발에 대하여 무관심하고 선교지에서 오래 살다 보면 타성에 젖어서 현실에 안주하는 불감증도 문제를 발생하는 요소이다. 여성의 사회활동이 비교적 낮은 나라에서 성장했기 때문에 한국 여성선교사들은 마치 자폐증에 걸린 사람처럼 창조적 사역에 큰 저해요소가 되고 있다.

4) 선교목회적인 면

한국교회는 선교사들을 파송하는 데 기울이는 열심 못지 않게 이들의 중도 탈락을 방지하여 유지하는 것에 목회적 관심을 가져야 한다.
한국교회나 교단선교부에서 독신 여성선교사의 관리와 안전 보호가 소홀히 되고 있다. 오늘날 정보화 시대에 인터넷이 거의 모든 나라에 들어가 있지만 세계 여러 나라에서 독신 여성선교사들이 아직도 통신과 의료 시설이 미비한 지역에서 사역을 하고 있다. 이들에게는 원주민들로부터 예기치 않은 위협을 당할 요소가 많이 있고, 무더운 날씨와 비위생적이고 낙후된 생활환경에서 발생하는 질병에 노출되어 있는데도 현지에서 병과 위험으로부터 보호하고 관리하기 위한 구체적인 위기관리 체제가 미비하다. 그러나 국제선교단체의 경우에 긴급사태를 위한 비상 연락망과 조직 체제가 잘 되어 있다.

독신 여성선교사들의 의견이 잘 전달되거나 반영되지 않고 있다. 본국이나 선교지에서 선교전략이나 선교정책이 주로 남성선교사와 가정을 가진 선교사들을 중심으로 이루어지므로 독신 여성선교사들의 발언권이 소외되고 있다. 특히 사역과 프로젝트 운영을 위한 선교비 책정에서 독신 여성선교사들의 의견이 잘 반영되며 남성선교사들 같이 자유롭게 그들의 의견이 전달되어지며 그들의 통찰력을 인정받을 필요가 있다. 1980년 후반, 해외여행 자율화를 계기로 한국교회가 해외에 선교사를 적극적으로 파송하였다. 한국교회의 세계선교역사가 짧기도 하지만 남존여비 사상으로 남성선교사와 가족 선교사에 비하여 독신 여성선교사에 대한 관심은 미약하다.

각 교단과 교회의 선교대회, 선교 세미나, 선교집회의 주 강사가 주로 남성이다. 이러한 모임에서 독신 여성선교사들은 사회를 보거나 아침 경건회나 설교 시간에 하나님의 말씀을 전할 수 있는 기회가 거의 없고, 선교보고나 간증 특강만을 하도록 부탁 받는다.

독신 여성선교사들은 가족, 교회와 동료선교사들로부터 결혼에 대한 스트레스를 받는다. 독신으로서 하나님의 부르심과 은사를 격려받기보다는 직접, 간접적으로 결혼을 강요당한다. 심지어 선교부나 선교단체에서도 '결혼하는 것이 좋다'는 식으로 은근하게 입박감을 준다.

한국교회나 선교단체가 선교사의 안식년, 재교육, 노후대책 등에 대해 대책을 세우고는 있으나 국내 전세값 폭등과 물가 상승에 비하면 현실적으로 매우 미약하다.

한국교회의 교단과 선교단체의 선교훈련 프로그램과 선교대회 등이 남성 위주로 되어있다. 가족선교사들과 자녀 교육에 대한 프로그램은 있으나, 특히 독신 여성선교사에 대한 프로그램은 거의 없다.

독신 여성선교사의 호칭에 관한 것이다. 나이가 어렸을 때는 서로 형제, 자매라고 부르므로 서로 불편이 없다. 그러나 세월이 흐르면 기혼사역자들은 '목사님'과 '사모님'으로 호칭이 바뀌는 데 독신선교사는 나이에 관계없이 계속 '자매'로 남는다. 이때 '자매'라는 호칭은 비하된 호칭이 아님에도 불구하고 마치 그렇게 들려 사기를 떨어뜨리고 불필요하게 신경을 예민하게 한다. 특히 연하의 사람들이 '자매'로 부를 때에 더 그렇다. 사회주의 국가와 무슬림 지역에서는 '선교사' 대신 '선생님' 또는 '회장님', '부장님', '팀장'으로 부르기도 한다.

5) 독신 여성선교사의 교제권

자녀양육 중인 선교사 가정과의 관계에서, 부모의 돌봄이 많이 필요한 어린 자녀들을 독신선교사, 특히 나이가 20대 젊은 여성선교사들을 보모처럼 여기고 맡길 때가 종종 있다. 물론 서로 돕는 관점에서 돌봐주는 것도 아름다운 일이고, 충분히 도와야하는 부분이지만 먼저 독신선교사의 스케줄과 마음을 점검해야 한다.

시니어 선교사들과의 관계에 있어서, 의사소통의 통로를 지혜롭게 만들어야 한다. 선교지에서 온지 4, 5년이 된 선교사들은 현지 적응이 어느 정도 되어 사역을 시작할 단계에 접어들었다. 이 시기에는 자녀들도 성장기에 이르면서 부인선교사들이 사역과 의사결정자의 역할에 동참하기 시작한다. 이러한 시기에 독신선교사는 부부선교사와 현지 사역자와의 사역에 관하여 열린 자세를 갖고 토론할 수 있어야 한다.

부인선교사와의 관계에 대하여, 부인선교사와 독신 여성선교사와의 관계는 서로 입장이 다르므로 힘들 수도 있지만, 입장이 다르더라도 같은 여성으로서 서로 보완하고 도울 수 있다면 외로운 선교현장에서 좋은 친구가 될 수 있다. 부인선교사의 입장에선 사역의 진행과 결정이 남편선교사와 독신 여성선교사 위주로 되어갈 때 소외감을 느낄 수가 있다. 자녀양육과 가사에 독신선교사보다 많은 시간을 할애하는 부인선교사가 사역면에서 독신선교사보다 잘 모르거나 익숙하지 않을 수 있다. 그것을 무시하지 말고 오히려 같은 여성으로서 부인선교사의 입장을 배려하는 독신 여성선교사의 성숙한 자세가 필요하다.

6) 독신 여성선교사의 주거 생활

독신 여성선교사의 생활은 어떤 면에서 부부선교사보다 더 쉽지 않은 면이 있다. 독신 여성선교사들의 주거 형태는 선교지의 문화와 날씨에 따라서 다양하다.

가족 선교사와 함께 생활하는 형태가 있다. 남성이든 여성이든 독신선교사가 가족선교사와 함께 생활하는 것이다. 이 경우 낯선 이국땅에서 초기 적응 단계에는 서로 위로가 될 수 있으며 경제적으로 다소 도움이 될 수 있다. 그러나 갈등과 시험에 들 소지가 있다. 특히 이슬람권에서 사역하는 선교사들에게 있어서 부부선교사와 독신선교사를 한 지붕 밑에 사는 것은, 비록 독신 여성선교사가 독립적인 방을 사용하고 따로 밥을 지어먹는다 할지라도, 큰 오해를 일으킬 수 있다. 왜냐하면 일부사처제가 허락되는 이슬람 문화에서는 남성과 여성이 같이 있다는 것만으로도 부부나 혈육으로 비추어지기 때문이다.

다른 독신 여성선교사와 함께 거주하는 형태이다. 여러 가지 이유로 독신 여성선교사들은 가끔 둘 혹은 세 명이 그룹으로 생활하는데 이것은 가족과 함께 생활하는 것보다 훨씬 개선된 것이다. 두 독신 여성선교사 또는 여러 명의 독신 여성선교사가 함께 거주하는 경우 가장 큰 요인은 안전과 경제적 이유이다. 그러나 독신도 한 인격체이며 독립된 가정임을 인정하고 서로 배려하는 노력이 대단히 중요하며, 비교적 서로 성숙한 사람끼리 거주하는 것이 좋다.[27] 안전과 교제를 위하여 독신 여성선교사들은 항상 동료가 가까이 있는 것이 필요하다.

현지인들과 함께 생활하는 형태이다. 어떤 선교회들은 그들의 기혼 혹은 독신의 새로운 선교사들이 언어와 현지 문화를 익힐 동안 1년 혹은 2년에 걸쳐서 현지인 가정에서나 또는 현지인 독신 그리스도인과 함께 생활하도록 한다. 이 경우 선교사와 현지인 서로에게 많은 인내와 이해심이 필요하다. 선교사와 현지인의 성장배경, 생활습관, 음식문화 등이 서로 다르기 때문에 적응하는 데에 인내심과 어려움이 따른다.

혼자서 생활하는 형태이다. 선교 현지에 온 지 오래되고, 현지어나 영어에 능숙하며, 가까운 이웃에 다른 동료 선교사가 거주하고 있으면 이 형태가 좋다. 독신들은 기본적으로 식사, 집안 장식, 예산과 일정 관리 등을 세울 때에 자기중심적으로 계획하게 된다. 많은 선교사들이 가능하다면 독립적인 공간을 원하지만 독신선교사라고 해서 아파트가 아니라 집 한 채를 모두 혼자 사용해야 된다고 생각해서는 안 된다. 경제적 절약과 안전과 문화 적응을 위하여 가능하면 동료 여성선교사와 한 집안에서 방이나 부엌을 분리하여 사용할 수 있으면 좋다. 서로 취침과 기상 시간이 다르고, 서재가 따로 없을 경우에는 선교사의 방은 사무실 겸 휴식공간이요 잠자는 곳이므로 각자의 방이 꼭 필요하다. 또한 서로 사역의 스케줄이 다른데 같은 시간에 함께 식사를 해야 하거나 서로 음식 취향도 다르므로 날마다 같은 음식을 함께 먹어야 한다는 부담도 없어야 한다.[28]

7) 독신 여성선교사의 안식년 계획

선교사들의 안식년은 '모국사역'이라고도 부른다. 선교사가 선교현지에서 일정한 기간 동안 수행한 사역을 정리하고 다음 사역을 준비하기 위해서 후원교회와 선교본부와 의논하여 새로운 전략과 계획을 연구하는 기간이다.

안식년을 마친 후 다음 사역을 효과적으로 하기 위하여 신학 교육, 상담학, 언어 등 선교지의 필요에 따라 공부의 필요성을 경험하고 있다. 신학 공부는 선교사 자신의 영적 보충과 선교지에서 현지인 지도자 양성 및 교회 학교 교사 훈련을 위한 것이다. 상담학은 다양한 계층의 현지인을 효과적으로 상담하기 위한 것이다. 또한 선교사가 선교지에서 여러 가지 이유로 영적 빈곤 상태가 되어 돌아올 수도 있으므로 영적 재충전이 필요하다. 안식년 동안 각종 신앙 세미나, 기독교 서적 등을 통해 재충전을 한다.

운전, 컴퓨터, 악기 연주 등을 배우기도 한다. 음악은 세계적인 공통언어라 할 수 있을 정도로 사람들은 음악을 좋아한다. 선교사가 현지어를 배우는 과정이라 현지어를 유창하게 하기 전에라도 악기 연주를 하거나 가르치면, 현지인들과 쉽게 접촉하고 교제할 수 있는 기회가 마련된다. 이를 위하여 간단한 악기를 다룰 수 있어야 한다. 오늘날 전 세계 어느 나라든지 전기 시설이 되어 있는 곳에 가면 컴퓨터를 볼 수 있다. 사람들이 점점 더 컴퓨터에 관심을 기울이며 정부에서는 국가 산업 발달의 일환으로 컴퓨터 교육을 장려하므로 선교사가 기본적으로 컴퓨터를 다루거나 웹디자인 등을 할 수 있으면 자신의 선교활동 기록과 더불어 현지인들을 만날 수 있는 좋은 접촉점이 된다. 또한 선교지에서 운전 중에 갑자기 자동차가 고장 났을 때를 대비하여 간단한 정비와 고장 수리를 할 수 있도록 정비 기술 등을 익혀야 한다.

독신 여성선교사는 안식년 동안에 선교지에서 부족했던 교제를 가진다. 국내 선교 본부 및 흩어져 있는 후원교회와 후원자들을 방문하고, 가족, 친구들과 시간을 보내며 교제한다. 선교지에 동역자들과 많은 친구가 있었더라도 독신으로 타국에서 지낸 선교사들은 안식년 동안 부모님과 형제들과의 만남은 기쁨과 행복감을 주며, 교회와 후원자들과의 만남은 선교사의 사역보고를 통해 서로에게 격려와 위로를 주게 된다.[29]

혼자서 편하게 휴식을 취한다. 선교지에서 사역에 열중하다 보면 식사를 거르거나 건강관리를 소홀하게 된다. 끼니를 거르지 않는 식사, 영양이 풍부한 음식과 한국의 기후와 아름다운 숲 등이 선교사들이 휴식하는 데 크게 도움을 준다.

국외에 선교대회, 선교 세미나와 다른 선교지들을 방문하여 새로운 안목과 통찰력을 키운다. 선교사가 사역했던 지역의 종족이 다른 나라에서 살고 있다면 그들을 방문하여 그곳 사역자들의 사역을 관찰하여 본다. 예를 들어, 독일과 불가리아에는 터키에서 이민 온 사람들, 프랑스와 스페인 남부에는 북아프리카에서 온 많은 무슬림들과 영국은 식민지 지배를 했던 아프리카와 인도, 파키스탄, 방글라데시 등에서 이민 온 사람들이 많이 살고 있으므로 쉽게 만날 수 있다. 이들을 위한 선교사역을 하는 선교사들을 만나 서로의 경험과 전략과 정보를 나누는 것도 유익이 된다.

04
World Mission and Korean Women in Mission

한국 독신 여성선교사의 사역 실제

한국에 개신교가 처음 들어온 1884년 이후 1920년대에 한국교회교단에 여전도회가 조직되었다. 초창기부터 여전도회는 세계선교에 관심을 갖고 외부에 눈을 돌리기 시작하였다. 대부분의 선교사역이 한국교포를 위한 것이었다. 그러나 본서에서는 해외 한인교포 선교보다는 타문화권에서 현지인을 위한 사역을 한 한국 독신 여성선교사들을 소개한다. 1989년 해외여행 자율화가 시작된 이후부터 여성선교자 수가 증가하고 있다. 이 장에서 독신이라는 용어는 '결혼하지 않은 사람'이나 '홀로 있는 존재'(being)를 의미한다.

1. 1930년대

김순호

◆ 선교지 도착 및 사역년도 : 1931년~1939년, 중국 산동성
　　　　　　　　　　　　　1939년 12월~1943년, 만주
◆ 파송교단 또는 단체 : 장로회 총회
◆ 선교사역지 : 중국

◆ **주요사역** : 교회 사역

김순호 선교사는 한국교회 여성으로서는 처음으로 타문화권 선교사로 파송되었고, 동양 여성 가운데 교단총회의 인준과 장로교 여성들의 연합기구인 여전도회 인준을 거친 첫 중국 선교사라 할 수 있다.[1]

김순호 선교사

1928년 9월 대구에서 개최된 제17회 총회에서 외국전도부장 차재명 목사가 한국교회는 중국에 여선교사를 파송하고, 그들이 중국여성계를 지도하게 되기를 희망한다는 내용에 대하여 공식적으로 언급하였다.[2] 그 후 총회에서는 1931년 3월 모집광고를 내고 3월 말까지 통지토록 하였는데, 그 결과 김 선교사가 선택되었다. 김 선교사는 장로회 여전도회전국연합회가 조직된 지 3년 후 중국인 선교를 위해 1931년 9월 11일, 제20회 장로회 총회가 열리고 있던 금강산 수양관에서 거행된 파송식에서 정식으로 선교사로 파송되었다.[3] 김 선교사의 선교비와 어학비는 600원, 여비는 30원으로 정하였다. 여전도연합회가 단독으로 이 막중한 일을 감당하기로 한 것이다.[4]

김 선교사는 선교지 래양에서 1년쯤 어학 공부를 하다가 1932년 9월 북경으로 가서 중국어를 공부하고, 1933년 4월에 선교지로 돌아왔다.[5] 그는 1934년 8월에 어학 공부를 마치고 선교사업에 착수했다. 1934년도 보고에 따르면 그가 방문한 교회 중 두 교회에 큰 부흥이 일어났으며, 차차 일에 숙련되면 일반 부녀사업에 힘쓰려 한다고 보고하였다.[6]

김 선교사는 미혼의 독신 여성선교사로 현지에서의 안전을 위해 현지 조선선교회를 통해 보호 및 관리를 받게 되었고, 또한 조선선교회에 임원으로 참여하여 남성선교사들과 동등한 자리에서 사역을 하였다. 1936년 귀국하기 전까지 김 선교사는 전 선교지역 17곳을 순방하면서 1개월 동안 부녀 교리반을 맡아 가르치고 사경회와 부흥회를 인도하였는데, 그 결과 낙심한 자들이 통회하고 주께 돌아오게 되었다. 불신자들도 감화 받아 회개하고 주께 돌아오는 자가 많았으며, 특히 일반 부녀자들에게 큰 환영을 받았다.[7]

김 선교사는 만 5년간 선교지 중국 산동에서 어학 공부와 부녀 선교활동을 하다가 안식년을 맞아 1936년 8월 귀국하였다.[8] 이때 안식년의 6개월 동안은 휴식하였고 나머지 6개월은 교회를 순방하며 산동의 성경학교 건축을 위한 건축비를 모금하였다. 김 선교사가 산동성 청도시로 다시 간 것은 1938년 10월 17일이었다.[9] 그러나 새로운 선교지 청도시에서 활동하던 중 여전도연합회의 소환으로 1939년 9월 20일 중국 산동성 청도시를 떠나 귀국하였다. 1939년 9월 12일 신의주 제일예배당에서 산동 선교사 김순호를 시국관계를 이유로 당분간 소환키로 결정하였기 때문이다.[10] 여전도연합회는 귀국한 그를 '만주선교사'로 1939년 겨울에 다시 파송했다.[11]

김 선교사가 만주국에서 만주 부녀자들을 대상으로 선교활동을 한 기간은 1939년 12월부터 1943년 9월까지로 보여지나, 1년 간 더 사역하기로 했다는 기록 외에 또 다른 사적(史的) 기록이 발굴되지 않으므로 단정하기는 어려운 상태이다. 만주국 사역은 대략 4년 정도이며, 만주국 부녀자들에게 대환영을 받아가며 보람 있는 사역을 감당하였다. 그는 유창한 중국어로 만주 부녀자들을 모아서 성경공부반을 열어 성경 말씀을 가르치고 글을 모르는 부인에게는 중국 언문을 가르쳐서 글을 읽을 수 있게 하였다. 그러던 중 1942년 9월에 이르러 평양 장대현교회에서 개최된 제12회 여전도회 연합 대회에서 만주국 선교사직 사임을 허락 받게 된다. 선교사직을 사임하고도 김 선교사는 1년간 선교사역을 계속하였는데, 이때 선교사역을 위해 필요한 대부분의 비용은 자비량으로 사역하였다. 그는 철저한 기도의 사람으로 해방 직후 평양신학교 여성부에서 이연옥, 주선애 등 많은 여성 지도자들을 길러냈으며 중국선교 활동 중에는 철저한 회개 없이는 한 영혼도 건질 수 없다는 신조로 매일 3시간씩 기도하며 생활하였다.[12] 그는 6·25 전쟁이 일어난 이듬해 51세로 공산당원들에 의하여 순교당했다. 1931년 한국독신 여성선교사가 타문화권 선교를 위해 중국에 갔다는 것은 한국선교역사에 귀한 이정표이다.

2. 1960년대

박광자[13]

◆ **선교지 도착 및 사역년도** : 1차 1968년~1976년, 브라질
　　　　　　　　　　　　　 2차 1977년~2009년 현재, 미국
◆ **파송교단 또는 단체** : OC International
◆ **선교사역지** : 브라질, 미국
◆ **주요사역** : 브라질 원주민, 미국 선교 동원가

박광자 선교사는 1940년 11월 26일 일본 나고야 시에서 장로이신 아버

지와 권사이신 어머니의 2남 1녀 중 둘째로 태어났다. 7살 때까지 박 선교사는 부모와 함께 일본에서 재일교포로 살다가 독립 후 한국으로 이주하였다.

박광자 선교사의 부모는 박 선교사가 좋은 기독교 교육을 받도록 하기 위하여 선교사들이 세운 학교인 광주 수피아 여성중고등학교에 보냈다. 그 후 예수교장로회 통합측과 합동측이 분리되기 전인 1963년에 대한예수교장로회총회를 졸업하였다. 한국대학생선교회(CCC) 총재 김준곤 박사의 소개로 싸우스이스턴성경대학(Southeastern Bible College)에 유학하여 1965년 문학사 학위를 받았다. 당시 한국인 독신 여성이 미국 비자를 받는 일은 거의 불가능한 일이었지만 주한 미 공군대령 부부의 도움으로 여권을, 마가렛 프레이져 여사의 도움으로 비자를 받아 도미하였다. 그는 미국에서 교육행정학으로 Ph.D. 및 선교학 박사학위 등 다양한 공부를 하였다.

박 선교사는 재일교포 출신으로 전 산동성 주재 고 김순호 선교사의 사역의 열매 중 하나이다. 김 선교사가 첫 번째 안식년 기간 동안 일본에 건너가 재일 교포들을 위한 전도집회를 인도한 일이 있다. 그 전도집회에 박 선교사의 모친 최상례가 참석하였다. 김 선교사의 메시지에 감동을 받은 박 선교사의 모친은 만일 하나님이 딸을 주시면 그의 일생을 김 선교사와 같은 선교사로 바치기로 서원하였다. 모친이 서원한대로 딸을 낳자마자 박 선교사의 부모는 그의 이름을 광자(빛의 자녀)라고 불렀다. 해방과 더불어 부모와 함께 한국에 돌아와 초등학교부터 다녔고 대학교와 신학 공부를 하였다.

미국 유학 후 20대 중반 1968년 박 선교사는 남미 브라질 아마존 유역 원주민들을 위한 선교사로 사역하였다. 8년간 브라질 선교사로 사역 이

후에 미국에서 사역하고 있다. 1968년부터 시작된 40년간의 박 선교사의 사역은 크게 세 가지로 나눌 수 있다.

첫째, 남미 브라질 북부 아마존 강 유역에서 1968~1974년까지 8년간 펼친 원주민들을 위한 사역이다. 남미 브라질 아마존 유역에서의 사역은 인디아나 주 위노나 레이크 소재 Grace Brethren International Missions 에 소속되어 미국인들과 함께 한 사역이었고, 미국에서의 사역은 나성 영락교회에서 미주 한인 이민자들을 위한 사역이었다. 둘째, 1980년~1996년 16년간에 걸친 나성 영락교회에서의 교육전담 교역자와 선교전담 교역자로서의 사역이다. 셋째, 1997년부터 현재까지 콜로라도(Colorado)주 콜로라도 스프링스(Colorado Springs) 소재 국제선교단체 OC International 선교기관 국제팀 사역팀원으로 북미주 선교사 동원가로서 특히 북미 한인 2세들을 선교에 동원하고 있으며, 풀러신학교 선교대학원에서 객원 교수로 가르치고 있다. 그의 나이가 70이 다 되어가지만 선교에 대한 열정과 헌신을 가지고 그가 출생하였던 일본 복음화를 위하여 일본어를 익히고 일본 복음화를 위하여 힘쓰고 있다. 현재의 주된 사역은 OC International과의 국제 사역이다. 2006년부터는 일본 복음화를 위한 사역을 시작했다. 일본 안팎에 교회들을 배가시키기 위한 목적으로 네트워크와 동반자 사역을 통해 일본 기독교 개종자들 중에서 출현하는 지도자들에게 효과적인 제자도 훈련을 제공하고 그들의 동원을 위하여 전략적 연결, 발굴과 멘토링 사역을 하고 있다.

박기호 박사(Fuller 선교대학원 교수)는 선교사로서 박 선교사의 사역을 다음과 같이 평가하였다. 첫째, 브라질교회를 위한 공헌이다. 그는 제자도 훈련 사역과 목회지도자 양성 사역을 통해 브라질교회 개척과 성장을 도왔고, 여성 사역과 가정 사역을 통해 기독교인들의 가정을 세워주었으며,

어린이 사역과 청소년 사역을 통해 장래 교회지도자들이 될 인재를 키우고, 기독교교육 사역과 교회음악을 통해 브라질교회의 교사 양성과 반주자들을 양성하는 일을 하였다. 그의 사역의 최우선 순위는 복음 전파였다. 둘째, 나성 영락교회의 교육부와 선교부 전담 교역자로서 미주 한인교회에 교육과 선교의 모델을 제시하고 교회성장과 선교운동을 도왔으며 나성 영락교회가 세계를 품은 그리스도인의 공동체가 되도록 했다. 셋째, 선교 동원가로서 북미주 한인교회의 선교운동을 도운 것이다. 선교연구원으로서 북미주 한인교회 선교현황을 위한 자료들을 모으고 분석하는 일을 하였다. 2세 선교사와 선교 지망자를 발굴, 훈련, 양성하여 파송하는 과정을 도왔다. 각종 선교세미나와 수련회, 신학교 강의실에서 선교 후보생들 교육하는 일들을 해왔다. 현재는 OC International의 국제 사역팀의 일원으로서 국제 네트워크와 파트너십 사역, 자문관과 멘토, 강사와 객원교수로 민족과 교파와 선교회의 경계를 넘어 사역하며 아시아 선교학회 이사로 아시아 교회들과 선교회들을 섬기고 여러 선교단체들과 선교사 자녀학교들의 자문위원으로 봉사하고 있다.

　박 선교사는 후배 선교사들에게 다음과 같이 제언한다. 첫째, 선교사는 예수님을 닮도록 노력해야 한다. 둘째, 하나님의 영광을 위해 살고 사역해야 한다. 셋째, 서로 간에 비교의식과 경쟁의식을 갖지 말고 주님을 섬기는 특권을 주시고 영광스러운 일에 초대해 주신 주님의 은혜에 감사하고 감격하여 기쁨 충만한 일꾼이 되어야 한다. 넷째, 사도 바울처럼(행 20:24) 헌신적인 삶과 순교 정신을 가져야 한다. 다섯째, 하나님 제일주의자가 되어야 한다.

3. 1970년대

임평수(또는 정평수)

- ◆**선교지 도착 및 사역년도** : 1차 1974년~1985년, 방글라데시, 파키스탄
  2차 2000년~2009년 현재, 인도네시아
- ◆**파송교단 또는 단체** : 1차 대한예수교장로회(통합),
  2차 성경번역선교회(WBT)
- ◆**선교사역지** : 방글라데시, 파키스탄, 인도네시아
- ◆**주요사역** : 제자훈련, 교회개척, 성경번역
- ◆**가족관계** : 남편 고 정성균 선교사, 2남 1녀

임평수 선교사는 일찍부터 세계선교에 관심이 있었다. 17세 때부터 공주에서 침례교회를 다녔는데, 당시 침례교 성경공부 교재는 특이했다. 그가 여고시절 교회에서 주일학교 교사로서 섬길 당시 어린이 공과책에 윌리엄 캐리 선교사에 대한 이야기가 실려 있었다. 그 교재에는 기본 과정을 통과하면 그 다음 단계로 들어가는 과정이 있었는데, 맨 마지막 단계는 선교사에

임평수 선교사

대해서 공부한 다음 '15년 후의'라는 수필을 쓰게 되어 있었다. 그때 그는 여러 선교사 가운데 윌리엄 캐리(William Carey)를 제일 흠모했다. 그래서 그는 '15년 후의 나는 윌리엄 캐리처럼 인도에 가서 선교를 하겠다'라고 다짐하는 글을 썼다. 그것은 어쩌면 성경공부 과정을 마치면서 한 번씩 쓰게 되는 의례적인 것일 수도 있었다. 그러나 계속 성장해 나가는 과정에서 어떤 신앙적 분위기에서 어떤 사람을 만나 어떻게 영향을 받느냐에 따라 어린 시절의 다짐은 한때의 꿈으로 끝날 수도 있고 현실로 나타

날 수도 있다. 임 선교사의 경우는 후자로서, 그러한 다짐의 글을 쓰고 난 후 15년 후에 실제로 선교사가 되어 남편과 함께 방글라데시로 떠나게 된다.[14] 오늘날 방글라데시는 윌리엄 캐리가 있었을 당시 인도에 속하였으므로 임 선교사는 인도에서 선교사로 활동한 셈이다. 한 어린 소녀의 헌신과 기도를 하나님께서 어떻게 응답하시고 성취되게 역사하시는가를 우리는 임 선교사의 생애를 통해 볼 수 있다.

정성균보다 1년 늦게 한남대학교 영문과에 입학한 임평수는 선교단체에 가입하여 모든 집회에 열심히 참석하는 회원이었다. 어느 날 한 남학생이 자신이 책임지고 있는 성경공부 그룹의 리더가 되어 달라고 부탁하였다. 그 후 어느 가을 날 그는 정성균의 요청으로 다시 한 번 시골교회를 방문하여 그곳 주일학교 어린이들에게 봉사할 기회를 갖게 된다. 하루는 학교 강의실 복도를 지나가고 있었는데 정성균이 다가와서 자신의 과거 지나온 삶과 앞으로의 계획에 대하여 이야기하며 앞으로 선교사가 되어 불쌍한 나라 사람들에게 복음을 전하며 평생을 살아가려고 하는데 같이 기도했으면 좋겠다는 말을 했다. 그 후 두 사람은 정성균이 군대에서 제대하고 장로회신학대학에 입학하기 직전인 1971년 2월에 결혼을 하였다. 두 사람은 서로 사랑하고 붙들어 주는 삶의 동반자가 되었을 뿐만 아니라 선교의 길을 함께 걸어가는 선교 동역자가 되었다.

1974년 8월 27일 방글라데시 다카에 도착하였다. 당시 딸 조희는 두 살, 아들 은석은 생후 8개월이었다. 그들의 셋째 아들 이삭은 방글라데시에서 태어났다. 임 선교사가 셋째 아이에게 이삭이라고 이름을 지어준 사연은 다음과 같다. 셋째 아이를 임신하고 몇 달 후에 아기가 움직이지 않는 것 같아서 외국 선교사가 운영하는 병원에 가서 진찰하니, 뱃속에서 아이가 죽었다고 영국 의사가 말하였다. 그 원인은 산모가 너무 고생만

하고 먹지 못하여 영양실조에 걸렸기 때문이라는 것이었다. 이 일로 부부가 3일간 금식하며 기도하였는데, 3일 후에 아이가 뱃속에서 움직이기 시작했고 다시 진찰하니 아기가 다시 살아났다는 것이었다. 정성균 선교사 부부는 이 아기를 통해 기쁨을 맛보았으므로 셋째 아이를 '웃음'이라는 뜻의 '이삭'이라고 이름을 지었다고 임 선교사가 필자에게 1982년 6월 파키스탄을 방문하였을 때에 이야기해 주었다.

정 선교사의 사역 초기에 임 선교사의 유창한 벵갈어 실력이 사역에 여러모로 도움을 주었다. 정 선교사는 선교사 부인의 역할, 특히 현지어에 능숙한 부인의 역할이 얼마나 큰 힘이 되는지를 통감한다. 그는 후배 선교사들에게 반드시 부부가 함께 현지 언어를 공부할 것을 강조했다.[15] 임 선교사는 정 선교사보다 벵갈어도 유창했고 영어도 잘 하였다. 방글라데시에서 사역할 때에 매 주말마다 정 선교사 집에서 있었던 성경공부반은 교사들의 강습과 병합하여 실시하게 되었다. 이때 주어진 강의과목은 성경 외에도 영어, 방글라데시 역사, 세계사, 벵갈 문학 그리고 음악 등이었다. 성경과 세계사 과목은 정 선교사가 맡았고, 영어는 임 선교사가, 기타의 과목들은 현지인들 가운데서 담당하여 가르쳤다.

방글라데시의 수도에 있는 다카 한인교회는 1976년 한국인으로서는 최초로 방글라데시에 선교사로 파송된 고 정성균 선교사와 몇몇의 한인들이 함께 모여서 예배를 드림으로 시작되었다. 방글라데시에서 1974년부터 5년간 활동했던 정 선교사가 미국에서 안식년을 보낸 후 방글라데시 입국이 좌절되어 파키스탄에 도착하여 선교사로 입국했다. 그는 이미 방글라데시에서 교회와 초등학교를 세우고 현지 교역자를 양성해 본 경험이 있는 유능한 선교사였다. 1980년 10월 11일 파키스탄에 정 선교사가 먼저 도착하였다. 임 선교사와 자녀들은 12월 28일 도착하였다. 그 후 1980년 10월 13일 정 선교사는 파키스탄 펀잡주의 동북부 구즈란왈라에서 목회자 양성하는 교수로 사역을 시작하였다.[16] 그는 또한 더불어 14개 교회를 개척하여 현지 교역자들에게 넘겨주는 활동도 했고 심령부흥회 및 전도 집회, 문서전도, 개인전도, 현지 교회순방, 교회성장센터를 설립하였고 파키스탄 목사들을 한국에 보내어 한국교회의 부흥상을 보도록 하였다. 초등학교 2개를 운영하였고 신학생, 대학생 등에게 장학사업을 했으며 공관원들을 중심으로 월 1회 한인들에게 예배를 인도하기도 했다. 그러나 1984년 7월초 파키스탄 이슬라마바드에서 과로로 인한 급성간염으로 쓰러졌다. 병이 점점 악화되자 임 선교사는 안 되겠다고 생각하여 한국의 총회선교부와 선교회에 국제전화를 걸어 정 선교사의 병환 소식을 알렸다. 그러나 한국의 어른들의 대답인즉, 지금 선교사가 임기를 채우지 못하고 귀국하면 선교비를 부담하고 있는 교회들에게 실망을 안겨주고 후원자들의 열심이 줄어들므로, 가능하면 그곳에서 치료하다가 8월에 안식년으로 귀국하라고 하였다.[17] 그러나 정 선교사는 파키스탄에서 1984년 7월 17일 과로로 인하여 순교자가 되어 그곳에 묻혔고, 사도행전 20장 24절이 그의 묘비에 적혔다. 그 당시 큰 딸 조희가 13세, 아들 은석은 11세, 이삭은 9세였다. 그 후 임 선교사는 남편을 잃은 슬픔 속에서도 총회가 파송한 선교사가 되어 1년간 세 자녀와 함께 파키스탄에서 남편이 남겨준 선교사업을 계승하였다.

1985년 9월에 임 선교사는 세 자녀와 함께 미국으로 가서 윌리엄캐리대학교(William Carey University)에서 문학 석사, 풀러신학대학교에서 선교학 박사를 취득하였다. 미국에서 자녀들과 함께 공부하는 동안 임 선교사는 선교비 후원이 미약하여 자녀를 키우면서 공부하는 동안 재정적으로 많은 어려움을 겪었다. 밤과 낮을 가리지 않고 여러 곳에서 아르바이트로 자녀를 양육하며 무척 힘들게 공부했다. 현재 자녀들은 성장하여 독립적으로 생활하고 있다.

2000년 10월 15일 미국의 한인교회 등에서 파송 받아 임 선교사는 현재 성경번역선교회(WBT)소속 선교사로서 인도네시아 칼리만탄이라는 지역에서 선교사 겸 언어학자로 사역하고 있다. 현지의 5명의 선교사 중 2명은 3개 부족의 모국어로 성경을 번역하고 임 선교사를 포함한 3명은 현지 언어의 새로운 문자를 만들어 가르치고 있다.

김신숙[18)]

◆ **선교지 도착 및 사역년도** : 1977년 8월 30일~2009년 현재
◆ **파송교단 또는 단체** : 대한예수교장로회(합동)
◆ **선교사역지** : 아프리카 이집트
◆ **주요사역** : 교육
◆ **가족관계** : 남편 고 이윤호 선교사, 3녀

김신숙 선교사의 부친 김득룡 목사는 총신대학과 신대원에서 교육학과 실천신학교수로 30년간 재직하였다. 김 선교사가 태중에 있을 때 부모님은 하나님께 아들이면 목사로, 딸이면 목사 사모로 서원하였다. 서원하고 태어난 김 선교사는 어릴 때부터 충분한 기도를 받으며 성장하였다. 그 자신도 지금까지 한 번도 다른 것을 생각해 본적이 없이 부모님께서 헌신한대로 하나님

김신숙 선교사

께 헌신하고 열심히 믿음의 생활을 하였다. 중학교 2학년 때부터 새벽기도를 시작하였다. 그는 모태신앙이었지만 초등학교 5학년 때 개인적으로 구원의 확신을 얻었다. 거듭난 신앙을 중2 때 체험하고 새벽 기도를 시작

하면서 기도하는 삶이 되었다. 더불어 은혜를 받고나니 하나님의 말씀을 사모하여 매일 성경을 하루에 세 장씩 읽으며 시편과 잠언은 한 달에 한 번을 읽으려고 노력하였다.

김 선교사는 기도와 말씀으로 살면서 교회 봉사를 시작하였다. 초등학교부터 성가대에서 봉사하였고, 고등학교 때는 성도교회 고등부에서 부회장으로 봉사하였다. 숭의고등학교에서 부회장과 신앙부장을 겸하여 맡아 열심히 활동하면서 고등학교 시절 철원수도원을 자주 다니며 기도생활에 참 재미를 느끼며 은혜를 받는 귀한 시간을 보냈다. 그의 고등학교 시절은 인생에 있어 가장 의미 있고 귀한 삶이었다. 일류대학을 들어간다고 재수를 하다가 은혜를 받고, 신학교에 가기로 결심하고 총신대학교에 들어갔다. 그는 열심히 기도생활을 하면서 평안교회에서 고등부 교사로 봉사하였다. 총신대학교를 졸업하고 이연호 목사와 결혼하였는데, 이슬람권 선교에 헌신한 남편을 만나면서부터 그도 함께 이슬람권 선교사가 되기 위해 준비하며 기도하였다. 남편 이 목사는 고등학교를 졸업하고 나서야 복음을 듣고 예수님을 영접하고 신자가 되어 선교사가 될 것을 결심했고 가장 복음이 전해지지 않은 곳인 이슬람권 선교에 일생을 헌신하고 기도하는 중에 그와 결혼을 하게 된 것이다.

선교사로 나가기 전에 김 선교사는 국내에서 총신을 졸업하고 특수학교 실습교사를 1년간 하였다. 그 후 총신대학교 도서관 사서로 6년을 봉사하였고, 1979년 8월 30일 선교지로 떠났다. 이 목사는 1976년 8월 6일 셋째 달 에스더를 낳고 40여일이 지난 후, 한국 건업의 기능공 12명을 인솔하여 사우디아라비아로 향하였다. 목사로서는 입국이 거부되는 이슬람 나라여서 한국 건업의 직원자격으로 갈 수 있도록 한국건업 회장이신 김인득 장로님의 특별한 배려로 비자를 받게 되었다.

그 후 이 목사는 1977년 3월 12일 이집트 사역을 시작하였다. 알렉산드리아에서 애굽인과 수단인 목회자 수양회에 초청을 받고 그곳으로 가다가 1979년 7월 11일 그의 나이 38세에 사막 길에서 순교하였다. 그 당시 이집트 사막 길은 차선도 없고 이차선으로 오가는 길인데 속도를 있는 대로 내서 달리는 길이었다. 그 당시에는 교통질서가 전혀 없다시피 했다. 그의 나이 32세에 큰 딸 이은혜 만 6세, 둘째 이지혜 만 4세 반, 셋째 딸 이에스더 만 3세 때였다. 고 이 선교사는 카이로 지역에 있는 미국 선교사묘지(American Cemetery)에 안장되었다. 그는 남편을 하늘나라에 보내고 나서, 영어를 남편만큼 할 수도 없고, 중동에서 여성의 위치로 사역한다는 것이 많은 한계가 있음을 발견하게 되었다. 그러나 그 후 그는 31년간 중동에서 사역하고 있다.

현재 남은 사역시간은 김 선교사에게 짧은데, 후반기 사역을 어떻게 해야 하는지에 대한 고민을 하며 기도하고 있다. 끝을 잘 맺는 선교사가 되기 위해 준비하는 것과 후배들에게 사역을 잘 전수하는 일을 위해 기도하고 있다. 김 선교사의 강점은 믿음으로 고난을 인내하는 것, 사랑의 은사로 어떤 상황에서도 사람들을 사랑하는 마음이 일어나는 것이다. 그러나 그는 신경이 예민하며, 완벽주의적인 면이 있어 완전하게 되어지지 않을 때 스트레스를 받기도 한다.

김 선교사의 장래계획이나 희망사항은 MENA(Middle East and North Africa Institute)를 설립하는 것이다. 이집트에서 중동과 북아프리카에 선교사를 파송하는 일을 하고, 연구소(Reseach Center:AMI)를 확장하여 지역 연구를 통해 전략을 세우는 것이다.

김 선교사는 선교 10년째 되는 해인 86년 8월~88년 8월까지 2년간 안식년을 얻어 미국에서 공부하였다. 미국 칼빈신학교에서 교육학 석사과정을 공부하였다. 1991년 10월 17일에 이집트 선교센터 개관식을 갖게 되었다. 485평방미터 규모에 사무실 3개와 강의실 2개(큰 강의실 70여 명, 작은 강의실 30명 수용)와 세미나 방 2개(14명과 24명이 들어 갈 수 있는 방), 응접실 그리고 사무실이 꾸며져 있다.

주요사역은 신학교 사역으로서 강의와 애굽 선교센터 사역, 평신도 지도자 훈련, 젊은 목회자 계속교육, 복음전도사역과 교회개척, 장애자 지도자 훈련, 알샤피아 선교훈련학교(중동과 북아프리카 선교를 위해)이다. 센터에서의 사역은 현지인 사역자 6명과 한국인 사역자 8명이 협력사역을 하여 분과별로 나누어 사역을 감당하고 있으며 김 선교사는 센터원장으로서 이를 책임, 관리하고, 강의하는 일을 주로 하고 있다.

현지인들이 말하기로 김 선교사는 외모는 한국인 같지만 마음은 이집트인이라고 한다(엔띠 마스레야: you are Egyptian). 그들을 사랑하는 선교사로, 기도의 사람으로 그들에게 인정을 받으며, 믿음의 어머니로 불린다.

후배 선교 헌신자에게 김 선교사가 하고 싶은 말은 영혼을 사랑하는 선교사가 되기를 바란다는 것이다. 프로젝트 위주의 사역이 아닌 영혼에 대한 애정과 열정이 더 필요하다고 강조한다. 선교 헌신자는 현지지식과 정보를 많이 안다고 생각하지만, 현장의 실제와는 차이가 있음을 인지하고 겸손한 자세와 배우는 일에 전념해야 한다. 신앙 인격과 예의가 있는 고급인력이 필요하다. 21세기에 이슬람 선교에 전문인 사역자가 필요하다. 평신도 사역자들이 가지고 있는 전문적인 직업을 가지고, 접근하는 선교가 절대적으로 필요하다. 아랍어 자체가 어렵고 나이든 사람들은 언어를 습득하는 것과 문화 적응이 더디므로 젊은이들의 헌신이 필요하다고 하였다.

이미화

- ◆ **선교지 도착 및 사역년도** : 1차 1979년~1981년, 남미 순회선교
  2차 1981년~2009년 현재, 중남미 벨리즈
- ◆ **파송교단 또는 단체** : 1차 오엠국제선교회, 2차 교회파송
- ◆ **선교사역지** : 남미 순회사역, 중남미 벨리즈
- ◆ **주요사역** : 순회사역, 교회개척 및 기도원 운영

이미화 선교사는 고 이진휘 목사의 6남매 중 장녀로 태어났다. 고 이진휘 목사는 바울선교회 설립자 이동휘 목사의 형이다. 이 선교사는 그의 아버지의 기도의 열매로서 선교사역에 헌신하게 되었다. 그는 대학에서 피아노를 전공한 재원으로 1979년~1981년 동안 오엠국제선교회 소속 둘로스 선교선에 승선하여 영국을 비롯하여 남미 여러 나라를 순회하면서 선교사역을 하였다. 순회사역 중에 복음을 전하다가 벨리즈(Belize)에 대한 이야기를 전해 듣고 선교지를 벨리즈로 바꿨다. 중병에 걸려 한쪽 청력을 잃어버렸음에도 불구하고 그의 선교 열정은 식지 않았다. 귀국 후에 다음 사역을 준비하여 국내 개교회 소속으로 그의 나이 42세에 1984년 12월에 한국인 최초로 멕시코를 경유하여 육로를 통해 벨리즈에 입국하였다. 벨리즈에 입국한 후 마야와 인디언 거주지인 매우 낙후된 서부 크리올 원주민 거주 지역을 사역지로 결정하고 서부 고속도로 56마일 과테말라 국경선과 40분 거리에 있는 온타리오 마을에 정착하여 선교 활동을 시작하였다.

벨리즈는 중앙 아메리카의 동해안에 위치하고 있으며 북쪽으로는 멕시코, 서남쪽으로는 과테말라, 동쪽으로는 카리브해와 경계를 이루고 있는 관광개발 도상국이며, 인구 28만 명의 최빈국이다. 총면적은 남한의 1/4,

전체인구가 약 25만 명, 로마 카톨릭 64.3%, 개신교 25.7%로 대다수의 기독교인들이 형식적이며 혼합주의적인 신앙을 가지고 있다. 공식어는 영어, 제2 언어로는 스페인어, 그 외 지방어가 사용 중이다. 벨리즈는 영국의 영향을 받았기 때문에 기독교인들이 많았으나 대부분 명목상의 기독교인이다. 이 선교사는 그 중 원주민과 난민을 대상으로 한 선교가 잘 이뤄지지 않는 것을 알고 인디언 거주지를 사역 대상으로 선택했다. 이 선교사는 철저하게 '믿음 선교'사역을 펼쳐나갔다. 사역 초기에는 미국인 선교사의 집에서 가정부 생활을 하면서 성령의 인도하심을 좇아갔다. 숨이 컥컥 막히는 더위와 싸우면서 은혜교회를 개척했다. 1986년부터 1년여 동안 미국 선교단체 '아웃 리치'(Out Reach)와 협력선교를 펼치며 벨리즈 유일의 소년원에서 교화 사역에도 힘썼다. 원주민 교회인 '바이블 처치'(Bible Church)를 돕기도 했다. 1987년 1월 선교관을 완공하고 2년여 동안 원주민 교역자들과 함께 소그룹별 기도회를 이끌면서 다양한 복음의 접촉점을 만들어갔다.

    1987년 1월 선교관 완공 및 제1회 목회자들의 만남(Pastors Meeting)을 주관하였다. 1989년 중순까지 매달 선교관에서 평균 15명의 원주민과 교역자들이 모여 예배와 간증과 소그룹 모임을 가졌으며 점심을 함께 했는데 단독 교회개척과 함께 모임을 중단하였다.

    1989년 기도원 부지 약 33,000평을 구입하여 1990년 9월 기도원 성전 봉헌 및 부지 봉헌 예배를 드렸다. 고 이진휘 목사 기념 기도원(Pastor Lee's Memorial Prayer Mountain)은 벨리즈 유일의 기도원이다. 이 선교사의 사역은 전적인 하나님의 도우심이 있었다. 한편으로는 이 선교사의 아버지 이진휘 목사의 세심한 배려와 애절한 배후의 기도가 없었으면 불가능하였을 것이다. 이진휘 목사는 금요철야기도회 시간이 되면 벨리즈에서 이

선교사가 보낸 '선교편지'를 교인들에게 읽어주며 벨리즈 선교를 위하여 기도하게 하였고 재정적인 지원도 아끼지 않았다.[19] 그 기도원은 벨리즈 각 교단의 전국 청장년 수련회, 도별 교회의 금식성회, 개교회의 영성훈련, 일일수양회, 그 외 금식철야기도회, 미국 한인교회들의 단기선교훈련 등을 위한 장소로 쓰이고 있다.

1991년 5월 필라델피아(스페인어 피난민 대상)교회를 개척하여 1992년 4월 11일 필라델피아 새 성전에 입당하였다. 벨리즈의 수도 벨모판(Belmopan)에서 약 12~13Km 떨어져 있는 티케틀(Teakettle)이라는 마을에 위치하고 있는 필라델피아 서반아권교회는 영어권 예배와 예배시간을 달리하여 같은 교회건물에서 예배를 드리며 다른 한국선교사가 예배 인도를 담당하며 약 80여 명이 참석하고 있다. 영어권 예배는 이 선교사가 담임하고 있으며 어른만 70여 명이 모이고 어린이는 80여 명이 출석하고 있다.[20]

그는 미국인 선교사의 은퇴로 성경교회(Bible Church)와 소년원 사역을 도맡아 처리하기도 했다. 1991년 4월에는 성경교회의 리더십을 원주민 목회자에게 인계했다. 그리고 기도원 사역에 착수했다. '기도에 미친 사람'이라는 별명이 붙어 있을 정도로 그는 '기도 우선주의자'이다.

1991년 5월 티켈틀 마을에 교회를 개척한데 이어, 1992년 4월 21일 은혜교회 새성전을 건축하기 시작하여 1993년 2월 새성전에 입당하였다. 센추랄 팜(Centural Farm)에 위치한 이 교회는 번스(Burns)목사가 담임하고 있으며 어린이, 청소년, 어른을 포함하여 95~100여 명이 집회에 참석하고 있다. 1994년 11월 산타엘레나 마을에 교회를 개척, 교회부지(약 80평)를 매입하여 1996년 6월 공사를 재개하였다. 이 교회는 벨리즈의 제2도시 카요(Cayo)시에 근접한 산타엘레나 타운에 위치하고 있다. 이 교회 주위에 안식교회가 있어 자체 초등학교를 운영하는 등 이 마을에 큰 영향력을 행사하고 있기 때문에 선교하기 어려운 지역인데 지금 한창 교회를 신축중이며 새로 부임한 목사님이 성실하게 목회를 하는 덕으로 잃었던 활기를 다시 되찾고 있으며 20여 명이 모이고 있다.

1996년 9월 레이디빌시에 교회신축부지 약 200평을 구입하여 신축을 시작하고, 약 80평 가량의 제2기숙사를 완공하였다. 1997년 6월 28~29일 싼타에레나교회 및 크리스천센터교회에서 봉헌 예배를 드렸다. 벨리즈의 최대도시 벨리즈시티(Belize city)에 근접하여 있는 레이디빌시는 최근에 형성된 마을로 근처에 교회가 없으나 천주교 여호와증인 등이 영향력을 행사해 오고 있는 지역이다. 어린이를 포함하여 100여 명이 참석하고 있다.[21]

1997년부터 이 선교사에 의해 필라델피아 영어권교회, 서반아권교회, 은혜교회, 싼타에레나교회, 크리스천센터교회 등 5교회와 기도원이 운영되고 있다. 2003년에는 유나이트빌에 교회를 개척했다. 이 선교사는 제자선교부를 설치, 쿠바에 가정교회를 세우기도 했다. 그는 열악한 선교지를 떠날 수 없는 목자의 마음 때문에 21년 동안 한국을 세 차례 밖에 방문하지 못했다.

4. 1980년대

김영자(Deborah)[22]

◆ **선교지 도착 및 사역년도** : 1981년 7월 24일~2009년 현재
◆ **파송교단 또는 단체** : 대한예수교장로회(통합)와 서울영락교회

◆ 선교사역지 : 인도
◆ 주요사역 : Trinity Matic School 설립 및 운영, 교회개척, 성경공부반 운영, 기도처 운영, 탁아소 운영, 양재학원 운영, 문맹 퇴치 교육, 인도-스리랑카연계 선교, 인도 어린이집 운영

김영자 선교사

김영자 선교사는 서울에서 1남 6녀 중 장녀로 태어났다. 할아버지는 강원도에서 감리교회를 개척하셨고, 그 후 상경하여 아펜젤러 목사와 사역을 함께하신 분이다. 서울 수표감리교회에서 목회사역을 했던 김 선교사의 할아버지는 우리나라 감리교단에서 널리 알려져 있는 분이다. 일본식으로 이름을 호적에는 '김영자'로, 집에서는 '김유자'라고 불러서 김 선교사는 두 개의 이름을 갖고 있었다. 방송국 TV 탤런트로 활동하던 시절에도 김유자란 이름을 사용했다.

대학교 때 문화방송국이 부산에서 개국했고 신문광고를 보고 응시하여 1962년에 아나운서 시험에 합격했다. 그 후 1979년까지 그는 방송인으로

살았다. 어머니께서는 43세에 별세하셨고 부친은 한국전쟁 중에 피난시절 청력을 잃은 장애자가 되었다. MBC에서 TV방송국을 개국하자, 김 선교사는 가정생활의 어려움을 호소하여 방송국에서 TV 탤런트와 아나운서로 겸직을 허락받아 수입을 올렸다. 부산에서 8년간 방송생활 후 서울로 와서 아나운서 겸 TV 탤런트로 활동하던 시절 바쁜 생활로 인하여 교회와 차츰 멀어지게 되었다.

김 선교사는 21살부터 8식구의 가장이 되다 보니 열심히 돈을 버는 일에 충실하였지만 삶의 의미와 목적이 없어 방황하게 되었다. 그런데 1973년 수원 침례교회 김장환 목사님이 만드는 간증영화에 참여하게 되었는데, 목사님의 말씀 "당신은 지금 어디로 가고 있습니까"라는 설교 말씀에 가슴이 아파오며 갈등하게 되었다. 그 후 친구의 권위로 코메디언 곽규석과 구봉서씨 가정에서 하용조 전도사의 인도로 성경공부가 시작되었을 때 참석하였다. 1974년 하용조 전도사와의 성경공부를 통해 예수님을 영접하고, 예수전도단(현, YWAM)의 설립자 오대원(David E. Ross)목사를 통해 선교사 훈련을 받게 되었다. 또한 그는 선교사의 길을 걷기 위해 장로교신학대학에 입학하였다. 욥기 23장 10절 말씀이 마음에 와 닿았다. 하나님을 믿고 난 후에는 모든 삶의 회의가 사라지고 살아야 할 목적과 의미를 찾아 그것을 좇아 살아가기로 했다.

그가 예수전도단에서 찬양과 기도와 말씀에 정열을 쏟고 있을 때, 한국을 방문한 라이스(Rice) 목사로부터 미국에 있는 문맹 선교회가 필리핀에 있는 극동 방송국에 갈 아나운서를 뽑는다는 말에 선교사가 아니라 아나운서로 가기를 원했다. 아나운서 직을 자의로 버린 것이 아니고 생활환경에 의해 포기해야만 했었는데 그 미련이 남아 있어서 지원했지만 하나님은 그를 다른 곳으로 인도하셨다. 1980년 7월 1일부터 40일 동안 삼각산에 있는 감람산 기도원에서 금식기도를 하였다. 그 후 1980년 11월 23일 선교지로 출발하였고 1981년 성(聖)도마가 순교한 인도 '타밀나드'주에 도착하였다.

인도에 온 후에 김 선교사는 매년 네 번에 걸쳐 전교생 학생사경회, 한 번의 여름성경학교, 매일 말씀을 짧게나마 전해야 하기 때문에 하루 중 말씀을 준비하는 시간을 많이 보냈다. 특별히 그의 사역의 중점은 남인도지역의 버려진 아이들을 위한 학교를 세워 아이들을 양육하고 교육하는 일이다. 그는 젊음을 다해 20년 이상 지금까지 선교사역을 감당하고 있다. 그는 어린이사역을 1986년부터 본격적으로 감당하였는데 1990년부터는 학교를 운영하여 기독교 정신에 근거한 교육을 하고 있다. 학교는 꾸준히 성장하여 1998년부터는 기숙사를 운영할 수 있게 되었다. 이 학교를 통해 학생들에게 성경공부를 시작하였으며 매년 학년이 끝나는 마지막 주간에 학생들을 상대로 여름성경학교와 캠프를 개최하는 등의 다양한 사역을 감당하고 있다. 이외에도 문맹퇴치를 위한 야간학교를 23개 이상 개설하였으며 교회개척사역을 하여 현재 2개의 교회는 독립하여 성장하고 있다.

그는 1981년 문맹선교를 하기 위해 인도에 들어왔으나 사역초기에는 실패하였다. 실패한 이유는 문맹의 대상 선정이 잘못되었고, 인도의 문화, 사상, 철학 그리고 종교의 배경을 알지 못한 가운데 야간학교를 개설하였기 때문이다. 그러므로 문맹선교는 인도인들이 개인적으로 예수님을 영접하고 성경을 공부해야겠다는 동기와 문맹을 벗어나야 한다고 강하게 마음먹고 난 뒤에 가능했다. 그때부터 집에서 일하는 사람들을 대상으로 한 사람씩 문맹을 퇴치하는 일을 지금도 계속하고 있다.

1983~1987년까지 대학생 성경공부는 대체로 좋은 결과를 보게 되었으나 그 과정은 어려운 고비가 많았다. 인도인들의 종교인 힌두교가 그들의 핏속까지 흐르고 있어 그 사상을 바꾼다는 것은 참으로 힘든 일이다. 3명

으로 시작한 성경공부가 3년 반 동안 40여 명으로 늘었고 많은 학생들이 거쳐가게 되었다. 그러던 중에 학생들 간에 연애를 해서 결국 성경공부반은 문을 닫을 수밖에 없었다. 왜냐하면 인도에서는 사회적으로 연애가 허용되지 않기 때문이다.

1982년부터 1997년까지 교회개척에 시행착오를 겪었다. 김 선교사는 복음에 대한 열정으로 이 사람 저 사람을 만나는 가운데 교회의 필요성을 그들에게 강조했고, 기쁜 마음으로 교회 건축을 돕고 전도자들의 생활까지 도왔다. 그러나 사전 답사가 이루어지지 않은 가운데 시작하였으므로 난감한 처지에서 인도인들을 도왔던 경험도 있다. 인도의 카스트 제도에 대한 지식이 없으므로 말미암아 빚어진 시행착오였으며, 시간과 거리 관계상 만나는 사람들이 제한되었다는 점도 실패의 한 요인이었다. 교회 예배에 카스트 제도의 영향으로 한정된 계급사회인 관계로 다른 계급 사람들이 들어올 수 없다. 따라서 전도의 제한을 받으므로 교인들의 숫자가 한정될 수밖에 없다. 여기에 다른 계급의 전도자를 배척하는 태도 등으로 지금도 어려움을 겪고 있다. 힌두교 사상에 깊이 물들지 않은 어린이들에게 복음을 증거하기 위하여 어린이집을 개관하였다. 그곳에 어린이들이 들어와 예수님을 영접하므로 어린이집 운영은 의미 있는 사역이었다.

1990년 학교를 시작하여, 유치원 과정부터 8학년까지 있다. 인도의 학제는 한 학교에 12학년까지 있다. 12년 내지 14년을 함께 할 수 있으므로, 학교를 통한 선교가 진행되고 있다. 매년 학년이 끝나는 마지막 주간에 학생들을 상대로 여름성경학교를 개최하고 있다.

김 선교사 스스로가 과거 자신의 선교사역의 실패 또는 시행착오의 원인을 다음과 같이 분석하였다. 첫째, 인도에 대하여 기초 지식이 전혀 없이 입국한 것이었다. 둘째, 행동반경이 좁았다는 것이다. 언어장애의 문제에서 시작되어서 사람을 기피하고 성품까지 변하였다. 셋째, 선교에 대한 열정이 뜨거워 너무 감정적이었다. 김 선교사의 경험으로는 독신 여성 선교사가 사역에서 실패할 가능성이 더 크다고 느껴지는 부분도 있으나, 반면에 섬세한 부분에서 성공률도 크다고 여긴다.

그의 희망사항은 현지 동역자들과 대학교와 성경학교를 세우는 것이다. 그의 시간이 아니고, 하나님의 시간에 세워지는 것이다. 그의 개인 소망은 예수님이 이 땅에 오시는 날까지 인도에서 복음 전파를 하는 것이다.

후배 선교 헌신자에게 김 선교사가 주는 조언은 하나님의 음성을 들을 수 있어야 한다는 것이다. 우리는 너무 자기 음성을 듣고 하나님의 음성이라고 우기며 살기 때문에 문제가 발생한다. 하나님께만 의지하면 모든 것을 더하시는 하나님이심을 믿어야 한다. 이것은 아무것도 하지 않고 공짜로 얻어 먹고 살겠다는 생각이 아니라 충성을 다해 일하는 자가 되는 것을 의미한다. 그의 신학 사상은 믿음, 정직, 선한 양심이다.

김선옥(김소니아)[23]

- ◆ **선교지 도착 및 사역년도** : 1983년~1985년 국내 선교훈련원 조교,
  1985년 2월5일~12월-케냐
  1987년 6월 10일 재파송
  1990년까지 레소토 AIM (Africa Inland Mission) 선교사,
  1994년~2009년현재, 탄자니아
- ◆ **파송교단 또는 단체** : 1차 AIM과 대한예수교장로회(합동),
  2차 2002년 대한예수교장로회(합동)
- ◆ **선교사역지** : 레소토, 탄자니아
- ◆ **주요사역** : 탄자니아 칼빈신학교 교수사역 및 이슬람 지역 미전도 종족

김선옥 선교사는 믿지 않는 가정에서 5남 1녀 중 장녀로 태어나 진주에서 성장하였다. 초등학교 5학년 때에 주일학교를 다니기 시작하였다. 그가 교회에 나가는 것을 눈치챈 아버지는 핍박을 심하게 하며 집을 나가라고까지 했다. 한편 외가집 이모, 외삼촌이 주일학교 선생님이셨다. 어머니가 시집 온 후에 외가집 식구

김선옥 선교사

들이 예수님을 믿기 시작하였다. 그는 진주교육대학교를 졸업한 후에 12년간 초등학교 교사로 아동들을 가르쳤다. 그 당시 야간에 진주성경학교를 4년간 다녔다. 그는 신학을 더 깊이 있게 공부하기 위하여 총신대학교 신학대학원에 입학했다. 1983년 어느 날 선교학 강의 시간에 충격을 받았다. 그는 수업시간에 교수님께서 수업시간에 '그리스도인으로서 최소한 해야 할 일과 교회가 최소한 해야 할 일이 선교이다'라고 하시는 말씀을 들었다. 3학년 때에 선택과목으로 영어(train in mission)과목을 듣게 되었는데, 담당과목의 교수이신 손영준 교수는 한 과목으로는 부족하므로 합숙훈련을 해야 학점을 주겠다고 하여, 공동체 훈련에 참석하였다. 즉 1983년 예장합동총회세계선교회 1기 훈련에 참석하게 된 것이다. 손 교수의 조교로서 훈련을 도왔으며, 훈련은 1년에 2번 봄, 가을에 있었다. 1984년 3기 훈련에 조교로 참석하였는데 강의시간에 강사는 "선교는 꼭 해야 하며 하나님께 영광을 돌리는 최선의 길이다"라는 말이 그의 가슴에 와 닿았다.

김 선교사는 신대원 졸업 후에 이스라엘 유학을 계획하고 있었는데 유학을 포기하였다. 진주교회의 첫 번째 파송선교사로 그는 비행기표와 생활비 등 모든 물질을 자비량으로 하여 아프리카의 레소트로 향하였다. 처

음에는 AIM선교회의 소속선교사로서, 선교단체에서 주어진 역할은 교사로 현지인들을 가르치는 것이었다. 학기 중에 주말과 방학을 통해 미전도 종족에게 관심을 갖고 정기적으로 방문하였다. AIM과 사역하는 동안 7군데에서 교회개척을 하였다. 1996년 말라리아 수치가 너무 높아서 키니네약을 많이 먹고 말라리아균을 잡았지만 신장, 간, 눈, 귀가 안 좋아졌다. 말라리아에 감염되어 시력, 체력이 많이 약하게 되었다.

김 선교사는 현지인 동역자 부부와 함께 사역을 하고 있다. 그가 칼빈신학교 교장으로 있을 때의 한 학생이 2003년 졸업한 후에 2005년 목사 안수를 받고 현재 함께 사역하고 있으며 그의 부인은 간호사이다. 그 외에 공동체 제자훈련을 하고 있다. 처음에는 어려웠으나, 현지 사람들의 마음을 얻기 위하여 농사짓기, 보건소, 어린이를 돌보아 주는 일도 한다. 탄자니아 키수주(kisiju)는 이슬람 지역이라 낮에 교회건축으로 벽돌을 쌓아 놓으면 밤에는 무슬림들이 와서 벽돌 쌓아놓은 것을 허물어 버리는 등 어려움이 많았다. 이 지역은 가뭄으로 인하여 물이 귀한 지역인데, 손으로 땅을 팠는데 물이 나왔다. 현지에서 물을 가져오는 사람은 '신의 아들'이라는 말이 있어서 긍정적인 반응을 얻었다. 그 후 6년이 지난 현재에는 기독교가 참 종교라는 공감대가 주민들 사이에서 형성되어 복음에 반응을 보이고 있다.

그는 선교 후보생들에게 대해 선교지에 오기 전에 준비를 잘하기를 권면한다. 선교사로서 성경말씀을 전하는 방법 외에 사역에의 실질적인 준비는 기술적인 것을 준비하기를 권한다. 선교지에 계속 필요한 인력은 어린이 사역자, 유치원 교사, 양육할 수 있는 선교사, 의사, 간호원, 목공예사와 건축기사 등이다. 선교지에 신학공부만 마치고 와서는 안 된다. 선교사의 마음은 선한 양심과 현지인을 사랑하는 마음이며, 하나님이 채워

주시므로 사역비가 없는 것을 염려하지 말라고 격려한다.

　영적 전투가 치열한 선교지에서 생활하다 보면 선교사는 지쳐있는 자신을 발견하게 된다. 그런 일이 거듭되면 그런 자신을 보고도 놀라지 않는 영적 침체상태에 들어간다. 선교지에는 선교사를 지치게 하는 일이 많이 있다. 아프리카는 기후와 질병이 그렇고, 서로 다른 전통과 문화와 사고방식이 그렇다. 독신은 독신대로 문제가 있고 부부선교사는 가정생활과 자녀교육 등 문제가 많을 수도 있다. 재충전을 받을 기회는 드물고 후원교회의 기도와 후원이 줄어들거나 끊어지면 선교사역은 매우 힘들어진다. 그 영향은 동역자나 현지인에게 미친다. 선교에 대한 헌신은 우리 생명을 귀하게 여기지 않고 선교지를 향해 떠날 수 있었던 만큼 소중한 것이다. "선을 행하되 낙심하지 말찌니 때가 되면 이루리라(갈 6:9)"라는 말씀에 격려와 위로를 받고 있다.

　김 선교사의 장래계획은 현지인 선교사를 훈련시켜 그들로 하여금 미전도 종족에게 복음을 전하게 하는 것이다. 탄자니아는 에이즈(AIDS) 세계 1~2위이며, 기독교의 에이즈(AIDS)퇴치 운동을 위한 적극적인 노력이 필요한 곳이다.

김정윤

- ◆선교지 도착 및 사역년도 : 1985년 2월 21일~ 2009년 현재
- ◆파송교단 또는 단체 : 한국 월드컨선 선교회(World Concern Korea)
- ◆선교사역지 : 우간다
- ◆주요사역 : 의료사역, 현지인지도자양성

김정윤 선교사는 1985년 파송받은 이래 현재까지 우간다 클루바 병원

과 네비교구 내 골리 지역에서 주민들을 돌보고 있다. 김 선교사는 1970년 간호학교를 졸업하고 1973년부터 1984년까지 10년 동안 필라델피아 중앙교회 전도사로 사역을 했다. 1982년에는 펜실바니

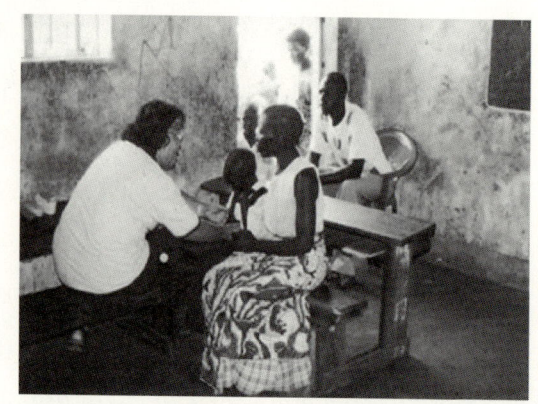
의료진료하는 김정윤 선교사

아주 간호협회가 김 선교사의 공로를 인정하여 간호원상을 수상한 바 있다. 미국 세인트 에그네스 병원과 서재필 기념의료원 등에서 간호사로 활동하면서 선교사가 되기 위해 꾸준히 준비했다.

김 선교사는 남성들도 하기 힘든 위험한 현지의 상황도 개의치 않고 여성선교사로 1985년 5월부터 현재까지 아프리카 우간다에서 사역중이다. 김 선교사는 에스더처럼 '죽으면 죽으리이다'라는 사명으로 사역하고 있다. 사역 초기에 사역지 쿨루바 병원까지 약 1시간의 비행거리지만 우간다 내전으로 인해 3일간이나 공항에서 머문 적이 있다. 진흙으로 만든 집과 녹슨 양철 지붕의 단칸방에서 여러 달을 보내며 병원사역을 시작했다.

김 선교사는 때론 힘들고 지칠 때도 있었지만 그때마다 마음과 입술에서는 '누군가 널 위해 누군가 기도하네'라는 찬양이 흘러나왔고 위로를 받았다고 한다. 그가 하는 사역은 실로 몸이 부서져라 할 정도로 많은 사역이었다. 아프리카 우간다 네비(Nebbi)교구의 인구는 438,000명이며, 인구의 80%가 부족한 의료혜택 아래 사는 시골사람들이고 물 부족, 좋지 않은 건강, 낮은 소득수준으로 개발이 필요한 상태이다. 김 선교사는 교구

내 4개 보건소와 이동진료소를 순회하여 사역했고, 지역 영성 수련회 개최, 교도소 전도, 에이즈 환자상담을 겸한 병원 전도, 진료소 직원들과 매주 1회 성경공부 실시, 골리 여성성경공부반 운영, 환자 및 보호자 성경공부, 교회 지도자들을 중심으로 한 보건계몽교육, 네비교구 내의 세 곳 진료소 순회사역의 감독자로서 사역하고 있다.

우간다 전 인구의 1/3이 에이즈로 처참하게 죽어가고 있다. 하루에도 엄청난 수의 사람들이 남녀노소를 막론하고 죽어가는 우간다의 안타까운 실정을 보며 김선교사는 보건사업에 중점을 두었다. 초가집 한 동을 지어서 가정을 이루는 실정, 변소 혹은 우물시설의 미비로 1998년에는 콜레라가 나일강변을 따라 계속되어 많은 생명을 빼앗아갔다. 이런 상황을 인식한 김 선교사는 골리에 세워진 예방보건교육(PRIMARY HEALTH CENTER)을 중심으로 1999년에는 보건예방사역에 중점을 두어 계획을 하고 교회 지도자들에게 예방접종, 깨끗한 물 마시기, 화장실 마련 등의 보건교육을 하고 있다. 최근 보고에 의하면 감염율이 하강세를 보인다고 한다. 훈련받은 자들은 물 공급과 위생부분에서 교구내 공동체 속에서 열심히 일하고 있다. 많은 우물이 복구되었고, 이로 인하여 12개 공동체는 깨끗한 물을 공급받고 있다. 물로 인한 전염증세는 급격히 감소되었고 각 공동체는 청결하게 되었다. 당국은 보건관리에 많은 관심을 보이게 되었으며 우물 복구와 공급을 위한 더 많은 지원을 원하고 있다.

"의약품이 없어 홑이불을 찢어 붕대 삼아 치료하였고 그것도 부족해 겨우 상처만 덮어주어야 했던 일들이 생각납니다. 수많은 사람이 학질과 빈혈로 심한 경련을 일으켜 고통당할 때면 제가 할 수 있는 것은 오직 기도 밖에 없었습니다." 김 선교사는 네비교구 보건소 등을 중심으로 의료선교 사역을 펼쳐나가고 있다. 그는 영적, 육체적, 사회적, 정신적 지원을 통해

김정윤 선교사(제일 왼쪽)

전인 구원사역을 추진하면서 돕고 있다. 그는 "교회와 학교에서 보건 및 질병 예방교육, 에이즈 예방을 통한 지도자 훈련과 성경공부 등을 통해 우간다의 영적 상황이 호전될 수 있도록 최선을 다할 것"이라고 각오를 다졌다.[24] 8년간 세운 간호학교를 현지인에게 양도하고 다시 우간다의 다른 지역으로 가서 사역하고 있다.

 김 선교사가 20년 이상 선교를 통해 깨달은 것은 선교는 하나님이 하시며, 하나님이 하시는 일에 순종하는 것이라는 것이다. 선교는 업적보다는 하나님을 기쁘시게 하는 일이다. 하나님의 말씀과 기도는 능력이 있다. 이로 인하여 현지에서 아무렇게나 살던 여성들이 변화한다는 것이다. 김 선교사가 사역하고 있는 골리 지역에서 한 성도가 기도의 산을 기증하면서 지역 목회자들과 성도들의 기도가 시작되었다. 영성훈련센터가 1998년 8월 20일 네비교구 및 목사들, 우간다 영부인, 보건사회부 장관, 현지인 2,000여 명, 동료 선교사들과 함께 영성훈련센터에서 헌당예배를 드림으로 영성훈련사역이 우간다에 정식으로 정착되었다. 영성훈련센터를 통해 목회자와 성도들이 훈련되어지며 더불어 청소년들의 영성훈련과 현지인 선교사 양성을 위한 사역을 목표로 하고 있다. 영성훈련센터는 기도의 집과 찬양, 교제의 집 그리고 성경공부를 위한 집 등으로 사용하며, 청소년 훈련과 현지인 선교사 양성을 위한 장소로 사용될 것이다. 매달 정기적으로 목회자, 부인, 사모, 교회학교 교사와 청소년 등을 대상으로 한 수련회를 이미 실시하고 있다. 김 선교사의 장래 주요 계획은 현지인 지도자 양성 등이다.

김자선

- ◆ **선교지 도착 및 사역년도** : 1986년~2009년 현재
- ◆ **파송교단 또는 단체** : 대한예수교장로회(고신)
- ◆ **선교사역지** : 필리핀
- ◆ **주요사역** : 교회 개척, 교육, 문서선교 사역, 강정인 선교사와 팀 사역

고신교단 최초 평신도 여성선교사 김자선 선교사는 1986년 8월 15일 고신총회 선교부 파송을 시발로 해서 현재 필리핀 최북단 까가얀의 도청 소재지인 뚜게가라오(Tuguegarao)에서 사역하고 있다. 예수교장로회 고신 측에서 김 선교사가 1986년 먼저 파송되었고, 1991년 강정인 선교사가 합류하여 두 명의 독신 여성선교사가 팀

김자선 선교사

으로 사역하고 있다. 두 여성선교사는 뚜게가라오와 라굼 등지에서 17개 교회와 17개의 기도처를 위해서 사역하고 있다.[25]

김 선교사는 예수님을 영접하기 전에 극도의 염세주의자로 이산 저산을 기웃거리며 몰래 죽을 자리를 보러 다녔다. 그러다가 1976년 5월에 무척산 기도원에서 예수님을 영접하였다. 창세기 12장 10~20절 말씀을 통

해 중생의 체험을 하게된 것이다.[26]

교회사역은 뚜게가라오교회를 중심으로 한다. 1990년 12월 2일인 첫 주 교회개척예배를 드렸다. 1996년부터 자립하게 되었고 교인수도 거의 배나 증가했을 뿐 아니라, 크든 작든 지교회 4교회와 10곳의 성경공부 그룹 그리고 1,000명에서 2,000명 정도가 공부하고 있는 성경 통신학교, 라굼의 두 곳 유치원 사역 등을 이곳 뚜게가라오 교인들의 도움으로 운영하였다. 그 당시 자체 교회당이 없어 선교사 집을 예배 처소로 썼다. 교회개척 7년여 만에 처음으로 7명의 집사를 세웠다. 학생, 청년회 성경공부는 현지인 목회자는 물론 교회에 유급 직원도 없는 가운데 사역은 방만(放漫)해 졌으나 두 선교사는 1997년 1월 학생, 청년회 성경공부반을 시작하였다. 현재 이곳 선교지의 센터이며 모교회이기도 하다.[27]

1997년 4월 28일에서 5월1일에 있었던 여름성경학교를 위해 14명의 전 교사들이 하루 혹은 5일간 금식으로 준비했다. 1997년 4월에 열린 지도자 금식기도회에 다섯 교회에서 온 약40여 명의 지도자들이 3~10여 일씩 각각 금식기도회를 가졌다.[28] 1998년 2월에 임시건물을 지으면서 예배 처로 출발 선교사 사택에서 처음 예배를 드렸다. 1999년 10월 21일, 5개의 기도실까지 달린 2층 200평의 예쁜 교회당 건물을 지어 1층은 성경통신학원 식당 미니채플 화장실과 교실로 사용하고, 2층은 예배실 전용으로 사용하는데, 크고 작은 6교회의 지교회와 10곳의 성경그룹과 1~2천여 명의 성경통신학원 라굼의 2곳 유치원을 이곳 뚜게가라오교회와 교인들이 봉사하고 있다. 현재 재정자립도는 100%이다.

문화혜택이 전혀 없는 정글 입구인 이 지역은 외국인 출입금지 지역으로 2~3천 세대가 흩어져 살고 있으며, 5개의 바랑가이(Barangay)부락과 29개의 시티오스(Sitios)마을이 있다. 제1, 2 라굼교회를 섬기면서 뒤늦게야 알게 된 것은 개신교 초창기 때 미국의 모교단 선교사와 관련, 두 교회가 바로 이웃에 세워져 있었음에도, 라굼 주민들도 모르고 있었고 100여 년이 지난 지금도 사실상 유사한 형편에 놓여 있어서 선교사에게 시사되는 바가 크다.

라굼은 지형학적으로 육로로 닿을 수 없는 산간계곡이며 정글지역이다. 이 지역에서 축호 전도를 하던 초창기엔 세계의 왕 되신 주님의 이야기가 이곳에 들어가기 전에 이미 이단들이 득실거리며 활동하고 있었다. 그야말로 "목자가 없으므로 뿔뿔이 흩어지며 산과 높은 멧부리 마다 유리된 채 흩어져서 모든 들짐승의 밥이 되어"(겔 34:5~6) 있던 이곳에 이제 5 교회가 들어섰고 다른 5곳엔 성경공부 그리고 많은 마을에 성경통신학원을 통해 매일 하나님의 말씀이 뿌려지고 있다.

김자선 선교사가 개척한 '제1라굼교회'의 모습

제1 라굼교회는 성경공부 2년 뒤 1991년 12월 초 개척, 무척 핍박과 생명의 위협을 많이 받은 교회인 만큼 뜨거웠으며 1997년 3월 헌당예배를 드렸다. 한 교인이 교회부지를 헌납하였으며, 장년 90여 명, 주일학교 60~70명, 2명의 신학생을 배출하였다.

제2 라굼교회 성경공부 3년 6개월 만인 1993년 2월에 개척, 장년 140여 명, 주일학교 80여 명으로 교인의 약 1/3이 산속과 하천에서 예배를 드리러 온다. 교역자는 물론 신학생도 없이 교회가 이렇게 성장할 수 있었던 것은 하나님께서 레위지파를 챙기듯이 직접 챙기시기 때문인 것 같다. 또한 지혜유치원과 믿음유치원을 운영하고 있다.

제3 라굼교회는 1996년 6월에 개척했다. 장년 60여 명, 주일학생 50여 명, 처음으로 현지인에 의한 현지인 교회가 그들의 전도에서 성경공부로 발전, 교회로 개척된 경우이다. 로마교회는 1997년 1월에 개척하여 장년 40여 명과 주일학생 30~40명이 었다.

제4 라굼교회는 1999년 1월말에 전국여전도회의 임원들이 함께 한 가운데 개척예배를 드렸다. 장년 50여 명과 주일학생 40여 명이며 라굼 지역에선 제일 센터가 되는 중심지역이다. 부락 이름은 망가, 라굼 지역에 복음이 도착되고 교회가 세워진 이래, 두 번째로 현지인 신학생에 의해 약 1년간 성경공부 끝에 교회로 발족하게 되었다. 이 지역으로선 처음으로 고등학교와 파출소가 들어섰다.

제5 라굼교회는 김 선교사가 라굼 지역을 전도대상으로 굳히고 라굼 지역에선 제일 먼저 도착하여 복음을 전한 첫 지역인 다바(Daba)에 있다. 워낙 완악하고 유독 이 지역이 순진한 인심에 비해 세속적이어서 한때는 포기한 지역이기도 하다. 신학생 렛시 방아야 부부의 꾸준한 성경공부의 결실로 99년 4월에 세운 6교회의 형제 자매들과 함께 개척 예배를 드렸다. 현재 장년 40여 명, 주일학생 40여 명으로 라굼에선 마지막 주일 예배지역이다.

필리핀은 유치원 교육과정을 거치지 않으면 초등학교의 입학이 불가능하다. 그래서 지리적으로나 열악한 교육환경 가운데 있는 이들에게 비타민과 간식 일체를 제공하고 있다. 아울러 학부모와도 성경공부 시간을 갖는다.

전도, 등록, 레코드 체크, 간증서 검토, 방문, 순회 성경공부 그리고 정기 모임으로 교회개척이 되었다. 뚜게가라오교회를 모교회로, 제1 라굼

교회, 제2 라굼교회, 제3 라굼교회, 엔릴레의 로마교회, 제4 라굼교회, 제5 라굼교회 등, 현재 7교회를 순서로 개척하였다. 10여 곳의 성경공부를 현지인 교역자 한 명도 없이 섬길 수 있었던 그 형성과정에는 성경통신학원이 주요 기반이 되었다. 예배는 선교사가 직접 7지역을 돌며 매주일 인도하였다. 까비테 장로교 신학교에서 3~5년째 공부한 후에 3명의 목사가 배출 되어 각자의 교회를 섬기고 있다.

의료봉사(Medical Service)는 1997년부터 고신대학교 복음병원 의료팀의 후원으로 매년 구정을 전후해서 단기방문 사랑의 봉사가 행해지고 있다. 1989년도 뚜게가라오를 사역지로 정한 이후 연중행사로 성탄과 연말을 기해 정신병원과 감옥소를 방문해 작은 선물을 나누었다. 현재 3년 전부터는 각 교회의 성탄헌금과 특별헌금을 모아서 그들이 주체가 되어 작은 예수님의 사랑을 오고있다.

신학생 지도문제를 김 선교사와 강 선교사가 교회개척 사역에 앞서 고수하고 있는 것은 어떤 경우든 현지인 목회자를 동역자로 세워 선교에 임하지는 않겠다는 것이다. 이는 현지 신학생 내지 사역자들이 안고 있는 문제를 필리핀에서 일찌감치 많이 보아온 까닭이다.

김 선교사의 미래 사역으로는 미전도 지역인 전 라굼 지대를 소리 없이 복음화시키는 일을 위해 전문인 협력 선교사 세우는 것이다. 또한 기후, 자연환경, 과로, 스트레스 등의 풍토병에서 비롯되어 잃어버린 선교사의 건강 회복, 미전도 지역의 라굼 교인들 자녀를 위한 작은 기숙사 건축 그리고 신학교를 운영하는 것이다.

송용자[29)]

- ◆ **선교지 도착 및 사역년도** : 1989년 2월 8일~2009년 현재
- ◆ **파송교단 또는 단체** : 1차 1989년 2월 2일 (세계선교회 WMTI),
  2차 1992년 9월 1일 (대한예수교장로회총회〈합동〉),
  3차 2005년 4월 1일 (대한예수교장로회 명성교회)
- ◆ **선교사역지** : 태국
- ◆ **주요사역** : 제자훈련, 교회개척
- ◆ **가족관계** : 두 딸과 사위, 외손주

송용자 선교사는 독립투사의 자손으로 만주 하얼빈에서 태어나서 자라는 동안 잠시 부모님과 이웃의 사랑을 받으며 성장하였다. 그러나 어린 나이에 일본과 러시아의 전쟁으로 인하여 피난생활을 경험해야 했다. 서울로 와서 가난한 생활 가운데 이웃 아이가 입던 옷을 얻어서 입고, 이웃 아이의 쓰던 가방을 메고 초등학교에 입학을 하였다. 그러나 초등학교 2학년을 시작하기 전에 6·25전쟁이 발발하였다.

피난민 시절 심한 열등감과 두려움에 휩싸여서 친구들로부터 소외당한 느낌 때문에 늘 혼자였고 외로웠다. 아버지가 병상에 8년간 계셨으므로 경제적 어려움이 많았다. 그 무렵 피난민인 그는 목사님 딸인 친구가 좋아서, 사귀고 싶어서 어린 시절부터 혼자 교회에 다니기 시작하였다. 그는 직장에 다니던 중 남편을 만나 결혼을 하였다. 남편은 결혼 후에는 기대와는 전혀 다르게 다른 사람으로 변하여 술, 여성과 도박에 깊이 빠져서 결혼 생활이 엉망진창이었다. 좋은 엄마로 살면서 가정을 깰 수 없다는 굳은 마음이 자리 잡고 있었기에 밤낮으로 딸아이를 등에 업고 교회에 가서 하나님께 우리 가정을 지켜주실 수 있는 길을 알려 달라고 떼를 쓰

기 시작했다.

　하나님께서 송 선교사를 훈련시키시는 기간은 제법 길었다. 실제로 철없이 저지른 몇 번의 자살기도가 미수로 끝나던 어느 날 그의 삶 속에서 살아계신 하나님을 인정하였다. 그때부터 하나님은 그의 삶을 간섭하기 시작하셨고 그는 자신이 얼마나 큰 죄인인지 깨닫게 되었고 결국 복음에 눈을 뜨게 되어 예수 그리스도를 만나게 되었다.

　그러나 하나님의 말씀을 온전히 신뢰함으로 놀라운 승리를 경험하기는커녕 찬송가의 가사 내용은 참 좋은데 하나님의 말씀인 성경의 말씀이 믿어지지가 않았다. 하나님 말씀에 '아멘'하는 신앙이 아니라 이성으로 따지는 명목상의 그리스도인이었다. 송 선교사는 교회에 출석을 하면서 학습세례를 받고, 열심히 주일학교 교사와 찬양대 봉사를 하고 집사로 섬기기도 했다. 그 후 신학교에 입학하였으나 신학교에 갈 때에 주님의 사역에 동참할 생각은 추호도 없이 정말 하나님의 말씀인 성경을 좀 더 확실히 연구하겠다는 동기만 있었다. 그러나 하나님은 현재 태국에 와서 20년째 하나님의 말씀을 전할 수 있도록 순종하게 하시고, 송 선교사를 사용해 주셨다.

　예수님 믿는다고 그를 핍박하시던 어머님이 결국 예수님을 믿고 기도하시는 권사님으로 지내시다가 수년 전에 하나님의 부르심을 받았다. 선교사로 나가기 전에 국내 직업과 사역은 미 1군단 사령부 장군식, 리버티 크리스천(Liberty Christian)외국인학교 보조교사와 교회 전도사로 섬겼다. 기도원에서의 선교 헌신 기도를 생각하며 그는 늘 빚진 마음으로 주님께 순종하려고 선교사역지를 인도하여주시기를 기도하였다. 하나님의 계획은 그를 태국에 보내시는 것이었다.

　선교사 헌신 기도를 시키시는 성령의 역사를 거부하던 자신을 1989년

2월 8일부터 태국 복음화를 목적으로 사랑의 집에서 사회분야의 선교 도구로 사용하심에 감사를 드리고 있다. 그러나 사역초창기에는 언어 소통, 문화 풍습, 음식 적응 문제 등 모든 것이 낯설어 이를 극복하기 위한 많은 노력과 더불어 눈물도 많이 흘렸다. 만 4년간의 사회분야 선교훈련 후, 1993년 3월 21일 감격적인 벧엘타이교회가 출발했다. 주님과 단둘이 홀로 온 동네 가가호호를 방문하면서 전도를 한 결과 노인과 어린아이, 장애인과 넝마주이, 중 고등학교 교장 등 교인들의 연령과 직업이 다양한 성도들로 구성이 되었다.

2002년 3월 첫 주일에 '타위왓 집사'를 벧엘타이교회의 '제1호 평신도 국내(학원)선교사'로 파송예배를 드리게 되었고, 그와 그의 가족은 학교와 직장에서 전도하였다. 2008년 7월 15일에 장로 장립을 받았다. 송 선교사는 신앙의 초심과 태국 영혼을 위하여 남부지방의 무슬림 마을에 교회와 선교센터를 건축하였다.

송 선교사의 강점은 오직 주님께서 책임져 주셔야 하는 선교사라는 사실 한 가지만 믿고 기도하며 전진하는 믿음을 갖고 있는 것이다. 가끔은 제 정신이 아닌, 엉뚱하다는 오해도 받기도 한다. 그의 약점은 매사에 당연시 여기는 일 때문에 참 자주 잘 속는 삶을 살다 보니 사역에도 지장이 있을 때가 있다.

태국 현지인 사역자와 한국과 미국 등지에서 온 많은 선교사들이 역할 분담을 잘 하는 아름다운 팀사역을 통해 태국인들에게 복음을 전하여 머지않은 장래에 태국 땅이 하나님의 왕국으로 변하기를 희망한다. 오래 전부터 불교 의식이 생활화된 태국에서 주님의 복음을 더 널리 전파하기 위해서, 또 태국인의 의식과 사고가 변화되게 하기 위해서는 우선 생활 속으로 파고들어 그들이 피부로 느끼는 실질적인 도움이 있어야 한다. 이를 위하여 어린이를 위한 선교원을 가장 먼저 열고, 컴퓨터교실, 태권도 및 축구교실, 영어, 한글교실, 독서실, 모자원, 노인학교, 장애인학교, 직업훈련원 등으로 점차 대상을 넓혀 갈 계획을 품고 있다. 또 윤락녀, 미혼모, 여승, 출소자 등 불우한 경험자들에게도 예수님의 이름으로 새 소망을 갖도록 "새 생명 양육 사역"의 소중함을 그는 절감하고 있다.

선교지에서 사역과 삶의 핵심적인 면은 예수님의 심장으로 떡과 복음을 함께 잘 나누어 주는 삶을 사는 것인데, 무조건 퍼 주기만하면 거지 근성을 만들겠고 잘 못 주면 사람 버리고 믿음을 잃게 되므로 예수님께서 하셨던 삶을 본받아 사역하려고 한다. 송 선교사는 항상 가능하면 성경말씀대로 살려고 애쓰는 태도와 시간 엄수 그리고 자신이 한 말에 대한 책임을 지며, 성경의 약속을 붙잡고 믿음으로 기도 모습이 영향이 현지인들에게 선한 영향력을 주고 있다.

후배 선교 헌신자에게 송 선교사가 하고 싶은 말은 일단 언어를 먼저 정복하고 현지 문화를 이해하면서 사역에 임하는 것이 늦어지는 듯하지만 실은 빠른 길이라는 것이다. 온 마음을 다하여 주님을 사랑하면서, 영혼 구원을 위하여 때를 얻으면 감사함으로 전하고, 때를 못 얻으면 전도할 수 있는 길 찾고 만들어 예수님을 전하며 영혼들을 돌보는 충성스런 헌신자가 되어야 한다고 전한다.

송 선교사의 신학 사상은 삼위일체의 유일신 하나님을 아버지라고 부르는 예수님의 제자로서의 성령님의 인도하심에 온전히 순종함이 기본이 되어야 하는 것이다.

5. 1990년대

송광옥[30]

- ◆ **선교지 도착 및 사역년도** : 1990년 1월 20일~2009년 현재
- ◆ **파송교단 또는 단체** : 대한예수교장로회(통합)
- ◆ **선교사역지** : 인도네시아
- ◆ **주요사역** : 교육, 제자훈련, 교회개척

송광옥 선교사는 세상적으로는 선량한 부모였지만, 예수님을 믿지 않는 가정에서 1남 3녀의 막내딸로 태어나 어려움 없이 평범하게 성장하였다. 어머니의 이끌림으로 그는 절과 무당집에 곧 잘

인도네시아 교인들과 송광옥 선교사

다녔다. 어릴 때 '소아마비'를 앓아 그의 다리가 비틀어지고 흔들거렸지만 어머니의 정성과 100일간의 침과 탕약으로 나왔다.

어릴 때 동네 언니의 손을 잡고 송 선교사는 서대문순복음교회를 성탄절만 가끔 나가다가, 고등학교 때 친구의 인도로 성결교회를 다니게 되었다. 그 후 고등학교를 졸업하고 1977년 7월 여군에 입대하였다. 그 당시 종교를 택하라고 하여 자연스럽게 개신교 줄에 서게 되었고 교회에 출석하게 되었다. 훈련소에서 자대 배치 전에 세례를 주는데 12월에 세례를 받았다. 군 생활을 하면서 신우회 활동과 교회 출석과 봉사, 성경공부도

하였으나 예수 그리스도에 대해서는 알지 못했다. 그는 정말 믿어 보려고 기를 쓰고 열심히 애쓰는 중이었다. 그는 "정말 예수님은 누구인가?"라는 질문도 했으나 주위에서 답을 주는 사람이 없이 '교회 다니라'는 답만 되풀이해서 들었다.

예수님을 믿고 난 후 송 선교사는 교회는 오래 다녔으나 예수님에 대해서 자세히 알려주는 사람이 없었고, 질문을 해도 시원하게 해주는 자가 거의 없었다. 그래서 그는 마음으로 교회에는 무식한 사람들이 많다고 생각했다. 무식한 집사보다는 유식한 집사가 되겠다는 생각으로 신학교를 가게 되었다. 그 후에 신학생 동료의 안내로 성경공부를 통해서 예수님을 정확히 알고 믿게 되었다. 그 후 성경이 깨달아지고 예수님에 대한 믿음도 확고해졌다. 가정에서 첫 번째 그리스도인이 된 그로 인하여 사도행전 16장 31절 "주 예수님을 믿으라 그리하면 너와 네 집이 구원을 얻으리라"는 말씀이 이루어졌다.

신학대학 2학년 때 기독교교육과 교수님이 "졸업하고 뭐 할거야"라는 질문에 아무 생각 없이 "선교사요"라고 대답을 하였다. 말이 씨가 되었다. 신대원 2학년 말 비전트립으로 싱가폴, 대만 그리고 인도네시아를 방문하였다. 그 당시에 인도네시아 선배 선교사가 인도네시아에 와서 일해 보지 않겠느냐고 제안을 하였다. 한국에는 자신이 아니어도 많은 인재가 있다고 생각하여 사람이 부족하다는 해외에서 사역하는 것도 괜찮으리라 생각되어 선교사를 지망하게 되었다. 바울이 이방인 선교사로 부름 받고 봉사하면서 "자신은 죄인 중에 괴수다"라고 했는데, 정말 "나도 죄인 중에 괴수이기에 이 길을 가는 것 같다"고 그는 생각했다. 그는 장로교신학대학원(M. Div)출신으로 독신 여성 중에 최초의 선교사이다.[31]

송 선교사는 선교사로 나가기 전에 국내에서 7년간 신학교(B.A, M.

Div.)에 다녔고, 지리산 지역인 함양, 산청, 거창의 무교회 지역에 교회와 기도처를 개척하였다. 장로교신학대학원 졸업 후 서울에 있는 염광여성상업고등학교에서 성경교사를 하였고, 장석교회에서 교육전도사를 하다가 때가 되어 인도네시아로 떠나게 되었다.

송광옥 선교사가 사역하는 학교

선교지로 출발 전부터 나이가 꽉 찬 독신이었기 때문에 많은 어려움이 있었다. 선교후원자를 찾기가 어려웠다. 이왕이면 남성을 후원하겠다, 나이가 꽉 차 언제 시집갈지 모르기에 후원 못한다, 전도사보다는 목사를 후원하겠다는 것이었다. 그가 선교지로 갈 때는 본인이 소속된 교단은 아직 여성 안수 문제가 해결되지 않았을 때였다. 선교지에 도착 후에 동료 선교사들 간의 문제와 선교사 부인들과의 문제가 있었다. 그것은 독신에 대한 부담감과 부인선교사들이 말을 함부로 해서 받은 상처였다. 독신 여성 선교사도 한 가정인데 의·식·주에 대한 문제에 대하여 선교 후원자, 현지 동료들의 몰이해가 있었다.

송 선교사의 장점은 하나님과의 교제가 늘 언제나 가능하며 혼자이기에 사역에 대한 의사 결정을 속전속결하며 이동이 용이한 것이다.

선교지에서 사역과 삶의 핵심적인 면은 신학교 사역이다. 세티아(SETIA)신학교에는 약 1,200명의 학생이 있으며 1994년부터 교수로 사역하고 있다. 또한 서부 칼리만탄 SETIA Ngabang 신학교를 2000년 개교하여 현재까지 학장으로, 교육법인 은혜유치원 이사장 및 1997년 1월 창립한 한인열방교회 담임목사로 사역하고 있다. 복음주의 교단(GKSI)고문 및 이사, 교회개척과 설립, 교회 사역자 연속교육 및 지도자 훈련 등을 하고 있다. 두 권의 한국어 책을 인도네시아어로 번역하였다. 현지인에게 송 선교사의 삶이나 삶의 움직임 전체가 영향을 미치고 있다. 한국 문화, 교회 목회, 특히 여학생들이 많아서 그들에게 모범을 보이고 있다.

송 선교사는 통전적 신학과 선교의 사상을 따르고 있다. 그는 조기 은퇴 후 현직 선교사들에게 식사와 커피와 차를 대접하면서 상담과 위로, 멘토, 코칭 등을 하는 자로 살고 싶다. 송 선교사가 후배 선교 헌신자에게 하고 싶은 말은 독신으로 선교지에 가고자 하는 사람은 자신의 정체감과 교육, 가정형편, 자격, 건강, 소명감과 후원을 제대로 갖추고 선교지로 떠나야 하며, 무엇보다 결혼 문제에 대해 결단을 내려야 한다는 것이다. 부부선교사에게는 좋은 성격과 인격과 신앙이 우선되어야 한다고 전한다. 하나님께 온전히 헌신된 자는 지극히 적은 부분도 연단을 받는다. 선교사의 욕심과 선교 방향이 하나님의 뜻과 다르면 계속되는 폭풍과 비바람을 경험하므로, 하나님의 면전에서 많이 연습하고 선교지로 가야한다.

강영순[32)]

- ◆선교지 도착 및 사역년도 : 1991년 7월 21일~2009년 현재
- ◆파송교단 또는 단체 : 기독교한국침례회 해외선교회
- ◆선교사역지 : 몽골공화국
- ◆주요사역 : 몽골 탁구 국가대표팀 감독 역임. 교회개척 및 사역.
    몽한 타임스 신문사 부사장

강영순 선교사는 종가집에 무남독녀로 태어났다. 오빠가 있었으나 일찍 죽었기 때문에 그의 부모는 자녀를 몹시 기다렸고 7년 후에 그가 태어났다. 그가 생후 8개월이 되었을 때에 병원에서 '소아마비' 판단이 내려졌

다. 그 당시만 해도 우리나라에는 소아마비 예방 접종약이 없었다. 초등학교 6학년 시절 절친한 친구의 전도로 교회에 가게 되었다. 그러나 그의 부모는 "한 집에 두 종교를 믿으면 집안이 망한

강영순 선교사

다"며 어머니는 딸의 성경책을 빼앗아 불태웠고 극심하게 신앙생활을 반대했다.

그는 장애인이라는 이유로 대학입시에 낙방된 후에 신앙이 흔들렸으며, 술을 마시며 방황했다. 그 무렵 그는 어머니를 졸라 여수 애양원 병원에서 소아마비 수술을 받게 되었다. 수술을 받은 후 회복실에서 그는 나병 환자들이 예배드리는 모습에 감동을 받았다. 그 후 서울에 다시 상경하여 자신의 방에서 성경을 읽는 중에 고린도후서 12장 7~10절 말씀이 눈에 들어왔는데, 특히 고린도후서 12장 7절 말씀이 마음을 사로잡아 오랜 시간 기도를 하는 동안에 자아의 깨어짐과 거듭난 삶을 체험하였다.

예수님을 영접한 후에 강영순 선교사는 전도에 열정을 갖고 전도대원으로서 윤락여성, 넝마주이, 불우 청소년들에게 전도하며 교회를 개척했다. 그는 11년간 평신도로 사역하였으며 수도침례신학교를 1991년에 졸업했다. 신학 공부하는 동안 결혼상대자를 만나 5년간 교제를 했으나 장애인을 며느리를 맞이할 수 없다는 신랑 부모의 완강한 결혼 반대로 무산되고

말았다.

어느 날 강 선교사는 목에 밧줄이 감기고 그 밧줄에 감기지 않으려고 결사의 항전을 벌이는 사형수의 꿈을 며칠간 계속 꾸게 되었다. 그는 꿈의 의미를 알아보려고 하나님께 간구하였을 때에 "몽골로 가서 선교하라"는 성령의 음성을 들었다. 그 당시 몽골은 선교의 문이 열리지 않은 상태였다.

그 무렵 강 선교사는 장애인으로서 독창회를 두 번 열었고, 방송국 앵커, 찬양팀 지휘자, 탁구선수로도 활동했으며, 장애인으로서 첫 번째 지리산 등반에 성공한 등산가이기도 했다. 1988년에는 한국 장애인 탁구 국가대표로 동메달을 수상하였고, 1990년 전국 장애인 체전 탁구 종목에서 금메달을 받았다. 그는 1988년 악천후 속에서 해발 3,190m의 일본 북알프스 등정에 성공했으며, 1990년 장애인 최초로 대만 제1의 고산인 옥산을 단독 등정하기도 하였다.

1991년 7월 강 선교사는 35세에 몽골 한국선교사 1호로서 유학생 신분으로 몽골에 갔다. 당시 몽골은 외국인의 선교활동이 금지된 '창의적 접근지역'이었다. 그는 몽골 국립종합대학교 총장을 만나 제출한 영문 이력서를 통해 그 대학교에서 탁구를 가르쳐 달라는 요청을 받았으며 총장의 배려로 1991년도에 몽골국립대학 몽골학과에 입학하여 1999년도에 졸업하였다. 그는 몽골국립대학에서 공부하며 대학 탁구코치로 선교의 터를 닦았다. 한국 장애인탁구 여성대표선수였던 경력을 활용하였다. 이어 올림픽위원회 산하법인으로 '몽솔'이란 탁구클럽을 조직했다. 몽골의 '몽'과 한국을 뜻하는 '솔롱고스'란 단어의 '솔'을 따서 지은 이름이다. 이 후 탁구클럽을 6년간 이끌면서 각 대회에 참석해 우수한 성적을 거두었다.

강 선교사의 이름은 몽골어로 '강토야'이다. 토야는 두 가지 뜻이 있는데 '흙과 들판'이라는 순수한 대지의 뜻 아름다움과 '빛'이라는 뜻이다.

몽골의 '빛'이라 불리고 또 스스로 몽골 아이들의 '빛'이 되고 싶은 몽골 탁구의 어머니이다.

언어 훈련기간 동안 신분 노출을 위해 강선교사는 최대한 조심했다. 오전에는 언어 연수 과정에서 공부를 하고 오후에는 탁구를 지도하게 되었다. 1992년 몽골 탁구 국가대표팀 감독으로 발탁되어 바로셀로나 올림픽 지역 예선전에 참가하였다. 1993년도에 현지인 탁구 협회 전무이사와 함께 무지개의 나라라는 뜻으로 한국을 지칭하는 몽솔 솔롱고스 탁구 클럽을 몽골 최초로 민간 비영리 법인체를 설립 하였다. 1993년에는 몽골 올림픽위원회로부터 올림픽 훈장을 사마란치 위원장 다음으로 받았다. 1994년 히로시마 아시안 탁구 결승전에서 남성이 8위, 여성이 7위를 하며 몽골의 국가 위상을 올렸다. 1996년 몽골정부로부터 체육 최우수 지도자로 선정되어 금훈장을 받았다.

1993년부터 강선교사는 탁구선수들을 중심으로 소그룹으로 성경공부와 가정교회의 형태로 교회개척을 시작하였다. 국내외의 각종 시합을 준비하면서 여성 선수들은 그와 함께 공동생활을 하면서 합숙을 하였고, 남성 선수들은 따로 가까운 곳에 아파트를 얻어서 합숙을 시켰다. 복음을 자유롭게 전할 수 없던 당시에 합숙을 통해 그리스도인의 삶을 보였다. 그 결과 여성대표선수 3명이 예수님을 영접하였다. 또한 국립대학의 몽골학과 학생으로서 강 선교사가 공부를 하는 동안 학생과 교수들에게 복음을 전했다.

1995년도에 교회 성도들이 늘어나서 가정교회를 포기하고 덴진망가라는 빈민가로 이주를 하였다. 몽골의 전통 가옥인 겔을 사서 교회로 사용하였다. 성도가 계속 성장하여 다시 현지인들에 의해 2층짜리 목조 건물의 교회를 건축하여 1996년 10월에는 헌당예배를 드렸다. 1998년 정부에 교회등록을 마쳤다.

탁구 사역을 재개하여 강 선교사는 일반 선수들, 꿈나무 그룹, 청각 장애인 등을 훈련시키고 있다. 총학생수 5,000명, 교사 250명, 교직원 50명에 소속된 몽골의 중·고등학교에 팀사역으로 한국어학과 설치 요청을 받고 2003년 9월부터 한국어 수업을 실시하고 있다. 또한 현지 지식인들을 대상으로 그룹 성경공부를 하고 있으며, 이들이 양육되어 그리스도인이 된다면 사회에 지대한 영향을 미칠 것을 기대하고 있다.

 짧은 기간이었지만 몽골 국영 TV의 9시 뉴스에 탁구를 통해 취재를 요청받았으며, 보도국의 국장 및 정부의 고위 관리들과도 접촉할 기회들이 많았다. 또한 몽골 국영 TV의 제안으로 교양 프로그램으로 요리교실 진행자로 발탁 되어 6개월간 프로그램을 진행하였다. 그 프로그램 담당 PD와 진행 요원들에게 복음을 전하여 그들이 교회에 출석하게 되었다.

 강 선교사는 번역 출판 사역으로 현지인과 함께 성경공부 교재『신앙생활 입문』과『예수님 짜리』를 번역하였다. 그가 현재 주력하고 있는 것은 성경공부교재의 번역과 출판사역이다. 강 선교사는 세계에 흩어져 있는 몽골족들을 위해 몽골어, 내몽골어, 중국어, 러시아어로 교재를 번역해 그들에게 복음전도를 계획하고 있다. 내몽골은 중국어도 많이 사용하므로 번역된 책들은 중국령의 내몽골에 보급할 예정이다. 내몽골에 있는 내몽골인 교회 지도자들과 러시아령에 있는 토아, 브리야드에 몽골의 교회 지도자들을 몽골 현지로 불러 들여 일정 기간을 훈련시켜 되돌려 보내는 선교 훈련 센터를 건립하여 훈련과 현지인 사역자들의 쉼터를 제공하고자 한다.

김옥희

◆ 선교지 도착 및 사역년도 : 1991년~2006년

◆ 파송교단 또는 단체 : 1차 한국OMF 선교부,
　　　　　　　　　　　2차 한국해외선교회개척선교회(GMP)
◆ 선교사역지 : 일본
◆ 주요사역 : 제자훈련, 교회개척

　1990년 가을 필자가 한국오엠국제선교회 부총무로 근무할 당시 서울 미아동에 위치한 북서울교회 주일 저녁집회에 간증 및 설교를 부탁받고 갔다. 저녁예배를 마친 후에 그 교회의 여성 전도사님이라면서 자기를 소개하는 키가 작지만 온순한 인상의 여성이 필자에게 인사를 하였다. 그는 김옥희 전도사라고 자기를 소개하며 필자와 개인적으로 대화를 나누고 싶어하기에 교회집회를 마치고 나와서 교회 근처 아이스크림 가게에 들어가서 밤11시까지 대화를 나누는 중에 선교의 비전이 있음을 듣게 되었다.

　그 후 김 전도사는 선교사가 되어 1991년 제1기 사역 4년 동안에 국제선교단체에 소속되어 한국선교사 부부와 팀을 이루어 동경에 있는 작은 목자 훈련원에서 제자훈련을 했다. 동경 후나보리교회는 그 당시 3년된 미자립교회로 침체되어 있었다. 김 선교사는 이교회의 일본인 목회자를 돕는 협력선교를 하였다. 일본대학생과 청년들에게 전도하여, 신주꾸 중앙교회에서 와세다, 쇼와 여자학교, 쎈슈대학, 문화복장대 등의 학생과 청년들을 대상으로 화요일에는 유학생들을 맡아 선교 지향적인 성경공부를 인도하였고 금요일에는 일본 청년제자화성경공부를 하였다.[33] 1991년에는 일만 장의 전도지를 배포하여 4가정 11명이 결신하였고 5명의 헌신자를 세웠으며 찬양 전도팀을 결성하였다. 그의 헌신적인 사역은 한국 유학생부의 부흥의 도화선이 되었다. 그들 중에 헌신한 사람 여러 명이 현재 목사로 사역하고 있다.

　제2기 사역부터 김 선교사는 국내 자생 선교단체에서 파송 받아 사역하고 있다. 1995년 안디옥교회를 개척한 후 구도자 30명이 참석하고 있으며 이들을 위하여 성경공부반을 인도하고 있다. 그들 중에 2명의 학생이 정신적 영적으로 어려움을 당하고 있는 주위 사람들을 위하여 헌신했다. 김 선교사는 동경의 센슈대 캠퍼스를 중심으로 관계중심전도와 찬양, 상담, 제자 양육을 하였다. 이런 사역으로 그는 탈진하기도 했으나 열악한 환경과 타협하지 않고 열정과 집중력으로 일본인들과 유학생들을 섬겼다. 그는 우울증 환자, 이혼가정, 국제결혼한 가정 등 정신적으로 연약한 사람들을 헌신적으로 도왔다. 그는 16년간의 긴 세월동안 수고의 땀을 흘렸으며 눈물로 씨앗을 뿌렸다.

김 선교사는 조그만 체구에 전도지를 가득 넣은 가방을 짊어지고 가가호호 전도지를 넣고, 기도하고 캠퍼스를 누비며 전도지를 나누고 다녔다. 1995년에 황무지를 개간한 것 같이 안디옥교회를 개척해서 일본인 중심으로 사역을 하였다. 그는 평소 만나는 사람에게 '모든 크리스천의 삶은 선교사로 가든지 보내든지 둘 중 하나를 택하는 것이다. 그 이외에 삶은 없다'고 말하여 그가 가진 비전과 열정을 한국 유학생들과 일본인들에게 불어 넣어 주었다. 특별히 유학생활에서 지친 형제와 자매들은 김 선교사를 통해서 살아갈 새 힘과 열정을 공급받았다.[34]

철저한 말씀묵상 훈련으로 신앙의 토대를 견고히 세워나갔고 그때 받은 말씀 묵상 훈련이 평생의 신앙의 기초가 되었다고 지금도 유학생활 중 변화된 형제와 자매들은 고백하고 있다. 일본인 중심의 선교사역이 계획대로 진행되지 않는 어려움에 봉착하기도 했지만 결코 물러가지 않고 한국인 유학생 선교사와 일본인 사역에 헌신했다.

자신이 할 수 있는 최선을 다하면서도 김 선교사는 마음을 털어놓는 사람들에게는 늘 이런 고백을 하였다고 한다. "한국교회에서 후원받는 것이 너무 미안해, 이렇다 할 선교의 열매도 없는 나를 후원해 주고 기도해 주는 한국교회를 생각하면 너무 가슴이 아프다. 차라리 아프리카 같은 곳에 불러주시면 가고 싶다. 조금만 물질을 풀어놓으면 사람들이 몰려오는 곳으로 보내주시면 좋겠다."[35] 주와 복음을 위해서 연약한 몸으로 동역자도 없이 혼자서 주님의 열정을 불태우면서도 어디든지 누구에게나 복음이 필요한 곳에 갔지만 눈에 보이고 계산 가능한 열매가 없다고 그것을 늘 죄송스럽게 생각하고 가슴 아파했던 선교사였다.

그는 일본 사람들과 유학생들을 끈질긴 집중력으로 끝까지 섬기며 사랑했다. 세상과의 타협을 거부하면서 주님만 바라보며 사역을 충실히 감당했다. 그는 소명에 불탔으며 오직 믿음으로 초지일관 했던 선교사였다. 2006년 10월 29일 일본에서 주일 새벽 4시경 갑자기 얼굴에 큰 경련이 일어나 바로 구급차로 인근 병원에 입원 31일 한국으로 이송하여 한국 병원에서 주치의로부터 뇌암 판정을 받았다. 그는 약 1년간 국내에서 투병 생활을 하였다.

병환 중에 쓴 김 선교사의 기도서신 중에는 "저를 간병해 주시던 분께서 어느 날 저에게 그동안 하나님의 일을 해왔는데 마음속에 '왜 내가 이런 병에 걸려야 했는가?'하고 원망하는 마음이 없느냐고 물어왔을 때, 그 분의 물음에 대한 답이 아니라 저의 심령 가운데 사실 그 어느 때보다 영이 민감해 있고 오직 주님께만 영과 마음과 생각이 집중되고 있는데 하나님께 원망이나 왜 제게 이런 일어나느냐는 질문은 없고, 오히려 하나님을 찬양하고 하나님을 기뻐하며 하나님께 머리 숙여 감사드림에 심령으로 치료받고 있습니다"라고 적혀있다.

2007년 10월 김 선교사는 선한 싸움을 다 싸우고 달려갈 길을 마치고 믿음을 지켰으며 이 땅에서의 58년의 생을 마감하고 주님의 품으로 돌아갔다.

김용애[36]

- ◆ **선교지 도착 및 사역년도** : 1991년 10월 15일~2009년 현재
- ◆ **파송교단 또는 단체** : 한국기독교장로회총회
- ◆ **선교사역지** : 남아프리카 공화국
- ◆ **주요사역** : 빈민구제 사역과 재판소 전도, 교회개척

김용애 선교사는 25년 동안 중학교 가정 교사로 일하다가 하나님의 음성을 따라 46세 때 안정된 삶을 버리고 아프리카로 떠났다. 그가 선교지로 떠날 때는 몸도 병약한 편이라 5년 안에 죽을 거라 생각하고 5년치 선교비와 물품만 준비해

김용애 선교사

서 떠났다. 그런데 17년째 그는 항상 기적의 터널을 통과하고 있다.

남아프리카 공화국에서 빈민 구제와 영혼 구원에 열정적으로 헌신하고 있는 김 선교사는 3개 흑인학교에서의 채플 인도와 무료급식, 흑인 빈민촌과 혼혈인 타운에서의 무료급식, 재판소 전도 등을 도맡아 하고 있다. 1991년 3월 원래 한 학교의 책임자로 부임하기 위해 아프리카에 왔지만 일이 중간에 어긋났기 때문에 그는 아무 연고 없이 홀로 상황을 극복해 나가야만 했다.

신학을 공부하지도 않았고 선교학을 공부하지도 않은 김 선교사는 한 번은 너무 힘들어서 "하나님, 제가 신학이나 선교를 공부하지도 않았는데

왜 저를 선교사로 부르셨어요?"라고 물었더니 하나님께서 "그동안 내가 너를 선교사로 키우지 않았니?"라고 대답하셨다.

보츠와나에서 5개월 동안 기도사역을 한 후 보츠와나 남쪽과 국경을 접하는 남아공에서 포체프스트룸 새출발센터(PNBC)를 설립하였다. 그는 거리 전도부터 시작해 재판소까지 전도하기 시작했다. 동양인이 와서 동양 종교를 전파한다고 오해받기도 했다. 그는 멸시와 무시를 받으면서 스스로 겸손해지는 법을 배웠다. 그는 재판소 대기실에서 몸이 아픈 사람들과 어려운 상황에 처한 사람들을 위해 짧은 메시지를 전하고 기도해 주는 사역을 끈기 있게 해 나갔다.

매주 2천여 명의 사람들에게 무료급식을 주기 위해 김 선교사는 매일 새벽 4시부터 6시까지 직접 트럭을 몰고 대형마트인 '픽앤페이'(Pick and Pay), 청과물마켓인 '과일과 채소'(Fruit and Vegitable), 베이커리집인 '블루리본'(Blue Ribbon) 등을 다니면서 식품을 지원 받고 있다. 제때 식품을 받지 못하는 경우에는 하루에 3~5번씩 방문하기도 한다. 모아 온 식품은 번거롭더라도 곧바로 선교회와 교회에 있는 11대의 대형 냉동기에 다시 나눠 넣는다. 현지 교회를 통해서 흑인 타운에 식품을 지원하기도 하지만 냉동 상태의 고기와 빵을 쌓아두면 2~3곳의 흑인, 혼혈인 타운 사람들이 와서 알아서 가져가기도 한다.

매주 화요일마다 김 선교사는 빈민자 350여 명에게 나눠줄 수프와 밥을 교회 부엌에서 직접 만든다. 모든 급식 전에는 반드시 예배를 드린다. 매주 월, 수, 목요일에는 정기적으로 흑인 고등학교에서 채플 인도를 하고 있다. 교사로서 쌓은 경험과 축적된 노하우로 학생들이 이해하기 쉬운 예화를 들며 십계명과 마태복음, 요한복음 등을 꼼꼼하게 가르쳐 왔다. 먼저 윤리와 도덕부터 가르치고 싶었지만 하나님께서는 다만 성경 말씀을 절대적인 의미로 가르치길 원하셨다. 그는 대신 학생들에게 반드시 말씀대로 실천할 것을 강조하고 있다.

　전 세계에서 가장 많은 에이즈 환자를 보유한 나라 남아프리카공화국. '에이즈', '말라리아', '결핵'은 아프리카 대륙의 성장을 방해하는 3대 요소이다. 남아프리카 인구 4천 3백만 중 5백만 명 이상이 에이즈 보균자이거나 감염자인 '세계 에이즈 1위 국가'에서 김 선교사는 2004년부터 에이즈에 무방비로 노출된 아이들을 돌볼 계획을 세웠다. 태어날 때부터 부모로부터 에이즈를 물려받거나 '처녀와 관계를 하면 에이즈가 나을 수 있다'는 잘못된 미신 때문에 강간당해 에이즈에 감염된 아이들이 살 집을 마련하려는 계획이다. 지금까지의 사역은 모두 에이즈 고아원을 위한 것이었다. 2007년 정부로부터 고아원 부지 1.8헥타르(ha, 1만 8천m²)를 무상으로 받고 지난 4월에는 부지 한 쪽에 남아공 원천교회를 세웠다. 지난 17년간 그가 남아공의 약자들을 위해 보여준 끝없는 선행과 신앙의 힘을 지켜봤기 때문에 정부로부터 지원을 받게 된 것이다. 나머지 공간에는 4~5백여 명의 아이들과 입양부모들이 살 주택 50채를 세워나갈 계획이다. 값싼 양철 건물로 된 수용소 같은 고아원이 아니라 제대로 시설을 갖춘 주택을 지을 예정이다.

　김 선교사는 입양가정들이 구호물자, 정부 지원금에만 의존하지 않도록 가내 수공업을 하거나 채소밭을 가꾸도록 하는 방안도 생각 중이다. 어머니 교실 등을 운영하며 새마을운동 정신을 소개하고 싶은 것이 그의 계획이다. 에이즈 고아들은 남아공 원천교회에서 매일 신앙 훈련과 언어, 사회성 등 유년 교육을 시킬 예정이다. 남아공 원천교회와 선교센터를 포함해 7곳, '아티클 21'이라는 선교법인과 PNBC(포체프스트룸 새출발센터) 선교회를 조직해 공식적인 모든 활동은 철저하게 선교회 이름과 법인 이름으로 하고 있다. 또한 그가 세운 교회들은 현재 모두 흑인 목회자들에게 이양되었다. 그는 "하나님은 항상 저의 능력과 재주를 요구하지 않고 '순종'을 요구하셨어요. 우리에게 맡긴 사역을 얼마나 성실하고 정직하게 감당하는지 순간순간 체크하시지요"라고 고백한다.

방혜숙[37]

- ◆선교지 도착 및 사역년도 : 1991년 9월~2009년 현재
- ◆파송교단 또는 단체 : 기독교대한성결교회 총회 세계선교부
- ◆선교사역지 : 아프리카 가봉
- ◆주요사역 : 교육과 교회개척

방혜숙 선교사는 서울에서 부모와 두 오빠, 두 여동생 사이에서 맏딸로 태어났다. 아버지는 군인이었고 여름방학 때는 시골로 내려가 자연과 더불어 살았다. 어려서부터 형제, 자매들과 교회에 다녔지만, 중·고등학교 시절에는 교회에 다니지 않았다. 대학에 들어가서 교회생활을 다시 시작하였다. 대학을 졸업한 후에 구원의 확신이 없어 진리를 찾느라고 영적

방혜숙 선교사

으로 방황하였다. 1979년 7월 16일 전에 다니던 교회에서 다른 성결교회로 옮기게 되었다. 다시 교회에 나가면서 십자가를 바라보던 순간 진리를 깨닫게 되었고 예수님을 개인의 구주로 영접하였다. 그 후 하나님의 풍성한 은혜와 넘치는 사랑을 다양하게 체험하였다. 하나님의 사랑이 강권하여 지나가던 사람에게 하나님의 사랑을 전하기도 했으며, 그 후 어머니와

형제, 자매들이 주님께 돌아왔다. 직장생활에 어려움이 있을 때에도 승리하게 하셨다. 하나님의 사랑을 증거하는 사람이 되기 위해 기도하던 중 검은 대륙 아프리카에서 사역하는 여성선교사의 헌신과 교회 목사님의 선교에 대한 설교가 그를 감동시켰다.

서울신학대학원에 방 선교사는 입학하여 졸업 후에 신촌성결교회에서 7년간 전도사로 사역하였다. 하나님은 마태복음 28장 19~20절 말씀을 통해 "가서 모든 족속으로 제자 삼으라"는 음성을 들려 주셨다. 또한 "우리를 위하여 누가 갈꼬"하는 주의 음성을 듣고 "제가 가겠습니다. 저를 보내주소서"라고 기도하였다.

방 선교사는 1991년 9월 아프리카 가봉에 기독교대한성결교회를 통해 파송 받았다. 대학교에서 불어를 전공하였는데 불어권 지역인 가봉에서 사역하고 있다. 그는 전도, 가르치는 일, 번역, 주일학교, 캠퍼스 사역, 어린이 사역, 현지인과의 협력으로 개척교회를 돌보며 사역하고 있다. 방 선교사의 구체적인 사역은 1991년부터 약 1년 정도 다른 선교사를 도우며 주일학교 교재를 번역하면서 시작되었다. 1992년 그는 혼자서 전도 양육하여 연결된 사람들을 다른 교회로 보내고 수도에서 조금 떨어진 까페리아스라는 외딴 지역에 들어가 교회를 돌보며 유치원을 운영하였다. 1993년 5, 6월부터 멜렌지역에 주민을 위한 교회인 동시에 멜렌국교와 중·고교 학생을 위한 성전건축을 하기 시작하면서 방 선교사는 멜렌지역으로 이사하여 9월부터 본격적으로 사역을 시작하였다.

멜렌교회는 방 선교사가 개척한 것이 아니고 몇 개월 전에 이미 개척된 교회(100명 미만)였는데 방 선교사가 돌보아 주어 지금은 재적교인이 500명 가량이고 매주 출석 교인은 200~250여 명 가량 된다. 특히 주일학교 교육이 미비한 것을 체계화시키고 훈련시켜 많은 학생들이 주 안에서 잘

자라고 있다. 1997년 3월 28일 저녁시간에 멜렌 주민들을 초청하여 '예수' 영화를 상영하였다. 300명 이상의 어른들과 어린이들이 와서 관람하고 70명 이상 예수님을 영접했다. 주일학교에는 150~200명이 나와 말씀으로 자라고 있으며, 장년들이 300여 명 출석하고 있다.

멜렌초등학교는 가봉복음교단에 속한 미션스쿨로 존재하고 있었다. 방선교사는 미션스쿨다운 바른 신앙교육을 위해 매일 아침기도회를 인도하며 오후에는 10반의 학생들에게 들어가 30분씩 성경을 가르치며 학생들을 전도하고 훈련시켜 제자화하는 일을 하고 있다. 멜렌중·고등학교의 제자훈련반 팀원이 중3, 고3 이기에 전도에는 힘을 쓰지 못하고 있으나 일일부흥회들을 통해 말씀을 전하고 있다.

나이제리아의 요루바족들에게 '예수'영화를 상영하며 복음을 전하여 장년과 어린이 56명의 사람들이 예수님을 영접하였는데 이후에 몇 명의 학생들과 공동체 생활을 하며 제자화하는 제자교회를 개척하였다. 이를 통해 올바른 영적 지도자가 심히 부족한 가봉에 주님의 올바른 제자로 훈련시켜 영적 지도자를 세우는 일에 일익을 담당하고자 방선교사는 힘쓰고 있다. 한편 다른 한국선교사와 복음교단의 협력으로 신학교를 세우고 가르치는 일에 한 부분을 담당하고 있다.

특히 방 선교사는 대한예수교장로회(통합)측에서 파송받아 사역하는 김상봉, 이필귀 부부선교사와 오랫동안 아름다운 동역을 하고 있다. 방 선교사는 기독교대한성결교에서 파송을 받았고, 김상봉 선교사는 대한예수교장로교 통합측에서 파송을 받았다. 이들은 부부선교사와 독신선교사, 파송교단이 다른지만 선교지에서는 서로를 귀한 동역자로 여기며 오랫동안 아름다운 동역을 하고 있는데 한국선교사들이 선교지에서 자기의 교단과 성별, 나이로 인한 갈등 때문에 선교지를 떠나며 선교사 중도 탈락까지 이르는 상황에서 매우 모범적인 귀한 동역의 관계를 아름답게 이루어가고 있다. 방 선교사는 장애인교회, 멜렌 복음 중고등학교 경건회 사역에 있어서 늘 몸이 연약한 가운데서도 성심을 다하고 있어 모두 그 모습을 보며 숙연해 한다. 장애우를 위한 아께베교회, 소두코교회, 랄라라교회는 현재 축구선수들의 컨퍼런스홀을 빌려 예배드리고 있는데 성도들이 늘어나고 있다.

김정영[38)]

- ◆ 선교지 도착 및 사역년도 : 1991년 10월 15일~2009년 현재
- ◆ 파송교단 또는 단체 : 한국오엠국제선교회
- ◆ 선교사역지 : 제1차 1991년 동유럽, 제2차 1995년부터 캄보디아
- ◆ 주요사역 : 길거리 어린이 사역, 고아원 운영

김정영 선교사(오른쪽 두 번째)

김정영 선교사는 아버지는 엄격하셨고 어머니는 병으로 많이 아파 치유를 위하여 철저하게 불교에 매달리는 가정에서 1남 3녀의 막내딸로 태어나 성장하였다. 어린 시절 어머니께서 건강이 안 좋아서 나이 차이가 많은 두 언니의 도움으로 성장하였다. 어린 시절 학교에서 오면 어머니는 반갑게 맞아주는 대신 늘 어두운 방에 누워계셨다. 이로 인하여 어두운 아동기를 보냈다.

고등학교 시절 학교 옆에 있는 성당에 가서 영세를 받았다. 대학에 입학하여 만난 훌륭한 교수님 부부의 겸손하며 베푸는 삶의 모습이 진실 되어서 예수님 믿으라고 전도를 직접적으로 하지 않아도 많은 학생들이 예수님을 믿게 되었다. 김 선교사도 그 중에 한 명이다. 어머니의 병환으로 건강하지 못한 아동기를 보냈기 때문에 만약 어머니가 병에서 치유된다면 불우한 청소년들을 위하여 헌신하겠다고 막연하게 기도했다. 대학 졸업 후에 고아원과 어려움에 처한 청소년들을 방문하여 상담을 하였다. 그러면서 주변에 있던 선교단체를 알게 되었는데 그곳에서 선교지로부터 온 기도편지들은 당시에는 부담스럽기만 했다.

김 선교사는 신학도 하지 않았는데 선교사로 나가기보다는 다른 면으로 기여하고 싶었다. 그 당시 그는 새벽기도에 참석하여 기도할 때에 "주님 제가 여기 있습니다"라고 기도했지 "저를 보내주시옵소서"라고 기도를 하지 못했다. 새벽기도를 마치고 집에 돌아오면 조카의 머리에 손을 얹고 "저 대신 조카가 똑똑하니 조카를 보내주소서"라고 조카와 주위에 다른 사람이 선교사로 헌신하도록 기도하였다.

1991년 여름, 김 선교사는 2개월간 동유럽에서 단기선교프로그램인 여름캠페인에 참여한 후에 2년간 루마니아에서는 에이즈로 생긴 고아원에서, 불가리아에서는 집시들에게 사역하게 되었다. 이 후 장기 선교사로 알바니아로 가기 위하여 준비하고 있을 때에 알바니아와 보스니아의 전쟁으로 인하여 가지 못하고 기다리는 동안 1995년 캄보디아를 방문하여 상황을 살펴보게 되었다. 1996년 그는 캄보디아에서 사역을 시작하게 된다. '왕국 어린이집'이라는 보육원 사역부터 시작한 김 선교사는 2002년에는 '주님의 자녀 인터내셔널'(His Child International)을 독자적으로 창립, 사역을 더욱 확대해 나가고 있다. 캄보디아 수도에서 10km떨어진 탁끄

마른 거리에 아이들이 많고 집세도 싸고 수도에서 그리 멀리 떨어져 있지 않아서 고아원을 한화 135,000원을 주고 구입해 12명의 아이들과 삶을 시작하였다. 거리의 아이들은 낮에는 거리에서 쓰레기를 줍거나 노동을 하므로 자기 이름을 쓰거나 숫자를 세거나 더하는 산수를 하지 못했다. 쓰레기를 주워서 팔아도 남에게 빼앗기기 일쑤였다. 그들에게 적어도 이름과 간단한 덧셈과 뺄셈을 가르치기 위하여 새벽이나 밤에 길거리에 가서 그들을 만나 이동버스에서 그들에게 밥을 주고 목욕을 시켜주었다. 이들 중에는 배가 고프고 아파서 마약이나 본드를 하기 시작해 중독된 아이들도 있었다.

캄보디아 여인들과는 형님 아우식으로 호칭하고, 아이들은 김 선교사를 '아줌마'라 부른다. 이런 사역을 통해 하나님을 더 알아가며 아이들과 노숙자들을 위한 교회개척과 문화센터를 운영하고 있다. 밖으로 나가면 40~100여 명의 거리의 아이들을 만나는 데 하루에 두 번 나가서 사역한다. 일주일에 평균 약 700여 명의 아이들을 돌본다. 고아원에서는 7세~23세의 아이까지 48명의 아이들이 있으며, 6개국에서 온 14명의 선교사들이 함께 사역하고 있다. 거리의 아이들은 고아원에 들어오기 전에 2년간 재활과정을 거친다. 구제사역과 더불어 이동 버스안에서 아이들에게 '예수' 영화 비디오를 상영하기도 하며 위생교육도 시킨다. 캄보디아 상황이 급속도로 변하므로 상황에 대처하기 위하여 학교설립을 준비하고 있다.

킬링필드의 나라 캄보디아판 '마더 테레사'로 불리는 김 선교사는 아무도 돌보지 않고 눈여겨보지 않는 거리의 아이들을 품에 안고 복음의 희망을 심고 있다. 그는 20명의 현지인 사역자와 5명의 말레이시아, 싱가포르 출신 선교사 등과 팀사역을 펼치며 선교지에서 뼈를 묻을 각오로 오늘도 힘찬 하루를 열어가고 있다.

김 선교사의 사역은 크게 사랑의 버스 사역, 재활의 집, 왕국 어린이집, 고아들을 위한 교회 등 4가지 축으로 이뤄지고 있다. 특히 왕국 어린이집 사역에 애착을 갖고 있다. 왕국 어린이집 출신 소카와 사래는 눈물어린 사역의 열매이다. 프놈펜 뉴톤대학을 졸업한 소카는 1년간 대학에서 영어학 교수로 봉사한 뒤 현재는 선교사로 헌신하여 김 선교사의 뒤를 이어 열방을 품고 봉사할 것을 다짐하고 있다. 거리에서 구걸하던 사래는 프놈펜 의대에 진학하겠다는 기염을 토해냈다. 현재 7명이 대학 진학을 준비할 정도로 왕국 어린이집은 캄보디아 어린이의 미래가 되고 있다.

고아원 사역과 더불어 '움직이는 안식처'(Mobile Drop in Center)로 불리는 대형버스를 활용한 사역은 현지 명물로 자리 잡았다. 대형버스는 거리의 아이들에게 새벽과 점심, 저녁 주 8회에 걸쳐 빵과 물을 나눠주며 선한 사마리아인의 역할을 감당하고 있다. 버스에 샤워실, 상담실, 진찰실 등의 공간을 갖춰 아이들에게 기본적인 위생과 교육사역을 펼치고 있다. 새로 구입된 버스의 내부는 샤워시설, 의자, 간이침대는 물론 각종 음향 비디오 장치 설치를 마친 상태이다.

김 선교사의 또 다른 사역지인 재활의 집은 부모가 없거나 오랜 시간 길거리에서 생활했던 아이들에게 일상적인 가정생활을 할 수 있도록 돕는 곳이다. 이곳의 아이들은 본드와 각종 약물흡입과 성적으로 문란한 생활을 이미 경험했기 때문에 각별한 주의와 관찰이 요구된다. 현재 현지인 번룹씨 가정 및 6명의 사역자가 김 선교사와 함께 1년간 아이들이 빨래나 밥짓기 등 기본적인 생활 뿐 아니라 성경을 배울 수 있도록 돕고 있다. 특히 재활의 집의 어린이들은 태국과의 국경지역 뽀이뻬트 출신이 많다. 뽀이뻬트는 부모에 의해 팔려간 아이들이 많이 있는 곳이다. 캄보디아 사회복지부의 요청으로 김 선교사는 뽀이뻬트로부터 아이들을 인계받아 가족에게 돌려보내기 전 상처 난 마음들을 회복시켜주고 있다.

　버스나 재활의 집에서 정착을 위한 교육을 마친 아이들은 왕국 어린이집에 보내진다. 현지인 사부 목사의 지도아래 7~23세 총 48명의 어린이들이 공동체 생활을 하고 있다. 2002년에는 고아들을 위한 교회 '둘로스'도 설립됐다. 둘로스는 고아들을 위한 교회에 머물지 않고 있다. 2003년부터 교회헌금의 40%는 주변의 교회와 캄보디아 내 더욱 어려운 선교지에 후원하고 있다.[39]

　국경과 거리에서 매매 되었던 상처 있는 위기의 아이들이 재활 과정을 거쳐 현재는 고아원에서 평안하고 평범한 생활을 하고 있다. 고아원의 아이들 역시 여느 아이들처럼 관심과 사랑을 필요로 하므로 사역의 초점은 상처 있는 아이들을 가정의 사랑으로 보살펴 주며, 아이들에게 가정의 소중함을 일깨워 주는 데 있다. 또한 아이들이 학업에 충실할 수 있도록 도와주며, 학업을 마친 아이들이 성숙한 구성원으로 사회에 참여할 수 있도록 다양한 프로그램을 운영하고 있다. 그는 모르드개가 어린 에스더를 양육하여 민족을 구했듯이 이 아이들이 기독교 공동체 생활과 예배를 통해 그리스도의 작은 제자로 양육되어서 캄보디아 민족의 믿음의 지도자로 설 수 있기를 기대한다.

　김 선교사는 캄보디아의 많은 유치원과 초등학교가 절 안에 위치하고 있어서 그들은 어릴 때부터 불경을 외우고 불교 사상을 학습하게 되므로 기독교 국제학교를 준비 중에 있다. 그 첫 번째 일환으로 유치원을 시작하려고 한다. 아이들의 그 하얀 마음 밭 위에 지워지지 않는 주님의 말씀과 능력을 그리기 위해서이다.[40]

송은섭[41]

- ◆ 선교지 도착 및 사역년도 : 1991년~2009년 현재
- ◆ 파송교단 또는 단체 : 한국오엠국제선교회
- ◆ 선교사역지 : 1차 1991년 동유럽,
  2차 2000년부터 러시아 북부 야말반도의 살레하르드
- ◆ 주요사역 : 성경번역

송은섭 선교사는 어린 시절에 많은 위인전을 읽었다. 그는 초등학교 6학년 때 엄마를 따라간 여름 부흥회에서 '착한 어린이'가 되고자 예수님을 삶 속에 초대했다. 중학교 2학년 때 불쌍한 사람

송은섭 선교사(맨 왼쪽)

을 돕는 슈바이처와 같은 선교사가 되겠다고 그는 하나님께 약속했다. 사실 선교사가 뭐하는 것인지 잘 이해하지 못하고 있었다. 당시 선교 헌신을 한 이유는 아무도 일어나는 사람이 없어서 분위기를 바꿔볼까 하는 마음에서 비롯된 행동이었지만 그 일은 송 선교사에게 두고두고 부담감으로 남았다.

대학시절 송 선교사는 대학생선교회(CCC)에서 제자훈련을 받으며 예수님이 이방인들에게 복음을 전하는 모습에 은혜를 받고 선교사역에 헌신할 생각을 갖게 되었다. 그는 졸업 후 5년만 교사로 재직하고 후에 선교를 하겠다는 계획을 세웠지만 안정적인 교사 생활을 하면서 점차 선교에 대한 열정이 사라진 가운데 계획한 5년을 넘기게 되었는데, 교

사 6년차에는 급기야 건강에 이상이 생겼다. 하나님께 회개와 새로운 결단의 기도를 드리며 송 선교사는 다시 교회의 전도활동에 열심을 다하기 시작했고, 우연히 오엠단기사역 포스터를 보게 되어 학교 방학기간을 이용하여 여름 단기선교에 참가하였다. 단기선교를 통해서 하나님의 확실한 선교로의 부르심이라는 소명을 받은 송 선교사는 가족의 걱정과 만류에도 불구하고 학교에 사표를 제출하여 1991년 5월 장기선교사로 파송을 받았다.

1991년 이탈리아에 여름단기선교로 간 송 선교사는 '사영리'라는 전도 소책자를 간단한 이탈리아어로 번역해서 사용했다. 그런데, 놀랍게도 겨우 암기해서 되풀이하는 '디오 아마테 디오 파드레'(Dio ama te. Dio padre)라는 말에 울음을 터트리며 마음을 연 자매가 있었는데 '하나님이 당신을 사랑하고, 그 하나님은 아버지가 되신다는 말'이 그 자매에게는 복음이었다. 이 일을 통해 비록 그가 신학공부를 하지 않은 것은 고사하고, 성경 한 번 통독하지 못했고, 언어도 채 습득하지 못한 사람이라도 성령님이 임하시면 하나님 나라를 위해 사용될 수 있다는 믿음을 갖게 되었다.

송 선교사는 오엠러시아에서 91년부터 94년까지 3년 동안 미국인 2명, 스위스인 1명과 함께 러시아 개척팀으로 사역하면서 미전도종족을 위해 기도하던 중, 네네쯔 종족을 품게 되었다. 그리고 종족 전도를 위해서 네네쯔어 성경번역 작업이 꼭 필요하다고 판단하여 5년 동안 신학교 공부(London Bible College)를 마치고 2000년부터 구소비에트 내 연방국 및 소수 민족의 성경을 주도하는 IBT(Institute for Bible Translation)와 오스트레일리아 부부인 로스린과 켈비와 함께 네네쯔 성경 번역 프로젝트에 참가하고 있다. 그가 사역 하는 러시아 북부 북극선에 위치한 야말

반도(땅끝 반도)의 살레하르드에 북위 67.5도, 동경 67도이다. 북극성 바로 아래에 위치한 살레하르드는 혹독한 추위는 기본이고 일 년에 260일이 어두움으로 덮히는 땅이다. 현재 송 선교사는 오엠선교회 소속이지만 IBT의 프로젝트인 네네쯔 종족을 위한 성경 번역에 협력사역을 하고 있다.

마가복음과 데살로니가전서를 번역하였고, 현장 검증을 위해 번역 성경을 들고 야말 반도의 최북단 마을 쇼야하 근처의 툰드라에서 여름과 겨울 두 차례 유목민과 함께 생활하기도 했다. 이곳은 시내에서 헬기를 타고 수 시간 들어가야 하는데, 겨울은 영하 30~50도의 강한 추위 때문에 의식주가 원활하지 않고, 여름에는 모기가 너무 많고 물이 부족한 열악한 지역이다. 툰드라 사이의 거리는 30km 이상이며 한 툰드라에서는 5~25명의 한 가족이 생활하고 있다. 이 곳 사람들은 생활 속에서 크고 작은 미신을 믿으며 툰드라 안에서 '집할머니'라는 우상을 섬기고 있다.

송 선교사는 몇 년 전 번역한 성경 1차 현장검증 때, 순록이 끄는 눈썰매를 타고 가다가 썰매에서 떨어져 뇌진탕을 일으키게 되었다. 사고 당시, 몸의 반쪽이 마비되어 한국에 돌아와서 2개월간 치료를 받았다. 이러한 경험 때문에 2차 현장검증에서 썰매 타는 것을 꺼려했지만 또 다시 타게 되었다. 두 칸으로 이루어진 썰매는 어떠한 안전장치도 없기 때문에 뒷좌석에 탄 사람은 높은 파도를 타는 것과 마찬가지로 털썩거리는데, 뒷좌석에 탄 송 선교사는 썰매에서 떨어지지 않게 손잡이를 꼭 움켜잡아 썰매에서 떨어지지는 않았지만, 체감 온도가 영하 60도인 까닭에 그의 얼굴이 급속 냉동되고 말았다. 썰매에서 내리자, 얼굴에 20센티의 얼음 막대가 붙어있고 얼굴 전체가 동상에 걸려 있었는데 워낙 추워서 썰매 타는 동안 아무 감각도 느낄 수 없었던 것이다. 그러나 동상에 걸린 피부에 툰

송은섭 선교사 사역지에서(러시아 북부 야말반도)

드라 주민들이 꿀도 바르라고 내주었고, 불쌍해 보였는지 성경에 관해서 묻는 등 관심을 보이기 시작했다. 비록 흉터가 아직까지 남아있긴 하지만 얻은 것이 많은 경험이라 생각하고 있다.

네네쯔 민족의 복음화를 위해 그는 성경 번역 작업을 하면서 찬송가 번역도 함께 시작하였다. 육성으로 조금씩 녹음한 것을 지역 주민들에게 전해 주자 빠른 속도로 야말 지역에 전파되어서 네네쯔어 찬송가의 제작과 배포 작업도 수월하게 시작할 수 있었다. 2001년 10월부터 모이기 시작한 네네쯔 성경공부 모임은 2004년 교회를 개척하기에 이르러 주변 지역의 러시아교회 건물을 빌려서 네네쯔 예배모임을 운영하고 있는데 20여 명이 모인다. 영하 30~40도의 추위와 중앙난방 시설이 전혀 되어 있지 않는 열악한 환경에도 불구하고, 목요 성경공부 시간에는 교회에 출석하지 않는 사람들도 모여서 찬양과 성경공부와 교제 나눔의 시간을 보내고 있다.

송 선교사가 후배 선교 헌신자들에게 주는 조언은 선교 헌신자들이 이미 선교사가 많이 들어간 곳에 관심을 두기 보다는 미전도 지역에 관심을 가졌으면 하는 것이다. 특별히 러시아 북쪽에는 소수민족이 많이 있는데 복음에 갈급한 실정이다. 이곳은 환경이 열악하고 사역하기가 매우 어렵지만, 그만큼 기쁨의 열매를 많이 거둘 수 있다. 그리고 일단 사역지에 가게 되면 한국문화를 그곳에 심으려 하지 말고 그들의 문화 속으로 들어가 문화적응에 힘써야 한다고 강조한다. 선교사는 현지어를 완벽하게 구사해야 효율적인 사역을 할 수 있는데, 해당 지역 초등학교 문법 교과서로 시작하여 문학 서적을 읽어보는 것을 권한다. 현지에 도착해서 아무리 언어구사가 부족해도 현지어로 접근해야 그들이 마음을 열고 선교사를 신뢰해 준다.

마지막으로, 선교는 후원금으로 이루어지는 것이 아니고 기도에 의지하는 것이다. 기도 없이는 선교할 수 없다. 파송 전에 재정 후원자를 많이 만드는 것보다 기도 후원자와 연락망을 구축하는 것이 좋다. 예수님을 위하여 모험하는 것을 두려워하지 말며, 하나님이 함께 하시므로 능히 이길 수 있다고 권면한다. 독신은 특권이며, 시간이 많고 독신이라서 오히려 주위에서 도움을 받는 경험도 있다.

최현미[42]

- ◆ 선교지 도착 및 사역년도 : 1차 1991년~93년, 루마니아
  2차 1994년~95년, 한국본부 사역
  3차 1997년, 영국 무슬림사역
  2002년 8월~2009년 1월 중동,
  2009년 현재 한국본국본부사역
- ◆ 파송교단 또는 단체 : 한국 오엠국제선교회
- ◆ 선교사역지 : 루마니아, 영국, 중동, 한국본부

◆ **주요사역** : 제자훈련, NGO사역, 행정사역

최현미 선교사는 자상하고 성실한 아버지와 늘 적극적이신 어머니의 2남 2녀 중 차녀로 사랑 가운데 자랐다. 어릴 때 몸이 많이 약했던 탓에 병원 생활도 많이 했다. 특별한 부모님의 사랑과 돌봄 가운데 내성적이기는 했지만 무엇이든지 하면 성실히 차분하게 최선을 다하며 성장하였다.

컴퓨터 사용을 가르치는 최현미 선교사

초등학교 1학년 시절에 최 선교사는 학교에 가는 시간보다 병원에 입원해 있던 시간이 더 많을 정도로 건강이 안 좋았다. 그 당시 그의 어머니와 친하게 지내던 한 이웃 집 아줌마로부터 아픈 딸을 위해 한 달 새벽기도를 해 보면 어떻겠느냐는 권유를 받았다. 어머니는 그 당시 기독교인이 아니었음에도 불구하고 열심히 그를 업고 매일 새벽기도를 다니기 시작했다. 이것이 그와 어머니가 처음 교회를 다니게 된 계기였다. 딸의 건강을 주님께 의탁하며 생긴 믿음과 신앙, 그 또한 어린 마음에 그 기도의 시간들이 좋았고 자연스럽게 신앙을 가지게 되었다.

어릴 때 갖게 된 신앙은 하나님 안에서 안정적으로 성장할 수 있었지만 고등학교와 재수 시절을 지내면서 실제적인 삶과 신앙 사이에서 오는 괴리감에 의해 많이 방황하게 되었다. 그러다가 대학 2학년 때 한 기독교 학생 단체가 걸어 놓은 포스터에 적혀있던 "당신의 삶의 고삐는 누가 잡고 있습니까?"라는 문구를 통해 다시 한 번 주님께 나아가 신앙을 고백하

는 계기가 되었고 삶의 목적과 하나님의 뜻을 발견할 수 있게 되었다. 그 이후 성경말씀과 함께 한 공동체 가운데서 훈련받을 수 있었고 그 자신이 어디 있든 무엇을 하든 하나님 나라의 풍성함에 감격하며 살아갈 수 있었다. 또한 그 자신 뿐 아니라 캠퍼스 안의 이웃들과 교회 안의 형제, 자매들, 소외된 이웃들을 바라보며 나누는 삶에 대한 꿈을 꾸게 되고 미약하나마 그러한 삶을 시도하게 되었다.

선교에 헌신하게 된 동기는 대학 시절 기독교학생단체에서 훈련받고 활동할 때, 한 학기는 매일 기도모임의 담당자로 섬기게 되었다. 그 당시 선교에 대해서는 전혀 관심도 없었고 무지했지만 전체적인 기도모임을 담당하는 그에게 매달 각종 기독교 단체나 선교회의 몇 분의 선교사님들의 기도편지들이 전달되었다. 처음엔 책임감과 모임을 이끌어야 했기에 주어진 정보들을 열심히 읽고 함께 나누며 기도하는 정도였으나 한 학기 동안 기도하면서 그는 그때까지 알지 못했던 놀라운 하나님의 역사하심을 발견하게 되었다. 주님의 긍휼하신 마음을 믿고 자연스럽게 몇 몇 선교사님들을 위해 개인적으로 지속적으로 기도하게 되었다. 그는 선교사로서는 아니지만 하나님이 품으시는 그 선교지에 대해 기도하며 후원하는 것에 헌신하게 되었다.

졸업 후 최 선교사는 취업에 대한 준비를 하며 피아노 학원에서 피아노 강사로 지냈다. 졸업하던 해 여름 '선교한국'에서 소그룹 조장으로 섬기게 되었다. 그 곳에서 복음이 미치지 못한 곳의 소외되고 고통당하는 수많은 사람들의 모습을 보게 되었다. 그의 마음 속에 주신 하나님의 조용한 음성이 "네가 그들을 안아 줄 수 없겠니?"라고 들렸다. "내가? 감히"라는 생각이 들었지만 이미 그의 삶의 고삐를 쥐고 계시는 하나님께 다시 한 번 감격에 벅차서 무릎을 꿇었다. 이것은 축복과 결단의 순간이었다.

Y국의 수도에서 멀리 떨어진 지역에서 NGO에 소속되어 지역 개발 사역을 하고 있다. 이 지역의 사람들은 대부분 베두인들과 이전의 노예들이어서 오늘날 Y인들 중 가장 낮은 계급으로 구성되어 있으며 남성의 60%, 여성의 80%가 문맹이다. 이들의 주요 수입은 농업과 어업이지만 여러 환경과 구조상의 이유로 가장 가난한 지역 중 하나이다. 이 지역의 개발을 위하여 한 교육 센터를 통해 젊은 청소년들에게 다양한 기술 및 교육의 장을 마련하여 배움의 기회를 제공하는 것과 그 배움의 과정을 통해 창조주 하나님이 인간에게 주신 귀한 가치와 각자에게 주신 소명의식을 발견하게 하고자 한다. 현재 전기와 일반 기계과정을 가르치는데 그곳에서 최 선교사는 20여 명의 남녀 청년들에게 영어와 컴퓨터를 가르치며 지역 학교들의 실제적인 필요들을 돕는다. 날로 늘고 있는 소말리아 난민을 위한 리서치를 시작하였다.

일상의 삶 속에서 최 선교사가 사는 지역에는 십대의 소녀들이 학교를 중도에 그만두고 집 안에서 하루 종일 시간을 보내는 이들이 많다. 이들의 최대 관심사는 빨리 결혼하는 것이다. 혼자 열심히 일하며 사는 외국인 독신 여성은 당연히 신기하게 여겨지는 관심의 대상이다. 개인에 대한 관심과 이들의 지루한 삶들이 최 선교사로 하여금 여성클럽(ladies' club)을 시작하게 했다. 일주일에 한 번 그의 집에서 한 시간은 영어공부, 다른 한 시간은 각종 주제를 정해 놓고 토론하며 나누는 시간을 갖는다. 그가 사는 곳에는 아직 교회가 없다. 은밀히 믿는 여성 초신자들과 서신을 주고받기 시작했다. 조만간에 양육모임과 교회로 세워지길 바라고 있다.

현지인들은 최 선교사가 종교는 다르지만 하나님을 사랑하며 그 뜻대로 살기를 원하는 사람으로, 이 땅에서 가난한 자들에게 도움을 기꺼이 주고자 하는 자로 느껴지고 있다. 특히 최 선교사가 가르치는 젊은이들은 그를 무척 신뢰하며 그가 하는 말에 귀를 기울인다. 이웃들은 어려움을 함께 나누며, 함께 울고 웃을 수 있는 친구로 받아들이고 있다.

선교지에서 가장 어려운 점은 기도하며 깊이 교제하며 마음을 나눌 친구가 없다는 것이다. 소수의 사역자들만이 있는데 모두 가족들이라 독신 선교사와 교제가 전혀 없다.

선교사로서 그의 강점은 사람과 문화 환경에 대한 열린 마음과 적응력이 강하고 책임감과 성실함이다. 그의 장래 희망사항은 가난한 여성들과 아이들을 위한 피난처 특히 그가 사역하고 있는 Y국에 있는 소말리아 난민들이나 거리에서 구걸하는 자들을 위한 피난처를 운영하는 것이다.

최 선교사의 신학사상은 영원히 죽을 수밖에 없는 인간들을 위해 그리스도 예수께서 십자가에 죽으셨고 부활하셨으며, 오직 예수님 안에서 믿음으로 구원이 있고 거듭남으로 하나님 나라에 들어가며, 그 하나님 나라의 풍성함은 우리가 구원 받는 그때부터 하나님의 양자로서 누리게 되는 것이라 것을 믿는 것이다. 그가 선교 후보생들에게 하고 싶은 말은 하나님을 사랑하고, 사람을 모습 그대로 열심히 사랑하려고 노력하라는 것이다.

황복환[43)]

- ◆선교지 도착 및 사역년도 : 1993년~ 2009년 현재
- ◆파송교단 또는 단체 : 대한예수교장로회(합동)와 바울선교회
- ◆선교사역지 : 1차 필리핀, 2차 세르비아
- ◆주요사역 : 제자훈련, 교회개척

황복환 선교사는 기독교 가정에서 모태신앙을 갖고 태어났다. 그는 4자

매 중에 막내로 태어났고 아버지는 어릴 때에 돌아가셨다. 날마다 어머니를 따라 새벽기도를 다닐 정도로 주일학교부터 열심히 교회를 다녔다.

그는 모태신앙을 갖고 있었으나 구원의 확신이 없었다. 그는 1979년 병원에서 간호 조무사로 근무하고 있었으며, 몸이 아파서 죽게 되었을 때에 금식기도하고 병고침을 받는 체험을 하였다. 그로 인하여 예수님을 개인적으로 영접하였다. 그 후 신학교에 들어갔다. 신학교 2학년을 마치고 교회

황복환 선교사와 교회청년들

개척을 했으며, 3년 동안 교육전도사로 봉사하였다. 대학원에서 공부하는 동안에는 병원에서 목회자로 근무하였다.

황 선교사가 처음 예수님을 영접하였을 때에 선교에 대하여 주님이 보여주시고 들려주셨다. 그가 신학교를 다닐 때에도 힘들어서 선교를 잊고 있었는데 기도 중에 다시 선교의 마음을 품고 신대원에 들어가서 선교사가 되기 위하여 공부하게 되었다. 선교사로 나가기 전에는 전도사로 사역하였다. 선교지에 도착한 후에 선교지에서 자신의 연약함으로 어려운 점도 있었으나 그때마다 기도로서 극복할 수 있었다. 현재 가장 어려운 점은 세르비아가 동유럽이지만 가부장 제도가 강한 나라이기에 여성이면서 독신이라는 것이 힘들다. 설교할 기회를 주지 않으며 정교회와 민족주의, 개신교회의 퇴폐가 선교를 힘들게 하고 있다.

황 선교사는 50살을 넘기면서 평생 주님의 일에 헌신할 일을 찾아서 시

작할 수 있기를 기도하고 있다. 세르비아의 목회자를 가르치고 돕고 훈련시키기 위하여 노력하며 실행하고 있으며, 기도원을 추진 중에 있다.

2006년 늦가을에 교회를 지어서 2008년부터 예배를 드리기 시작한 집시교회가 이제 조금씩 자리를 잡아가고 있다. 어린이 예배는 월요일마다 드리고 있다. 중고등부 예배를 시작하였다가 순식간에 학생들이 시집장가를 가는 바람에 남아 있는 학생들은 모두 어른예배에 흡수되었다. 이들은 14살이면 대부분 결혼들을 한다. 집시교회에서 가장 주 멤버가 되는 15살인 사람이 결혼을 하여 14살 신부를 맞이하였다. 바울 바나바 선교회를 정부에 등록하고 교회를 세워나가고 있다. 세르비아 현지인 교회 장로님이 베오그라드에서 40km 떨어진 곳에 약 530평의 땅에 기도의 집을 세우는 계획을 갖고 있다. 1층은 관리인 숙소, 식당 등이고, 2층은 기도하러 오는 사람들의 숙소로 사용한다. 이 기도의 집은 개인적으로 기도, 세미나, 기도훈련과 작은 캠프 등으로 쓰여질 것이다.

앞으로 스메데레보, 벨리키 풀나나, 슬나니나, 빌리예 폴리예에 교회를 세우기 위한 터가 더 굳어지고 교회가 세워지도록 그리고 전도를 위한 음악 단기팀들을 통해 전도 집회가 열리고 베오그라드에 교회가 세워지기를 기도하며 목회자 훈련을 위한 프로그램이 진행되는 비전을 놓고 기도하고 있다. 황 선교사의 사역지에 가까이 사는 사람들은 그를 기도하는 사람, 영적인 사람으로 인식하고 있다.

후배 선교 헌신자에게 황 선교사가 하고 싶은 말은 내 욕심과 교만이 아니라 주님의 음성에 민감하여 순종하며 행동 하라는 것이다. 그의 신학사상은 하나님 중심, 말씀 중심 및 교회 중심적 신학이다.

이수대(본명:ㄱㅁㅈ)[44]

- ◆ 선교지 도착 및 사역년도 : 1993년 6월 25일~2009년 현재
- ◆ 파송교단 또는 단체 : 오병이어선교회
- ◆ 선교사역지 : 아시아 C국
- ◆ 주요사역 : 교육

이수대 선교사는 강원도 화천의 북한 강가의 전형적인 농촌산골에서 여고 3학년까지 다니고, 대학 1학년 때 서울로 유학을 갔다. 대학에 들어가서 처음 신앙을 접하게 되었다. 가정 형편은 먹을 것 걱정은 없었으나, 1남 3녀 중 장녀로써 동생들에 대한 부담이 커서, 마음대로 공부를 하기 힘든 형편이었다. 그러

이수대선교사

나 학구열로 인하여, 서울로 대학을 가게 되었다. 대학 1학년 때, 반친구가 교회로 인도하여 예수님을 믿게 되었다. 완전히 삶이 바뀐 후에 약 5년 동안 많은 훈련을 받으면서, 선교사로 준비하게 되었다.

교회에서 제자훈련에 참석하면서 처음에는 선교 동역자를 후원하면서 선교사로서의 준비를 시작하게 되었다. 이 선교사는 전공을 살려서 하나님의 일을 찾다보니, 00과기대에 영양사가 필요한 것을 알게 되었다. 그는 선교사로 나가기 전에 국내에서 교회청년부에서 리더로 활동하면서, 양로원과 고아원에서 사역을 하면서 금융연수원 영양사로 근무하였다.

이 선교사는 선교지에서 동료와의 갈등, 현지인들과의 갈등을 겪으면

서, 그 안에서 선교사의 성품의 온전치 못함이 드러남으로 인하여 좌절감과 패배감이 있었다. 동료와의 문제가 결론은 자신의 문제였고, 그것이 사역에 걸림돌이 된다는 것 자체가 힘들었다. 하지만 그것을 통과하니 그 과정을 통해 자신이 넓어짐을 알았다. 이 선교사는 급변하는 현지의 여러 가지 상황으로 인하여, 사역의 대처도 급변해야 한다는 것을 인식하게 되었다. 그는 어디서든 혼자서도 잘 견디며, 사람들과 쉽게 친해진다. 그러나 그는 독립적으로 일하고 싶어하기 때문에 다른 사람을 수용하고 포용하는 것이 좀 약하다고 생각한다.

해외에서 그의 일과 삶의 핵심은 지금까지 영양사나, 식품영양의 전문분야에서 실무영양사나 교수로서 일을 하면서, 제자훈련을 주로 했는데, 앞으로는 중국의 소수민족과 제자를 통한 제자 양육 사역이 목표이다. 그러나 지역이나 사역 등 모든 것의 주권은 하나님께 있다. 그는 육으로 먹이는 것 뿐만 아니라, 영으로도 먹이게 되어서, 영양사와 제자양육을 하게 된 것을 감사한다.

이 선교사는 00과기대에서 처음 개교할 때부터 식당에서 영양사로 일하면서 한국영양사 전문인으로서 영양사가 어떠한 일을 한다는 것을 현지인들에게 알리게 되었다. 그 후 계속 한국영양사자격증을 가진 사역자가 00과기대에 들어가서, 현재는 약 10여 명이 뒤를 이어서 일하게 되었다.

후배 선교 헌신자에게 이 선교사가 하고 싶은 말은 독신으로 평생 또는 장기로 선교사로 사역을 한다는 것은 쉽지 않은 일이다. 처음 선교사로 나가기 전부터 여성선교사에 대한 분명한 이해와 선교사의 삶과 사역에 대한 이해를 가지고 나가야 한다. 현지에 여성선교사의 부분에 대하여 잘 정립이 안 된 상태로 오면 문제가 있으므로 선교지에 오기 전에 충분한 오리엔테이션이 필요하다는 것이다.

정아나(본명 정ㅇㅈ)[45]

- ◆ 선교지 도착 및 사역년도 : 1993년 9월 23일~ 2009년 현재
- ◆ 파송교단 또는 단체 : 1차 한국 오엠국제선교회, 2차 독립사역
- ◆ 선교사역지 : 북아프리카의 3국(T, A, E 국)
- ◆ 주요사역 : 제자훈련, NGO사역

정아나 선교사는 외조모님과 어머니께서 보여주신 신앙의 삶을 통해 기독교를 배우며 깨달으며 성장했다. 외조모님의 조모님께서 당시 활동하시던 외국 선교사를 통해 예수님을 영접하셨으므로 외가쪽으로는 4대째

정아나 선교사(탁구대 기증후 촬영)

믿음의 자손으로 태어났다. 그는 유아세례를 받고 늘 교회 안에서 성장하였다. 그러나 아버지께서 청년 때 세례를 받으셨지만 신앙적 체험이 없는 상태에 교인들과 목회자들의 여러 불찰들에 실망을 하시어 교회를 떠나신 상태라 줄 곧 반쪽 기독교 신앙의 환경에서 자라다 보니 깊은 뿌리가 제대로 내리지 못한 채 그냥 습관적으로 교회를 다녔다.

어려서부터 앓아오던 여러 질병들과 부모님의 불화, 대학 입시의 실패 등으로 비관하여 정 선교사는 자살시도를 하다가 실패하였다. 1985년 3월 할머니의 손에 이끌려 기도원에 갔으며 난생 처음 3일씩이나 금식을 했다. 운동장 같은 곳에서 자야 하는 것이 너무 짜증이 나고 기분이 나빴지만 오기로 버티었다. 그렇게 성난 망아지 같던 그를 주님께서는 만져

주시고 만나 주셨다. 그의 눈 앞에서 일어나는 기적들 앞에서 주님의 임재를 부인할 수 없었다. 또한 그 자신이 죄인임을 깨달은 순간 정신없이 몇 시간을 통회 자복하는 기도를 드리게 되었다. 그날 그는 예수님을 그의 구주와 하나님으로 영접하고 영원한 생명에 대한 확신을 얻게 되었다.

그러한 치료와 영생과 구원에 대한 확신의 체험을 가지면서 정선교사는 자살이라는 것이 얼마나 하나님의 마음을 아프게 하는 것인가를 깨닫게 되었다. 그래서 살아있는 동안 영원한 생명에 대하여 온전히 깨닫지 못하여 자신의 삶을 포기하는 사람들에게 복음을 전하는 사람으로 평생을 살겠다고 3일 금식을 마치는 날 아침 서원기도를 드렸다.

이 후 정 선교사는 극동방송을 통해 세계선교에 대한 부르심과 그 사명에 합당한 사역자로 훈련 받는 것의 중요성을 깨닫고 혼자서 라디오 앞에서 무릎 꿇고 기도하며 세계선교의 부르심에 헌신을 작정하였다. 그러나 아직 어린 마음에 혼자서 너무 큰 서원을 한 것은 아닌가 걱정을 하며 주일에 목사님께 상담을 드려야겠다 작심을 하고 있었다. 당시 출석하던 성결교회의 담임 목사님께서 바로 그날 세계선교에 대한 비전에 대한 설교를 하시며 청년들을 향해 세계선교에 헌신할 것을 요청하면서 자리에서 일어나라고 하시어 주님의 부르심을 확신하고 그 자리에서 일어났다. 놀라운 것은 그날 함께 자리에서 일어났던 청년들과 청소년들이 현재 교회 파송 선교사로 협력 선교사로 세계 곳곳에서 진지하고 활발하게 사역을 하고 있다는 것이다.

이 후 그는 대학에서 대학생선교회를 통해 성경공부를 하면서 성서적 가치관과 잃어버려진 영혼들을 향한 여러 섬김의 길들에 대해 훈련을 받았다. 특히 매일 전도의 실천을 통해 자신의 신앙에 대해 더욱 큰 확신을 갖게 되었고, 성령의 도우심을 체험하는 간증들을 갖게 되었다.

정 선교사의 활동적인 전도와 제자화 훈련의 실천에 주력하는 모습을 보고 주변에 계시던 신앙의 선배들과 선교회 간사들이 선교 훈련에 참여하도록 격려하였고, 대학 2학년 때부터 동서 선교 연구 개발원(바울의 집) 하기 선교 대학원에 참석하기 시작했다. 그곳에서 만난 여러 선교사님들이 제자화 훈련 프로그램을 진행하는 역할로 당신들의 사역지로 오라고 말씀들을 하시어 기도하며 계속 준비를 했다.

선교사로 지원을 하면서 여러 과정을 거치며 어려움도 겪고, 몇 선교단체에서 훈련 받고 활동도 하다가, 정선교사는 1992년 국제오엠선교회에 지원을 하게 되었다. 한국 오엠선교회에서 선교훈련을 받은 후 1993년 9월 T국에 도착을 했다. 한국 오엠선교회의 선교사 정기 모집이 있는 기간에 한국 오엠선교회에 허입되어 훈련을 받는 초기 단계까지 모퉁이돌 선교회 '카타콤'과 '샬롬' 이스라엘 정기 간행물 편집 간사로 근무하였다.

정 선교사가 오랫동안 기도해왔던 대상은 중국이었고, 선배 선교사님을 통해 출국을 준비했던 나라는 필리핀이었다. 출판부 간사로 일하며 집중했던 나라는 이스라엘의 유대인들이었기 때문에 이슬람 국가인 북아프리카의 T국은 지역적으로 뿐만이 아니라 모든 면에서 상상도 못하고 알지도 못한 나라였다. 선교부의 정책에 따라 독신 여성이 혼자서 그 지역에 들어갈 수 없어 당시 지원했던 이스라엘을 못 가게 되면서 다른 사역지를 찾아야 하는 상황에서 훗날 알게 되었지만 정 선교사의 친구 남편인 선배 선교사님과 T국팀 리더간의 분명치 못한 의사소통 때문에 정 선교사는 엉뚱하게 T국으로 가게 된 것이었다.

첫 2년 반 동안 정 선교사가 오엠선교회를 통해 철저히 훈련 받은 것은 사역이 우선이 아니라 함께 사는 법을 배우는 것이었다. 오엠선교회의 특징이 온 세계 곳곳에서 온 여러 사회적, 가정적, 교육적 배경을 가진 다양한 연령층의 사람들이 함께 부딪히며 살아가는 것이어서 무척 힘들기도

했고, 많은 것을 배우기도 한 소중하면서도 쓰디쓴 시간이었다.

정 선교사는 오엠과 더불어 T국에서 2년 사역을 하고 한국에서 1년 간 휴식을 가지면서 여름과 겨울에는 사역지로 돌아와 어린이 사역을 계속 진행하였다. 또한 국내에 있는 동안 외국인 노동자들을 위한 사역에 참여하면서 사역지로 돌아가야 하는 것인지 국내에서 외국인을 위해 사역할 것인지를 깊이 기도하게 되었다. 금식과 작정 기도의 기간 동안 하나님께 은혜를 많이 받고 다시 장기 사역자로 오엠선교회를 통해서 사역지로 나갔다.

장기사역자로서 4년 반 동안 T국에서 사역을 하면서 새롭게 보게 된 것은 더 이상 서양 선교사가 끼워 준 색안경으로 현지인을 보아서는 안되겠다는 것이었다. 우리 한국인의 정서가 현지의 아랍 사람들과 같은 면이 많아서 자연스럽게 한국인으로서 살며 사역하는 것이 이들의 마음을 여는 첫 걸음이라는 것을 깨달았다. 서양인 동료들에게 배울 것이 많이 있긴 하지만, 그들의 말과 행동 속에 배여 있는 제국주의적 패권의식이 선교지의 영혼들에게 계속 벽을 만들어 간다는 것을 지난 15년 동안 보아왔다.

선교지에 있는 사람들에게 기독교인들은 역사 속에서 늘 주변 나라들과 이교도들을 향해 공격적으로 자신들의 종교를 전파한다는 빌미로 영토 확장이나 세력 확장을 해 온 사람들로 이해되기 때문에 이러한 선입견이 벽이 되어 예수 그리스도의 복된 복음을 전혀 받아들일 틈이 없도록 개인의 종교적 실천과 국가의 법체계와 사회의 인식들이 총동원되어 방어를 하고 있다. 이러한 선교지의 상황 속에서 아랍어를 계속 배우며, 어린이 캠프 운영의 교육 사역과 미혼모 사역과 알제리아 난민 사역 등의 구제 사역을 개인적으로 진행하면서, 문서 배포와 여러 방법의 개인과 팀으로의 우정 전도 사역들과 정기적으로 진행되는 전도 여행 등의 사역을 동료들과 함께 감당하면서 4년 반을 지냈다.

특히 T국내에 거주하는 선교사들 간에 만들어진 협의체를 통해 진행되던 프로그램 중의 하나인 라디오를 통해 성경통신과정을 밟는 사람들을 찾아가 신앙을 확인하고 격려하는 프로그램에 참여하면서 남부 지역의 여성들을 맡게 되었다.

1995년부터 예상치 않게 매년 한 해도 빠짐 없이 진행되어온 어린이 교육 캠프도 남부에서 계속 진행이 되었고 성경통신 과정 관심자 양육 프로그램으로 남부 지역을 맡게 되면서 남부지역을 향한 주님의 부르심을 깨닫게 되었다. 그러나 실제적으로 외국인으로서 특히 아시아인으로서 수도가 아닌 다른 지역에서 활동할 수 있는 길이 거의 없기 때문에 체류 비자를 받을 수 있는 길이 쉽지는 않았다.

2000년 10월 다시 안식년으로 한국에 와서 2001년 신학대학원에 입학해서 여러 새로운 관점의 신학적 관점들을 배우며 여름과 겨울에는 계속적으로 어린이 캠프를 진행하며 사역지와 계속 연결을 가지고 지내면서 다시 사역지로 들어갈 수 있는 길을 기도하였다.

신실하신 하나님께서는 정 선교사가 생각지도 못했던 한 재단법인의 북아프리카 지부장의 자격으로 T국으로 돌아오게 하셨고 그것도 남부의 주요 거점지가 되는 도시에서 지난 5년 반 동안 안정되고 활발하게 여러 사역을 진행하게 하셨다. 교육과 문화와 농업과 환경 네 분야에서 활동을 하면서 닫혀진 무슬림들의 마음을 뚫고 들어 갈 수 있는 길들을 찾는 여러 작업들을 시도해 보았다.

지난 5년 반 동안 그는 어릿광대처럼 너무나 많은 분야에서 뛰어다녔다. 국제 선교단체에서 보호받고 지침을 받으며 팀의 가족적 분위기 속에서 지내다가, 혼자서 결정하고 시행하면서 하는 것이 쉽지는 않았다.

가장 분명하게 보여주신 부분은 장애아동들을 향한 보건과 교육 사업 진행에 대한 강한 부르심이었다. 결혼을 하지 않아 깊은데 까지는 알지 못한다 하여도 부모된 분들의 가장 큰 관심은 자녀에게 있다는 것은 분명한 것 같았다. 특히 아랍 사회처럼 아직 개인 중심이 아니라 가족 중심적이고 대가족적인 연대를 이루고 있는 사회에서는 장애아동 한 명에게 보이는 관심이 끼치는 영향이 정말 크다. T국은 아직 근친혼들이 많이 실행되는 나라들이어서 심하게는 인구의 10% 이상이 장애아로 출생을 한다. 그러나 동시에 주님께서 여러 번 정 선교사에게 주의를 주시는 부분은 장애 아동들을 사역의 도구로 여겨서는 안 된다는 것이다. 그의 마음 깊은 곳에서 아이들을 사랑하고 저들을 향한 최선의 길을 도모할 때 부모들이 감동을 받고, 그의 마음속에 있는 비밀에 대해 알고 싶어하기 시작한다. 그리고 나서 그들이 묻는 말에 대답하다 보면 복음의 기초부터 전체를 나누게 된다. 그는 지난 5년 반 동안 베드로전서 3장 15절 "너희 마음에 그리스도를 주로 삼아 거룩하게 하고 너희 속에 있는 소망에 관한 이유를 묻는 자에게는 대답할 것을 항상 준비하되 온유와 두려움으로 하고"를 자신의 사역의 주제 구절로 삼고 있다. 그 소망에 관해 진심으로 묻는 자를 날마다 여러 명 만나게 된다. 작년부터는 현지 대학교에서 한국어를 가르치고 있는데 학생들과 가까워지면서 계속 학생들과 학부형들과 만날 때마다 거의 성경공부를 한다. 이들 모두가 그에게 기독교에 대해서 물어오기 때문에 가능한 일이다.

    선교 현장에서 동료 선교사들이 가장 큰 걸림돌이고 기도제목인 것이 현실이다. 특히 남성선교사들의 끝없는 지배적이고 비판적이고 조소적인 말들이 가슴에 못을 쾅쾅 박는 때가 한 두 번이 아니다. 특히 목사 안수를 받고 나면 증세들이 심해진다. 그러나 지난 16년 째 이 땅에서 살고 사역하면서 느끼는 한 가지는 그는 여성이며 독신으로 사역하도록 기회를 허락 받은 것이 얼마나 감사가 넘치는 일인가 하는 사실이다. 첫째는 여성이기 때문에 융통성이 꽤 많은 삶을 산다. 둘째는 이동에 자유롭기 때문에 전국 어디서나 다방면에서 사역이 가능하다. 셋째는 이웃의 필요에 민감한 긍휼의 마음을 주님께서 여성들에게 더욱 허락하시는 것을 느낀다. 넷째는 아랍 풍습에서 결혼한 여성 분들은 남편에게 속해 있어 자신들이 돌볼 대상이 아니라고 보지만, 미혼의 여성으로서 행실이 방정하다고 판단되면 자신들의 가족의 일원으로 받아들여 최선을 다해 먹히고 입히고 보호해주어야 한다는 생각을 T국 사람들이 갖고 있기에 유익한 점이 있다.

정 선교사는 남성선교사들의 조소나 비방, 방해 등은 넓이 뛰기의 발판쯤 되는 것이고 장애물 경주의 허들 정도로 생각하게 되었다. 그러나 여전히 그리스도 안에서 한 지체로 부름 받은 대상이기에 여전히 중보기도 하며 섬겨야 하는 대상이기도 하다. 가장 중요한 것은 현지인들을 깊이 사랑하고 그들의 아픔을 주님의 시선과 마음으로 바라보며 섬기는 일을 감당하기 위해 치뤄야 하는 외로움과 역경과 고난들을 감당하게 하시는 하나님의 손길을 온전히 신뢰하며 나아가는 것이다.

단기 선교를 오는 청년들이나 유럽에서 공부하는 젊은 유학생 부부들이 가끔씩 선교 헌신에 대해 의논을 해 온다. 정 선교사를 가장 기가 막히게 하는 것은 많은 이들의 가장 첫 번 질문이 선교비 후원 모금방법이다. 그는 지난 16년 동안 사역하면서 재정이 모자라 사역 못한 적이 한 번도 없다. 그를 후원하시는 교회 중 큰 교회는 하나도 없다. 그야말로 개미군단들이 형편이 되는 대로 보내주시는 후원금으로 지금까지 부족함 없이 채워지며 사역해오며 살아왔다. 그는 선교에 지원하는 자들의 첫째 관심은 후원금이 아니라 자신을 부르신 하나님의 뜻을 겸허히 여쭙는 것이어야 한다고 말한다. 둘째, 자신이 섬길 지역의 사람들의 필요를 정확히 파악하는 과정을 충분히 거쳐야 한다. 그에게 선교는 봉사(service)하는 것이다. 봉사를 잘하려면 먼저는 상대방의 필요를 파악하는 일을 하고, 다음으로는 그들이 필요로 하는 부분 중 자신이 할 수 있는 일이 무엇인지 분별하는 작업을 해야 한다고 본다. 세 번째, 자신의 내면을 자신 있게 응시할 수 있을 만큼 정신적으로 건강한 상태인지 확인하는 작업이 필요하다고 본다. 선교지에서 선교사를 가장 심각하게 괴롭히는 것은 비밀경찰도 아니고 동료선교사도 아니다. 바로 자신의 자아이다. 선교지는 영적 전쟁터이므로 마음을 강하고 담대히 하되 정결한 마음을 준비해야 한다.

지인희[46)]

◆ 선교지 도착 및 사역년도 : 1993년 9월 28일~ 2009년 현재
◆ 파송교단 또는 단체 : 1차 국제오엠선교회
　　　　　　　　　　2차 WEC국제선교회
　　　　　　　　　　3차 여의도순복음교회
◆ 선교사역지 : 서부 아프리카 가나
◆ 주요사역 : 제자훈련, 교회개척

지인희 선교사는 전통적인 불교집안에서 부모님과 3남 2녀의 4째로 서울에서 태어나 순조롭게 성장하였다. 그가 예수님을 영접할 당시는 그 누구도 가정에서 믿는 사람이 없었으나 현재는 가족들 대부분이 주님을 영접한 믿음의 가정들로 성장하였다. 하나님을 영접하기 전의 그의 삶은 말 그대로 온실 속의 화초 같은 삶이었다. 보통가정에서 특별한 문제없이 성장했다. 대학 졸업 후 비서와 여성취미교실 및 꽃꽂이 선생을 하면서 친구들도 많이 사귀고 즐겁고 흥미로운 삶을 나름대로 즐기며 지냈다.

가나의 지인희 선교사

예수님을 믿게 된 동기는 꽃꽂이 모임 회원들과 대화 속에서 우연히 어느 주일 여의도순복음교회를 방문한 그날부터 예수님을 구세주로 영접하게 되었는데 이 사건이 그 자신과 가정의 삶을 완전히 뒤 바꾸어 놓은 전환점이 되었다.

불교집안에서 그가 처음 믿었기 때문에 많은 지혜와 용기, 결단이 매순간 필요했다. 하나님을 믿기 전에는 삶의 고난과 역경, 어려움을 모르고 평탄한 삶을 누렸었는데 전통적인 불교집안에서 예수님을 영접 후에는 어려움이 있었다. 그래도 한국에서의 믿음 생활은 푸른 초장과 맑은 시냇물에서 성령 충만한 삶을 누리며 살았던 것이라고 할 수 있다. 세계의 선진국이라는 영국에서 주님이 주시는 메추라기와 만나로 인생의 광야를 걸었고, 아프리카 현지에서는 삶이 무엇인지 깨달으며 공유하는 삶을 배워나갔다.

하나님은 그에게 나라와 교회, 선교사를 위한 기도 그리고 가정구원을 위한 기도부터 시키시며, 창세기 1장 1절부터 요한계시록까지 성경공부를 통해 말씀위에 설 수 있도록 인도하셨고 또한 모임을 통해 병원전도를 하며 더욱더 영혼에 대한 하나님의 관심과 사랑을 체험할 수 있게 하셨다.

교회의 활동과 성도들과의 아름다운 교제를 통해 성령충만한 삶을 살던 중에 어느 날 그에게 영국유학의 길이 열렸다. 그 당시 영어에는 재미도 소질도 없어 일어를 택하여 일어를 고급반까지 하고 있던 중이었기에 영국 가는 것에 대하여 많은 흥미를 갖지 못하고 있었으나 기도 중에 성령님의 강권하신 인도하심 가운데 유학의 길을 생각하고 추진하였다.

주님은 창세기 12장 1~3절 말씀을 통해 지선교사를 인도하셨고 계속되는 기도의 부르짖음 속에 히브리서 11장 8절로 응답을 주셨기에 짧은 기간 동안 준비하여 떠날 수 있었다.

영국에 도착 후 1985년 4월 12일 이후 하나님의 인도하심을 구하는 금식기도를 하였다. 1985년 6월 9일 교통사고를 당하여 중상을 입었다. 병원도 죽었거나 살아도 식물인간으로 지내야 한다고 할 정도의 심한 혼수상태였고 눈동자까지 돌아가며 기억상실도 생길만큼 큰 사고였다. 그 사고를 통해 주님의 역사하심이 시작되어 한 단계 한 단계 오늘까지 인도하셨다.

그 후에 하나님의 은혜로 무료로 언어학교(London- Abbey School)에서 영어를 배우게 되었다. 그 당시 오엠(OM)이라는 것이 무엇인지도 모르는 상황에서 연결되어 오엠의 영국팀에서 2년간 선교훈련을 받았다. 이어 엘림바이블대학(Elim Bible College)으로 연결되었으며 졸업을 하였다.

지인희 선교사의 사역지(가나)

그 후 바로 WEC으로 연결되었고 WEC 본부에서 훈련을 받으며 아프리카 가나 선교사로 가게 되었다. 가나까지 인도하실 그때까지 한국을 비롯한 아무런 외부의 도움 없이 오직 기도와 주님이 주시는 메추라기와 만나로 영국에서 광야의 삶을 연명하게 하시며 훈련하시고 주님만 바라보게 하셨고 선교사의 길로 1985년부터 1993년까지 인도하셨다.

그는 선교사가 되리라고는 꿈도 꾸지 않았기에 내일 일은 난 모르고 그냥 주어진 하루 하루의 삶을 통해 하나님 나라의 사역을 위한 도구가 되기 원하는 마음뿐이다.

지 선교사는 고백하기를 자신은 부족하고 미약하지만 주님 나라에 쓰임 받는다는 것을 자신의 자랑으로 여긴다고 하였다. 아프리카 메마른 그곳에 하나님의 축복의 통로가 되어 성령님이 주시는 미래의 비전과 확신을 가지고 인도하심에 순종하며 주님 오시는 그날까지 주의 나라를 위하여 최선과 충성을 다하여 삶을 통해 하나님께 영광을 돌려 드리기를 원한다.

1993년 9월 5일 여의도순복음교회 정식선교사로 파송받아 1993년 9월부터 2004년 5월까지 10여 년 동안 국제단체 WEC과 협력사역을 하며 가나 100여 부족 중 후라후라 - Frafra 부족의 4 group(Grunny-구루니, Nabdam-나부담, Talensi-탈란시 and Nankani-난카니) 중구루니, 나부담 그리고 탈란시 group을 상대로 볼가탱가 - (Bolgatanga) 지역을 중심으로 미 전도된 지역의 교회부흥성장을 도우며 제자훈련과 원주민 교회개척사역을 중점적으로 하고 있다. 사회개발사역(social development work)에도 적극 참여하는 사역을 15년 계획으로 3단계에 걸쳐서 추진하고 있다.

WEC과 선교사역 1기를 총15년으로 1차 5년, 2차 5년, 3차 5년으로 계획하였다. 10년의 사역을 마감하였는데 3차 5년을 마무리 하지 못하고 있을 때에 하나님이 주시는 새로운 비전과 인도하심으로 그동안 배우고 익힌 것을 사도행전 26장 16~18절 "일어나 네 발로 서라 - 그 눈을 뜨게 하여 어두움에서 빛으로 사단의 권세에서 하나님께로 돌아가게 하고 죄 사함과 나를 믿어 거룩케 된 무리 가운데서 기업을 얻게 하리라"는 말씀으로 약속하셨다. 2005년 모교회인 여의도순복음교회 산하에서 후원하여 선교사역 2기 총 10년을 1, 2차 5년씩 나누어 사역을 다시 시작하였다.

제2기 1차 사역은 먼저 1기 사역기간 중 추구하고 싶었던 지역이었지만 뜻을 이루지 못한 지역 야산에 있는 사금 채취 하는 곳(Gold Minning)에서 시작했다. 펠룽구 순복음교회(Pelungu F/G Church)는 2005년 3개월의 준비과정을 마친 후 주위의 많은 교회의 협력으로 성공적인 3일간의 부흥회를 통해 2005년 3월13일 교회가 창립되었다. 그 후 교회가 점점 안정이 되어가면서 빠른 속도로 많이 성장하고 있다.

디가레 순복음교회는 사금이 나오는 금광 지역에 있는 교회 볼가탱가 타운에서 1시간 정도 떨어진 전혀 문화 혜택을 받지 못하는 야산 속에 있다. 그동안 개인으로 금광 지역에서 4년 동안 교제를 가져왔던 '디가레 교제모임'(Digare Fellowship Group)과 함께 3일간의 부흥회를 통해 2005년 5월1일 정식으로 순복음교회이름으로 예배를 시작하였다. 2008년부터 70~80명이 자신들이 지은 토담 개척교회에서 예배를 드리고 있다. 영 농 축산업 수입(Farming Project)와 언어학당이 운영되고 있으며 탁아소(유치원 겸용-Day nursery)와 방앗간(Shea-butter processing machine)을 계획하고 있는데 이 방앗간을 통해 탁아소 및 유치원을 보조할 계획을 가지고 진행 중에 있다. 볼가탱가 순복음교회선교센터(Bolgatanga F/G Church Mission Center)도 계획하고 기도 중에 있다.

후배 선교 헌신자에게 지 선교사가 하고 싶은 말은 선교는 삶이기에 겸손하며 온유하시며 자비를 베푸시는 예수님의 모습이 우리의 삶을 통해 나타나야하지만, 세상과 불신에 대해서는 또 주님이 주시는 어떠한 비전에 대해서는 그 어떠한 상황과 조건에서도 뒤로 물러서지 아니하며 흔들리지 아니하는 강인함을 가져야 한다는 것이고, 그의 신학 사상은 선교는 삶이며 영혼 구원이다는 생각이다.

허정숙[47)]

◆ **선교지 도착 및 사역년도** : 1993년 9월~ 2009년 현재
◆ **파송교단 또는 단체** : 한국 오엠국제선교회
◆ **선교사역지** : 1차 1993년 9월~1995년 6월, 이집트
　　　　　　　 2차 2002년 9월~2007년 8월, 아시아 A국
　　　　　　　 3차 본국 사역
◆ **주요사역** : 제자훈련, 교육

허정숙 선교사

허정숙 선교사의 아버지는 하나님을 믿지 않았으며 어머니 혼자 신앙을 갖고 계셨다. 어릴 때 아버지가 어머니의 신앙생활을 많이 반대하셨지만 그의 형제들은 어머니의 권유로 어릴 때부터 교회에 다녔다. 목사님과 선생들의 사랑을 받는 것이 좋았고 교회에서 여러 활동에 참여하고 상 받는 것이 큰 즐거움이었다.

허 선교사는 어릴 때부터 교회를 다녔지만 개인적으로 예수 그리스도를 그의 구주로 모시지는 않았다. 둘째 언니가 74년에 있었던 대학생선교회 주최 엑스폴로(Explo 74) 대회에 참석하고 그때 받았던 은혜를 나누어 주었고, 1980년 대학생선교회에서 지도자훈련(LTC)을 받던 중에 예수님을 자신의 삶의

구세주로 믿게 되었다.

  허 선교사는 키가 작았기 때문에 자신에 대한 열등감이 많아 자신을 사랑하지 못했고 가족도 사랑하지 않았다. 예수님을 만나고 난 후에 가장 큰 변화는 하나님이 자신을 그렇게 창조하셨다는 것에 대한 발견이었으며 그 자신을 사랑하게 되었다. 또한 믿지 않았던 아버지를 비롯해 그의 가족을 사랑하게 되었다. 알지 못했던 대학 캠퍼스의 친구들을 향해서도 마음을 열게 되었다. 삶의 목적을 발견하고 기쁨과 평안을 맛보면서 자신이 경험한 기쁨과 평화의 주체되신 예수님을 전하고 싶은 강한 열망을 갖게 되었다.

  그가 주님을 영접한 1980년 여름에 여의도 광장에서 있었던 민족복음화대성회에 참석하여 마지막 날 김준곤 목사님으로부터 세계선교에 대한 도전과 부르심 앞에 평생은 모르겠지만 젊은 날 단 몇 년 만이라도 주님과 복음을 위하여 자신을 드릴 것을 헌신하였다. 그러나 학교를 졸업하고 직장생활을 하면서 이 기도를 잊어버렸는데 주님은 잊지 않으셨다. 1989년 5월에서 1991년 가을까지 그의 모교에서 후배들을 섬기는 중에 이 모임 중에서 나온 두 명의 선교사를 기뻐하시고 그들의 후예들을 기대하신다는 것을 알게 되었다.

  허 선교사는 후배들에게 도전을 주기 위해서 그가 먼저 선교현장을 보기를 원하여 1991년 여름 러브유럽(Love Europe)에 참가하려 했다. 그러나 그 해 여름에 건강이 좋지 않아 참석하지 못했다. 그해 가을 기도 가운데 성령님을 통해 주님으로부터 '그의 후배들을 원하는 것이 아니라 그를 원한다'고 말씀하시는 주님의 내적 음성을 듣고 선교에 헌신하게 되었다. 1992년 1월 어디에서 훈련 받을지 기도하는 가운데 오엠으로 인도해 주셨고 1992년에 둘로스가 부산을 방문했을 때 선교훈련으로 5주간 선교사들과 함께 생활하면서 주님께서 그를 복음 전하는 자로 사용하기를 원하신다는 확신을 갖고, 1992년 가을 오엠 국내 훈련에 지원하게 되었다.

국내 훈련 중에 무슬림에 대하여 듣게 되었다. 그가 만난 사랑의 예수님을 전하고 싶은 마음으로 무슬림 땅에 가기를 원했는데 첫 단기 사역지로 이집트로 가게 하셨다. 그곳에서 많은 무슬림 여인들의 안타까운 모습을 보면서 다음에 장기로 선교지에 가게 된다면 그들을 위하여 사역하고 싶은 소원을 갖게 되었다. 첫 2년의 이집트에서의 시간 뒤에 국내 부산 사무실에서 총무, 인사부 담당 간사로 2년의 사역 뒤에 공부할 수 있는 기회를 갖게 되어 1998년 8월부터 2001년 6월까지 미국에서 기독교 상담 및 목회 상담을 공부했다.

대학교에서 영어영문학과를 졸업한 허 선교사는 1984년 그해 가을부터 92년 2월까지 동래 사립초등학교의 영어 교사로 근무했다. 사역은 교회에서 1980년부터 1990년까지 10년 동안 주일학교 초등부 교사로, 1990년부터 1992년까지 2년 동안 주일학교 대학부 교사로 섬겼다. 1992년 둘로스 한국 방문시 5주간의 STEP훈련을 받고 1992년 가을 한국오엠선교회 국내 훈련에 지원하게 되었으며 1993년 4월에 해외로 나갔다.

처음 이집트에 도착했을 때 그를 포함해서 4명의 독신 자매들과 함께 살았다. 두 명의 브라질 자매, 한 명의 핀란드 자매, 한국 자매인 그, 너무나 다른 네 명의 사람들이 어느 날 주님의 이름으로 모여 함께 살아간다는 것은 쉽지 않은 삶이었다. 성격도 모두 달라서 한 명은 행동파, 한 명은 동기유발파, 한 명은 조화파, 한 명은 생각하는파로 기질도, 문화도, 언어도, 음식도 다른 이들과 함께 살아가면서 하루하루가 영적전쟁이었다. 외출하고 집에 돌아왔을 때 김이 냄새난다고 쓰레기통에 버려져 있는 것을 보았을 때 허 선교사는 모욕을 받은 심정이었다. 도저히 이 자매를 사랑할 수가 없다고 주님 앞에 무릎 꿇었을 때 주님께서는 "형제가 연합하여 동거함이 아름답고 내가 줄로 재어준 구역이 참으로 아름답다"고 말씀하셨다. 주님께서 우리를 아름답게 보신다는 말씀을 들으면서 의지적으로 내가 사랑하는 자매야 하고 불렀는데 정말로 시간이 지나면서 그 자매가 사랑스러워 갔다.

처음 이집트에서 허 선교사는 무슬림 가정에서 지냈는데 주인이 외국인이 살기에 경찰에 신고를 한다고 여권을 달라고 했을 때 두려운 마음을 가졌다. 집에서 경건의 시간을 가질 때에도 찬송도 크게 부르지 못하고 기도도 큰 소리로 할 수가 없었다. 그러기를 몇 개월 동안 보내던 어느 날 아침에 기도하는 가운데 성령님께서 "네가 무엇을 두려워하느냐? 네가 사망의 음침한 골짜기로 다닐찌라도 해를 두려워 할 것이 없음은 내가 너와 함께 한다"는 시편 23편의 말씀을 주셨다. 그 이후 밤길을 홀로 걸을 때도 두렵지가 않았다.

A국에 가기 전인 2002년 2월 허 선교사는 탈레반 정권시절인 1997년의 A국에 대한 비디오 영상물을 보게 되었다. 그 비디오를 보면서 그 땅의 척박함과 황폐한 모습을 보고 충격을 받았다. 척박한 그 땅의 모습을 보고 주님 앞에 감당할 수 없을 것 같다고, 너무나 두렵다고 고백했다. 그런 마음을 기도원에 가서 다 토해 내었을 때 주님은 그의 부르짖음을 다 들으시고 너무나 잔잔한 음성으로 이사야 41장 10절 "두려워 말라 내가 너와 함께 함이니라 놀라지 말라 나는 네 하나님이 됨이니라 내가 너를 굳세게 하리라 참으로 너를 도와주리라 참으로 나의 의로운 오른손으로 너를 붙들리라"는 말씀을 주셨다. 이 주님의 말씀을 들으면서 요동치던 마음이 잔잔하게 되었고 순종하겠다고 기도하게 되었다. 그 이후로 A국에 살았던 5년 동안 2007년 7월 한국인 피랍사건으로 인하여 한국 정부에 의하여 강제로 그 땅을 떠나야 했던 2007년 8월 30일까지 한 번도 두

려움을 느끼지 않았다. 약속하신 주님께서 함께 하심을 알았기 때문이다.

A국에 있었을 때의 가장 어려운 점은 그곳에서 겨울을 지내는 것이었다. 특히 허 선교사는 더위는 견딜 수 있어도 추위를 견디기 어려워하는 체질인데 K지역은 겨울에 영하 20도로 내려가는 데 전기가 없고 난방시설도 없어서 추웠다. 나무로 난로 불을 피우는데 나무도 귀하기에 조금씩 사용해야 하며, 밤에 자기 전에 한두 시간 불을 피워서 실내를 따뜻하게 하여 잠을 자는데 새벽에는 추워서 깨어났다. 실내와 실외의 기온 차이가 별로 나지 않았다. 그 외의 시간에는 옷을 두껍게 입고 실내에서도 모자를 쓰고 생활해야 했다. 눈이 내리기 시작하고 날씨가 추워지면 우물에서 발전기로 물을 올려서 물을 이용하는데 파이프도 다 얼기 때문에 물을 구할 수도 없어서 식수와 생활용수를 위해 눈을 퍼 와서 녹여서 사용하는 등 가장 기본적인 것을 구하기도 어려워 겨울을 넘기는 것이 가장 큰 어려움이었다. 허 선교사는 주님이 원하신다는 확신이 들면 새로운 길이나 어떠한 어려움이 있어도 추진해 나가는 추진력이 있고 환경이나 사람들의 반응에 그렇게 요동하지 않는 강인함이 있다.

주님께서 그에게 A국으로 가라고 말씀하신 이후에 기도할 때마다 놀라운 사랑을 부어 주셨다. "상처받고 병들고 가난하고 외롭고 소외된 내 양을 치라"고 하셨다. 허 선교사는 어떻게 해야 할지를 몰랐지만 그렇게 하겠다고 대답했다. 상처받고 병들고 가난하고 외롭고 소외된 주님의 양들을 쳐야 한다는 주님으로부터의 이 사명이 늘 그를 따라 다녔다. 아프카니스탄에 도착하였을 때 그땅에서 가장 소외 받고 있는 사람들은 여성들과 아이들이었다. 특히 허 선교사는 여인들을 향한 마음이 있었기에 5년 동안 대학에서 여성교수, 여성직원들을 대상으로 계몽하는 교육에 집중하였고, 여학생들을 대상으로 직접 상담을 하면서 그들의 고통을 함께 나누는 사역을 했다. 그가 만나는 여학생들에게 그들이 그 나라의 희망이라고 용기를 주었다. 여학생들이 자신들만 변화되어서는 안된다고, 남학생들의 사고가 바뀌어야 한다고 강조하였는데 나중에 남학생들이 자신들을 위하여도 세미나를 열어 줄 것을 부탁하여 리더십 세미나를 진행하였다. 300여 명의 학생들이 새로운 가르침에 도전받고 더 훈련 받고 싶어 하는 모습을 보았다. 이 사역 기간 동안에 병원팀과의 협력사역을 통해 주님 앞에 돌아온 남학생들이 많이 있었다. 이들이 지금은 자신의 일터에서 소리 없이 주님을 섬기고 있지만 훗날에 이들이 이 땅을 변화시키는 주역이 될 것을 소망한다.

그의 가정을 방문하는 현지인 자매들이 많다. 대부분 가난하고 과부된 여인들이다. 이들에게 복음을 구체적으로 나누기도 하고 함께 말씀으로 교제하고 기도하는 영적 사역도 한다. 성경공부와 같은 제자훈련 사역도 하여 한 자매를 그 곳의 여성 신자들의 모임에서 중추적인 역할을 하는 자매로 가정교회를 귀하게 섬기는 사람으로 세웠다.

허 선교사는 A국에 가기 전에 현지의 K대학에서 언어를 배우면 좋겠다는 생각을 했다. 그곳에서 언어를 배우면서 학생들과 교수들과 관계를 맺고 복음을 전하면 훗날에 그들이 그 땅의 지도자가 되고 영향을 줄 것이라는 생각을 갖게 되었다. 하나님은 그의 생각보다 훨씬 높게 그로 하여금 대학에서 일하게 하셨다. 대학 안에 병원을 열어 학생, 교수, 교직원들에게 의료를 제공하는 NGO에 들어가게 되었다. 그 가운데 상담이 필요한 여성 분들이 있었기 때문이다. 첫 1년은 학교의 요청으로 학교의 14개 단과대학의 학장, 부학장, 교수들에게 영어를 가르쳤다. 그리고 여성 직원들에게도 영어를 가르치는 일을 하게 되었고 1년 뒤에 그곳의 언어로 의사소통이 가능했을 때부터 여성 상담실에서 여학생들과 설문지 조사를 통해 개인 상담을 하게 되었다. 상담을 하면서 많은 필요들을 보고 2005년 3월 여성교수, 여성직원들을 대상으로 하는 상담과 가정세미나를 열었다.

2006년 6월에는 여학생들을 대상으로 상담세미나를 열었다. 많은 남학생들이 자신들을 위해서도 세미나를 열어 줄 것을 부탁해서 2006년 가을에 리더십 세미나를 열었고 2007년에 세 번의 세미나를 열었다. 그가 떠나왔던 2007년 8월 말까지 9월 초에 있을 세미나 준비를 하고 떠나오게 되었다. 그가 A국에 가기 전에 2002년 8월에 약속하셨던 이사야 58장 11~12절 "네게서 날 자들이 오래 황폐된 곳들을 다시 세울 것이며 너는 역대의 파괴된 기초를 쌓으리니 너를 일컬어 무너진 데를 수보하는 자라 할 것이며 길을 수축하여 거할 곳이 되게 하는 자라 하리라" 는 말씀을 이루시는 것을 보았다.

후배 선교 헌신자에게 허 선교사가 하고 싶은 말은 선교는 주님과의 관계라는 것이다. 주님과 우리의 관계로 인한 그 주님의 사랑에 강권되어 주님을 모르는 영혼들을 향하여 나아가게 되고, 주님이 보내시는 그 땅에서 주님 때문에 그곳에서 만나는 영혼들과 동역자들을 사랑하며 섬기는 것이 선교사의 삶인 것이다. 우리의 사역대상은 선교지의 영혼이 아니고 주님이시다. 눈에 보이는 열매에 급급하지 말고 주님에게 초점을 맞추기를 바란다. 사람들이 몰라주어도 주님이 아시면 그것으로 족하다. 우리가 주님의 사랑에 충만히 잠겨 있을 때 우리의 육신의 힘으로는 사랑하기 어려운 영혼들도 긍휼히 여길 수 있고 사랑할 수 있을 것이고 주님은 우리에게 영혼들을 붙여 주실 것이다.

예수 그리스도가 그의 믿음의 대상이다. 예수 그리스도의 십자가에서의 죽음과 부활, 누구든지 이 예수 그리스도를 믿는 자는 죄에서 용서받고 하나님의 자녀되고 성령께서 거하심으로 하나님의 자녀로 인치시고 우리를 죽을 때까지 인도해 가신다. 이것이 그가 전하는 메시지이다.

권경숙[48]

- ◆ 선교지 도착 및 사역년도 : 1994년 11월 27일~ 2009년 현재
- ◆ 파송교단 또는 단체 : 대한예수교장로회(통합)
- ◆ 선교사역지 : 아프리카 모리타니아
- ◆ 주요사역 : 교회개척
- ◆ 가족사항 : 1남

권경숙 선교사는 모태 신앙이며, 부모님은 중고등학교 설립자로 기도와 믿음으로 본을 보여주셨다. 어려서부터 동네 아이들에게 찬양과 율동을 가르쳤으며 사람들이 어린 권 선교사를 지칭하여 전도부인이라 하였다.

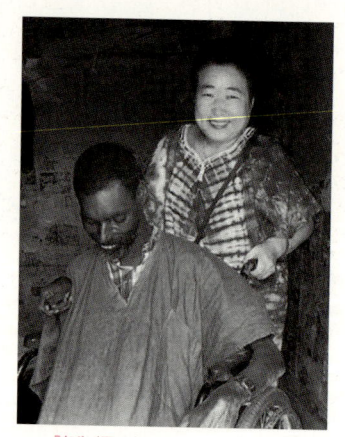

휠체어를 기증하는 권경숙 선교사

선교에 헌신하게 된 동기는 고등학교 시절 남녀공학을 다녔는데 그때 함께 대학입시를 준비하던 친구 두 명과 함께 대학을 졸업하면 선교사가 되기로 약속을 하였기 때문이다. 하지만 오랜 세월동안 잊고 살았다. 모리타니아는 아프리카 북서부에 3백 3십만 명이 사는 나라이다. 우연히 아프리카를 여행하는 첫 관문에서 만난 나라가 모리타니아이다. 비행기 안에서 바라본 모리타니아는 풀 한 포기 없는 사막으로만 보였고 공항에 처음 도착하자 맨발의 사람들이 많이 보였다. "하나님, 이곳에도 사람이 살고 있습니까? 만약 살고 있다면 하나님의 생명을 위해 살겠습니

다"라고 기도하였다. 이곳을 열흘간 돌아보고 이 짧은 기도를 통해 비행장 안에서 본 그곳의 사람들을 보며 약속을 지키겠다 다짐하고 한국에 돌아와서 전임전도사로 사역하던 광주의 방림교회에 사표를 내고 선교사 훈련에 들어갔다. 그 후 다시 모리타니아에 돌아와 언어를 배웠다.

모리타니아는 서부아프리카에 위치한 사하라 사막으로 종교적으로 이슬람이 천년동안 지배한 국가이기에 복음을 전하기에 어렵다. 모리타니아와 인접한 모로코, 세네갈, 말리에는 선교사들이 활동을 하지만 모리타니아에는 별로 없고 혹 들어왔다가도 몇 주일 견디지 못하고 떠나는 국가이다. 불어권에서도 너무나 열악하고 현지인들은 아랍어와 불어 그리고 아프리카 부족 언어 등을 사용한다. 프랑스령들은 비교적 프랑스의 영적 상태와 거의 대동 소위 함을 부인할 수 없다.

권 선교사는 1994년 그곳에 도착, 현지인 28명을 모아서 선교를 시작하였지만 매우 어려움이 많았다. 경찰이 3년간 따라다니며 감시를 시작했고 지금까지도 여러 차례 불려 다니고 갇히기도 하였으며, 또한 경찰은 예배드리고 가는 성도들을 연행해 고문도 하고 다른 지역으로 이송 조치를 하기도 하였다. 권 선교사도 자주 경찰에 불려가는 어려움이 있었고 1999년 5월에는 교회에 경찰이 들어와 교회를 부수고 3살짜리 아들과 함께 연행되어 많은 고문을 받았다.

1997년에 남편이 현지에서 선장으로 일하다가 순직을 했다. 그때 그에게는 슬하에 18개월 된 아들이 있었다. 당시 권 선교사 부부는 자비량 선교사였다. 아무도 황무지의 땅, 척박한 땅을 돌아보는 사람도, 교회도 없었다. 남편이 순직한 후 아들을 업고 흑인 교우들에게 농사를 가르쳐 사막의 땅 2천 5백 평을 빌려서 개간을 시작했다. 할 일이 없는 사람들을 데려다가 물탱크를 만들고 땅을 파서 농장을 시작했다. 토마토 모종을 심고 수박을 심고 한 번도 농사를 해 본적이 없는 선교사는 책을 보면서 열심히 개간을 했다. 토마토 모종을 심어 놓으면 저녁에 사하라의 모래 바람이 불어와 다 꺾어버렸다. 자라면 새들이 와서 갉아먹어 버렸다. 다시 모종을 심기를 반복, 이런 일을 11번, 12번까지 했다. 그때 그곳은 땅이 척박해서 모든 야채 과일이 100% 스페인에서 수입하여 사용하는 곳이었다. 권 선교사는 야채를 재배하여 빈민가에 헐값으로 나누어 주기 시작했다. 물을 얻기 위하여 10m까지 땅을 파도 물이 나오지 않아 포기하는 사람들에게 1m만 더 파보라고 권고하여 물이 펑펑 쏟아져 나와 감격한 적도 있다.

축구공과 배구공 50개를 들고 7km를 걸어 빈민촌을 향했다. 애들은 처음 보는 공을 보고 좋아했다. 그렇게 일주일간을 다녔다. 그런데 현지인 청년이 "왜 이런 일을 동양 여자가 하는가? 아이들의 눈과 가슴을 바꾸어 크리스천으로 만들려고 하고 있다"라고 소리치며 이 여자는 죽어서 나가야 한다고 말했다. 심지어 좋아하던 아이들이 돌을 들고 그를 치기 시작했다. 돌에 맞기 시작했다. 온몸에 피가 흘렀다. 그때 주님이 얼마나 아프셨나? 돌에 맞으신 그 주님을 생각했다. 아무도 도울 자가 없었는데 한 동네 청년이 달려왔다. 사람들은 알라가 미친 놈을 통해 심판하러 보냈다고 말했다. 그런데 그에게 다가온 청년은 도와주겠다고 귀에 속삭였다. 살아서 나온 후, 7일간 피오줌을 쌌다. "한 번 죽지 두 번 죽지 않는다"라는 자세로 다시 방문을 시작했는데, 그들은 그를 손님으로 봐주게 되었다.

16살 된 현지인 아이가 권 선교사를 알아보고 차 한 잔을 하자고 했다. 그가 가진 책 속에 있는 것을 가르쳐 달라고 했다. 그가 가진 모든 언어로 예수 그리스도를 전하고 아이에게 찬송가를 영어로 가르쳐 주었다. 두 달을 가르치니 가슴이 울렁거려서 그 노래가 무엇인지 알고 싶다고 하여 이것은 하나님을 찬양하는 노래라고 했다. 그리고 그 아이는 예수님을 영접했다. 그 아이는 나중에 목사가 되었다.

권 선교사는 교회를 세워 달라고 기도했다. 30일간 금식 하며 "하나님 내가 순종하겠습니다"라고 기도한 후 교회를 세우기로 했다. 교회가 세워진다는 소식을 듣고 교인을 잡아가기 위해 경찰차가 왔다. 그러나 하나님은 다 알고 계셨다. 사하라 사막을 지키던 유엔군이 교회가 생긴다는 소식을 듣고 와서 3개월간 교회를 지켜주었다. 하나님의 교회는 결코 무너지지 않는다. 37명의 교인을 체크한 경찰은 새벽 3시에 전부 잡아갔다. 그날 새벽기도회에 아무도 나오지 않았다. 나중에 교인 한 명이 와서 다 잡아갔다는 소식을 전했다. 경찰은 교인들에게 빵 3개 물 2병을 주고 사막에 버리기도 했지만 그들은 3개월 만에 모두 돌아왔다. 핍박의 땅에 일곱 교회가 개척되었고, 무슬림을 합해 3백여 명의 사람이 세례를 받았다.

2006년 6월 26일 미국의 어느 한인교회가 자원하여 사역 14년째에 그곳에 황무지에 장미꽃이 피어나는 것을 보게 되었다. 그날 조그마한 건물을 건축하고 헌당예배를 드리게 된 것이다. 사실 남편이 순직하고 혼자서 사역을 계속할 때에 아무도 위로해 주지 않았고 이웃 한인교회와 한인들도 냉정하게 대했다. 하지만 어려울 때마다 그의 도움을 받게 된 한인들이 헌당식에도 찾아오게 되었다.

권 선교사는 누아디부 시에서 운영하는 장애자 사역을 1주일에 두 차례씩 지원해 주고 있다. 사실 정부에서도 방치해 둔 시설이나 다름없는 곳이다. 이제는 30만 정도 인구의 시민들로부터 존경을 받는 마담(Madam)으로 그 명성이 알려졌다. 아무도 찾지 않는 사하라 사막에 파리 장로교회에서는 해마다 단기 선교 요원들을 인솔하여 영적 훈련과 세례식을 집례하며 그를 도우며, 큰 힘이 되어 주고 있다. 1995년부터 2006년까지 총

257명 남성 195명과 여성 62명이 세례를 받았으며 이 중 무슬림들이 83명이었으며 현지인은 23명이 은혜를 받았다.

모리타니아 사역은 매우 단순하면서도 분명하다. 직장을 찾아 동분서주하는 난민들, 즉 주변국에서 찾아온 실업자들을 상대로 교회를 개척하고 예배를 드리도록 하는 것이다. 현지인들에게 알려지면 바로 제재를 받고 끌려가게 된다. 밖으로 전도 활동은 못하지만 인정된 건물 안에서는 외국인의 종교 활동을 묵인해 주어, 예배를 드리고 있으며 물론 현지 무슬림들도 몰래 지하교회를 운영하고 있다. 교인들의 구성은 가나, 토고, 코티아부르, 기니, 카메룬, 기니비사우, 콩고, 나이제리아, 나이베리아, 세네갈, 말리에서 온 형제, 자매들이다. 영어, 불어, 포루투갈어를 사용하며, 예배 시에는 영어를 사용한다. '살아있는 예배가 선교사역의 중심'이라 여기고 있으며, 성도들은 주일 150명, 새벽에는 평균 30여 명이 참석하고 있다.

사역 13년 후 아름다운 열매를 맺고 있으며, 많은 성도들이 회개하고 변하여 새사람이 되어 본국으로 돌아가기도 하고, 현지에서 직장을 얻어 열심히 아르바이트 및 노동도 하며 철저한 교회생활을

권경숙 선교사(사역지에서)

하고 있다. 그들은 십일조 생활, 주일성수, 기도생활 중심으로 발전하였으며, 그들 중에는 모로코와 스페인 등 다른 나라로 이동하게 되어 일을

하는 경우도 있다. 그들은 가는 곳마다 예배를 드리기 위하여 주일에 예배 처소를 정하고 주일을 지키기 시작하였으며, 모리타니아 누아디부를 어머니 교회로 하여 선교의 본부로 하는 가지 교회들이 생겨나기 시작했다. 수도 누악쇼트, 스페인에 세 개의 교회, 모로코에 한 개의 교회가 그를 영적 어머니로 여기고 도움을 요청하며 자립해 나가고 있다.

권 선교사는 국기원으로부터 태권도 2단 자격을 얻고 청소년 문화원으로부터 태권도 사역을 하고 있으며, 또한 정부로 부터 인정을 받아 시장의 임명으로 장애자센터의 책임자가 되어, 530명의 장애인들을 돌보며 사회복지부 지원으로 파송된 직원과 함께 이 지역의 장애인센터를 운영해 가고 있다. 또한 교도소의 수감자들에게 매주 우유죽과 빵을 지원함으로써 주지사로부터 공로장을 받았다.

주님의 지상명령인 사도행전 1장 4절 "예루살렘을 떠나지 말고 내게 들은 바 아버지의 약속하신 것을 기다리라" 는 말씀대로 살아있는 예배를 드리려 한다. 하나님 중심, 교회중심, 주일중심 생활을 하고 있다. 아침이면 이슬람의 모스크에서 확성기로 기도 소리를 크게 울린다. 만약 한국에서 아침 일찍 그렇게 울려댄다면 무슨 무슨 침해하며 난리가 날 터인데, 그 곳에선 하루 다섯 번 일제히 울려 대는 꾸란 소리에 누구도 화내는 일이 없다. 요즈음 그의 교회는 어려운 일을 만나고 있다. 이 동네에 아랍 성경책이 돌아다닌다고 하며 교회로 쳐들어오겠다는 경고를 받았다. 하지만 예배하는 일을 쉬지 않을 것이다. 요즘은 유난히도 모스크의 기도소리가 더 커져 가고 있다.

권 선교사 자신의 강점이자 약점은 하나님만 바라보는 믿음이다. 장래 계획이나 희망사항은 모든 사역이 현지인들을 통해 진행 될 수 있도록 제자양육과 이들의 자립을 위한 자립심을 키워 주는 것이다. 권 선교사의 사역과 삶이 현지인에게 미치는 영향은 교회와 사회복지사역을 통해 이들 속에 엄마와 같은 신뢰감이 돈독하여 어려운 일에 처해 있을 때 모두가 달려와 함께 돕고 나누는 은혜가 있는 것이다.

후배 선교 헌신자에게 권 선교사가 나누고 싶은 말은 자신이 가지고 있는 달란트로 내가 한다는 생각을 내려놓고 이 모든 것을 주님께 맡기고 주님이 하시도록 내어드리는 섬김의 겸손함을 잃지 말라는 것이다. 그의 신학 사상은 예수 그리스도 중심이다.

강릴리아스(본명 강ㅁㅈ)[49]

- ◆ **선교지 도착 및 사역년도** : 1995년 10월 15일~ 2009년 현재
- ◆ **파송교단 또는 단체** : 1차 1995년~1997년, 한국 오엠국제선교회
  2차 1999년~2009년 현재, 한국기독교 침례회해외선교회
- ◆ **선교사역지** : 아시아 K국
- ◆ **주요사역** : 제자훈련

강릴리아스 선교사

강릴리아스 선교사는 부모님과 두 오빠가 있는 가정의 막내로 사랑을 받으며 성장하였다. 그러나 십대에는 부모님 간의 불화로 인해 내적 두려움을 가지고 성장하게 되었다. 강 선교사는 초등학교 6학년 13세에 시골에서 대전으로 전학하여 혼자 하숙하며 도시생활을 시작하였다. 부모님의 불화로 내적으로 우울한 면을 가지고 있기는 했지만, 부모로부터 긍정적인 말을 들으며 성

장하여 친구들과의 관계에 있어 밝고 긍정적인 삶의 태도를 가진 명랑한 소녀였다.

강 선교사의 아버지 쪽은 신앙을 가진 집안이어서 어릴 적부터 교회와 신앙을 자연스럽게 접촉하였다. 1978년 중학교 3학년 때에 고입시험을 마친 다음 주부터 친구가 다니던 교회를 본격적으로 다니며 신앙생활을 시작하게 되었다. 1979년 2월에 교회학교 성경공부 선생님이 보여준 사영리 책자를 통해 복음을 구체적으로 듣고 예수님을 영접하게 되었고 그 후에 침례를 받았다. 예수님을 영접한 이후 첫 번째 변화로서 그의 삶의 중심이 교회가 되었다. 중학교 3학년 겨울부터 삶의 중심, 친구들과의 행사 등 모든 것이 교회 중심의 삶으로 바뀌게 되었다.

선교에 헌신하게 된 동기는 1985년 대학교 1학년 때 의미 있는 삶을 살기 위하여 철학책들을 읽으며 갈망하고 고민하는 가운데 대학교 잔디 위에서 인간을 인식하지 못하고 열심히 사는 개미를 관찰하는 중에 깨달음이 임했다. 사람이 자신만을 위해 사는 삶이라면 동물적인 삶과 다름이 없음을 깨닫게 되었다. 인생이 영원을 향해 계획되어 있다면, 영원에 까지 영향을 미치는 진리를 위해 사는 것이 가장 의미 있는 것이라고 깨닫게 되었다.

즉 강 선교사가 믿는 예수님이 진리라면, 그 진리가 온 열방의 진리여야 하고, 그 진리를 모르는 사람에 대한 책임이 그 자신에게 있다는 것을 깨달으면서, 예수님처럼 다른 민족 가운데 심장을 터트리는 그 일이야 말로, 가장 의미 있는, 영원에 영향을 미치는 일인 것을 깨닫고 헌신하게 되었다. 마태복음 24장 24절에 "이 천국복음이 온 천하에 전파된 후에 예수님이 오신다"는 그 말씀을 부르심의 말씀으로 깨닫게 되었고, 이런 개인적인 헌신의 일이 있은 후, 1988년 '선교한국 1회 대회'에서 허드슨 테일러 3세의 선교헌신 초청에 공식적으로 응하였다.

강 선교사는 선교사로 나가기 전에 대학교 졸업 후 국내에서 4개월 동안 고등학교 지구과학 임시 교사를 하였다. 그 후 교회 대학부 소속 캠퍼스사역(SCM) 간사 5년, 침례신학대학원(M. Div.) 재학시 성경번역선교회(GBT) 간사로 대전지부 개척 사역을 2년 동안 하였다.

선교지에서 그는 자신의 연약함이나 패배감을 극복했다기 보다는 성숙해 가면서 회복되는 경험들을 많이 하였다. 선교지에 도착한 후 현지인과의 관계에서, 그들의 무책임함과 성실하지 못함으로 인하여 그들을 더 이상 감당할 수 없어 포기하고 싶은 절망감과 연약함 가운데 강 선교사는 "나는 더 이상 할 수 없겠습니다"라고 고백하며 눈물 흘릴 때 내면에서 성령께서 "너의 눈물을 대가로 치룰 만큼이나 그들이 내게 소중하다"라고 말씀하심으로 인해, 힘을 얻고 다시 위기와 한계를 극복하기도 하였다.

사역지에서 어려운 점은 정상적인 의사소통과 이해가 가능하지 않은 상처투성이의 젊은 남자아이들이다. 그들은 신앙공동체에 있기를 원해서 모인다. 그러나 신앙의 성숙이나 발전은 보이지 않고, 때로는 나쁜 영향을 미치는 경우도 간혹 있다. 그저 사랑만을 바라고 계속 오는 아이들이다. 이들은 어른의 권위에 대한 반발심과 강한 저항감이 있어서 리더인 그와 관계하는 것에도 어려워하고, 어떠한 권위도 허락하지 않는다. 늘 젊은이들과 어울리기 위해 오는 이 아이들로 인해 어려움을 겪는다. 기본적인 어른의 권위를 인정하지 않는 이 아이들을 어떻게 도와야 할지, 어떻게 관계해야 할지 모르는 것이 현재 가장 어려운 점이다.

그의 사역적인 강점은 개척적인 사역을 한다는 것이며, 맡겨진 일에 성실하게 불평 없이 끝까지 충성한다는 것이다. 그는 긍정적이고, 지도자를 키우는 것에 가장 큰 비중을 둔다. 그에게 맡겨진 사람은 다 지도자로 키우고자 하는 기대와 열망으로 얼마간 시간이 걸리더라도 각 사람에게 맞춤으로 멘토링한다. 현재 9년째 멘토링하는 제자가 있으며 그는 2008년에 신학교를 졸업했다. 그의 약점은 사람을 키우는 데 첫 몇 년은 어린아이처럼 키우다가 수년이 흐른 후에는 청년처럼 행동하기를 기대하는 이상적인 높은 기대치를 갖고 있다고 고백하였다.

또한 강 선교사는 그의 말을 듣는 자들을 양이라 생각하고 그들을 집중적으로 키운다. 그러나 그의 말을 듣지 않는 사람은 키우고자 하지 않거나 잘라 내지도 않는다. 즉 그의 양이라고 보지 않고 놔둔다. 공동체나 그에게 등 돌리고 떠난 사람이나 욕하고 떠난 사람들을 돌이키고자 마지막으로 만나기는 하지만 그들을 얻고자, 달래려고 노력하지는 않는다.

현재 사역하는 샤틀릭 위민족 공동체가 현지인들이 모든 것을 직접 사역하는 공동체가 되는 것이다. 그것을 위해서 현지 사역자들을 말씀 사역자로 키우는 것이 장래계획이고 그의 소원이다. 이 공동체에서 주님의 일꾼들을 다시 열방으로 내어보내는 일들을 보는 것이 그의 꿈이다. 그와 함께 새로운 곳으로 갈 사람도 생기길 바라고, 또 그들의 새로운 사역지에 그가 도우미로 가기도 원한다.

강 선교사의 삶과 사역의 가장 핵심적인 면은 현지 지도자들을 양성하는 것이다. 샤틀릭 공동체를 개척하고, 현지인들이 자라나 그들이 스스로 공동체를 이끌고 앞으로의 사역을 감당할 수 있는 지도자로 키우는 일이다. 멘토링이 그의 주된 일이다. 이것은 매주의 만남과 격려가 포함된다. 그리고 현재는 현지인들과 번갈아 주일설교를 하며 새롭게 주님을 만난 형제들과 부부들을 양육한다.

현지인에게 강 선교사의 삶이나 사역이 미치는 영향은 매우 크다. 현재 개척한 공동체 사람들과 알고 지낸지가 9년째이다. 그들의 아이들이 자라서 십대가 되었다. 그들과 지난 10년 동안 삶을 같이 했다. 어려운 여인들을 돕고 신앙공동체가 개척된 지금, 여인들은 나이에 상관없이 그를 영적 어미라고 생각하고, 영적권위자로 여긴다. 성장하는 젊은이들은 외부에 나가서는 그를 신앙공동체 지도자라고 부르기를 서슴지 않는다. 그러나 어른들 가운데서는 그러한 호칭도 필요 없다. 그들은 아직도 그의 이름을 아무 호칭 없이 부른다. 그들은 삶의 전반에 대해 상담을 해오고, 아주 은밀한 일까지도 상담한다.

후배 선교 헌신자에게 강 선교사가 하고 싶은 말은 십자가에서 돌아가신 예수님만으로 기억하지 말고, 부활하시고 성령님을 통해 살아서 역사하시는 분임을 깊이 경험하는 삶을 살라는 것이다. 예수님을 사랑하는 자로 성령의 충만과 그 비밀을 아는 능력의 사람으로 준비되어야 한다.

강 선교사는 성령의 역사가 초대교회에서 끝났다고 믿지 않고, 그 역사가 여전히 계속된다고 믿는다. 사도행전의 역사가 이 순간에도 예수 그리스도를 믿고, 성령을 받은 사람들로 인해 계속된다고 믿는다. 지금은 마지막 때이고, 어두움의 일들이 더 강해지고 있는 이 시대에 성령의 역사도 더 강하게 일어난다고 믿는다. 현대의 선교는 최신장비, 최고의 모든 기술이나 정보력만이 아니라, 기도와 아버지의 마음(긍휼)과 성령의 능력으로 해야 한다고 믿는다. 그는 성령의 모든 은사들이 더 강하고 활발하게 이 시대에 일어나고 있고, 더 일어나야 한다고 믿는다. 아버지이신 하나님, 성육신 하신 예수님과 그의 부활로 인해 주어진 성령의 선물 그리고 그 성령으로 인해 이루어지는 교회의 역사를 믿고 이 마지막 때에 더욱 기대하고 있다.

선인장(본명 ㄱㅅㄹ)⁵⁰⁾

◆ 선교지 도착 및 사역년도 : 1996년 9월~ 2009년 현재
◆ 파송교단 또는 단체 : 한국 오엠국제선교회
◆ 선교사역지 : 중동
◆ 주요사역 : ㄱㅎ 개척, 어린이 사역 및 현지인 훈련

선인장선교사

선인장 선교사의 형제로는 언니와 동생이 있다. 부모님께서는 젊은 시절 기독교에 대해 알게 되었지만, 사업하시면서 교회를 점점 멀리 하게 되었다. 중년이 되시어 교제를 위해 교회를 다시 나가시던 아버지와 어머니는 자녀들에게 교회 나가는 것을 권장하시게 되어 선 선교사는 어려서부터 교회를 다니게 되었다.

그는 중학교 수련회에서 예수님을 영접하고, 잘못하면 하나님이 벌주실 것을 알고, 필요할 때 기도하며 교회를 다녔다. 그러나 대학에 들어간 후에는 써클 활동과 여러 다른 활동들이 주말에 집중되면서, 맡고 있었던 주일학교와 성가대 일들에 소홀해지기 시작했다. 특히, 아이들에게 예수님에 대해서 가르쳐야 했을 때, 그는 본인 스스로가 제대로 알지 못하는 예수님을 가르쳐야 한다는 것이 힘들었다.

중학교 때 예수님을 영접했지만 성경말씀을 읽지 않고 믿음의 뿌리를 깊이 내리지 못하였기 때문에 예수님의 존재에 대해서, 기독교에 대해서 확신하지 못했다. 그러던 중에 그는 하나님이 계시다면 세상이 이렇게 불

공평하지 않을 거라며 교회에 가지 않았다.

대학 4학년 취업을 앞두고, 대기업이나 웬만한 공채에 시험을 치르려고 하는데, 여자라는 이유로 원서조차 낼 수 없었을 때, 전에 가졌던 생각들이 선 선교사를 다시 괴롭히기 시작했다. 외모와 문벌이 좋은 사람들은 하나 둘 좋은 직장에 들어가거나, 좋은 곳에 결혼을 하기 시작했으나 꼭 실력이 전부는 아닌 것 같았다.

선 선교사는 진리에 대해 갈급해져갔다. 왜 세상은 불공평하며 진리란 무엇일까? 하는 질문이 꼬리를 물고 일어나기 시작했다. 그러한 질문을 계속하고 있는 상태에서 졸업 후 그는 외국인 회사에 취업을 하게 되었다. 그곳에 믿는 사람들이 성경공부를 하고 있었다. 그 모임에 참여도 해 보고, 보편적인 세상 사람들이 말하는 진리를 알아보고자 사랑의 교회에 나가게 되었다. 92년 여름날 저녁 퇴근하는 버스에서, 한 말씀이 생생하게 그의 마음을 꽉 채우는 것을 경험했다. "수고하고 무거운 짐진 자들아! 다 내게로 오라"(마 11:28). 존재의 밑바닥에서 퍼져 나와 온몸을 가득 채우는 그 말씀이 어찌나 감동적으로 다가오는지, 그는 만원버스 안에서 눈물이 쏟아지는 것을 막을 수가 없었다.

예수님을 믿고 난 후 그의 삶에는 성경 말씀이 생생하게 살아있었고, 성경을 읽는 것이 꿀맛 같았다. 교회에서 가는 섬 전도여행에도 동참하였고, 전도폭발훈련과 청년부의 제자훈련도 받게 되었다. 매일의 직장생활과 성경묵상과 주말 성경공부, 예배, 훈련 그리고 삶의 비전을 위해 기도하는 시간도 갖게 되었다. 아침부터 밤까지, 월요일부터 주일 밤까지 매일의 시간들이 새로워지고, 믿는 사람들과의 교제와 교회에서의 섬김, 성장을 위한 훈련으로 그의 시간들은 채워졌다. 청년부와 전도폭발훈련의 리더를 맡는 등 신나게 신앙생활을 하며 살았다.

그는 어떻게 사는 것이 가치 있는 삶인가를 놓고 고민하며, 기도하면서, 친구의 권유를 받게 되어 전문인 선교사 훈련을 받게 되었다. 그는 다른 선교사의 후원관리를 하고 있었는데, 선교에 대해 너무 모를 뿐만 아니라 피하기만 했었던 터였다. '이왕 선교사를 도우려면 제대로 하자'라는 생각에 전문인 선교사훈련에 참여하게 되었던 것이다.

선교훈련에서 책을 많이 읽게 하였는데, 처음 읽었던 책이『선교사가 되려면』이었다. 선교는 준비되어진 자, 선택받은 자가 하는 것이라 생각했었는데, 그 책은 믿는 사람이라면 누구나 선교를 할 수 있다는 것과 알지 못하는 사이에 교회를 통해 준비되어 있는 것에 대해 도전을 받게 되었다. 이후에 이어지는 강의들과 묵상을 하면서 세상의 필요들을 보게 되었다. 늘 세상이 불공평하다는 생각이 있었지만 복음은 그 불균형의 대명사인 것을 알게 되었다. 선교사의 70%와 선교 재정의 80%가 이미 교회가 있는 지역에 있고, 교회가 없는 지역은 전 세계의 80%가 넘는데도 선교사와 재정의 분배에 있어서 절대적으로 불균형을 이루는 것을 보게 되면서, 내가 무엇을 할 것인가를 묻기 시작하였다.

선교사로 나가기 전에 그는 국내에서 외국 바이어들이 한국, 중국, 방글라데시, 인도, 인도네시아 등에 와서 자신들이 운영하는 유럽과 북미 백화점 체인에 필요한 물품을 구매하는 데 필요한 일을 도와주는 한국지사에서 4년 반 동안 일했다. 교회에서는 청년부 성경공부 리더, 교육분과와 전도폭발 훈련자로 섬겼다. 그리고 선교지로 가게 되었다.

중동에서의 첫 임기 2년은 그 자신이 어떤 사람인지를 잘 볼 수 있는 기회가 되었다. 오엠 사역의 특징은 다문화 속에서 공동체 생활을 통해, 인격과 인간관계면을 잘 훈련받을 수 있는 것이다. 여기에 중동이라는 문화와 언어는 그 훈련을 더 잘 받게 해줄 수 있는 큰 시험대가 되었다. 영어로

의사소통을 해야 할 뿐 아니라 새로운 언어를 하나 더 배우고, 다문화 속에서 다른 점을 수용하고, 개발해야 했다. 또한 새로운 언어의 개발이 사역의 양과 질을 결정한다는 생각에 조급함과 비교의식과 열등감이 생기기 쉬웠다. 하나님은 그가 하나님의 뜻에 쓰이기에 합당하도록 다시 만들어가고, 다듬어가고, 성장하는 데 관심이 있었는데, 자신은 겉으로 보이는 것을 이루려고 많은 노력을 하면서, 그 기대치에 미치지 못했을 때 더 좌절하고, 실망했었다. 그 실패감을 극복하는 데 오엠의 리더들과 한국의 상담가들이 많은 시간을 쏟으며 격려해주었다. 그 패배감이 지금의 그를 만들었고, 그러한 경험을 통해 하나님의 더 깊고 온전한 사랑의 풍성함을 맛보아 알게 되었다.

어려운 것은 사람을 세우는 일이다. 교육을 통해 사람들과 접촉하며, 현지 사람들을 세우고자 하는데, 단체 내에서 함께 사역할 사람들을 세우는 것도 시급하고, 국내동역자와 현지동역자를 세우는 것, 믿는 사람들을 키우고 세우는 데 필요한 환경과 여건을 만드는 일이 중동지역에서는 쉽지 않았다. 스스로 원리원칙대로 하려는 것이 그의 강점이자 약점이다. 관용과 사랑, 지혜와 통솔력과 거시적인 안목이 필요하다.

장래계획은 주님이 가라 하시는 곳 어디에서나 누구든 섬길 수 있기를 기도하고 있다. 또한 현지인들과 함께 성경을 공부하며, 제자훈련을 할 수 있는 그 날이 오기를 기대하고 있다. 특히 교육사역을 통해 더 많은 아이들이 혜택을 입을 수 있도록 함께 사역할 동료들과 좋은 팀웍과 환경을 만들 수 있게 되는 것이 희망사항이다.

첫 임지였던 'ㅈ'국에서 2년간 언어와 문화적응 외에 우정전도를 통해 사람들을 만나는 것이 그의 주된 사역이었다. 아랍어를 전혀 모르는 경우, 2년의 언어 과정을 마치면, 아랍어를 습득하는 데 자신의 전문영역을 통해 사역을 할 수 있게 된다. 이 시간들을 많은 사람들이 견디지 못하고 중도 탈락하는 경우가 많은데, 어느 외국 선교단체는 이 기간의 성과자체를 보기보단, 그 과정을 통해 이 사람이 아랍지역에서의 사역을 감당할 수 있는지 그 소양을 점검하는 데 더 큰 목적이 있다고 한다.

선교사들은 세상을 변화시키고자 하고, 내가 확신하는 이 믿음을 어떻게 전하지 않을 수 있는가라는 소명을 갖고 오는데, 언어를 배우면서 다시 어린아이와 같이 살아야하고, 결과는 눈에 보이지 않고, 많은 다른 공부나 신학을 했지만 그것을 전할 수 있는 도구인 언어가 부실하면, 아무리 많은 것을 알지라도 전달이 되지 않음을 경험하게 되었다. 즉, 각 사람의 인격이나 태도가 사람들에게 영향을 끼침을 보여주게 된다는 얘기다. 자신이 본국에서 했던 그대로의 삶이 여실히 드러나게 되는데, 공부하던 사람은 공부로, 사업하던 사람은 사업으로, 섬기는 사람은 섬김으로, 말로 사는 사람은 말로, 그래서 자신의 의지나 방식을 철저하게 하나님께 순복하는 과정을 첫 임기에 많이 겪게 되는데, 이 과정을 어떻게 해 나가는지가 중요하다. 이때 배우는 인내심이 메마르고 거칠고 단단한 현지인들의 영적인 밭에 씨를 뿌리면서 그 진가를 발휘하게 된다.

선인장 선교사 사역지
(기독교 유치원 아이)

선 선교사는 언어를 배운 이후에 L국으로 가서 이름도 없는 베두원 마을, 인가 받지 않은 학교에서 브라질 선배 선교사와 같이 일하였다. 아이들은 한겨울에도 콧물을 늘 줄줄 흘리면서 양말도 없이 뛰어다니었다. 겨울잠바 하나 없이 살을 에이는 사막의 겨울바람을 이겨냈다. 이 아이들에게 기독교식의 유치원 교육을 하면서,

그도 함께 베두윈을 배우는 시간을 갖게 되었다. 하나님에 대해서, 예수님에 대해서 가르치고, 기도하고, 성경을 읽어주며, 아이처럼, 그들의 말을 배우고, 생각을 배우고, 누구 누구를 가르치는지 모르게 그렇게 살았다. 그러던 어느 날, 비자를 연장하기 위해 여권관리국에 갔다가, "어디에 사냐? 그곳에서 무엇을 하냐"는 질문에 "자원봉사를 한다. 그 학교에서 아이들 가르친다" 하자, 알았다 하며, 돌아가서 2주 후에 오라는 것이었다. 그런데, 그 2주 후에 사복경찰이 마을에 와서 선 선교사에 대하여 질문을 하니 인가받지 않은 채 학교를 하던 교장이 겁이 났는지, 그를 그 학교에서 일하지 않는다고 거짓을 말하여, 6개월간 여권이 L국 내무부인 경찰서에 들어가 있게 되고, 매 2주마다 경찰서에 출두하게 되었다. 그리고 2주 내에 출국하라는 명령이 떨어져 'ㅈ'으로 돌아왔다.

'ㅈ'에는 이 나라의 원주민들이 살며, 레바논의 베두윈과는 많이 다른 사회적 지위를 가진 사람들이 있는 곳이다. 이미 4년이나 팀으로 사역하고 있는 곳이었다. 현지 마을 유치원 사역으로 베두윈과의 사역에서 많은 것을 배웠던 그는 L국에서 운영했던 유치원 프로그램을 'ㅈ'국에

선인장 선교사 사역지
(기독교 유치원 아이)

도입하고 동참하게 되었다. 현지 사회복지부와 농업부의 적극적인 지원으로 유치원은 해마다 다른 마을로 확장되어갔다. 그는 교육방식을 현지인들이 자체 운영해나기를 원하여, 교사훈련 프로그램을 개발하고, 그 첫 훈련을 2006년 봄에 6주간에 걸쳐서 진행했다. 13명의 훈련생과 2명의 훈련자가 참여하고, 12명이 수료를 했다. 훈련생들 중에는 "이 훈련이 내

인생을 보는 관점을 바꾸었다"고 고백하기도 했다.

한국 사람들은 선교사라는 선입관이 그곳 아랍사람들에게 생기고 있다. 아프간이나 중앙아시아에서 한국인들이 계속 추방당하고 있다. 최근에는 그가 있는 'ㅈ'에서도 그런 일이 일어나고 있다. 사역의 장기적인 안목이나 환경들이 조성될 수 없게 되는 것과 사역자들이 한 곳에 오래 머물 수 없는 것, 그 길이 자꾸 막히는 것과 그러기에 사역자들이 숨죽이며 활발하게 활동할 수 없게 만드는 것이 교회가 없는 지역에서 흔히 볼 수 있는 일이다. 이러한 상황에서 하나님의 뜻을 더 깊이 묵상하고, 지혜와 하나님의 방법에 대한 통찰력과 그것을 실행할 수 있는 수고로 이 난관을 헤쳐 나가야 할 것이다.

선 선교사의 삶이나 사역이 현지인에게 미치는 영향은 삶의 투명성, 사람과 삶에 미치는 영향력이다. 그러한 영향력은 자연스러운 인간관계를 통해 발생한다.

후배 선교 헌신자에게 선 선교사가 하고 싶은 말은 성실함으로 하나님의 뜻을 구하면서 성실하게 주님의 사람으로 살아가도록 권면하고 있다. 하나님의 뜻을 바로 알면, 돌아갈 일도, 남과 비교할 일도 없고, 살아있는 자체로 하나님의 마음을 흡족하게 하며, 기뻐하며 감사하며 살 수 있다.

신사라(본명 ㅅㅅㅇ)[51]

- ◆**선교지 도착 및 사역년도** : 1997년~ 2009년 현재
- ◆**파송교단 또는 단체** : 1차 중동선교회, 2차 한국 대학생선교회 (CCC)
- ◆**선교사역지** : 1차 1997~1999년, 우즈벡키스탄
   2차 2003~2007년, 아시아 A국
   3차 2009년, 아시아 P국
- ◆**주요사역** : 제자훈련, NGO 사역

신사라 선교사는 불신 가정에서 6남매 중 다섯째로 태어났다. 아버지는 엄격하셨고 무신론자였으며 어머니는 많은 제사를 모셔야 하는 며느리로 샤머니즘에 가까운 신앙을 가지고 있었다. 어렸을 때 그가 성장한 마을엔 교회가 없어서 교회를 다닌 적이 없

신사라 선교사(맨 왼쪽)

었지만 고등학교 때 한 번 교회에 갔는데 뜨거운 성령을 경험했다. 그날 밤에 어떻게 아버지께서 아셨는지 다시는 교회에 가지 말라고, 당신의 말을 듣지 않으면 학교에 보내지 않겠다고 엄포를 놓으셔서 그 다음부터는 가지 못했다. 고등학교 2학년 때 학교 친구의 권유로 아버지 몰래 성당을 다니면서 성경을 읽기 시작했고 1989년 고등학교 3학년, 부활절에 세례를 받았으나 인격적으로 주님을 만나지는 못했다.

1990년 신 선교사는 대학교를 인천으로 오면서 부모님을 떠나게 되었고 대학 1학년 2학기 가을에 친구의 전도로 예수님을 믿게 되었고 교회에 출석하게 되었다. 친구는 고교동창으로 신 선교사는 대학 1학년이었고 그 친구는 재수를 하는 중이었다. 그 친구는 신 선교사를 만나기 전에 많이 기도하고 신 선교사를 만나 전도를 하기로 결심하고 나온 것이다. 그날 친구는 신 선교사에게 "행복하니?"라는 질문을 던졌다. 그때 신 선교사는 운동권에 몸 담고 있었고 회의를 느끼고 있었던 때라 그 질문에 대해 "아니, 행복하지 않아"라고 대답했다. 그 친구는 "그런데 난 행복하다"라고 하면서 자신의 간증을 했다. 재수하는 중에 어떤 계기로 살아계신

하나님을 만났는지와 자신이 예전과 비교하여 얼마나 달라졌는지, 공부하는 것이 이제는 더 이상 부담이 아니라 주님이 도와주시고 계셔 너무나 재미있다고 하면서 자신은 앞으로 하나님을 위해 사는 사람이 되고 싶다고 하며 요한복음 1장 12절 "영접하는 자 곧 그 이름을 믿는 자에게는 하나님의 자녀가 되는 권세를 주셨으니"라는 말씀을 가지고 이 땅에서 하나님의 자녀가 갖는 큰 특권에 대해서 말해주었다. 친구는 이번 주부터 교회에 나가라고 신 선교사를 권면하였다. 신 선교사는 올케언니가 다니는 교회에 그 주간부터 출석하면서 신앙생활을 시작하게 되었다.

예수님을 영접하고 난 후부터 신 선교사는 마음에 참 평안을 소유하게 되었다. 그동안 혼란스러웠던 것들이 제자리를 찾아 안정된 모습이 되었고 운동권에 있으면서 기독교인 친구들을 핍박하던 모습에서 오히려 기독교 동아리 활동들과 신우회 모임들을 하면서 신앙이 자라가게 되었다. 대학교 3학년 때부터는 좀 더 많은 것을 배우고 훈련 받고 싶어서 기도하면서 예수전도단에 들어가 제자훈련과 선교훈련을 받고 리더로 섬겼으며 선교에 대한 부르심도 받게 되었다.

선교에 헌신하게 된 동기는 당시 신 선교사가 출석하던 교회의 목사님이 늘 그를 위해 많은 기도를 해 주셨는데 기도가 끝나면 꼭 "하나님이 자매님을 선교사로 부르셨습니다"라는 말씀을 하셨다. 그 말이 그에겐 너무 큰 고민이자 부담이 되었다. 1992년 대학 3학년 여름방학 때 예수전도단 여름 집회에 참석해서 그 부분에 대해 집중적으로 기도하고 "하나님이 인격적인 분이신데 만약 저를 부르셨다면 저에게 직접 말씀하시고 말씀으로 부르심을 확증해 달라"고 간절히 기도했다. 그 집회를 통해서 주님은 초자연적인 방법으로 기도에 응답하셨고 또한 확증해주셨다. 그 이후로는 단 한 번도 부르심에 대해 흔들리거나 고민을 하지 않고 달려올 수 있었다.

　졸업 후 신 선교사는 선교사로 살겠다고 가족들에게 선포했다. 믿지 않는 가족들의 반대에 봉착하게 되었고 주님은 3년이라는 시간 동안 학원 강사로 2년 반 동안을 지내게 하시면서 하나님의 때를 기다리게 하셨다. 어머니는 3년을 제안하시면서 3년이면 그가 직장생활을 한 다음 자연스럽게 결혼을 할 거라 생각하셨다. 그러나 하나님은 이 3년 동안 그를 훈련시키시고 연단시키시며 선교사로 준비시키셨다. 2년 반이 지나자 하나님은 그에게 직장을 그만 둘 것에 대해 말씀하셨다.

　1996년 선교한국을 참석했던 그곳에서 선교지에 나가는 데 필요한 선교단체인 중동선교회를 만나게 되었다. 선교훈련을 받은 동안 이랜드 물류부에서 6개월 동안 아르바이트로 직장생활을 하였다. 1997년 2월에 신 선교사는 2년 동안 우즈베키스탄으로 단기선교를 나가게 되었는데 그때가 정확히 어머니가 제안한 3년이 되던 해였다. 하나님은 3년 동안 그의 가족들의 마음도 준비시켜 주셨다. 믿지 않는 가족들이 그가 선교 나가는 것을 다 찬성하게 해달라고 기도했는데 그 기도응답으로 순적하게 우즈벡키스탄 타쉬켄트에 있는 사범대학 한국어과에서 한국어 강사의 자격으로 가르침을 위해 2년 동안 갈 수 있었다. 그곳에서 보낸 2년 동안 하나님은 장기선교사로서 필요한 부분들이 무엇인지 그로 보게 하시고 준비하게 하셨다.

　첫 선교지 우즈벡에서는 2년 동안 대학교에서 한국어를 가르치는 사역이 주사역이었다. 그 외에 현지 언어를 배우고 현지 문화를 익히고 단기선교로 나온 만큼 타문화속에서 살면서 내가 살아온 문화와는 현저하게 다른 현지 문화를 이해하고 거듭나기 위해서 준비되어져야 할 부분에 대해 배우는 시간이었다.

한국에 들어와서 3년간 신 선교사가 중동선교회 간사로 일하고 있던 어느 날 하나님은 직장을 내려놓고 장기선교사로 나갈 준비를 하라는 마음을 주셨으나 그가 거부했다. 결혼도 해야겠고 지금까지 짐도 많이 늘었는데 하는 핑계를 대고 미적거렸다. 하루는 도둑이 들어서 집에 있는 모든 무거운 가전제품들을 다 들고 가는 일이 생겼다. 그는 더는 핑계 댈 수가 없어 중동선교회 간사를 사임하고 한국에서 1년 동안 영어훈련을 받았다.

어느 나라로 가야할지 몰랐지만 하나님을 신뢰하며 기다렸다. 주님이 말씀하셨다면 길을 여실 것을 믿고 열심히 공부에 정진했다. 드디어 하나님은 그가 다니던 교회 담임 목사님을 통해서 A국에 갈 것에 대해서 말씀하셨다. 그는 그것이 하나님께서 예비한 곳이라는 것을 확신할 수 있어서 그곳에 가게 되었다. 2003년부터 2007년 6월까지, 4년 반 동안 GHNI(Global Hope Network International)[52]이라는 NGO사역을 하였다. A국에서는 주로 NGO 사역이었는데 초기에는 구제 사역이 주를 이루었으나 차츰 공무원들에게 영어교육을 하는 사역, 여성들에게 이불 만들기, 잼 만들기를 가르치는 사역과 행정사역으로 NGO 사무실의 행정과 재정을 담당하였다.

사역초기 A국에서 신 선교사는 컨테이너로 들어온 물품들을 가난한 사람들에게 나눠주는 일이 주를 이루었으나 점차로 영어교육, 새로운 농업기술 전수를 하게 되었다. 비닐 하우스 및 새로운 작물 재배로 버섯재배, 사프란 재배, 관개농업법, 공원 만들기, 여성 프로젝트로 이불 만들기, 잼 공장 등, 솔라 오븐 프로젝트로 대체에너지가 부족한 지역에서 태양력을 이용한 오븐이나 페라볼릭 디쉬를 선보이고 사용법을 가르치고 싼 값에 제공하는 등의 수많은 지역 개발 사역, 교육 사역, 농업 사역 그리고 여성 사역을 진행해 나갔다.

시간이 지날수록 하나님은 신 선교사에게 여성들에 대한 마음을 주셨고 그 땅에서 소외되고 고통 받는 여성들의 친구가 되게 하셨다. A국은 이슬람 문화로 인하여 여성이 낮게 대우받고 23년간 지속된 내전과 조혼 풍습, 6년간의 탈레반의 지배를 거치면서 많은 여성들이 배움의 기회를 갖지 못하고 성인이 되어버려 여성의 문맹률이 높은 나라 중 하나이다. 결국 2007년 3월에 A국의 서부도시에 여성교육센터를 시작하게 하였다. 그들의 모국어이며 공용어인 다리어를 가르치는 것을 시작으로 많은 여성들이 배우기 위해 센터에 자발적으로 나왔고 그곳에서 자신들의 이야기들을 봇물처럼 쏟아내기 시작했다. 하루에 두 시간씩 하는 수업시간이 유일한 외출시간인 그들은 그 시간 동안 자유를 누리고 숨쉴 수 있었다고 감사해했다.

정부의 인가를 얻어 GHNI NGO가 설립한 센터에서 5개 반을 시작했고, 한 도시에 여성부 산하에 두 개의 문맹퇴치반 교실을 열어서 3개월의 과정을 마친 학생들이 시험을 치루고 첫 번째 과정을 수료하게 되어 졸업식 행사를 했다. 현지 여성들에게 현지어를 쓰고 읽는 법을 가르치는 사역을 했는데 결과는 아주 성공적이었다. 여성들은 배우는 데 열정을 가지고 있었고 수학능력도 뛰어난 편이었다. 너무나 많은 여성들이 조혼, 탈레반의 집권, 딸을 교육시키지 않는 보수적인 이슬람의 가르침을 따르는 집안환경, 가난 등의 이유로 배움의 기회를 상실하고 문맹으로 살아가고 있다. 특히 이런 여성들에게 배움의 기회를 제공하고 더 나아가 직업교육을 계획 중에 있다. 장기간 학생으로 센터에 나오는 여성들과 쉽게 그리고 자주 접촉할 수 있고 그들의 집에 초대를 받아 가는 경우도 빈번하다. 그는 이렇게 삶을 나누고 서로 친구가 되어가면서 자연스럽게 그의 신앙에 관해 나눌 수 있는 기회들도 가진다. 2007년 7월에 뜻밖의 일이 터져 그의 의지와 상관없이 그 땅으로 되돌아 갈 수는 없지만 '여성 센터'는 다른 사역자가 대신 맡아주어 지금까지도 그곳 여성들을 가르치고 있다.

신 선교사는 꼼꼼한 편이라서 행정이나 재정 관리를 맡으면 잘하고 또한 가르치는 것과 음식을 만들어 손 대접하기를 좋아한다. 여성들과 수다를 떠는 것을 좋아해서 현지 여성들과 접촉하고 전도하는 것을 잘한다. 때로 스트레스로 인해 감정적인 절제가 안 되는 경우에 화를 폭발하거나 현지인과 싸우는 경우가 있는데 성품 중에 오래 참는 온유함이 부족하다고 느끼고 오지에 혼자 떨어져 있으면 외로움이나 돌봄을 받지 못한다고 느껴 힘들어 하는 편이다.

6. 2000년대

박에스더[53]

- ◆ 선교지 도착 및 사역년도 : 2001년 5월 23일~ 2009년 현재
- ◆ 파송교단 또는 단체 : 지피선교회(Global Partners)
- ◆ 선교사역지 : 필리핀
- ◆ 주요사역 : 교육
- ◆ 가족사항 : 남편사별, 1녀

박에스더 선교사는 모태신앙을 소유하였으나 대학에 가서야 진정한 주님과의 일대일 만남을 체험하였다. 1980년에 가족이 미국으로 이민을 가게 되었다. 그의 가족은 미국 이민의 꿈을 이루기 위하여 열심히 노력하였다. 박 선교사는 함께 신앙생활하던 친구들로부터 떨어지는 환경으로 인하여 여러 가지 신앙의 굴곡을 겪었지만 교회생활에서 완전히 떠나지는 않았다. 그러나 온전한 헌신이 아니라 형식적으로 교회에 열심인 교인

으로 지냈다. 특히 오랜 전도 사역과 선교사의 삶을 사는 어머니의 영향을 받아 예수님을 저렇게 까지 믿어야 하나 하는 거부반응까지 갖게 되었다. 혹시 목사 사모가 되면 어쩌나 하는 부담감에 신학생들과는 교제를 하지 않았다. 초

박에스더 선교사와 딸

신자인 남편을 택해 결혼하여 아이까지 생겼을 때 이제는 모든 꿈을 이루는 듯하였다.

　어릴 때에 직업란에 '교수'라고 쓰던 대로 음악을 계속 공부하여 박사학위까지 받아 그 꿈을 이루려고 아이 출산까지 미루고 공부하려고 준비 중에 1995년 어느 날 갑자기 남편이 밤사이에 하나님의 부르심을 입게 되는 사건이 일어났다. 건강하다고 자신하던 남편은 죽기 한 달 전에 그의 상급을 준비하기 위한 것인지 전도에 매달렸었다. 인생의 의미와 세상에서 추구하는 모든 것이 무의미해지고 또한 그간 많은 부르심의 사인을 무시하고, 귀 막고 있던 자신을 돌아보게 되었다. 그는 "주여, 내가 여기 있나이다, 사용하여주옵소서"라고 고백하게 되었다. 그러나 신학을 공부하고 사역을 하고 싶은 생각은 없었다. 더욱이 어머니가 선교사로 사역하고 있는 무더운 인도네시아를 방문하고 굳어진 생각은 절대로 선교사는 못하겠다는 것이었다.

　주위의 목사님과 장로님들의 권유를 거부하던 그에게 꿈으로 선명하게 두 번이나 영적인 능력을 주신다는 안위의 사인(sign)과 대학시절 무심코 참석한 부흥회 새벽기도에서 강사 목사님이 머리에 손을 얹고 하신

"세계적으로 복음을 전하게 된다"는 말씀을 그때에는 알 수 없었고 그 당시에는 기분이 상하기만 했다. '왜 나에게 이런 일이 일어나야 하는가?'에 대한 대답과 더욱 성경에서 해답을 찾아내고 싶다는 일념으로 신학을 하게 되었다. 또한 그는 15년간 음악학교를 경영하며 가르쳤으며(Lee's Conservatory of Piano) 신학교 재학시절부터 교육부 전도사로 사역하였다.

박 선교사는 신학교를 졸업하고도 늘 미국에서 한인 2세들을 위한 사역에만 생각을 두었고 아직 어린 딸이 있었기에 다른 계획이 없었다. 주일에 한 번 새벽기도를 인도하던 어느 아침에 아브라함 인물 연구를 설교하던 중 창세기 12장의 부르심이 너무도 크게 그의 심장을 울려쳤다.

대학부를 맡아 가르치면서 젊은 아이들에게 선교사로 헌신하라는 말이 그의 양심에 찔리기 시작했다. 과연 자신도 해보지 않은 삶을 이들에게 어떻게 가르칠 수 있단 말인가? 자기를 부인하고 자기의 십자가를 지고 따르라는 주님의 말씀을 어떻게 가르쳐야 할지 깊이 고민하기에 이르렀다. 드디어 자식 한 명은 대를 이어 선교사로 헌신하게 해달라는 간절한 어머니의 기도로 마음이 열렸고 현재 풀러신학대학교에서 사역하시는 박기호 교수님의 적극적인 권고로 필리핀 장로교신학교를 답사하기에 이르렀다. 마침 대학과 대학원의 전교생이 교회 음악과 음악개론 과목을 수강해야하는 데 선교사들 중에는 음악대학원 이상의 학위가 있는 자가 없어서 어려움을 겪고 있다고 했다. 필리핀 방문 중에 갑자기 담당하게 된 수업을 통해 이미 이곳에 보내시기로 정해 놓으신 주님의 모든 배려를 느낄 수 있게 되어 지피(GP)선교회 미주 본부를 통해 훈련받고 파송받기에 이르렀다.

선교지에 도착 후, 선교지에 온 첫 6개월이 가장 사탄의 방해가 심했다. 그에게 있어서도 최대의 위기인 차사고가 있었다. 오토바이가 그의 차를

들이 받았다. 그 사고를 낸 사람은 심한 마약중독으로 이미 죽은 목숨과도 같았는데 다리가 부러졌다고 하여 병원에 입원시켰는데 입원한지 3일 후에 사망하였다. 제발 치료비만 달라던 가족들의 돌변한 태도로 1년에 걸친 긴 참음과 인내의 시간이 있었다. 마침내 담담히 끝까지 이겨내는 사건을 통해 주의의 많은 필리핀 교계 지도자들에게 인정받게 되었고 "선으로 악을 이기라"라는 말씀처럼 그 어려움이 오히려 합력하여 선을 이루는 경우가 되었다. 또한 한 차례씩 겪은 댕기열과 장티프스 등의 풍토병과의 싸움으로 현지인들이 겪는 몸의 어려움도 직접 겪으면서 이들에 대한 연민이 더해짐을 느낄 수 있었다.

　박 선교사 자신의 강점은 창조적이고 사교적이어서 새로운 사역을 만들고 대학생, 전문인 사역과 사람을 움직이는 동원사역을 잘했다. 그러나 너무 많은 것을 도맡아 해결사가 되려하는 것이 약점이다.

　박 선교사의 장래계획은 더욱 현지인들을 믿고 더 많은 일의 부분에서 현지인에게 위임하는 것, 자신보다 나은 선교사 10명을 잘 키워서 세계선교에 그가 못 다한 목표를 계속하는 것이다. 필리핀 2곳에 세워진 Faithwalk Ministry 학생 센터가 동남아 각국으로 뻗어나가길 기도하고 있다.

　그의 사역은 모든 것이 사람을 키우는 사역이다. 특히 전문인 사역은 교수, 변호사 등 이 사회를 변혁시킬 지도자들을 키우는 일로 신학교 교수사역보다 여러모로 더욱 보람 있는 일이다. 사역의 핵심은 신학교 사역을 통해 목회자 재교육과 선교사 양성을 위한 선교 대학원을 개발하여 교계를 건강하게 하며, 일반 대학에서 캠퍼스 사역으로 제자훈련을 통해 사회 지도자들을 양육하여 부정부패로 찌든 필리핀의 사회 변혁을 꿈꾸고 있다. 그는 어릴 때부터 장로교회의 영향을 많이 받았으나 초교파적인 사역을 추구한다.

박 선교사의 삶과 사역이 현지인에게 미치는 영향은 말과 행동이 일치하는 삶이다. 즉 손해를 보면서도 원칙을 지키려고 하는 박 선교사의 의지가 성도들이 세속화된 문화를 거슬러 성경 말씀에 기초한 문화 창조를 해야 함에 도전을 주고 있다.

후배 선교 헌신자에게 박 선교사가 하고 싶은 말은 이제는 선교지에 전문직이 많이 요구되는 시대이다. 계속적으로 쏟아주지만 말고 스스로를 다시 채우는 배움의 문을 늘 열어놓고 현지에서도 꾸준히 공부하는 자세를 게을리 하지 않아야겠다는 것이다. 특히 문화인류학 같은 과목을 현지 학교에서 이수하면 좋은 길잡이가 되리라 본다. 선교지마다의 특성을 고려하지 못하는 선교훈련과정을 생각한다면 선교지 문화에 대한 공부를 따로 많이 해야 한다고 권면한다.

05

World Mission and Korean Women in Mission

한국 부인선교사의 생활과 역할

　개신교 선교가 진척되던 초기 시절에 선교지로 나간 여성들은 대부분 선교사들의 부인들이었다. 그들은 단순한 보조 역할에 만족하지 않고 동료의식을 갖고 선교에 적극 참여하였다. 여성들의 선교와 관련된 가장 마음 아픈 동기는 '쓸모 있는 자'가 되고자 하는 욕구에서였다. 그러한 욕구는 미국 최초의 세계선교사의 부인들인, 해리엇 뉴웰(Harriet Newell)과 앤 저드슨(Ann Judson)[1)]에게도 공통점이다.[2)]

　1980년 후반부터 한국교회의 선교사 파송이 급증하기 시작하였다. 이때부터 부인선교사들은 가정주부와 선교 보조자로서의 정식 선교사로 임명을 받게 되었다. 부인선교사가 정식 선교사로서의 직책을 받게 되므로 여성선교사들은 정체성을 갖고 선교지에서 사역할 수 있게 되었다. 선교지에서 선교사 부부가 사역할 때에 남편선교사 이상으로 중요한 사람이 부인선교사이다. 남편선교사가 아무리 유능하고 헌신적이어도 부인선교사가 남편선교사의 사역에 보조를 맞추지 못하거나 사역에 대하여 동의하지 않으면 선교사역에 많은 어려움과 부작용이 발생하게 된다. 부인선교사들은 사역현장에서 전천후 선교사로서 스스로를 만병통치약이라고 정의한다. 남편, 자녀, 현지인 등 만나는 사람들 각각에게 필요한 도움을 주어야 하기 때문이다. 부인선교사는 목사 선교사의 필요충분조건이다. 사모 없는 목사 선교사란 존재할 수 없기 때문이다. 일손이 필요하면 설교부터 잡일까지 대신하기 때문에 스페어 타이어라고 생각한다. 부인선교사는 선교지에서 남편보다 할 일이 더 많다. 남편 내조, 자녀 양육, 사역 등이다.[3]

남편선교사의 부족한 부분을 부인선교사가 지혜롭게 채우며 성숙하게 사역하면 사역의 열매가 아름답게 맺혀지는 것을 볼 수 있다. 부인선교사들이 자신의 은사와 풍부한 잠재력을 사장시키지 말고 지혜롭게 사용하여 선교사역에 기여해야 한다.

1. 부인선교사가 인식해야 할 사항

오늘날 지구촌 시대에 해외에 근무하는 사업가, 군인, 외교관, 전문직을 가진 사람들도 부인들과 함께 해외에서 살아간다. 해외근무자의 부인들과 부인선교사들은 몇 가지 관점에서 그들과 다르다.

부인선교사로서 적절한 자격이 갖추어져야 한다. 기업체의 해외파견 근무자, 사업가와 외교관 등의 부인들은 남편을 따라 해외에 나가므로 자격이 요구되지 않는다. 그러나 부인선교사는 남편과 함께 선교사로서 파송을 받으므로 신체적으로 건강하며, 지적으로 타인을 지도할 수 있는 수준을 갖고, 건전하고 긍정적인 밝은 정신과 영적 자격이 갖추어져야 한다.

부인선교사는 후원과 파송단체로부터 전임사역자로 간주된다. 그들은 생활비를 포함하여 선교사로서의 권리와 특권을 누림에 대부분 남편과 동등하다. 남편만이 고용인이 되어 급여를 받는 일반 직장과는 다르다.

부인선교사는 해외 거주하는 일반 부인들보다 더 넓은 인간관계 속에서 산다. 대부분의 일반 부인들은 현지 언어 소통이 잘 안되어 자기들 끼리 모여서 교제한다. 그러나 부인선교사들은 현지 언어가 가능하므로 선교지의 사회 활동에 참여하여 다양한 계층의 사람들과 교제를 즐길 수 있다. 부인선교사들은 선교지에서 예상치 않은 불상사가 발생할 비율이 다른 부인들에 비하여 높다. 그러나 부인선교사는 소명의식 때문에 어려움을 잘 감당하고 담대하게 사역한다.

국내 사역자의 부인은 주일학교, 성가대와 심방 등 교회의 필요에 따라 선택하여 부분적으로 돕지만, 대부분 선교사의 부인은 사역에 직접적으로 참여한다. 선교사의 부인은 정식 선교사로 간주되며 자녀들이 학교에 들어가면 선교지의 상황에 따라 많은 시간을 사역에 참여할 수 있다.

부부는 모두 전임 선교사로서 같은 사역을 감당하므로 어떤 일을 결정하기 전에 서로 많은 대화를 통해 의견을 나누며 긴밀히 협력해야 한다. 남편이 학교를 설립하여 교장이나 이사장으로, 부인은 교사나 행정관으로 일할 수 있다. 교회를 개척하면 남편은 목회자로 부인은 전도사나 주일학교 교장 및 성가대원으로 사역할 수 있다. 선교지에서 장거리를 여행할 때도 부부가 운전을 번갈아 하며 서로에게 힘이 될 수 있다.

부인선교사들은 자기 자녀들의 생활에 더 직접적으로 관계한다. 국내에서의 아이들은 하루의 대부분을 학교에서 보내고 방과 후에는 학원에 다니거나 집에 돌아와서는 TV를 보거나 숙제를 하지만, 선교사의 가정은 아이가 기숙사 학교에 가지 않으면 어머니가 가정교사가 되어 지도하게 된다. 또한 홈스쿨(home school)로 자녀를 가르침으로 교사가 된다.

부인선교사는 부부가 선교사이기 때문에 고난이 많다는 생각을 하지 말아야 한다. 선교사이기 때문에 국내 사역자와는 다른 어려움이 발생하지만, 이 세상에 어려움이 없는 사람은 없다. 국내에서 산다고 문제가 없다는 인생의 공식이 없다. 선교사가 사역하고 있는 선교지에 한국에서 파견된 사업가나 기업체 근무자, 유학생 등이 살고 있는 경우도 있다. 또한 현지의 한국인들 중에는 국내에서 사업에 실패하여 외국에 가서 사는 사람도 있다. 그러나 해외에서 사업이 힘들고 한국 음식을 못 먹고, 무더운 날씨 등으로 고생이 많지만 고난이라고 불평하지 않는다. 선교사들은 날씨, 음식, 가족과 친척을 멀리 떨어져 있는 것을 고난으로 생각하지 말고, 명칭만 다르지 다양한 이유로 본국을 떠나 살아가는 사람이 많으므로 선교사들도 그들 중에 하나라고 생각해야 한다. 국내에도 경제적인 문제, 건강의 이유로 어렵고 힘들게 살아가는 사람들이 있다는 것을 기억해야 한다. 선교사는 이제 개인적 어려움 보다는 복음을 전하므로 받는 고난이나 기쁨을 이야기 해야 한다.

  부부선교사들도 무조건 자신의 자녀들이 선교사 자녀이기 때문에 고생한다고 생각하여서는 안 된다. 한국에서도 가정형편이 어렵거나 산간벽지의 목회자 자녀들은 학원비가 없어서 영어학원이나 악기를 배우러 음악학원에 다니기도 힘들다. 즉 한국 내에서 부모 밑에서 사는 아이들도 힘들다는 것을 알아야 한다. 선교사 자녀들의 삶에 국내에서 자란 아이들과는 외로움 등의 다른 어려움이 있지만 동시에 많은 혜택이 있다는 것을 인식해야 한다. 선교사 자녀들은 어려서부터 타문화를 경험하며 영어나 현지어 등 외국어를 배우므로 국제화 시대에 이들은 사회와 교회를 위해서 남다른 기여를 할 수 있는 잠재력과 가능성을 가지고 있다.

  부인선교사가 가족에 대한 확대개념과 개방적인 태도를 가져야 한다. 남편이 선교지에서 다른 한국인 선교사와 자주 접촉을 가지지 못한 선교사 가정은 본국의 가족과 친척들과 멀리 떨어져 있기 때문에 고립감과 외로움을 느끼기 쉽다. 따라서 선교사라는 공통분모가 있는 사람들을 주님의 뜻에 순종한 형제요 자매로서 혈연으로 맺어진 친척관계처럼 한 가족(막 3:35)이라는 영적인 확대가족의 개념이 필요하다.

2. 부인선교사의 긍정적인 태도와 역할

많은 부인선교사들이 겸손하게 처신하며 사역하고 있으나 좀 더 효과적인 부인선교사가 되기 위해 필요한 긍정적인 태도와 역할은 다음과 같다.

부인선교사로서의 소명이 분명해야 한다. 남편이 선교사로 소명을 받는 경우에 부인도 자신의 소명에 대해 확인을 해야 한다. 부인은 남편의 소명을 하나님의 부르심으로 받아들일 때 부부로서 자신의 소명으로까지 받아들일 것인지를 선교지로 파송 받기 전에 확신이 있어야 한다. 부인선교사가 분명한 소명의식과 헌신이 없이 남편을 따라 선교지로 갔을 경우 선교지에 적응하지 못하고 많은 갈등으로 문제를 일으켜 오래 머물지 못하므로 선교지를 떠나는 경우가 발생한다.

인간관계에서 원만한 성품을 지녀야 한다. 다른 사람들이 쉽게 접근할 수 있고 다른 사람과 쉽게 어울릴 수 있는 원만한 성품이어야 한다. 부인선교사가 선교에 대한 열정과 개인적으로 은사가 많고 능력이 있더라도 다른 사람과 어울리기 쉽지 않거나 다른 사람을 배려하지 않으면 선교 공동체의 전체 분위기를 흐려 놓을 수 있다. 다른 사람의 은사와 능력을 인정하여 공동체에 대한 헌신과 이웃에 대한 배려와 겸손이 있어야 한다.

규모 있고 절제할 수 있는 생활태도이어야 한다. 대부분의 선교사는 가정의 생활비와 사역비와 자녀교육비 등에 넉넉지 못한 재정적 후원을 받고 있다. 재정적으로 '믿음선교'(faith mission)를 했던 선교사들은 생존을 위한 생활방식에서 여성들이 남성들 보다 복음 전파를 위하여 가난하고 불안전한 상황에서도 자원하는 마음으로 가정을 더 잘 이끌어 갔다.[4]

사역보다는 먼저 부인과 어머니의 역할에 최선을 다하여 가정을 지혜롭게 인도해야 한다. 똑똑하고 지혜롭지 못하면 남편이나 자녀들과 다른 팀원들은 주위 사람들을 피곤하게 만든다. 똑똑하고 지혜로우면 가정과 사역의 두 날개를 조화롭게 활용할 수 있다. 자녀를 돌보는 데에 어머니가 중요하다는 것은 이전 시기에도 분명했지만 20세기 초에 좀 더 공식적으로 표명되었다. 아이에 대한 사랑의 중심에는 어머니가 있다. 어머니는 가족생활에서 가장 변함없고 중요한 인물이 되었다.[5] 따라서 자녀들이 어려서 엄마의 손이 많이 필요한 경우 부인선교사는 자녀들의 양육과 교육에 우선권을 두어야 한다. 부인과 어머니로서의 역할도 사역의 한 부분으로 인식해야 한다. 선교지의 필요에 따라 부인선교사도 사역에 참여해야 하지만 자녀들이 어리거나 가정에서 부인을 필요로 할 때에는 먼저 가정에 우선권을 두어야 한다. 자녀교육은 신앙교육, 세상교육과 가정교육이며, 이 세 가지가 조화를 이루어야만 자녀의 인격과 성격이 바르게 형성된다. 부인선교사는 교육, 상담 등 다양한 사역에 참여할 수 있다. 부인선교사가 자녀를 잘 양육하며 교육을 통해 자녀들이 장래 선교사가 된다면 미래 선교자원을 양육하는 것이다. 현재 한국선교사들 중에 2세가 선교사가 된 경우를 태국, 브라질 등에서 볼 수 있다.

부인선교사는 단독적인 선교사역보다는 팀사역에 참여하는 것이 효율적이다. 팀사역자로서 남편의 역할과 사역에 동참하지 않고, 부인선교사가 단독사역을 하는 경우에는 선교 초기에는 남편과 함께 사역하지만, 현지에 적응하고 나서는 부인선교사만이 할 수 있는 특수사역을 할 수 있다. 부인선교사 스스로 남편과의 사역에 있어서 자신은 보조자라고 여기기보다는 동역자로서의 사역으로 인식해야 한다. 남편과 부인이 한 팀이 되어 서로 보조하지만 각각의 사역에서 최대한의 효율성을 나타낸다면 그들의 공헌도는 매우 의미있다.

결혼한 가정은 젊은이와 독신들을 초대할 수 있는 좋은 장소가 된다. 가정 내 사역으로 '손 대접 잘하라'(히 13:2)는 하나님의 명령에 순종하는 것으로 솥뚜껑 운전만 잘해도 훌륭한 선교사역이다. 그로 인하여 풍성한 열매를 맺는 사례도 많다.

3. 부인선교사들의 부정적인 태도와 역할

선교지에서 부인선교사의 역할이 미치는 영향은 남편선교사의 역할 못지 않게 매우 중요하다. 남편선교사의 인격과 사역이 아무리 훌륭해도 부인선교사의 부적합한 태도 때문에 현지 사역이 무너지거나 폐쇄될 수도 있다.

부인선교사는 남편선교사와 가정에서는 부부일신이다. 그러나 선교지에서 팀사역 안에서 선교단체나 선교부에서 남편과 동등한 역할을 공적으로 임명받지 않았다면 남편의 역할을 월권해서는 안 된다. 특히 남편선교사가 선교사회 회장이나 팀장 또는 어떤 리더십에 있을 때에 부인선교사는 언행에 조심하며 겸손해야 한다. 선교지에서 리더의 부인선교사의 태도 때문에 종종 팀 내에 문제가 발생할 때가 있다. 문제는 그 팀에는 리더가 두 명이 되기 때문이다. 팀장 부인이 남편선교사를 조종하려고 하거나 팀에서도 주도권을 갖고 팀을 좌지우지하려는 태도가 문제를 일으키는 경우가 있다.

　부인선교사가 미적 감각이 있으면 저렴한 비용으로 가족과 자신을 아름답게 가꿀 수 있다. 그러나 부인선교사가 자신의 개성이나 취향을 지나치게 내세우거나 사치가 너무 심하여 동료 부인선교사들 간에 위화감을 조성하여 팀사역에 손상을 주기도 한다. 부인선교사도 여성이기에 잘 가꾸며 꾸미고 살고 싶은 것은 이해가 되지만 바울이 고린도전서 9장 19절에서 "내가 모든 사람에게 자유하였으나 스스로 모든 사람에게 종이 된 것은 더 많은 사람을 얻고자 함이라"고 한 것처럼 선교사는 빈부에 처할 줄 알아야 하며(빌 4:13), 단순한 생활(simple life)을 해야 한다(갈 5:23). 선교사가 거주하는 현지인들과 동료선교사들과의 조화와 균형을 이루도록 절제하는 노력도 필요하다.

　대부분의 부인선교사는 가정에서 부인과 엄마로서 일 외에 다른 일들 때문에 사역에 전적으로 참여하기가 어렵다. 부인선교사들이 과중한 업무로 인해 영적, 신체적 건강에 고통을 당하기도 한다. 결국 부인선교사는 가정생활과 사역의 이중적인 업무로 인하여 두 일에 다 소홀하게 될 수 있다.

4. 부인선교사들의 스트레스 원인

　선교지에서 부인선교사들이 받는 스트레스 원인들을 파악하여 해결방안을 모색해야만 선교사가 계속해서 선교지에서 오랫동안 사역할 수 있다.
　부인선교사의 역할이 너무 다방면에서 필요로 하기 때문이다. 부인선교사들은 사모로서 대외적 역할과 함께 가사, 자녀양육, 내조를 병행하면서 받는 스트레스가 많다. 그러나 그것을 해결할 시간적인 여유가 부족하다. 이로 인하여 부인선교사들이 우울함을 많이 느끼며 쉽게 무기력해지고 의기소침해진다.

부인선교사로서의 정체감 결여는 스트레스를 발생시킨다. 부인선교사가 결혼 전에는 직장생활과 교회에서도 활발하게 활동하였으나 선교지에서는 가정생활 외에 자신이 소신껏 할 일이 없으면 스트레스를 받을 수도 있다. 선교사로서의 정체성이 약한 부인선교사는 팀사역이나 남편과 함께 하는 선교사역에 소극적이며, 사역이 활발한 다른 부인선교사들로 인하여 열등감이나 스트레스를 받는다.

선교사들 중에는 선교비 중 자녀 교육비의 부족으로 국제학교나 사립학교에 자녀를 보내지 못하고 공립현지인 학교에 보내야만 하는 경우가 있다. 다른 선교사 자녀는 국제학교에 다니며 영어와 현지어도 잘하고 재능교육을 잘 받아 성장하는 것을 보면 공립 현지인 학교가 뒤처지므로 자신의 자녀가 불이익을 받는 것 같아 스트레스를 받는다. 특히 이슬람권 지역에서 선교사 자녀들이 초등학교 때부터 공립현지인 학교에 들어가면 아랍어를 배우게 된다. 선교사 자녀들이 아랍어 공부와 더불어 꾸란을 공부하게 되므로 그들의 신앙의 정체성에 혼란을 겪으므로 부모로서 스트레스를 받게 된다.

또한 문화 차이 때문에 본국에서와는 달리 자녀들이 계속 변하는 주변 환경에 적응해야 하는 어려움으로 인해 부모로서 자녀 양육에 있어 피할 수 없는 문제를 직면하므로[6] 선교지에서 부모의 역할을 한다는 것에 즐거움도 있지만 스트레스를 받는다.

선교비에 대한 불안과 염려 및 선교비 후원교회와 후원자들에게 신경을 써야하므로 스트레스가 발생한다. 선교비가 현실화되지 못하여 가족 생활비와 자녀교육, 사역비 등으로 재정이 필요한 부분이 많은데 자녀가 성장하고 사역이 확장됨으로 더 많은 재정적후원이 필요하지만 선교후원이 현실화되지 않으므로 스트레스가 발생한다.

남편선교사가 아내와 자녀, 가정일에 소홀 할 때 부인선교사는 스트레스를 받는다. 아내는 남편과 함께 충분한 시간을 보내지 못하며, 자녀양육에서의 차이점, 의사소통문제, 동료선교사들에게는 질투와 비판 등 자녀들에게는 집을 떠나 있는 경우에는 떨어져 있는 것, 집에 있는 경우에는 충분히 시간을 보내지 못하는 것 등이다.[7] 선교사가 원하지도 않으며 선교사와의 상의도 없이 일방적인 통보로 많은 방문자가 있을 때에 스트레스를 받는다. 국내 후원교회 목회자와 성도들이 선교지에 와서 선교사역에 형식적으로 동참하고 관광객처럼 방문하여 한국에서처럼 대접을 받고자 하면 부인선교사는 스트레스를 받게 된다.

06

World Mission and Korean Women in Mission

한국 부인선교사의 사역 실제

한국교회의 세계선교 초창기부터 부인선교사들은 세계선교지에서 남편과 함께 활발하게 사역을 해오고 있다. 그들은 가족과 가사 노동에 많은 시간을 보내어, 남성들보다 선교사역에 상대적으로 적은 시간을 감당할 수밖에 없었다. 그러나 선교사역에서 부인선교사들이 기여한 업적은 간과되거나 축소되어서는 안 된다.

1. 1920년대

최나오미

◆ **선교지 도착 및 사역년도** : 1922년~1926년
  (시베리아로 해외한인사역을 위하여 파송된 최초 여성선교사)
◆ **파송교단 또는 단체** : 한국감리교 여전도회(현 기독교 대한 감리회)
◆ **선교사역지** : 러시아 시베리아
◆ **주요사역** : 제자훈련
◆ **가족사항** : 남편

해외 한인 사역을 위하여 파송된 최초의 여성선교사인 최나오미 선교사는 1873년 11월 19일 경기도 개성에서 태어났다. 그의 이름은 최씨로만 알려져 있다. 그는 개성에 사는 김성률과 결혼하였으나 아이를 낳지 못해 냉대와 질시를 받고 지냈으며 결혼생활은 행복하지 못했다.[1)]

1897년 5월경 남감리회는 개성에 선교기지를 마련하기 위해 콜리어 (C.T. Collyer)와 한국인 전도인 김흥순(金興順)을 파송하였으며, 이듬해에는 하디(R.A. Hardie) 가족이 개성에 정착하게 되었다. 최나오미는 선교사들을 구경하기 위해 자주 그들을 찾았으며 하디 부인 및 딸들과 친해졌다. 1899년 11월에는 캐롤(A. Carroll)이 개성에 상주하며 한국어를 배우게 되면서 그와도 친했다. 그런 과정 속에서 최나오미는 산지현에 있는 콜리어 선교사의 사택에서 시작된 개성교회(개성북부교회) 예배에 참석하게 되었다. 남편과 시어머는 그가 남녀가 한 방에서 못된 짓을 하는 사교에 빠진 줄 알고 그를 학대하며 감시하였다.[2)]

최나오미의 남편은 실제 교회 안을 살펴보며 안심하였으며 다른 한편으로는 그 자신도 호기심을 갖게 되었다. 그날 하디 선교사의 설교는 아내를 구박했던 남편의 잘못을 깨우쳐주는 내용이었다. 그 후 시어머니도 최씨를 이 따라 교회에 다니기 시작했다. 마침내 1900년 1월 하디 가족이 서울로 이주하기 직전 최씨의 신앙생활을 반대했던 시어머니, 남편과 함께 세례를 받았다.[3)] 최씨 부인의 세례명은 '나오미', 시어머니는 '안나'이다. 때로는 남편의 성을 따라 김나오미로 부르기도 했다.

최나오미는 1900년 10월부터 전도부인(Bible Woman) 직함을 받아 본격적으로 전도 사역에 참여하게 되었다. 1901년 하디 가족과 캐롤이 원산으로 이주한 후 이들은 최나오미 부부를 초청하였다. 초청을 받고 최나오미는 남편과 함께 원산으로 갔다. 최나오미는 캐롤과 짝이 되어 전도에 참여하였으며, 남편은 선교사 사택 문지기 겸 사무원으로 일하였다. 자녀를 낳지 못하는 여성으로서 시련을 경험한 최나오미는 비슷한 시련을 받는 이들을 가르치고 위로하는 데에 가장 적합한 인물로 그의 위로와 권고를 통해 전도에 많은 열매를 맺게 되었다.

그는 1903년에 원산에서 시작된 루씨여학교에 보모로 아이들 관리를 맡았고, 1907년 11월 개성에 여자성경학교가 설립되었을 때 개성으로 돌아와 체계적인 신학수업을 받았다. 1910년 3월에 졸업한 협성여자신학교 1회 졸업생이다. 1911년에는 서울에서 협성여자신학교가 새로 시작되었는데, 그 학교 일을 전담하고 있던 앨벗슨(M.M. Alberson)의 요청으로 1년간 협성여자신학교 교사가 되었다. 이후 1912년 개성으로 돌아와 남성병원 소속 전도부인으로 활동하였으며, 1917년에는 개성남부교회 소속 전도부인이 되었다가 1918년 11월부터 서울 종교교회 전도사로 부임하였다. 서울·개성·원산 어디든지 그의 영향력이 미쳤다.

1920년 12월 6일 서울, 개성, 원산, 춘천 등 남감리교지역 여성대표 82명이 모여 '남감리교회 주선 여선교회'를 조직하여 최나오미가 초대회장에 선출되었다. 1922년 5월 원산에서 열린 제3차 남감리회 여선교회 전국대회는 시베리아 선교를 결의하였다. 이런 결의를 이끌어낸 주역이 바로 최나오미였다. 그는 초대 회장으로 선출되어 각 지방 교회의 여선교회 조직을 독려하고 회원들의 회비를 모아 국내외의 선교사업을 체계적으로 추진해 나갔다. 그 일에 책임을 진다는 각오로 자신이 선교사로 자원하였다. 최나오미는 1922년 김영학 목사와 함께 시베리아로 파송되었다.[4] 그는 한인 디아스포라선교를 위하여 해외에 파송된 최초의 한국인 여성선교사가 되었다. 최나오미는 비록 시베리아에 있는 한인들에게 사역했지만 해외에 파송된 최초의 한국인 여성선교사였다. 당시 남성교인들에 의

한 세계선교(일본, 중국, 시베리아, 하와이)는 추진되고 있었으나 여성들의 손으로 선교사를 해외에 파송한 예는 없었다.[5]

그는 1923년 10월, 망명한 한국인들이 집단 한인촌을 이루고 살고 있던 신한촌(新韓村)에 도착하여 시베리아 북간도지역 한인교회 소속의 전도부인들을 지휘·관할하는 책임을 맡아 이 지역을 순회하며 돌보는 일을 하였다. 그는 니콜스크에 여자성경학원 예비원을 설립하여 전도부인 양성사업에도 착수하였다. 1923년 10월부터 1924년 9월까지 1년 동안 8개의 여선교회를 조직하였으며 대부분을 니콜스크·블라디보스토크·연추·북간도지역 순회에 할애하였다. 당시 시베리아는 러시아 혁명 이후 사회주의 정부가 수립되면서 기독교에 대한 조직적인 박해가 가중되던 때임에도 불구하고 최나오미는 여성의 몸으로 광범위한 지역을 순회하며 전도하는 일에 전력을 다했다. 그의 사역이 국내뿐만 아니라 언어와 문화가 한국과는 전혀 다른 타문화권 사는 한국문화를 모르는 한인 2세들을 위한 사역에도 종사하였으므로 세계선교와 관련된 것으로 간주할 수 있다. 기독교인 한인 2세들이 현지인들에게 복음을 전할 수 있다.

본국의 여선교회가 최 선교사를 처음 파송할 때 계획했던 3년이 지났고, 여선교회의 경제 형편상 일단 시베리아 선교를 중단할 수밖에 없었기 때문에 그는 1926년 5월 귀국했다. 귀국 후 1927년 개성에 있는 고려여자관 소속 전도사로 지방 선교사업을 주관하였으며, 1933년 12월 개성북부교회에서 그의 회갑을 맞아 '최나오미 전도사업 33주년 기념식'을 열고 그의 공을 치하하였다. 이후 일선에서 은퇴한 그는 서울에 살고 있는 양녀 김노득(金路得)의 집에 머물렀으며 1949년 77세로 소천하였다.

2. 1950년대

김광명(또는 최광명)

- ◆ **선교지 도착 및 사역년도** : 1956년 6월~1970년, 태국
  1970년~2009년 현재, 미국
- ◆ **파송교단 또는 단체** : 장로교 총회
- ◆ **선교사역지** : 1차 태국, 2차 미국
- ◆ **주요사역** : 의료사역
- ◆ **가족사항** : 남편 최찬형 선교사, 자녀 2남 2녀

김예진 목사의 삼녀인 김광명 선교사는 믿음의 가정에서 태어나서 어려서부터 하나님 중심으로 진실하게 살아야겠다는 결심을 하였다. 그는 17살 때부터 하나님의 뜻에 합당한 결혼을 위하여 기도를 구체적으로 시작했다. 그는 장래 의사가 되고자 생각했을 때에 여의사로 혼자 사는 사람도 있지만 그는 독신의 은사가 없

최찬형 선교사와 김광명 선교사

다는 것을 확인하고 결혼을 위하여 너욱 열심히 기도했다. 그러는 가운데 남편이 된 최찬형 목사를 친구 소개로 만나 결혼하였다. 그 당시 목사는 결혼대상자로서 그다지 인기가 없었지만 그는 이미 하나님의 일을 위해서 목사 사모가 되어야겠다는 결심을 하고 있었기 때문에 문제가 되지 않았다.[6]

김 선교사의 아버지 김예진 목사는 일제 때에 독립 운동을 하시다가 큰 시련을 겪으셨고, 해방 후 발생한 전쟁으로 동족의 총탄에 순교를 당한

아픔을 갖고 성장하였다.

그의 남편 최찬형 목사는 1927년 중국에서 출생하여 보통학교를 다녔으며, 해방되던 해인 1945년 간도사범학교를 졸업하고 국립 육아원 부속 국민학교 교사로 봉직하였다. 1951년 장로회신학교를 졸업한 후 미군 통신 정보대에서 통역관으로 근무하던 중 1952년 11월 평양 노회에서 목사로 안수를 받고 육군 군목으로 사역하였다.

최찬형 목사가 그에게 느낀 첫 인상은 여의사라고 하지만 신앙이 깊고 조용하며 예의범절이 잘 갖춰진 한국적인 처녀라는 것이었다. 그들은 1954년 11월 24일 한경직 목사의 주례로 결혼하였다. 결혼 후에 최찬형 목사는 미국 유학을 준비하고 있었다. 한국전쟁 직후라 미국 풀러신학교는 최찬형 목사에게 장학금과 함께 용돈까지 약속하며 입학할 수 있도록 허락해 주었고, 김 선교사는 파사데나의 헌팅톤 기념 병원의 의사로 내정되어 있었다. 이러한 상황 가운데 부부는 총회 선교부로부터 태국 선교사 파송을 제의받게 되었다. 이들은 하나님의 뜻을 알기 위하여 밤새도록 기도한 후 태국 선교사로 가기로 결정하였다.[7]

미국으로의 유학의 꿈을 접고 해방 후 한국 여권을 가진 최초의 선교사 최찬형 목사와 그의 부인 김광명은 그 당시 1주일에 단 한 번 운항하는 유일한 국외선인 4발 프로펠러 비행기에 몸을 싣고 이튿날 새벽 홍콩에 도착했다. 다시 화물선을 타고 5일간의 항해 끝에 목적지인 방콕에 1956년 5월 23일에 도착하였다. 최찬형 선교사는 1년간의 태국언어 공부를 마치고 방콕기독병원의 원목으로, 의사였던 김 선교사는 의사로 봉사하였다

태국에서 선교사역을 하는 동안 미국에 가서 연수할 기회가 생겼다. 남편은 풀러신학교에, 김 선교사는 전문의 수련을 받으면서 의사로 일을 할 수 있게 되었다. 그는 미국 의사 면허증을 가진 방사선과 전문의였지만,

남편을 돕는 역할과 아이들을 기르는 일에 전념하였다. 희생적으로 남편과 자녀들을 잘 돌보았으며 손님들을 풍성하게 대접하였다. 그는 원래 산부인과와 소아과 전문의가 되기를 원했으나 아이를 가진 엄마이기 때문에 병원근무 시간 조절이 가능하고 틈틈이 아이들을 돌보기에 좋은 직종을 택해야 했다. 미국에서 최첨단의학을 접하며 방사선과에 대한 수련을 열심히 받아 36세의 나이에 의료선교사 수료를 마쳤다. 그와 그의 남편은 1962년 태국으로 돌아와서 태국성서공회 총무로 사역했다. 최 선교사는 복음전도의 사역을 원했으나 주님께서는 성경 간행사역에 그를 사용하셨다. 그는 1970년까지 15년 동안 태국에서 일했다.[8] 그는 영어와 중국어 그리고 태국어에 능통해 그의 사역에 큰 도움이 되었다.

김 선교사의 남편 최 선교사는 아시아인으로는 최초로 태국과 라오스 성서공회 총무를 역임하고 1978년부터 1992년 은퇴하기 전까지 최초로 성서공회 아시아태평양지역 총무로 봉사했다. 최 선교사는 교단이나 국가를 초월, 세계적인 선교사로 활동하면서 중국 애덕기금회를 통해 성경 인쇄공장을 세워 중국어와 그 밖의 소수민족 언어로 성경을 발행했다. 은퇴 후 풀러신학교 선교대학원에서 한국선교학부 교수로 후진을 양성했다. 기독 NGO '뉴빌리지운동' 이사장, 감사선교교회 선교목사 등으로 왕성하게 활동하고 있다. 부인 김 선교사와의 사이에 2남 2녀를 두고 있다. 최선교사는 또한 태국 제2장로교회의 담임목사와 C.C.T. 산하 30여 개의 기독교 고등학교들과 복음주의 교회들, 세계선교회, 남침례회 그리고 기독교선교동맹교회(Christian and Missionary Alliance Churches) 등의 수련회 강사로 초빙되어 일하였다.

1954년 풀러신학교의 학장인 오켕가(Okenga)로부터 학생 입학 허가를 받았던 그는 37년간의 선교사 생활에서 은퇴하게 되던 1992년 1월 같은 대학교의 선교대학원장인 피어슨(Pierson) 박사의 초청으로 풀러신학교에서 강의하였다.

김 선교사는 2005년 6월27일~28일 서울영락교회선교관 5층에서 있었던 '해방 후 선교사파송 50주년 기념 예배' 후 인터뷰에서 "태국에서 어려운 상황은 문제가 되지 않았어요. 왜냐하면 한국에서의 어려운 시기를 다 지났고 또한 선교사로 떠날 때에는 하나님께서 특별히 불러주신 사역이고 너무 기쁜 마음이 있었기 때문에 선교지에서 모든 것을 이길 수 있었어요"라고 회고하였다.⁹⁾

임옥희

◆ **선교지 도착 및 사역년도** : 1957년~2000년
　　　　　　　　　　　　　 1차 1957년~1990년 남편 김영진 선교사와
　　　　　　　　　　　　　 총회선교사로 대만 파송,
　　　　　　　　　　　　　 2차 1995년~2000년 호주로 이주,
　　　　　　　　　　　　　 시드니 한인 장로교회개척교회 봉사
◆ **파송교단 또는 단체** : 예수교장로회 총회(고신)
◆ **선교사역지** : 대만
◆ **주요사역** : 음악교사, 제자훈련
◆ **가족사항** : 남편 고 김영진 선교사, 딸과 사위, 손주 2명

임옥희 선교사와 그의 남편 김영진 선교사는 대만의 첫 한국인 선교사로서 33년을 선교지에서 사역하였다.

임 선교사는 1920년 7월 11일 전북 장수에서 임상학과 박경숙의 1남 2녀 중 차녀로 태어났다.¹⁰⁾ 친구의 전도로 열심히 주일학교에 다녔다. 보이열(Boyer E.T, 1893~1976) 선교사에게 전도를 받고 12세 때에 보이열 선교사에게 세례를 받았다.¹¹⁾ 서울에 사는 언니가 그를 서울 공립 심상소학

임옥희 선교사

교(현재의 초등학교)에 전학을 시켰다. 14살 때 학교 정문 앞에 신사를 차려놓고 남학생 두 명이 당직을 서면서 상학하고 하학하는 학생들을 조사했다. 그는 신사참배를 피하려고 일찍 등교하고 하교했다. 전교학생들의 청소하는 시간을 이용해 빨리 집에 돌아왔다. 두 달 동안 그는 견딜 수가 없어서 어머니께만 미션스쿨인 전주 기전여학교에 가겠다하고 손수건에 차비만 가지고 집을 떠났다. 서울에서부터 힘든 여행으로 전주 기전여학교에 도착해 보이얼 선교사님에게 연락을 하니 너무 반가워하였다. 그는 1932년 기전여고에 입학을 하였으며 장학금으로 공부를 했다.

기숙사에 들어간 그는 기쁘기만 했다. 어느 날 잠잘 시간에도 열심히 기도하는 학생들의 기도소리에 도전을 받고 그도 그 이튿날 캄캄한 교실에 가서 기도하기를 시작했다. 오르간을 무척 배우고 싶었지만 교습비가 없어 보이얼 선교사님을 찾아가니 허락하셨다. 얼마 후 주일학교와 교회 예배시간에 반주를 하게 되었으며 훗날 기전여학교를 비롯, 평양신학교와 고려신학교에서 배운 음악으로 하나님께 쓰임을 받았다. 임옥희는 1939년에 기전여학교를 졸업하였다. 아비지의 사망으로 집을 떠나지 못하게 되어 전주고등성경학교에 입학하였다. 이때부터 임옥희는 교회의 반주자로 충성하였다. 성경학교를 다니던 중 보이열 선교사의 권면으로 평양여자신학교[12] 2학년에 편입했지만 1938년에 있었던 조선장로회 총회 산사참배 가결사건으로 인하여 학교가 임의폐교 되었다. 그 후 그는 부산에 내려와 항서교회 유치원 교사로 일하였으며, 1940년 12월 28일 김영진과 결혼하였다.[13] 그는 여학교 때부터 주의 종의 아내가 되는 게

임옥희 선교사 가족사진

꿈이었다. 그 꿈은 결혼 후 이루어져 선교사역에 동역자의 길을 걸었다. 임 선교사는 찬송가를 만들고 주일학교 교재도 만들었다.

일제 말엽부터 1945년 해방 후까지 임 선교사는 부산여자고등학교와 남성여자고등학교에서 음악 교사로 있었다. 임 선교사는 결혼 후에도 부산여자고등학교와 남성여자고등학교에서 한동안 음악교사로 재직하였다. 1950년 6·25전쟁 후에 교사를 사직하고 1952년 고려신학교에 입학하여 1955년에 졸업하였다.[14] 1954년 대한예수교장로회총회(고신)는 총노회 조직 후 처음으로 세계선교부를 조직하였다.

1957년 9월 17일 부산 남교회당에서 있었던 대한예수교장로회총회(고신) 총회 제7회 총회석상에서 김영진 선교사의 파송을 결정하였다. 이는 대한예수교장로회총회(고신) 총회 결성 후 처음 파송하는 선교사이며 선교비도 총회 결성 후 처음으로 세우는 예산이었다.

김 선교사는 해방 후 1946년 1월 1일에 열흘 간 열린 영도 태종대에서 열린 전국 교역자 수양회에 참석해 마지막 날 밤 철야기도를 하던 중에 사명을 얻었다.[15] 그때 받은 말씀이 고린도전서 6장 19~20절 말씀이다. "너희 몸은 하나님께로부터 받은 바 너희 가운데 계신 성령의 귀한 전인 줄을 알지 못하느냐 너희는 너희의 것이 아니라 값으로 산 것이 되었으니 그런즉 너의 몸으로 하나님께 영광을 돌리라" 수양회를 마치고. 로마서 14장 8절 "우리가 살아도 주를 위해 살고 죽어도 주를 위하여 죽나니 그러므로 사나 죽으나 우리가 주의 것이로다." 말씀으로 인생의 가치관과 세계관이 변화되었다. 그는 사업가가 되어 어려운 교역자를 돕고 고아원과 양로원을 경영하여 불쌍한 사람들을 도와주고자 했었다. 그러나 그의 계획은 복음전도자가 되겠다는 것으로 변경되어 부산 고려신학교에 입학하여 1951년 졸업했다. 본과 2학년 때에 부산 제이영도교회에서 목회하던 중에 선교사로 선정받아 목사 안수를 받고 1956년에 교회를 사임했다.

1957년 9월 17일 총회 선교사 파송식을 하고, 김 선교사와 임 선교사, 딸 김란과 함께 1958년 5월 14일 부산 제3부두를 출항하였다. 이들을 태운 화물선 '워터맨'호는 순항하여 이틀 후인 1958년 5월 16일 선교지 기륭항(基隆港, Keelung)에 도착하였다. 임 선교사 부부의 33년간의 대만선교 활동은 5단계로 나누어 볼 수 있다.[16]

제1기는 1958년부터 1962년까지의 초기활동 기간으로 선교활동을 예비하는 기간이었다. 그때는 언어를 배우고, 거주기지를 정하였다. 신죽남문교회 설립, 방송전도, 청소년 선교와 수양회 인도를 하였다. 여전도회 지도와 장애인 선교, 선교관 건립, 신학연구반 운영의 일을 했다. 2기는 첫 안식년을 보낸 후 1963년부터 1969년까지였고, 죽동교회설립, 산지인교회 재건축, 타 선교부와 협력으로 신죽에 칼빈연합신학교를 설립하고 현지인 교역자 양성을 시작했다. 이때 한국교회의 대만 선교가 정착하게 되었다. 3기는 두 번째 안식년을 보낸 후 1970년부터 1975년까지이다. 대북에 충효교회를 설립함으로 대한예수교장로회총회(고신) 선교부가 수도 대북으로 진출했다. 소도시 중역에도 교회를 설립했다. 이때 개혁주의 교회가 대만에 정착하게 되었다. 4기는 세 번째 안식년을 보낸 후에 1976년부터 1982년까지로, 대만선교가 정착되어 선교지가 확장되고 선교사를 증원해 함께 일하며 기독교 개혁신학교를 설립했다. 찬송가를 편찬해 현지인들의 정서에 맞는 신앙교육에 힘썼으며, 교회 헌법을 재정하고 중소도시 도원에 도원교회를 설립했다. 5기는 1983년부터 은퇴하는 1990년까지 선교사역의 완수기간이었으며 그의 선교 결산기였다. 이 기간에 대한예수교장로회총회(고신) 총회 세계선교부에서 김 선교사의 현지 경험을 필요로 해서 초대 총무로 청빙을 받았다. 이때 대만과 한국을 넉 달 만에 오가며 사역에 힘을 쏟았다.

1990년 9월 19일 대구성산교회에서 대한예수교장로회총회(고신)총회 제40회에서 제1호 선교사 은퇴식을 하고 33년 대만선교를 마쳤다. 김영진와 임 선교사는 33년을 사역하며 6번의 안식년을 지냈다. 13개의 교회를 직접 개척하였으며 구회(노회)를 조직하였고, 신학교를 설립하여 현지 사역자를 양성하기에 힘썼다.

1960년 1월 3일~9월18일까지 시각 장애자를 위한 프로그램을 운영하였다. 처음에는 맹인교사 한 사람을 초청하여 점자 교실을 개설하였는데 16명이 되었다. 김 선교사는 성경을 강의하였고, 부인 임 선교사는 오르간을 치며 찬송을 지도하였으며 집회 후에는 풍성한 식사를 준비하여 교제하였다.[17]

1952년에 태어난 딸이 여섯 살 때 부모와 함께 대만에 갔다. 딸 김란은 대만에서 초등학교와 중등학교를 졸업하고 대만대학에서 도서관학을 전공하여 문학사 학위를 받았고 대학원에서 북경어를 연구하여 문학학석사 학위를 받았다. 1979년 김한중 목사와 결혼하여 중국에 선교사로 파송되어 사역하고 있다. 김영진, 임옥희 선교사 가족은 모두가 선교의 동역자이며 계승자이다.[18]

임 선교사의 음악적 재능과 깊은 신앙심은 남편 김영진의 선교에 누구보다도 큰 도움을 주었다. 1966년 신죽에 개교한 칼빈연합신학교에서 교수로서 교회 음악을 가르쳤으며, 1967년에 찬송가 '신천시가'를 편찬할 때 선교지 교회를 도왔다. 1976년 산지 화원교회 교인들은 임 선교사의 지도를 받아 특별 노래 선교단을 조직하여 한국교회를 방문한 일이 있다.

은퇴 후에 중국에서 선교하고 있는 딸과 사위를 위하여 호주에서 공부하고 있는 손자 손녀를 돌보아 주기 위해 1994년 호주로 갔다. 2001년 1월 19일 김 선교사는 81세로 호주의 자택에서 소천하여 장례예배 후 1월 26일 한국의 모교회인 제일영도교회에서 장례예배를 드렸다. 2001년 1월 30일 대만으로 건너가 죽동교회에서 예배를 드린 후 신죽교회와 죽동교회가 공동으로 조성하여 놓은 야곱산 공원묘지에 안장되었다. 이는 그가 선교사로 파송된 지 43년만이며 2005년 6월 20일에 한국선교 50주년 희년 공로상을 받았다. "우리의 33년 대만선교는 하나님의 축복이며, 한국교회 기도의 결실이다"라고 임 선교사는 고백하였다.

2001~2007년에 임 선교사는 전국여전도회회관 내의 '안나의 집'에서 생활, 2007년 2월 25일 88세에 천국으로 부르심을 받아 제일영도교회와 대만죽동교회에서 장례예배를 드렸다. 그는 대만 신죽의 야곱산기독교공원 내에 있는 김 선교사 곁에 안장되었다. 고(故) 임 선교사의 유산이 전국여전도회관 건축헌금과 '안나의 집' 장학헌금으로 고신총회 전국여전도회연합회에 기증되었다.

3. 1970년대

주경자

◆**선교지 도착 및 사역년도**: 1976년 3월~1996년 7월 사망

◆ **파송교단 또는 단체** : 대한기독교 감리회와 오메가국제선교회
◆ **선교사역지** : 방글라데시
◆ **주요사역** : 제자훈련, 교회개척
◆ **가족사항** : 남편, 자녀 1남 1녀

주경자 선교사는 서울에서 경기여고를 졸업하고 1965년에 이화대학교 가정학과를 졸업하였다. 대학교를 졸업한 후에는 전남 목포에서 정명여중 교사로 일하다가 다시 서울로 와서 연세대학교 가정학과 조교로 1년간 있으면서 미국 유학을 준비 중에 있던 중에 은혜를 받고 전도자가 되기로 결심하였다.

1976년 3월 5일 주 선교사는 다카에 도착하였다. 방글라데시 다카에 도착하는 즉시 먼저 온 정성균 선교사와 협동하여 사회사업가로 일할 것을 생각하고 있었다. 주 선교사는 정 선교사 집에서 가족과 함께 머무르며 지냈고 그는 눈 코 뜰새 없이 바쁜 정 선교사에게 큰 도움이 되었다. 그 당시 정 선교사의 만삭이 된 임평수 사모는 셋째 아이의 출산을 위해 준비 중이었다. 주 선교사는 키도 크고 인물도 수려한 미인형으로 미혼이었지만 선교지로 달려올 정도로 복음에 대한 뜨거운 열정을 갖고 있었다. 그도 일찍부터 세계선교의 꿈을 갖고 대학시절부터 졸업 후에 사역할 적합한 선교지를 물색하던 중, 정 선교사가 1975년 3개월간 한국을 방문했을 때 그를 만나게 되었고, 그때 방글라데시에 와서 함께 사역하기로 약속하였다.[19]

주 선교사를 파송하고 후원하는 단체는 오메가선교회가 주축이었다. 그는 약 3개월간 정 선교사를 도와 주로 행정적인 일을 맡아서 하다가 먼저 벵갈어 훈련의 필요성을 느껴 바리실에 있는 언어학교에 입학, 약 1년간 그곳에서 체류하게 되었다.[20]

1977년 1월 25일~2월 22일까지 한국최초로 의료봉사단이 다카를 방문하였다. 이 기간 동안 약 15여 명이나 되는 실명자들에게 광명을 찾아 줌

으로써 방글라데시 의학계를 놀라게 하였고 현지 방송들도 이 사실을 연이어 뉴스로 보도 하였다. 주 선교사와 정 선교사 부부는 매일 이들 11명의 봉사대원들을 각각 현장으로 안내하며 통역과 잔심부름을 하였다.[21]

주 선교사는 방글라데시 입국 1년 후 1977년 5월에 서울 북성교회에서 결혼식을 하고 부군과 함께 12월 9일 재입국하여 방글라데시의 선교사로 사역하였다.

1981년 2월 3일 다카연합신학교를 개원하여 운영하였다. 이곳에서 교육을 받은 학생들을 계속해서 한국의 아세아연합신학원이나 다른 나라의 정규신학대학으로 유학시켰다. 졸업 후에 방글라데시에 돌아와 신학교 교수요원이나 후배 목회자로 양육하도록 사명자를 키우는 데 노력하였으며, 그들의 부인들에게는 장학금을 지급하여 교육대학에서 초등학교 교사 자격을 취득하도록 도와주었다.

성경번역과 산악지역의 전도사역(1981~1982)도 했는데 약 5천명의 소수민족인 방코족을 위한 성경번역 사업을 위하여 선교비를 모금하기도 하였다. 인도와 미얀마의 접경지역은 수십 종족이 살고 있는데 자주 무력충돌이 발생했다. 방글라데시 정부의 통계에 의하면 기독교로 개종한 부락은 반정부 반란이나 어떠한 전쟁행위도 하지 않는다고 한다. 지역 담당 군 사령관의 사적인 좌석에서 한 발언이지만 정부측에서 오히려 전도하는 것을 좋게 여긴다고 한다. 이러한 상황은 이슬람 국가에서는 믿기 어려운 일이다. 이런 국경지역에 예수 그리스도의 생명되신 복음이 전파된다는 것은 세계전쟁의 불씨를 사전에 방지하게 되는 인류 평화에 이바지하는 일이기도 하다고 생각하여 주 선교사는 산악지역의 전도사역을 위하여 현지인 사역자를 육성하였다. 주 선교사의 사역은 산악종족을 복음화를 위하여 남부산악종족 청년 사명자들을 북쪽 구경에 있는 비리시리

성경학교에 유학을 보냈는데 졸업 후 각각 자기 종족으로 돌아가 좋은 성과를 보였다. 1986년 11월 11일자 선교소식 기도편지에 의하면 개척교회(은혜교회, 에덴교회)를 하여 현지인 목회자들에게 지도력을 이양하였다. 주 선교사는 부인성경공부 및 기도회를 인도하였고 청년세미나를 개최하고 교회근처의 병원 아파트에 사는 병원 직원의 어린이를 대상으로 주일학교를 인도하였다.

방글라데시 북쪽 국경지역에 살고 있는 대부분이 기독교인인 가로족 청년남녀들이 다카 시내에 많이 취업하고 있는데 그 지역 근처에 교회가 없으므로 교회를 설립하여 예배를 시작하였다. 다카 한인 연합교회 목회에서 사모로 사역을 감당하였으며, 은혜교회를 개척하여 제자를 양육하고 현지인들에게 담임목사직을 위임시켰다. 1996년 7월 주 선교사는 안식년을 지냈던 미국에서 불의의 사고로 LA에서 사망하였다.

4. 1980년대

이은숙[22]

- ◆ **선교지 도착 및 사역년도** : 1980년 9월~2009년 현재
- ◆ **파송교단 또는 단체** : 1차 오엠국제선교회(1980~1983),
  2차 대한예수교장로회(통합)
- ◆ **선교사역지** : 1차 1980년~1983년, 영국과 아시아 순회사역,
  2차 1985년 2월~2009년 현재, 남미 파라과이
- ◆ **주요사역** : 교회개척과 교육사업으로 학교 설립 및 운영
- ◆ **가족사항** : 남편 김성광 선교사, 자녀 2남

이은숙 선교사는 이북에서 피난온 부모님 사이에서, 강화도에서 태어

나 경기도 이천에서 성장하였다. 어머니께서 교회에 다니셨기 때문에 자연스럽게 교회에 다니기 시작했다. 중학교와 상업고등학교 시절에는 주산 선수 생활 때문에 기숙사 생활을 하였는데 일요일에

이은숙 선교사와 가족

도 외출이 금지되어 교회생활을 하지 못하였다. 고등학교 졸업 후에 체신부 산하 저금보험관리국에서 일하면서 일요일에 다시 교회에 가기 시작하였다. 구원의 확신은 없었지만 중·고등부 학생들을 가르쳤고 열심히 봉사하였다. 그러나 교회에서 같이 봉사하는 한 자매로부터 도전을 받았다. 그는 그리스도인으로서 구원의 확신이 있고 자신과는 다른 모습이었기 때문이다. 1974년 20살이 되던 해에 1주간 휴가를 얻어 며칠 간 기도원에도 다녀왔지만 늘 패잔병처럼 구원의 확신이 없어서 갈등이 많았다.

교회에 다니고 있었지만 구원의 확신이 없어서 답답해하던 어느 날, 자취방에서 이 선교사는 하나님께 따지기 시작했다. 하나님의 임재를 체험하고 싶다고 울면서 한참을 기도하였을 때에 "성경을 펴서 읽으라"는 성령의 강한 내적 음성을 듣고 성경을 펴서 읽는데 요한복음 5장 24절 이 말씀을 읽을 때에 그 말씀이 마치 칼같이 가슴에 꽂히듯이 하며 구원의 확신을 받았다. 그 후 자취방에서나 길거리에서나 하나님의 은혜를 생각하면서 울며 웃으며 살게 되었다. 길가의 나뭇잎이 숨 쉬는 것조차도 모든 창조물이 찬양한다고 보여주는 것 같았다. 자신은 착하고 의인이라고 생각했던 것들이 자신의 의는 마치 낡은 옷과 같고 하나님 앞에서 걸레와

같다고 느끼게 되었다.

　구원의 확신을 얻고 난 후에 하나님은 이 세상 끝까지 함께 하신다고 하시는 말씀을 믿으면서, 그는 낮에는 직장생활을 하고 야간에는 서울장신대학교에서 4년간 신학을 공부하였다. 국내외 어디든 하나님이 원하시는 곳에서 섬기겠다고 기도하였다. 1980년 하나님은 국제선교단체로 인도하셔서 순회선교사역과 파키스탄과 영국에서 사역한 후에 1984년에 귀국하게 되었다. 귀국하는 날 우연히 김포공항에서 아는 목사님을 만나게 되었는데 그 목사님과 여러 명이 공항에 다른 분을 전송하려 나와 있었는데 그 여러 명 중에 한 명이 현재 남편인 김성광 선교사이다.

　이 선교사가 귀국 후에 여러 곳에서 서로 정보를 나눌 수 없는 사람들이 중매를 하였는데 우연이라기에는 너무 이상할 정도로 같은 남성을 중매하였다. 바로 김성광 선교사였다. 남편 김 선교사는 1976년 5월 파라과이로 가족들이 이민을 갔다. 그는 1981년 교회부흥회를 통해 복음전도자로 부르심을 받았다. 1981~1984년까지 한국에 나와서 장로회신학대학교 대학원에서 목회학 석사과정을 공부하였다. 1984년 8월 그는 이 선교사를 만나서 11월에 약혼하였고 1985년 2월 두 사람은 시부모와 형제들이 있는 파라과이에서 결혼하였다.

　이 선교사 부부는 1990년 20명의 어린아이들을 위하여 유치원을 시작하였고 현재는 가나안 영유아원부터 기독고등학교까지 총 510여 명의 학생, 선생님과 직원 50여 명이 사역하고 있다. 김성광 선교사님은 총 이사장으로, 교장은 현지인이다. 이 선교사는 전체 행정 및 학사운영들을 총관장하며 사역하고 있다. 학교는 황금어장이므로 교육적으로 낙후된 파라과이 사람들에게 양질의 교육을 통해 개인의 삶과 국가의 질을 높이며, 학생들에게 복음을 전하기 위하여 학교를 하였다. 이들은 가나안기독학교 외에 여러 개의 교회를 개척하였으며 현재에는 3개의 교회를 돌보고 있다. 두 교회는 현지인 목사님이 목회하고 있다.

파라과이 사람들은 정이 많다. 그러나 먼저 다가와서 말을 거는 사람은 거의 없다. 항상 선교사가 먼저 다가가야 한다. 물론 자기들끼리는 잘 지내지만, 이런 작은 일도 때로는 선교사를 피곤하게 한다. 사역적인 면에서 파라과이인들의 헌신도는 기복이 심하다. 그러다 보니 언제 어떻게 돌아설지 모르므로 깊이 있게 안정된 헌신을 하도록 돕는 것이 어렵다.

전도의 자유가 없어서 어려움이 있는 것이 아니라 겉으로는 외향적인 면이 있는 것 같으면서도 내성적인 부분이 있어 이들의 신앙이 기복이 심하므로 말씀으로 꾸준히 성장하도록 돕는 것이 힘들다.

이은숙 선교사 부부가 개척한 교회의 교사와 주일학교 아이들

이 선교사는 하나님에 대한 신뢰가 한결같다. 그의 경험으로는 선교지의 언어와 문화를 습득하고 가슴으로 현지인들과 통하려면 20년이 걸리는 것 같다. 척박한 땅에 학교를 설립하여 최선을 다하여 운영하는 헌신

과 재정을 선명하게 하는 모습이 현지인들에 복음전도에 직·간접적으로 영향을 미치고 있다. 장래계획은 학교의 계속적인 발전과 교회사역의 성장을 추친하는 것이다.

후배 선교사들이나 선교후보생들에게 이 선교사가 나누고 싶은 말은 그냥 사명감만 갖고 선교지에 오면 안 된다는 것이다. 현지인을 깊이 사랑하는 마음이 있어야 한다. 그것이 없으면 매뉴얼 식으로 사역하기 쉽다. 영적인 것 외에 모든 면에서 잘 준비되어 있어야 한다. 왜냐하면 풍부한 경험을 갖고 있으면 다양한 사람과 상황에 따라 대처할 능력이 있으며, 그러한 상황가운데서도 복음전도와 성경공부를 인도할 수 있기 때문이다. 또한 육체적, 영적으로 건강한 사람이어야 한다. 국내에서도 약한 사람이 해외에 나가서 사역하는 것은 힘들다. 예를 들어, 파라과이는 사계절이 더우므로 풍토병, 새로운 사람을 만나거나 언어문화 적응 스트레스가 많으므로 이러한 것을 극복해야만 한다.

권오애[23)]

- ◆ **선교지 도착 및 사역년도** : 1985년 12월~2009년 현재
- ◆ **파송교단 또는 단체** : AIM(Africa Inland Mission 아프리카 내지 선교회)와 대한예수교장로 총회(합동)
- ◆ **선교사역지** : 아프리카 케냐
- ◆ **주요사역** : 교육, 교회개척
- ◆ **가족사항** : 남편 김순태 선교사, 자녀 1남 1녀

권오애 선교사는 강원도에서 9남매 중에 7번째로 가난한 가정에서 어린 시절을 지내며 성장했다. 큰언니가 처음으로 예수님을 믿게 되어 어릴 때부터 손잡고 교회를 나가기 시작하였고 초등학교 시절에 주님을 개

인적으로 영접하고 회심의 경험을 갖게 되었다. 큰언니는 그의 신앙 멘토이다.

예수님을 영접하고 난 후 주로 교회를 통해 정기적인 예배와 기도회 그리고 주일학교 및 성가대에서 봉사를 했다. 그는 학교를 졸업한 후에 한국전력에서 직장생

권오애 선교사와 남편 김순태 선교사

활을 하다가 결혼을 하게 되었다. 그의 남편 김순태 선교사는 1980년에 아프리카 선교에 대한 도전을 받았다. 먼저 선교사로 헌신한 남편의 선교에 대한 선교사명을 그 자신이 이해하고 헌신하기 위해 기도하는 시간을 가졌고, 책들을 읽고 선교세미나 등을 통해 하나님의 부르심을 깨닫게 되었다. 그 후 3년에 걸친 선교훈련(MTI)을 통해 구체적인 선교사 준비를 할 수 있었다. 선교사로 나가기 전 먼저 외국어에는 대한 두려움이 가장 큰 장애물이었으나 이제는 선교지에서 영어와 스와힐리어를 사역하는 데 어려움을 없을 정도로 구사하고 있다.

1985년 그 케냐에 도착하여 케리초(Kericho) 지역에서 교회개척을 중심으로 사역하는 남편선교사를 내조하였다. 아프리카 대륙의 동부지역 적도 바로 아래에 위치한 케냐는 동쪽으로 소말리아, 서쪽으로 우간다, 북으로 이디오피아와 수단, 남으로 탄자니아와 국경을 맞대고 있다. 남한의 6배 면적이며 인구는 약 350만 명 정도 된다. 국토 대부분이 해발 1,000~2,000미터 사이에 위치해 초원을 이루고 있다. 북부는 대부분이 사막지대이며 중서부 지역은 농지가 집중돼 있다. 케냐는 7세기에는 아

랍인에게, 15세기 말에는 포르투갈인에게, 19세기에는 영국인에 의해 지배를 받다가 1973년에 독립했다. 실제로 인구의 10%만이 교회에 출석하고 있으며 무슬림이 20%나 된다. 관광수입이 국가의 주 수입원을 이루고 있다. 물 부족이 심각한 케냐는 상수도원을 국가가 설치하는 것이 아니라 각주민들이 알아서 해야 할 정도로 가난한 나라이다.

나록 바이블대학(Narok Bible College)은 마사이 복음화의 센터로 현지 교회 지도자들을 일꾼으로 양성하고 훈련하는 유일한 신학교로 세워졌다. 마사이교회에 교회 지도자를 파송하는 복음화의 전진기지로 중요한 역할을 하고 있다. 김 선교사가 나록신학교에 부임하여 1999년 8월 개교하였다. 나록바이블대학에서는 평신도 지도자 훈련, 목회자 훈련, 목회자 계속 연장교육, 청소년 수련회, 주일학교 교사훈련, 전도학교와 제자훈련, 교회 여성지도자 훈련, 마사이교회 연합수련회, 각종 세미나 등을 통해서 마사이교회가 성장하도록 돕고 있다.

권 선교사는 개인적으로 고아원과 여성그룹성경공부 등을 인도하였다. 남편 김 선교사는 나록신학교(Larok Bible School)와 나록 기술학교 교장으로 사역지에서 중대한 직책을 맡아 분주하게 사역하였다. 그가 섬기고 있는 나록 AIC(Africa Inland Church)교회는 케냐에 있는 교회 가운데 가장 규모가 큰 교회이다. 이곳에서는 현지인 기술학교와 일반신학교 교육 그리고 주일예배를 함께 드리고 있다. 이 학교는 AIM 소속인 미국 선교사가 세운 신학교로서 주로는 마사이 부족을 위해서 세웠으나 15년 동안 많은 어려움이 있는 중에 두 번씩이나 문을 닫기도 했다. 그러나 지금은 김 선교사가 다시 문을 열고 마사이 부족 외에도 학생들을 받고 있으며 케냐 미전도 부족에서 온 학생도 이 학교에서 수업을 받고 있다.

케냐의 50여 부족 가운데 주로 유목생활을 하며 전통을 유지하는 원시적인 부족 가운데 하나인 마사이들은 주로 케냐와 탄자니아 국경을 중심으로 야생동물들과 함께 싸우며 거주하고 있는데, 가축지를 확보하기 위해 타부족과 싸우는 데 그 용맹성으로 유명하다. 나록은 마사이 부족의 중심으로 수도 나이로비에서 서남쪽으로 144km 떨어져있고, 마사이 부족은 나록에서도 서쪽으로 150km나 계속된다.

권오애 선교사의 사역지인 아프리카 케냐의 원주민들

AIC교회는 AIM에 의해서 탄생시켰다. AIC교단은 케냐에서 가장 큰 개신교단으로 5,000여개 교회가 소속돼 있으며 20여개의 신학교를 운영하고 있다. 나록신학교는 폐교된 학교를 인수받아 수리해서 1999년 교수 25명과 학생 110명으로 문을 열었다. 이 신학교에는 교회 지도자 훈련반, 목사 양성반, 목회자 연장 훈련반 등이 있다. 비록 2,000여 권의 서적을 갖고 있지만 케냐를 살릴 큰 꿈을 품고 원주민 신학생들은 열심히 공부하고 있다. 신학교 옆에 있는 12,000평의 밭에서 각종 야채를 수확하고 젖소 등을 기른다. 권 선교사는 신학교를 통해 더 많은 복음의 일꾼들이 길러지길 바라며 남편 내조와 사무행정 사역을 통해 사역을 도왔다. 그 중에 가장 큰 역할은 남편의 기도의 후원자로 사역하는 것이다.

김 선교사 부부는 원주민교회를 개척해서 어느 정도 단계가 되면 현지인들에게 인계해 준다. 또 현지인들만을 상대로 하는 평신도 지도자훈련도 실시하고 있다. 나록신학교를 통해 목회자양성과 원주민 기술인들을 길러내고 있다. 또 교육 사업으로 유치원과 초·중·고등학교를 운영하였다. 이 학교에서는 100여 명의 아프리카 원주민들이 교육을 받고 있다. 2006년 7월 22일 졸업식에 50명의 졸업생들이 배출되었다.

아프리카의 가뭄이 시간이 지날수록 점점 심해져가는 것을 보면서 학교에서 나무를 심어 현지인들에게 주기로 하여 우기철에 약 5,000그루의 나무를 심었다. 앞으로 5~10년 안에 심은 나무들을 통해 재목과 땔감을 얻을 수 있게 된다.

권 선교사는 2001년부터 나록바이블대학 바로 옆에 있는 나록기술대학에서 행정일을 하였다. 이 대학은 마사이 지역사회에 필요한 기술과목으로 컴퓨터, 목공, 철공, 전기, 건축기술 등을 가르치고 있다. 그동안 약 9년간 마사이 복음화를 위하여 사역하던 나록바이블대학과 나록기술대학 학장 사역을 마사이 현지인에게 지도력을 이양하였다.

2008년부터는 1999년부터 사역하던 나록신학교 사역을 현지인에게 지도력을 인계하고 현재는 AIM케냐 동부지역 지역장으로 섬기게 되었다. 케냐의 타나 강(Tana River, 약 400km)을 따라 인도양에 이르기까지 그리고 인도양 해안지역에 있는 약 10개의 미전도 사역에 대한 선교사역을 총괄 지도한다. 케냐 동부지역을 중심으로 사역하게 되며 이 지역 안에는 케냐의 10개 미전도종족과 무슬림이 많다. 복음화가 가장 낮은 선교의 전략적인 지역이다. 인도양 해안선을 따라 약 200km와 내륙으로 약 400km 길이의 타나 강 주변에 사는 사람들의 주요 종교는 이슬람이고, 이 지역은 케냐의 다른 고도지역과 달리 사막지역과 저온지역으로 일 년 내내 고온 다습한 열대성 기후로 섭씨 30~40도이다. 케냐동부 이슬람권에 속한 미전도부족 복음화를 위한 사역들과 라디오 방송매체를 통한 복음 전파를 계획하고 있다.

권 선교사의 사역이 현지인에게 미치는 영향은 가정생활을 통해 현지인들에게 좋은 본을 보이고 있다. 그의 딸은 결혼하였으며, 사위가 선교사가 되기 위하여 신학대학원을 다니며 부부가 준비하고 있다. 그는 성경적 진리위에 복음적인 신학사상을 따르고 있다.

조성숙[24)]

- ◆ 선교지 도착 및 사역년도 : 1985년 10월 29일~2009년 현재
- ◆ 파송교단 또는 단체 : 대한예수교장로회총회(합동)
- ◆ 선교사역지 : 대만
- ◆ 주요사역 : 제자훈련과 교회개척
- ◆ 가족사항 : 남편 이진희 선교사, 자녀 2남 1녀

조성숙 선교사는 3대째 기독교 집안의 개혁주의 신앙을 갖고 계신 부모님의 늦둥이 막내딸로 태어났다. 대구서현교회 주일학교에서 신앙성징을 하였으며 경북대학교를 졸업했다. 경제적으로는 별로 넉넉지 않아 근면과 절약하는 생활을 배워왔다. 그러나 고령의 부모와 후천적으로 뇌염을 앓은 언니와의 사이에서 별로 대화 상대가 없이 외롭게 성장했다.

모태 신앙으로 자연히 부모님을 따라 교회에 나가 말씀을 배우고 하나님에 대한 신앙을 가지게 되었다. 그러나 조 선교사는 고등학교 때에 로마서 8장 9절의 말씀을 통해 하나님의 자녀로서 택함 받았다는 구원의 확

조성숙 선교사와 이진희 선교사, 자녀들

신을 갖게 되었다. 1978년 집을 떠나 경북 흥해에서 교직 생활을 하면서 인간 능력의 한계를 느끼고 드디어 자기가 이끌고 가던 자신의 삶을 포기하고 예수 그리스도를 구세주뿐만 아니라 인생의 주인으로 모시게 되었다. 그때부터 하나님의 말씀의 참 맛을 깨닫고 스스로 성경을 읽기 시작했으며 하나님의 임재와 인도하심을 체험하게 되었다.

예수님을 영접한 후 마침 결혼을 결정해야 하는 과정에서 "나만 평안히 누워서 주 모른 체할까"라는 찬송을 주시면서 결혼 대상이 평신도가 아니라 주의 종의 길을 가야 하는 사람임을 확증해 주셨다. 그리고 주의 종 가운데서도 누구를 택해야 하는가 하는 분기점에서 주님은 고린도전서 6장 19~20절의 '나의 것이 아니라 주님이 값으로 산 것이 되었으니' 라는 말씀을 주시면서 결혼의 결정권이 그 자신에게 없으며 또 주님이 인도해 주시는 대로 가겠습니다라고 고백하게 하셨다. 바로 지금의 남편과 만나도록 인도해 주셨으며, 결혼이 참으로 하나님께서 짝지어 주셨다라는 것을 확신하고 결혼하게 되었다.

조 선교사는 선교에 특별히 헌신한 것은 없었지만 남편이 15세 때 회심하면서 선교에 헌신하였다. 결혼대상자를 찾을 때 이미 남편이 선교의 비전을 시사하여 혼인이 성사되면서 자신도 한몸 된 부부로서 동일하게 하나님의 뜻이 있음을 믿고 순종하게 되었다.

대구서현교회의 중고등부 학생시절부터 임원이 되어 거의 매일 교회에 가서 봉사하는 것을 무척 좋아했다. 대입시험을 앞두고 당시 부목사님께서 교회에 너무 자주 나오는 것을 우려할 정도였다. 교회 내에서 총명하고 활동적이며 팔방미인이며 여걸이라는 말을 들을 정도로 여러 가지 봉사에 참여했다. 고3 시절부터 대외적인 봉사에 참여하게 되어 1973년부터 1977년에 걸쳐 예장합동 총회 기독학생면려회(SCE) 대구 및 전국 부회장을 연임하여 전국적인 하기수양회와 동기수양회를 개최하였고, 모금, 취사, 숙박과 강사접대 등을 맡아 하기도 했다.

조 선교사는 음악에 남달리 은사와 취미가 있어서 독학하여 교회 주일학교 반주와 경북대학교 합창단 초대 반주를 하였다. 교회 내 여성중창단과 대구의 아카데미 합창단의 일원으로 활약하기도 했다. 대학 졸업 후 교직시절에는 학생들을 향해 전도 간증하며 기독교그룹을 조직하여 인도하기도 했다. 교회 대학부간사와 고등부 교사, 중등부성가대지휘 등으로 후진 양성에 조력하였다.

1980년에 결혼하여 신학생 남편의 아내요 교육전도사의 사모로서 서울에 와서 거주하였다. 선교지로 파송될 때까지 남편 내조와 자녀 양육에 전념하였다. 결혼초 부터 지금까지 가계부를 기록해 오고 있으며 1983년부터 선교사 후보생으로 선임되어 선교일지를 기록한 것이 오늘까지 약 3,000 페이지 분량으로 지속되어 오고 있다.

대만은 경제적으로 잘 사는 나라요 우상숭배가 극심하여 전도에 열매가 아주 희박하고 느린 곳이다. 이런 곳에서 개척목회를 서두로 남편의 교통사고, 사택의 화재 등 수많은 희로애락을 겪어왔다. 그러나 지난 23년의 긴 세월의 어려움을 내색하지 않으며 안식년 없이 참고 견디어오다가 우울증에 걸렸다. 영육 간에 힘든 자신의 속사정을 이해하지 못하는 자들에 대한 원망과 위로받지 못하고 억눌린 것들에 대한 쌓임 등이 남들 앞에 서거나 말할 때마다 눈물을 흘리게 되고 자꾸만 사람들을 피하게 되는 날들이 일 년 이상 지속되었다.

그러나 하나님의 긍휼과 자비하심으로 갑자기 대륙에서 추방당한 모친 같은 선교사님이 대만의 사역지로 오시게 되어 그에게 큰 위로가 되어 주었다. 그분의 사랑과 세워주심을 받으면서 눈에 보이지 않는 예수님의 사랑을 느끼게 되었으며 차츰 우울증이 사라지고 사역을 정상적으로 감당할 수 있게 되었다.

새로운 프로젝트사역으로 중국어권 신학교 설립을 위해 2007년 4월 19일에 2차 선교기지 5층 건물을 국제공항 부근에 구입을 하였다. 이를 완성하기 위하여 기도하고 있다.

조 선교사는 의식주, 관광과 감성적인 면에는 별 흥미가 없고 여성적인 애교나 인사성이 부족하다고 스스로 평가한다. 반면 영적 신앙과 지적 성경지식이나 강해연구, 논리적인 신학이나 역사, 정치 등 토론에 관심이 많고 통찰력이 있으며, 리더십과 강인함이 있어서 목회나 팀사역에 추진력이 있다. 그러나 사교성이 부족하여 인간관계에 어려움도 있다고 한다. 그는 말보다는 행동파로서 행정이나 사무처리 속도가 여러 몫을 감당할 정도로 빠르며 책임감과 인내심이 있다. 또한 그는 노동을 희생적으로 감수하나 오래 지속적으로 즐겁게는 못한다. 그의 빈틈없는 행동은 타인을 교육시키거나 신뢰하고 위임하는 일에는 약하다.

대만선교의 후원이 타 선교지에 비해 상대적으로 약하고 또 열매가 더딘 관계로 선교하며 생활하기 위해 그는 절약하며 사는 법을 터득하였으며 재정이나 회계관리 능력이 있다. 음악과 중국어에 은사가 있으며, 독학과 교회사역을 통해 습득하여 지휘, 반주, 통역과 번역 등을 감당하고 있다. 사역에 능동적이며 의욕이 넘쳐 몰두하는 면에 비해 기도훈련이 부족하며 가족에 대해 비교적 관심이 덜하고 가족을 희생시키는 편이다.

하나님이 허락하시면 대만에 중국어권 신학원을 설립하여 개혁주의 신앙의 후진들을 배양하는 것이 장래의 사역계획이다. 조 선교사는 자녀들이 하나님의 긍휼하심으로 모두 주님께 쓰임을 받는 일꾼이 되어 하나님께 영광 돌리는 것이 또한 그의 희망이다.

조 선교사는 영문교회 목회(중국인, 한인)를 위하여 행정비서로서 주보제작, 재정과 관리 등을 담당한다. 목회 및 교육을 위하여 평소 심방, 상담 외에 목사가 출타 시에는 설교를 대신 담당한다. 교회교육의 파트를 맡아 조직신학 소요리문답, 성경개론, 세례문답반 등 과목을 담당하여 가르치고 있으며 성가대 지휘와 반주 등의 교육을 비정기적으로 한다. 개척교회에서 주일밤 예배를 인도한다.

선교면에서 그는 행정담당비서로서 선교일지, 선교재정, 선교센터관리와 선교보고 등을 담당하고 있다. 대한예수교장로회 총회 해외선교부(GMS)대만선교부 서기 및 TNMI(Team Net Mission International) 팀사역 비서로 봉사하고 있다. 목회와 전도, 후원교회, 기타 사역에 관련된 접대에 힘쓰며, 중국어 번역 및 통역으로 돕고 있다. 가정에서 자녀 양육에 힘쓰며 특히 자녀의 등하교를 오토바이(1988~2009년 현재)로 도와주고 있다.

현지인들은 복음을 이국 땅에 전해 준 것과 신학교육을 받아 주의 종으로 헌신하도록 지도해준 것에 대해 조 선교사에게 감사하게 생각하고 있다. 특히 그가 개척과 목회 사역이 힘들지만 지금까지 불평 없이 인내하며 견디어 온 점, 정직과 검소한 생활로 본이 된 점, 매사에 빈틈없이 책임감 있게 성실하게 사역해 온 점, 개혁주의 신앙을 보수하고 하나님 중심, 성경중심, 교회중심의 신앙이념과 하나님의 주권과 영광을 강조한 점을 감사하게 여긴다.

조 선교사가 선교 헌신자에게 하고 싶은 말은 먼저 구원의 확신과 선교의 소명을 확인하라는 것이다. 매일 말씀과 기도생활의 훈련으로 하나님과의 바른 관계를 정립하며 삶 가운데 말씀대로 순종해야 한다. 하나님이 자신에게 사명을 감당하도록 주신 은사를 확인하고 최대한 활용하도록 힘써야 한다. 사모의 경우는 가정과 사역에서의 사명을 잘 감당하도록 해야 한다. 그는 개혁주의 보수신앙과 신학을 견지한다.

고명금[25]

- ◆ **선교지 도착 및 사역년도** : 1986년 9월~2009년 현재
- ◆ **선교사역지** : 1차 오엠국제선교회 둘로스(Doulos),
  2차 터키와 아제르바이젠,
  3차 한국본부사역, 4차 아시아 C국
- ◆ **파송교단 또는 단체** : 한국오엠국제선교회
- ◆ **가족사항** : 남편 백재현 선교사, 자녀 2남
- ◆ **주요사역** : 의료사역, 어린이사역

고명금 선교사는 이북에서 피난 와서 어려운 환경 가운데 치과의사가 되신 아버지와 간호 장교이셨던 어머니 사이에서 태어났다. 결혼 후 두 분은 잘 살겠다는 일념 하에 믿음을 떠나 일에 매달리셨다. 그러나 어렵게 시작한 사업은 화재로 인해 망하였고 5살, 3살인 남매와 남편을 뒤로한 채 어머니가 월남전에 나가야 하는 극한

고명금 선교사와 백재현 선교사, 자녀들

상황까지 몰리게 되었다. 총성이 울리는 전쟁터에서 자식들에게 돌아가게 해달라고 매달리는 어머니의 눈물의 기도는 시작되었고, 그렇게 그의 가정에서 믿음의 역사는 시작 되었다. 양가에 어느 한 사람 믿음을 가진 사람이 없는 가정에서 부모님은 어려운 형제들을 돕고 다섯째 중 셋째 아들이었지만 장남 못지 않게 부모님을 모시면서 사셨다. 어머니의 눈물과 중보의 기도는 지난 45년 간 쉬는 날 없이 매일 2시간 이상씩 계속 되었다. 지금도 어머니의 기도는 하늘 보좌를 울리고 있다. 부모님은 늘 주님께 영광 돌리는 삶을 강조하셨기에 다른 사람을 돌보는 것을 당연한 의무처럼 여기며 자랐다.

고 선교사는 초등학교 입학 당시에는 매우 병약하고 소심한 아이였다. 화장실 가고 싶다는 말을 못해 오줌을 싸버리기도 할 정도였다. 이러한 성격은 교회에서 학생부 활동을 하며 밝고 적극적인 성격으로 바뀌기 시작하였다. 교회는 고 선교사를 인정해주고 여러 활동을 통해 그의 가능성을 발견하게 해준 곳이었다.

교회생활이 좋았기에 그는 공부에 대한 부담이 있었음에도 모임을 빠지지 않았고 수련회에서는 눈물, 콧물 흘리며 기도도 해보았다. 그러나 수련회가 끝나면 전과 다름 없는 생활을 하였고 한때는 신앙은 교회생활을 즐기기 위한 하나의 수단일 뿐이있다. 그러던 중 고등학교 3학년이 되고서야 앞이 캄캄해지는 경험을 하였다. 대학을 가지 못하면 어쩌나 하는 근심은 그를 매우 힘겹게 하였다. 그때에 하나님은 후히 주시고 꾸짖지 않는 아버지시라는 생각이 들면서 그는 암담함과 좌절감을 아뢰어야겠다는 생각에 이르렀다. 골방에 들어가 무릎을 꿇고 눈물 콧물 흘리며 울기를 몇 시간, 그의 마음 가운데 그 동안 삶에 주님을 주인으로 모시지 않은 채 마음대로 자기가 주인 되어 살아온 것을 깨닫게 되었다. 그는 교만을 회개하며 자신은 아무것도 할 수 없는 나약한 존재임을 인정하며 주님을 그의 주인으로 모시는 기도를 드렸다. 그는 주님의 자녀가 되었으며 세상에서 느껴보지 못한 큰 기쁨을 느꼈다.

주님을 영접한 이후 그의 삶은 180도 바뀌게 되었다. 매일 묵상 가운데 주님의 말씀을 들었다. 매주일 예배를 통한 꿀보다 귀한 말씀은 그의 삶에 지침이 되었다. 또한 그동안 게을리 했던 학업에 전력하면서 고등학교 3학년 1년의 시간을 그의 일생에 가장 귀하고 값진 시간으로 만들어 갔다. 그렇게 1년은 지나갔고 대입 시험을 치렀지만 성적이 생각한 것처럼 나오지 않아 실망하기도 했다. 그러나 주님이 도와주신다는 것을 믿고 서울대 간호학과에 지원하였다. 1.4대 1이라는 낮은 경쟁률로 그는 자신의 성적으로는 갈 수 없는 서울대학교에 입학하는 은혜를 입었다. 그래서 지금도 사람들에게 서울대를 실력이 아닌 은혜로 들어갔음을 늘 이야기 한다.

대학을 입학하고 그는 더 적극적으로 학교 활동과 교회 활동을 하였다. 대학부에서 전도 폭발 훈련과 제자훈련을 받으며 믿음에 성장을 보였지만, 선교에 대해서는 그와는 상관없는 일로 여기곤 하였다. 예수를 믿되 지금처럼만 믿고 싶다는 마음이었다. 위험하고 고통이 따르는 길은 가고 싶지 않다는 마음이 그의 솔직한 심정이었다. 그러던 중, 학교에서 함께 큐티(Q.T.)를 하는 언니 소개로 죠이선교회의 모임에 참석하게 되었다. 모임에서 주님의 종 되심과 주인 되심에 대한 말씀을 들으며 자신의 이기적인 믿음을 보게 되었다. 주님은 그를 위해 모든 것을 내어놓으셨는데 그는 편안한 공간 안에서만 섬기겠다는 마음을 깨달으며 회개를 하게 되었다. 이런 마음을 내려놓고 주님이 원하시면 그의 인생에서 가장 아름다운 시간을 주님께 드리겠다고 기도하며 단기선교에 대한 헌신을 하게 되었다. 그 당시 그는 4학년이었고 졸업하고 병원에서 2년 정도 임상경험을 하고 선교를 나가겠다는 기도를 드렸다. 하지만 기도 가운데 강한 음성이 '너는 2년 후에 나가지 않을 것이다'라는 찔림이 있었다. 생각해 보니 2년 후면 아마도 그의 헌신은 잊은 채 좋은 사람 만나 결혼에 안주할 것임에 틀림이 없었다. 그리하여 부모님께 그의 마음을 나누고 2년만 다녀오라는 허락을 받고 오엠국제선교회의 둘로스 선교선을 타게 되었다. 이렇게 시작된 선교사역은 오엠선교회에서 남편 백 선교사를 만나면서 단기가 아닌 장기로 바뀌게 되었고, 선교선을 타고 여러 나라를 방문하면서 무슬림을 향한 간절한 마음이 생기게 되었다. 독신으로 단기 선교사로 지원하여 선교지로 나갔으며 후에 결혼하여 가정을 이루고 터키 무슬림을 향한 사역으로 발전하게 된 것이다.

결혼하고 터키에서 신혼을 시작하면서 언어를 배우고 이웃들과 가까이 지내게 되었다. 아이들을 연년생으로 낳아 결혼 초반 그의 주 사역은 아이들 양육이었다. 늘 아이들과 지내며 점점 도태되고 있다고 느낄 때쯤 유능한 동갑내기 독신선교사가 남편과 함께 사역하게 되어 그의 열등감을 자극하기 시작했다. 그가 하는 일로서 자신의 존재를 확인 받을 수 있었던 그는 선교사로 하는 일이 아이들 양육이 전부라는 현실이 자신을 무가치하게 느끼게 하였고 우울감에 빠지게 하였다. 영문도 모른 채 남편은 그의 심통을 받아야 했다. 그러던 중 남편은 자신이 일주일에 한 번 씩 아이들을 돌봐주고 그로 하여금 다른 선교사와 함께 캠퍼스 사역을 할 수 있도록 배려해 주었다. 남편의 세심한 배려로 다시 회복되는 것을 경험하며 인정받고 사랑 받기 위해서는 무엇인가 해야 한다는 강박적인 사고가 있다는 것을 깨달으며 그의 있는 모습 그대로를 받으시는 주님께 도움을 청할 수밖에 없었다.

선교지에서 있었던 일 중에 인상적인 경우는 코카서스 필드리더로 섬기고 있을 때의 일이다. 그들 부부보다 나이도 많고 삶의 경험도 많은 뉴질랜드 치과의사 가족이 1년 정도 함께 사역한 일이 있었다. 매우 철두철미하고 계획적인 이 가족에게 동양인 필드리더인 그의 가정은 늘 못마땅하고 불편한 존재로 여겨졌다. 끊임없는 비난과 질책으로 처음 좋았던 관계는 깨어지고 이해할 수 없는 행동 때문에 잠 못 이루고 둘이 무릎을 꿇는 일이 많았다. 돌아보면 문화적인 차이로 인한 오해와 개인적인 성향 차이 때문에 기인한 어려움이라는 생각을 하게 된다. 국제단체에서 오랫동안 외국인들과 사역을 했지만 리더 입장에서 팀을 이끄는 것은 더 많은 책임이 따른다는 것을 경험했다.

8년 정도 사역할 때쯤 선교단체에서 필드리더로 새로운 지역을 개척해 줄 것을 제안 받았을 때 이제는 제2의 고향이 된 터키를 떠나는 것은 죽기보다 싫은 일이었다. 아이들 교육 때문에 안 된다는 등 여러 가지 이유를 붙여 금식하며 하나님께 고집을 부릴 때 주님은 읽고 있었던 현대인의 성경 스가랴 7장을 펴게 하시고 '금식보다 나은 순종'이라는 제목을 읽게 하셨다. 뭔가로 한 방 맞은 기분이었고 그의 기도는 주님이 원하시면 가겠다는 기도로 바뀌게 되었다. 그렇게 옮긴 아제르바이젠에서의 5년의 사역은 남편과 그의 가족에게 너무나 큰 만족과 감사를 선물로 주었다. 난민사역을 위해 치과 병동으로 무료 진료뿐 아니라 고아원을 방문하며 말씀을 가르칠 수 있었고 현지 교회를 도우며 아름다운 열매를 볼 수 있도록 하셨다. 순종하지 않았다면 그런 기쁨을 누리지 못했을 것이다.

고 선교사의 남편 백 선교사가 한국 오엠국제선교회 대표(2003년~2008년)로 국내에서 행정사역을 마칠 즈음 사역지에 다시 선교지로 나가 개척사역을 해야 한다는 부담감이 생겼다. 나이가 들어 과연 언어를 빨리 배울 수 있을까 하는 걱정이 있었고, 선교사로서의 경력은 오래 되었지만 다시 새로운 사역지의 신참과 같은 입장에서 겸손히 배울 수 있을까 하는 우려도 되었다. 하지만 그와 남편은 더 겸손한 마음으로 지금까지의 사역을 한 편에 내려놓은 채 겸손하게 배우고 섬기기를 기도했다. 또 한 가지 걱정은 고3인 큰아들을 두고 떠나는 것도 마음에 어려움이 되었다. 부모의 사역을 축복해 주며 걱정하지 말라는 아들이 대견하긴 했지만 그 아이가 느낄 쓸쓸함을 생각하니 많이 미안했다.

고 선교사는 사람들이 편안히 가까이 하고 싶어 하는 성격을 가지고 있어 선교사역 가운데 큰 도움이 되었다. 적극적이고 긍정적이며 책임감 있는 그의 성격은 일을 맡기면 잘 마무리 한다는 신뢰를 갖게 한다. 사람들의 반응에 민감한 점은 관계에서 장점으로 작용하기도 하지만 쉽게 스트레스를 받기도 한다. 다른 사람의 비유를 맞추고 갈등을 회피하는 그의 패턴은 대인관계에서 쉽게 지치게 한다.

한국에서 상담을 공부하면서 알게된 것은 자신이 쉽게 죄책감을 느끼고 문제를 고 선교사의 탓으로 돌리고 그 자신을 억제한다는 것이다. 상대와 상황만 생각하는 입장을 조금씩 수정해가게 되었다. 그는 자신이 자신을 존중하고 사랑하지 않는다면 그의 사랑과 섬김은 소리 나는 꽹과리에 불과하다는 것을 알게 되었다.

한국 본국 사역기간 동안 상담을 공부하고 교회에서 상담사로 섬길 수 있는 기회를 가질 수 있었던 것은 현장 사역자로 다시 부름을 받도록 하기위한 하나님의 큰 계획 중 하나였다는 확신을 하게 되었다. 현장에서 심적으로 어려움을 겪는 선교사들이나 선교사 자녀 그리고 미래의 선교 자원인 디아스포라들의 상담과 교육을 감당하기를 희망한다.

선교는 주님의 주권에 달려 있다. 1999년 어느 주일 현지 교회에서 예배를 드리다가 경찰에게 잡혀간 일이 있었다. 아이들까지 유치장에 5시간 이상 갇혀 있었던 일이 있었다. 예배가 불법집회라는 이유와 법질서를 무너뜨렸다는 죄명으로 추방을 당하게 되었다. 베드로전서 1장 6절 말씀을 통해 잠시 근심하나 곧 크게 기뻐할 것이라는 말씀을 주셨지만 결과적으로는 추방을 당하고 말았다. 한국에 돌아온 지 3일 만에 미국 대사가 아제르바이젠 대통령을 만나 이 사건을 이야기하였고, 대통령의 특령으로 고 선교사 가족은 다시 돌아가 나머지 사역기간을 감당할 수 있었다. "주님이 열면 닫을 자가 없고 닫으면 열 자가 없다"는 것을 경험했다.

아제르바이젠 현지의 형제, 자매들과 매주 고아원을 방문한 것은 너무나 큰 은혜의 시간이었다. 공과내용을 함께 준비하고 자료를 만들고, 아이들에게 보여줄 연극을 준비하며 함께 기도하고 함께 사역하는 큰 기쁨을 맛보았다. 특히 아이들의 마음이 변화되고 바꾸는 모습을 바라보며 함께 주님을 찬양했던 시간은 무엇과도 바꿀 수 없는 귀한 시간이었다. 고아원 사역을 5년간 하고 현지교회에 이 사역을 위임하고 떠나올 수 있었던 것은 선교사역이 선교사에 의해서만이 아니라 현지인에게 이어지는 좋은 모범이 되었다고 생각한다.

특히 어린이들을 위한 찬양테이프를 천지창조부터 예수님의 죽음과 부활까지 이야기와 노래를 엮어 편집할 수 있었던 것은 사역지를 떠난 이후에 어린이 선교에 큰 공헌을 한 것이라는 평가를 받기도 하였다. 또한 함께 사역했던 현지 형제, 자매들은 자신들이 가지고 있는 달란트를 발견하고 발전시키며 주님의 일에 쓰임 받는 다는 기쁨을 누릴 수 있었다고 한다.

선교는 내가 가진 신앙이나 문화에 대한 우월의식을 갖고 나아가는 것이 아니다. 주님께서도 하늘의 모든 영광을 버리고 이 땅에 우리 인간들과 똑같이 태어나신 것처럼 우리도 겸손히 현지인들에게 다가가야 한다. 만약 우리는 우리가 가지고 있는 것을 우월하다고 생각하고 가난한 현지인들을 개조 대상으로만 바라본다면 귀한 복음의 메시지는 전달되지 않을 것이며 거부당할 수 있다. 겸손한 가운데 자신의 귀한 선물을 친구에게 나누어 준다는 마음이 필요하다.

후배 선교 헌신자에게 고 선교사가 하고 싶은 말은 선교사역에 몸담은 지 23년째를 맞지만 선교는 특권이라는 생각을 저버릴 수 없다는 것이다. 타문화에서 받는 여러 가지 어려움들이 더 큰 스트레스로 다가올 수도 있지만, 그때 그때마다 협력하여 선을 이루시는 주님의 기적을 가장 가까운 데서 체험하는 은혜를 누릴 수 있음을 경험하였다.

하나님은 만물을 창조하시고 타락한 인간의 회복을 위해 이미 창세기 3장 15절에서 예수 그리스도의 탄생을 선포하셨다. 마태복음 28장 19절은 단지 신약에 나타나는 하나님의 지상명령 뿐 아니라 성경전체에 하나님 나라의 회복과 타락한 세상을 구원하시려는 하나님의 구체적인 계획이 적혀 있다. 선교는 창세 이후 하나님의 오랜 계획이다. 그러므로 믿는 자들은 하나님의 나라의 도래와 회복을 위해 최선을 다해야 한다. 신약성경에서는 교회의 존재이유를 세상에 그리스도의 복음을 전하는 것이라고 정의하는 것에 고 선교사는 동의한다.

김복향(Patricia Kim)[26]

◆ 선교지 도착 및 사역년도 : 1987년~2009년 현재
◆ 파송교단 또는 단체 : 1차 SIM(Serving Inland Mission),
　　　　　　　　　　　 2차 대한예수교 장로회총회(합동)
◆ 선교사역지 : 남미 페루
◆ 주요사역 : 교회개척
◆ 가족사항 : 남편 김병균 선교사

김복향 선교사의 사역지 페루의 인구는 약 2,754만 명이다. 수도는 리마이며 인구가 가장 밀집되어 있다. 최다 종족은 케추아 인디언으로 전체인구의 약 절반이지만 그 밖에 혼혈족 메스티소와 백인들도 상당수를 차지하며 흑인, 아시아계도 소수다. 주민의 약 70%가 스페인어를 쓰고 국민의 98%이상이 카톨릭이다. 국민의 5분의 2가 15세 미만이며 인구의 70%가 도시에 산다. 젊은 세대의 엄청난 출산율로 대부분 가난하며 사회적 경제적 발전에 어려움을 겪고 있다. 유아 사망률이 매우 높고 특히 시골이 그렇다. 고산지역인 해발 2,500미터의 아레키파 지역으로부터 해발 4,500미터의 비라코 지역까지 잉카문명의 후예들인 인디오들이 거주하고 있다. 그들은 본래 페루의 주인임에도 불구하고 정부로부터 아무 혜택도 받지 못하는 소외된 종족이다. 비라코 지역은 인간의 위험 한계인 4,000미터를 넘는 고산지역이기에 현대문명의 발길이 거의 닿을 수 없는 곳이다.

김복향 선교사는 믿지 않는 가정에서 3남매의 둘째로 태어났다. 그는 성탄절에 교회에서 노래하는 것이 즐거워서 교회에 가기 시작했다. 초등학교 2~3년부터 교회에 나가기 시작하였으나 부모님이 교회에 나가는 것을 반대하였다. 중학교 시절, 우수한 학생이었으나 예배를 사모하여 중학교 3학년 때에 교회부흥회에 참석하고자 수업을 살짝 빠져나와 참석한 적도 있다. 그 당시 부흥회는 하루에 3번씩 모임이 있었다. 학교에서 교실 바닥에서 기도하는 등 열심 있는 신앙의 모습 때문에 학교에서도 소문이 났다. 중학교 이사장이 불러서 갔는데 성경을 선물로 주었다.

하루는 금식하며 산기도를 갔었는데 기도원에서 설교를 들으면서 자신이 전도자가 된다면 잘할 수 있을 것 같은 마음을 갖게 되었다. 학교를 졸업하고 행정공무원으로 7~8년 근무하였다. 신학교를 졸업하고 전라남도 진도섬에 들어가서 1953년에 세워진 오래된 교회에서 8년간 단독목회를 하였다. 그는 텐트에 살면서, 오토바이를 타고 이 마을 저 마을을 방문하면서 순회복음사역을 시작하였다. 그는 어촌의 남성들은 전통적으로 여성들을 경시한다는 것을 느꼈다. 조상을 숭배하던 농부들도 그의 가르침에 반대하였다. 이러한 그들의 태도가 바뀐 것은 김 선교사가 주민들의 논을 경작하는 것을 돕고, 또한 생계를 위해 양봉하는 것을 지켜보면서였다. 진도섬에서 사역하는 동안, 그는 세계의 다른 지역의 미전도 부족을 위한 선교 비전을 갖게 되었다.

1987년 SIM 국제 선교단체에 가입하여 미국에서 4개월간 선교훈련을 받은 후에, 인디오들에게 복음을 전하기 위해 39세의 독신의 몸으로 페루에 도착하였다. 김 선교사는 굶주린 어린이들에게 콩가루를 끓여 아침식사를 제공하는 일부터 시작했다. 그 후 4년간, 그는 혼자서 선교센터를 세우고 기틀을 다져나갔다. 그러던 중 한국에서 선교센터의 일을 돕기 위해 김병균 선교사가 오게 되었다. 선교센터사역의 중요성을 인식한 한국에서 두 사람을 파송한 교회의 중매로 그들은 1994년 결혼하였다.

김 선교사 부부는 교회를 개척하고, 탁아소와 직업훈련소 운영 등의 사역을 하고 있다. 페루는 1987년 이후 화폐개혁을 두 차례나 실시하는 등 경제적으로 불안한 상태이며 일자리는 부족하다. 카톨릭 국가여서 산아제한을 못하여 인구증가율은 높다. 페루 전체의 경제사정이 어려우니 소외계층인 인디오들의 형편은 더욱 어렵다. 인디오 어린이 급식을 확대시켜 꼬메도르(복지식당)로 발전시켰다. 어린이뿐만 아니라 인근 주민, 선교센터에서 기술을 배우는 학생들에게 아침과 점심을 제공하고 있다. 급식 다음으로 중요한 일은 경제적 자립이기에 김 선교사는 선교센터 안에 직업훈련센터의 문을 열었다. 이 훈련센터는 페루 교육부의 위탁교육기관으로 운영되고 있으며 컴퓨터, 용접, 편물, 봉제, 미용 등을 가르친다. 이

중에 기계·기술 관련분야는 남편 김 선교사가 많이 강의한다. 선교센터에는 두 개 학급의 탁아소 겸 유치원도 있다. 맞벌이를 해도 하루 한 끼 먹기가 힘든 인디오 가정의 아이들을 부모가 마음 놓고 일할 수 있도록 먹이고 가르치고 돌보기 위해 유치원을 마련한 것이다.

해발 4,500m의 비라코 인디오마을은 의료 혜택이 전혀 없는 지역이기에 직접 약품 상자를 들고 다니며 인디오들의 몸과 마음을 돌보고 있다. 아레키파는 모래산 수도 리마에서 약 1,000km 남쪽에 위치한 페루 제2의 도시이다. 날로 사막화가 진행되어 도심을 제외하곤 온통 모래산이다. 물도 없고 일거리도 없는 황무지 아레키파의 달동네인 빠짜꾸떽에서 제일 먼저 시작한 일은 탁아소 겸 유치원사역이었다. 일거리를 찾아 부모가 외출한 사이에 방치된 아이들을 돌봐주기 위해서였다. 아레키파시에서 운영하는 탁아소들도 있지만 카톨릭의 영향으로 페루 원주민들은 산아제한을 하지 않기 때문에 탁아소의 숫자는 턱없이 부족하다.

탁아소 운영에서 가장 중요한 일은 어린이들을 제대로 먹이는 것이다. 코코아로 시작한 아침급식이 지금은 따뜻한 코코아 한잔과 빵을 먹이고 있다. 형편이 어려웠던 초창기엔 아침마다 콩죽을 쑤어서 준 적도 있다. 또한 그들이 운영하는 사라식당도 있다. 원래 페루에는 서민들이 집집마다 밥을 하지 않고 50가구에 하나꼴로 운영되는 식당을 실비로 이용할 수 있는 사회복지제도가 있다. 사라식당은 꼬메도르 마저도 이용할 수 없는 극빈층을 위해 무료로 음식을 제공한다.

또한 아레키파의 대표적인 달동네와 행려병자수용소를 방문하여 휠체어를 고쳐주기도 한다. 아레키파시 외곽의 산동네 헌터시는 아레키파에서 가장 규모가 큰 빈민촌으로 물과 전기, 의료의 혜택을 전혀 받지 못하는 곳이다. 김 선교사 부부는 그곳에 간단한 의료기구와 약품 등을 제공한다. 김병균 선교사는 의사가 아니지만 의무병 시절에 배운 것이 있기에 혈당을 재고 결과에 따라 식이요법의 요령을 알려주는 것 등을 한다. 아레키바에는 시립 탁아소가 18개 있

김복향 선교사가 운영하는 사랑식당

다. 이들 부부는 18개 탁아소를 순회 방문하여 필요한 물품을 가져다주기도 하고 상담도 한다. 행려병자 수용소를 방문하여 옷가지를 전달해주고 올 때마다 김병균 선교사는 수용소 전체를 소독해주며 해열 진통제나 소염제 같은 상비약도 전달해 준다.

　해발 4,500m의 비라코는 아레키파에서 차로 6시간 올라가야 있는 안데스의 고산마을이다. 잉카의 전통이 지켜져 내려오는 비라코 마을에는 김 선교사 부부에 의해 세워진 비라코교회가 있다. 비라코교회 역시 예배를 드릴 뿐 아니라 인디오 청소년들의 미래를 위한 교육활동 시설을 갖추고 있는 선교센터로 활용되고 있다. 또한 민간요법 외에는 별 치료방법이 없는 곳이기에 김 선교사 부부가 마을에 온다는 소문이 나면 왕진을 요청하는 가정이 많다. 김 선교사 부부는 이런 사역을 감당하기 위해 NGO단체를 설립하였다.

　2005년 7월부터 '움직이는 교회' 버스를 제작하여 김병균, 김복향 선교사의 움직이는 교회로 사용하고 있으며 이 버스로 볼리비아, 파라과이 등

까지 방문하였다. 찬양사역은 시대적인 선교 사명을 감당하기 위해 핵심 장비인 이동버스가 구입된 후로 초교파적으로 연합전도사역을 하고 있다. 특별히 찬양사역에 집중하고 있다. 많은 일들로 인해 몸은 피곤하지만 남미 땅 곳곳에서 주님께 올려드리는 찬양의 소리가 가득해 하나님께 영광 돌리는 도구로 쓰임 받고 있다. 김복향 선교사가 개인적으로 가장 좋아하는 성경구절은 요한복음 3장 16절이다.

좀 더 나은 환경과 시설을 갖추고 새롭게 시작했던 컴퓨터, 양재, 미용, 자동차 정비, 용접 실습 서비스반 학생들이 2006년 12월 20일 졸업생 40명이 수료식을 가졌다. 학생들은 채플예배와 각반 성경공부시간을 통해 주님을 알게 되었고, 예배에 관심을 가지게 되었다.

영아원, 유치원 Pei Dronoi에 40명의 어린이들이 있다. Pedro Lovon 목사가 시무하는 Enace 교회가 개척한 지 5년 만에 새 성전을 건축하고 헌당예배를 드렸다. Cesar Ojeda 목사가 시무하는 Santa Rosa 교회에 성도들이 배로 부흥이 되어 100여 명의 성도들과 함께 2층을 증축하였다. 2007년도에 개설된 기독교 음악학교를 위해 교실 3동을 추가로 기술학교를 증축하였다.

오봉명[27]

- ◆ 선교지 도착 및 사역년도 : 1987년 6월 22일~2009년 현재
- ◆ 파송교단 또는 단체 : 대한예수교장로회(합동)
- ◆ 선교사역지 : 아프리카 나이베리아
- ◆ 주요사역 : 제자훈련, 교육사역, 의료사역
- ◆ 가족사항 : 남편 조형섭 선교사, 자녀 1남 1녀

오봉명 선교사는 한국교회 초창기에 복음을 받아들인 친정 할아버지의 영향으로 3대째 신앙을 물려받아 모태 신앙으로 어릴 적부터 신앙생활을

했다. 그가 중학교 다닐 때 성령 체험을 하고 주 예수님이 자신의 구주가 되심을 고백하였다. 그 이후 계속 열심히 신앙생활을 해 오면서 어떤 문제가 생길 때마다 첫 번째는 그가 어떤 결정을 내려야 하나님이 기뻐하실까 생각했고, 두 번째는 부모님

쌀을 나누어 주는 오봉명 선교사

의 이름을 욕되게 하지 않겠다는 결단을 하며 살아왔다.

오 선교사는 결혼 전에는 소록도에 가서 봉사하고 싶다는 생각을 했고 결혼 후에는 남편이 선교에 대한 부르심을 받아 같이 선교에 동참하게 되었다. 선교지에 가기 전에는 간호장교로 복무를 했고, 제대 후에는 간호사로 근무하였다. 아프리카의 현지인들이 약이 없어 치료를 받지 못하여 죽는 사람들이 많다는 이야기를 듣고 선교지에 가게 되었다.

선교지에서 현지인 교회개척, 예배당 건축 등 열심히 사역하던 중, 3년 만에 내전이 일어나 오 선교사 가족은 선교지를 잠시 떠나게 되었다. 그 다음에 선교지에 다시 들어간 후에는 거의 매일 총소리를 들으며 살았다. 전쟁 후 도시의 건물이 무너지고 피폐하여 시골에서 수도로 올라온 사람들이 무너진 건물에 천막을 치고 생활하며 양식과 옷이 없어 굶주릴 때에 쌀, 옷, 약품 등을 14년 전쟁 기간 동안 나누어 주었다.

양식이 없고 약이 없어 풍토병에 걸려 죽고 굶어 죽고 또 전쟁의 상처와 후유증으로 많은 사람들이 죽어 가는 것을 보았다. 할 일은 많았지만 전쟁 지역에 선교하겠다고 오는 선교사는 없었다. 전쟁 기간 동안 선교비 후원이 줄어 부족한 선교비를 쪼개어 그들과 같이 닭이나 짐승들의 모이

로 주는 밀기울 같은 것을 나누어 먹으며 생활하기도 했다. 또한 수많은 사람들이 맨발로 와서 쌀이나 양식 약품 등을 도와 달라고 할 때 더 많은 쌀을 나누어 주지 못하고 그들의 몸을 가릴 많은 옷을 주지 못해서 마음이 아팠다. 전쟁으로 인해 물자나 양식, 약품 등이 들어오지 않아서 모든 물건들이 비싸고 부족했다. 자주 대민 진료를 실시하여 의료 봉사를 했고 전쟁으로 모든 학교가 문을 닫자 피난민들을 위해 학교를 개설하여 교장으로 재직하였다. 아이들을 모아 공부를 가르치며 장학 혜택을 주어 많은 학생들을 배출하게 되었다.

또한 남편과 같이 이슬람권 오지에 들어가 종교 영화를 상영하고 말씀을 증거하고 대민 진료를 하고 쌀과 중고 의류를 나누어 주었다. 약을 써 보지 못한 사람들이라 항생제를 한 번만 먹어도 큰 효과를 본 현지인들이 병이 나았다고 감사 인사를 할 때에는 마음이 무척 기뻤다. 그 후 그들이 마음 문을 열게 되어 진료를 한 곳 마다 예배당을 세우고 교회 부흥의 역사가 나타나기도 하였다. 홀리룰교회와 크로종타운교회가 그러하였는데, 홀리룰교회는 예배처소가 없어서 예배를 드리지 못하던 교회였다. 하지만, 2년 만에 150여 명의 성도들이 모여서 하나님을 찬양하며 예배드리게 되었다. 크로종타운교회는 현재 30여 명의 성도들이 모여 예배를 드리지만 매주 성도들이 증가되고 있다는 기쁜 소식이다.

토속 종교와 이슬람이 토착화 되어 있는 오지 마을 인근 주민들이 모두 복음화 되도록 선교의 사명을 다하고 있다. 남편선교사는 오지에 교회를 개척하고 예배당을 지어 주기 위해 일주일에 두 번씩 오지에 가서 그들과 함께 교회를 짓고 제자 훈련에 주력하고 있으며, 컴퓨터 기술학교를 운영하며 라이베리아 태권도 협회를 돕고 있다.

오 선교사는 간호사 자격으로 21년간 진료사역과 교육 부재의 아프리카에서 교육부 허가를 받아 초·중·고등학교에서 사역을 하고 있다. 학교사역을 통해 학생들과 학부형들을 만나는 기회를 가지므로 그들과 접촉점을 찾고 복음을 전파하고 있다. 학교에 성경 과목을 넣어서 성경을 가르치며 매일 아침에 전교생이 경건의 시간에 성경을 한 구절씩 암송하게 한다. 또한 쿠키, 빵 등의 제빵 기술을 그들에게 가르쳐서 생업의 터전을 마련토록 돕고 있다.

장래 사역은 시골 지역 만평 가량의 부지에 병원과 유·초·중·고등학교를 지어서 의료 혜택을 받지 못하는 사람들을 돕고자 계획하고 있다. 학교 문턱에도 가보지 못한 아이들을 모아 공부를 가르치고 또 성경을 가르쳐서 차세대 선교사 및 지도자를 키우는 것이 오 선교사 부부의 소망이다.

지난 22년간 사역 중에 14년간 내전이 계속 되었지만, 꾸준히 그들과 같이 동고동락한 덕분에 라이베리아 시골 어느 곳을 가도 오 선교사 부부가 세운 교회가 잘 알려져 있어서 지금은 사역하는 데 조금도 어려움이 없다.

오 선교사는 선교지망생들에게 현지인들을 향한 뜨거운 사랑과 복음 전파에 대한 열정을 갖고 자신만의 특별한 달란트를 가지고 사역에 임하라고 격려한다. 부인선교사들은 남편의 그늘에 가려 자기 자신만의 사역이 없으면 도태되기 쉽고 자신감 상실, 낮은 자존감, 우울증이 생기기 쉽다. 그러므로 부인선교사들도 자신이 어떤 사역을 맡아서 열심히 봉사한다면 성취감을 갖게 되며, 현지인과의 잦은 접촉으로 복음 전파에 많은 유익을 줄 것이라고 조언한다.

라이베리아는 2003년 이후 내전이 종식 되고 UN에서 많은 군인들이 들어와 있다. 또한, 수백 개의 NGO 단체들이 들어와서 라이베리아 사람들을 돕고 있다. 문화적 혜택을 받을 수 없는 지역에서 두 자녀들의 교육과 식생활, 가족들의 건강 등을 모두 책임지면서 감당하여 왔다. 전쟁으로 인해 자녀들이 수많은 위험에 노출이 되었고 학교가 문을 닫으므로 정상적인 교육이 어려웠다. 그러나 하나님의 도우심으로 현재는 두 자녀가 다 대학을 마쳤다. 하나님의 은혜 가운데 오랜 기간 전쟁으로 피폐된 나라에서 어린 시절을 보내며 공부했던 자녀들이 하나님의 기적적인 은혜로 무사히 대학을 졸업할 수 있게 되어 감사드린다. 딸 한나는 졸업 후 한국에서 의사가 되어 병원에서 수련의로 근무 중이며, 요한이도 군 입대를 위해 준비 중이다.

오 선교사는 1990년 전쟁 이후로 나라 전체에 전기, 수도가 공급되지 않고 빗물을 받아쓰고 시원한 물을 마시지 못하는 나라에서 성장한 자녀들이 라이베리아를 싫다하지 않고 아직도 선교지를 사랑하고 선교지 음식을 그리워하는 것을 보면서 자녀들도 선교사로 헌신하여 하나님이 영광을 받으시리라고 믿는다.

모두 맡아서 감당해야 하는 선교지의 특성 때문에 오 선교사는 1인 3~5역 정도를 감당하고 있다. 남편과 가능한 사역을 구분하여 하되 불가피하게 가장 가까운 선교 동역자로 협력 사역하고 있다. 그의 신학 사상은 모든 일을 통해 하나님께 영광을 돌리며, 오직 믿음, 절대 헌신을 강조하며, 사도행전 20장 24절과 21장 13절 말씀을 좋아한다.

5. 1990년대

하천사(본명: ㅊㅁㅎ)[28]

◆ 선교지 도착 및 사역년도 : 1991년 9월~2009년 현재
◆ 파송교단 또는 단체 : SIM(Serving Inland Mission)선교회
◆ 선교사역지 : 아시아 P국

◆ 주요사역 : 제자훈련
◆ 가족사항 : 남편 OOO 선교사, 자녀 1남 1녀

하천사 선교사는 1990년 2월 독신선교사로 파송되어 독신으로 1991년~94년까지 P국에서 사역하였다. 1995년 안식년으로 한국에 들어와 1995년 6월에 결혼을 하고 7월에 남편과 함께 파송을 받아 현재 P국에서 사역하고 있다.

하 선교사는 부모님 모두가 철저하게 불교에 심취한 가정에서 태어났다. 초등학교에 입학하기 전에는 어머니를 따라 절에 다니기도 하였다. 그러나 초등학교를 입학하면서 친구를 따라 동네 교회에 나가기 시작했다. 초등학교 6학년 때 하천사가 예수님을 영접하고 난 후부터 부모님의 핍박이 시작되었다. 12년 동안 거의 매일 눈물로 생활을 하였다. 1987년 그가 신학교를 졸업하던 해에 하나님께서 그의 아버지의 위암을 기적적으로 치료하여 주셔서 이로 인하여 온 식구들이 주님께로 돌아오게 되었다.

온 가족들의 신앙이 자라나는 데는 많은 시간과 환란들이 있었지만 지금까지 잘 성장하여 가고 있다. 아버지는 2007년에 주님 곁으로 가셨고, 어머니와 언니는 권사로서, 주님을 섬기며 여동생은 목회를 하고 있고 남동생들의 신앙도 조금씩 성장하고 있다. 핍박 속에 받았던 훈련들이 그가 P국에서 혼자 설 수 있도록 한 아름다운 훈련이었음을 고백한다. 하 선교사는 시골에서 중학교까지 다니고 고등학교부터는 수원에서 자취생활을 했다. 그 당시 시골에서 그의 집은 유지처럼 잘 살았지만 그는 예수님을 믿는다는 이유로 경제적으로 훈련을 많이 받으면서 자랐다.

하 선교사는 어려서부터 금요철야, 새벽기도에 열심히 참석했다. 철야기도를 하던 어느 날 새벽 2시경 예수님께서 밝은 빛으로 기도 중에 찾아오셨고 예수님이 그를 위해 죽으셨고 그를 구원해 주셨음을 보여 주셨다.

하나님의 살아계심을 체험했으며 주님은 그를 위로해 주셨다.

예수님을 개인의 구주로 영접한 이후, 하 선교사는 구원해 주신 그분만을 위해 살기로 거듭 다짐하며 기쁨과 소망의 삶을 살기 시작했다. 많은 것들이 긍정적으로 적극적으로 그에게 다가왔고 감사가 넘치는 삶이 되었다. 그의 내성적이고 소극적인 생활이 적극적이며 최선을 다 하는 생활로 바뀌었다. 특히 복음에 빚진 자가 되어 믿지 않는 이들과 나누려는 삶이 되었다.

중학교 2~3학년 때 하 선교사는 예수님을 위해 가장 고상하고 귀한 삶이 무엇일까? 늘 기도하던 중 여전도사로 살다가 여선교사로 헌신하는 길이라고 생각하여 뜨겁게 소원했다. 중학교 3학년 때 어느 주일 목사님은 "너희 자녀들 중에 선교사로 가야 한다"는 설교를 하셨다. "너희 자녀들 중"이라는 말씀이 불편했다. 왜냐하면 그의 부모님은 아직 예수님을 믿지 않기에 이곳에 없지 않는가? 하는 생각이 들었다. 목사님은 3주 연속 선교에 관한 설교를 하셨고 주님은 하천사가 가야 할 것을 말씀하셨다. 그 날부터 검은 대륙 아프리카를 꿈꾸게 되었고 그것이 동기가 되어 매일 선교사로 나가기를 소원하며 기도하였다. 검은 대륙 오지만을 생각했기에 P국은 하천사에게 전혀 힘들지 않은 선교지로 여겨졌다.

선교사로 나가기 전, 하 선교사는 신학교에 입학하면서 담임 목사님의 추천으로 전도사 고시를 보고 바로 전임전도사로 임명을 받았다. 전도사로서 심방, 청년회, 중고등학생회, 주일학교 등 모든 부서를 맡아서 많은 것을 익히며 경험을 했다.

1991년 하 선교사는 처음 P국을 밟았을 때 보여 주셨던 그분의 구원의 큰 그림(이사야 49장)을 따라 서진하며 사역을 하고 있다. 기쁨과 감사함으로 그분의 비전 앞에 순종해 가는 것이 희망사항이다. 어두운 곳곳에서

등대처럼 빛을 비추는 삶을 살면서 순종하는 것이 그의 기쁨이다.

P국 인구의 97%가 무슬림들이다. 1.8% 정도가 기독교인들인데 그중에는 명목상의 그리스도인들이 너무 많다. 많은 선교사들이 그들을 대상으로 일을 하고 있다. 북쪽은 2005년 지진 이후 하나님이 문을 여셔서 무슬림들을 대상으로 보이지 않게 일이 진행되고 있다. 하천사와 그의 남편은 지진 이후 NGO와 협력해서 그들이 사는 지역에서 1시간 떨어진 곳에서 무슬림 여성들을 대상으로 기술학교를 열어 현지 교회와 협력하여 사역을 하고 있다. 무슬림 여성들을 대상으로 세미나와 상담을 하며 접근하고 있는데, 빠른 속도로 때가 급하시매 그분이 일하심을 피부로 느끼고 있다. 다만 하 선교사 가족은 있는 자리에서 순종하고 있는 것이다.

많은 부인들이 남편의 그늘에서 사역이 가려져 있지만 하천사 가정은 다르다. 남편이 적극적으로 하천사의 사역을 격려하며 이끌어 준다. 무슬림 여성들을 대상으로 사역하는 것도 남편이 뒤에서 행정과 리더를 철저하게 해주어 그가 앞에서 여성들을 대상으로 사역할 수 있도록 도와준다. 항상 이 영적 전쟁에서 승리 할 수 있도록 같이 기도하며 분별해 주고 있다.

주말의 교회 사역도 많은 부분을 배려해 주고 특히 하 선교사가 사역할 수 있도록 아이들을 키우고 돌보는 데에도 남편이 몫을 감당해 준다. 사춘기에 접어든 딸아이와 자라가는 아들을 보며, 하 선교사는 그분 앞에 내려놓아야 하고 배워가며 할 일이 더 많음을 깊이 느낀다. 독신이었거나 결혼을 했어도 무심코 지나칠 수 있었던 부분들을 하나님께서 아이들을 통해 풍성하게 채우시며 세워 가시니 감격스러울 때가 많다. 외부에 많은 사역들이 있지만 자녀 양육이 그의 생애에 가장 귀하고 복된 사역이라 고 고백한다.

2007년 11월에 새로 이전한 교육센터에는 어린이 9명과 여성 45명이 등록하여 컴퓨터, 영어, 문맹퇴치교육을 받고 있다. 2007년 12월 중순에는 교육생들이 동네 사람들을 초청해 발표회를 하였다.

하 선교사는 무슬림 여성들을 대상으로 세미나와 상담을 통해 교제하고 있다. 무슬림 여성들은 상담을 통해 자신들이 가지고 있는 고부간의 갈등, 부부간의 불화, 자녀 교육의 문제점, 결혼에 관한 고민 등 많은 문제들을 이야기하며 해결책을 찾기를 갈망한다. 무슬림 여성들과의 교제를 통해 영향을 미칠 수 있는 것은 그들의 삶에 진정한 변화를 있도록 하는 것이다. 많은 여성들이 마음의 문을 열고 교제하기를 원하며, 하나님의 도우심으로 많은 문제들이 해결되며 특히 한계에 부딪힐 때 예수님의 이름으로 기도해서 응답받는 체험들을 하고 있다. 사역을 준비하며 하 선교사 자신에게도 많은 변화가 있었고, 현지인들에게도 긍정적인 영향을 주고 있다. 교회 사역에서도 말씀을 삶과 연결해서 나눌 때에 하 선교사는 성령께서 교사들과 아이들을 만지시는 것을 볼 수 있었다.

후배 선교 헌신 자에게 하 선교사는 선교지에 오기 전에 많은 외부적인 부분들을 준비하지만, 성격테스트를 비롯해 많은 인성훈련이 필요하다고 한다. 사람 사는 곳은 어디나 관계가 중요하듯이 선교지도 예외는 아니다. 동서양을 막론하고 선교지를 포기하고 본국으로 돌아가는 많은 선교사들의 문제가 성격차이, 관계상의 문제이다. 그들이 떠날 때는 아이들 교육, 가정 문제 등등 이유를 말하지만 실제로는 성격차이로 같이 일을 할 수 없기에 사역지를 바꾸거나 떠나는 것이다. 내 성격을 바로 알고 남의 성격이 나와 다르다고 인정하고 받아들인다면 많은 부분들에서 서로에게 상처를 주고, 받는 것을 최소화하게 될 것이다.

김영이[29]

- ◆ **선교지 도착 및 사역년도** : 1992년 2월 19일~2009년 현재
- ◆ **파송교단 또는 단체** : 기독교한국 침례회 해외선교회
- ◆ **선교사역지** : 남태평양 피지 공화국
- ◆ **주요사역** : 간호사 사역, 교회개척
- ◆ **가족사항** : 남편 류병팔 선교사

김영이 선교사는 조상을 섬기는 유교집안이며 농사를 짓는 평범한 가정의 둘째 딸로 태어났다. 그가 살던 시골 동네 교회의 유년 주일 학교에 자연스럽게 다니기 시작하면서 예수님을 믿게 되었다. 그는 예수

김영이 선교사와 남편 류병팔 선교사

님 보시기에 아름다운 삶을 살려고 노력하며 특히 중고등학교 시절 미션스쿨을 다니며 여름 방학이면 다른 교회에 가서 여름성경학교를 섬기고 짝을 지어 전도 활동을 하기도 했다. 병원에서 임상병리사로 사역할 때는 지역 봉사활동을 나가서 지역 주민을 섬기며 사랑을 베풀었고 그리스도인의 삶을 살려고 노력했다. 행동 하나 조차도 부끄럽지 않게 하려고 상대방의 입장을 최대한 이해하려는 마음으로 자신을 돌아보면서 살아왔다.

부산침례병원에서 김 선교사는 임상병리사로 일하며 결혼해서 지내던 중 어느 날 남편이 사도 바울과 같이 특별한 소명을 받고 신학을 하겠다

고 하였다. 그는 신학 후 후회하지 않을 확신이 있으면 해 보라고 권했다. 가족과 주위 분들은 잘 나가는 직장을 왜 그만 두느냐고 만류하였지만, 신학하기 전부터 남편이 오지에 가서 선교를 한다고 했을 때 그는 자연스럽게 주님의 뜻으로 받아들인 후 준비하였다.

전주 예수병원에서, 결혼 후에는 부산 침례병원에서 임상병리사로서 기쁘게 환자들을 섬겼다. 매일 아침마다 드려지는 전 직원 예배와 임상병리과내에서 배우는 성경공부에 참여하는 등 영적양식을 공급 받는 데 부족함이 없었고 항상 찬양이 넘치는 생활을 했다. 일하면서 틈틈이 병원 성가대원으로 찬양하고 때로는 점심시간이나 오후에 환자들을 위해 기도하고 말씀을 나누었다.

그는 선교지에 오자마자 피지의 수도 국립 병원에서 의료 선교사로 사역해야 했기 때문에 공용어인 영어를 필수적으로 써야 했다. 개인교사를 구하여 영어를 배웠을 때 무시를 당해 위축도 받았으나 영자 신문을 구입하여 스스로 공부하면서 차츰 나아져 잘 극복할 수 있었다.

원래 체질적으로 약하고 1998년 너무 많은 사역에 쉼을 갖지 못하던 중 류마티즘에 걸렸다. 할 일은 많은데 몸이 쑤시고 팔, 다리, 어깨 등이 결려 몸을 마음대로 쓸 수 없어 장기간 약을 복용했더니 위장도 안 좋아지게 되었다. 특별한 치료 방법이 없기 때문에 그는 기도하면서 몸을 조절하며 남편의 선교사역을 돕고 있다.

김 선교사는 늦게 소명을 받고 나이 40세가 넘어서 먼저 선교지에 간 남편을 따라 시어머님을 모시다가 할 수 없이 시어머니 혼자 남겨 두고 2년 반 후에 선교지에 갔다. 남편은 그 당시 피지 침례신학대학에서 교수 사역을 하고 있어 언어는 어느 정도 극복한 상태였다. 또한 그가 피지에 오자마자 바로 사역을 할 수 있도록 노동 허가서를 다 받아 놓았다. 피지의 수도인 수바의 제일 큰 종합 병원에서 의료 선교사라는 호칭으로 임상 병리과에서 임상병리기사로 일하게 되었다. 부산 침례병원에서는 처음으로 의료 선교사라는 이름으로 파송을 받았다. 3년 6개월 동안 이들과 함께 병원에서 사역해 왔다. 더불어 그들에게 한국을 많이 소개하게 되었다. 또한 틈틈이 남편의 전도와 성경공부에 함께 동참하며 찬양을 인도했다. 때때로 집에 신학생들을 초대하여 음식을 대접하고 머리를 깎아주고, 기본적인 환자 치료, 필요 할 때 차량 지원 등을 도와주었다. 주일에는 신학생이 개척한 교회에 가서 협동 사역으로 예배를 돕고 찬양 사역을 도와주었다. 신학교 사역을 하면서 계속 전도를 하며 교회개척 사역을 해 나갔다.

인도인을 대상으로 김 선교사 부부는 1994년 5월 1일에 조그만 인도인 함석집에서 교회를 개척했다. 1994년 11월 그 당시 이곳에 있는 한인교회에 목회자가 없어서 담임목사로 와서 도와 달라고 간절히 부탁하는 그들의 요청을 외면 할 수 없었다. 주일 오전에는 한인교회 예배 인도, 오후에는 인도인교회, 평일에는 신학교 사역 또 남태평양에서 참치 잡이를 하고 있는 선원들을 위하여 무선 통신으로 하는 예배 인도로 눈, 코 뜰새 없이 바쁜 생활에 2년 반 동안 덩달아 정신없이 뛰어야 했다. 그 당시 병원 사역도 계속 했는데 너무 일이 많아 계속할 수 없었다. 다행히 한인교회 목회자를 찾아 그만 둘 수 있었고 선원 예배도 함께 그만 두었다.

가정환경이 어려운 인도인 학생들과 신학교 졸업 후 목회훈련을 받는 목회자 후보생들을 데리고 집에서 함께 숙식하며 훈련시키고 뒷바라지 하였다. 인도인들의 식생활 개선을 위해 사역하고 있다. 매 주일 오전 예배 후 100명의 전 교인이 식사를 할 수 있도록 14년째 급식사역을 하고 있다. 교회가 빈민 지역에 있기 때문에 식사는 매우 중요하다. 매년 12월이면 성탄절 전에 가난한 이웃 50가정을 초청하여 성탄 선물과 식사를 제공하며 말씀과 찬양 등으로 위로한다. 인도인들 중 결손 가정 학생들을 돌보며 결혼까지 시켜 자립할 수 있게 하였다.

인도인교회에 전념하면서 신학교에서 가르쳤던 신학생들을 교회에서 훈련시켜 통가, 사모아, 뉴질랜드에 보내서 그들이 목회를 하도록 하셨다. 현재는 2005년도부터 선교 유치원을 3~5세에 시작하여 4년 째 어린 생명들을 돌보고 있다. 남편은 아침 첫 시간부터 교회에서 매일 예배와 성경암송구절을 암송하게 한다.

김 선교사가 아내로서 빼 놓을 수 없는 일 중의 하나가 남편을 돕는 일이다. 교회, 유치원, 성경 신학교에 필요한 자료들을 복사하는 일로 돕고 있다. 늦게 소명을 받고 하나님의 사역에 뛰어든 남편은 일찍이 주님의 사역에 뛰어 들지 못함을 항상 안타까워하면서 앞으로 남겨진 시간이나마 최선을 다해 하나님의 사역에 임하겠다고 밤낮으로 뛰어다닌다. 이들의 사역으로 인하여 우상을 섬겼던 인도인들이 하나님의 자녀들로서 누리는 축복을 경험하며 간증이 있는 삶을 살고 있다. 그리고 찬양이 얼마나 중요한가를 삶으로 느끼고 있다.

김 선교사는 책임감이 강하고 담대하며 상대방을 많이 이해하는 편이나 불의를 보면 참기가 어려워 인내하지 못하는 것이 약점이기도 하다. 선교 유치원 사역이 계속 나아져 어린 생명들이 이 나라에 영적 거인이 되길 기도한다. 하나님께 쓰임 받는 일이 얼마나 큰 축복인가를 감사 하면서 주님 앞에 섰을 때 잘했다 칭찬 받는 후배 선교사들이 많이 나오길 간절히 바란다. 그의 신학 사상은 믿음과 행함이 균형을 이루는 선교사의 삶이 되도록 최선을 다 하는 것이다.

서은주[30]

- ◆ 선교지 도착 및 사역년도 : 1992년~2009년 현재
- ◆ 파송교단 또는 단체 : 1차 한국 오엠국제선교회,
  2차 WEC국제선교회
- ◆ 선교사역지 : 1차 1992년~1994년, 동유럽 루마니아
  2차 2001년 6월18일~2009년 현재, 아프리카 세네갈
- ◆ 주요사역 : 제자훈련, 교회개척
- ◆ 가족사항 : 남편 김효수 선교사, 자녀 1남 1녀

서은주 선교사 가족

서은주 선교사는 부산에서 불신가정에서 태어났다. 외할머니는 극심한 불신자였으나 개화된 어머니는 그다지 종교에 관심이 없었다. 반면 어머니와 할머니를 제외한 외가 식구들은 모두가 서울에서 서대문 순복음교회에 다니는 기독교인이었다. 아버지는 군인 출신으로 그다지 활동적이지는 못하셨고 어머니가 사업을 일구었다.

서 선교사는 8세 때 따르던 옆집 언니가 교회에 같이 가는 것을 어머니에게 허락을 받고 매주 그를 교회로 데리고 갔다. 어머니도 그 당시 지병인 담석으로 고생하셔서 이모의 권유로 교회에 나가셨다. 서 선교사가 9세 되던 해 오빠의 고등학교 진학으로 가족이 모두 서울로 이사했다.

낯선 서울생활에서 서 선교사는 교회를 찾아 다녔지만, 가르침이 좋았던 것뿐 종교적인 생각은 없었다. 집안의 사업은 힘들어지고 어머니가 많이 아프기 시작했다. 5번의 수술로 쓸개 제거수술을 하였지만 나아진 것은 없고 더 나빠지셨다. 서 선교사가 12세 때 어머니는 생사의 위기를 맞았고 어머니는 오산리 기도원에서 자신의 생을 마감하기로 결심하였다. 10일 금식 이후 어머니는 다른 사람이 되어서 집으로 오셨다. 어머니의 간증은 온 동네에 퍼졌고 그 이후로 어머니는 전도사의 삶을 사셨다. 어머니의 간증을 듣기 위해 많은 성도들, 동네 사람들의 발길이 끊이지 않았고, 어머니의 기도와 간증은 많은 사람을 하나님께로 인도하는 계기가 되었다. 서 선교사는 중학생 시절의 이런 사건들로 인하여 하나님은 이미 그의 하나님이셨다.

1980년 겨울 처음으로 그의 장래문제가 심각하게 다가왔다. 기도원에서 이화여자대학교 인문대 지원을 놓고 기도하면서 대학진학문제가 아닌 자신의 본연의 문제에 대해 하나님이 다루시길 원하심을 알게 되었다. 한번도 죄성에 대해 생각해 본적이 없는 그에게 예수님은 만인의 하나님이 아닌 그의 구주이심을 믿게 되었다. 그는 금식기간 내내 울며 지냈다. 너무나 기뻤다. 예수님을 처음으로 마음에 모셨다.

예수님은 그때부터 어머니를 치유하신 간접적인 하나님이 아니라 서 선교사의 하나님이 되셨다. 그때부터 그의 삶이 더 이상 자신의 것이 아님을 알았고 하나님을 위해 살기로 헌신했다. 교회나 학교의 기독교 모임에도 열심히 참여하였다. 그 당시 서 선교사는 외교관이 되는 것이 꿈이었는데 얼마 지나지 않아 자신이 주님의 대사로 부르심을 받았음에 확신을 갖게 되어 대학 2학년에 선교사로 헌신하였다.

서 선교사는 대학 4년에 같은 소명을 가진 남편을 만나 7년을 연애한 뒤 1991년에 결혼하였다. 현재의 남편과 데이트 시절에 두 사람은 기독교인의 사회참여에 관심이 많았지만 하나님의 부르심은 다른 곳에 있었다. 남편의 군장교시절 서 선교사 부부는 놀라운 두 가지 일을 경험했다. 사회적, 도덕적, 가정적, 개인적, 건강적으로 폐인이 된 중대장 한 분을 전도하면서 하나님의 강권적 사랑과 성령의 역사를 보게 되었다. 이분은 지금 목사님으로 대구에서 목회를 하고 계신다. 이분의 개종은 무당을 섬기는 집안 모두를 주님께로 인도했을 뿐 아니라 온 군부대를 들썩였다. 이것은 개인전도를 통한 하나님의 역사를 서 선교사 부부에게 보여주신 신호였다. 그리고 전역을 앞 둔 남편이 차 사고로 절벽에서 떨어졌다. 당시 서 선교사는 임신 7개월이 되었고 2년도 안 된 새 차는 폐차가 되었지만 남편의 몸에는 상처가 하나도 없었다. 또 한번 군부대가 떠들썩하였다. 남편은 특수부대 장교였지만 모든 이들이 목사님이라고 부르고 있었다. 이러한 일련의 사건을 통해 하나님이 자신들을 부르고 계심을 확인했고, 제대 후 유학의 길도 접기로 하였다.

1991년 제대 후 남편은 순복음교회 전도사로 섬기면서 함께 한국 오엠국제선교회에 지원하였다. 1992년 오엠 3기 선교사로 3월에 영국을 거쳐-프랑스-네덜란드-비엔나-체코에서 공산권 선교훈련을 받고난 후, 12월에 루마니아에 들어갔다. 눈보라에 몸이 떠밀리면서 마을마다 옮겨 다니며 교회를 개척하는 동안 주님과 동행하는 삶을 배웠다. 2000년에 WEC 국제선교회로 옮긴 후, 2001년부터 아프리카 세네갈의 수도 다카 위성도시에서 교회개척팀을 지도하며, 현재는 믿음교회와 커마사 시온교회를 개척하여 섬기고 있다. 2003년에 설립된 믿음교회는 2008년부터 독립교회로 자리 잡고 있다.

서 선교사는 선교사로 나가기 전에 국내에서는 비씨(BC)카드회사에서 영어, 불어, 일어 통역, 여의도순복음교회의 CGI교회성장연구소 비서로 일했다. 대학에서 불어를 전공하였기 때문에 선교지에서는 새로운 언어 습득에 충분한 노력만큼의 성과가 있었다. 팀 또한 언어습득에 충분한 기대와 시간적인 여유를 할애함에 따라 사역에 대한 조급함이 없었다. 언어공부는 언어습득과 교회사역을 첫 해에 100%, 둘째 해에는 70:30, 세 번째 해에는 50:50으로 설정했다. 당시 다른 한국팀은 주언어가 불어이지만 종족사역을 위한 종족언어에 보다 더 투자하는 전략을 사용해서 불어는 6개월만 공부하였다. 불어를 모르면 종족어를 배우는 데 제약이 있었다. 불어에 대한 자심감이 현지 교회와 협력함으로 사역이 쉽게 풀리게 하였다. 이미 현지 교회와 협력한다는 선교전략은 오엠국제선교회에서 체득한 터라 큰 문제가 없었으며 팀도 그런 점을 인정했다.

 2001년 언어훈련 중에 '샤를르'라는 형제를 만났다. 처음에 그는 잔심부름을 해주거나 언어실습 대상일 뿐이었다. 사람들은 그를 천히 여겼지만, 서 선교사는 그의 성실함과 정직에 매력이 가서 특별한 의도 없이 평소 바라던 컴퓨터를 배우게 했고 운전면허를 따게 했다. 직장까지는 찾아주고 싶지 않았지만 고향에 두고 온 자매와 결혼하고 싶다는 표현을 하여, 그들을 결혼시켰다. 자매가 고향에 내려가게 되면 다시 무슬림처럼 살아갈 수 있었기 때문에 그 곳에서 세례를 받게 했다. 또한, 결혼 때까지 두 사람의 신앙성장을 위해 형제를 사진관에 취직시켰으며 자매는 가사 일을 도우며 서 선교사 가정과 함께 살았다.

 한 사람의 변화를 경험한 졸라족은 교회가 그의 종족 사회가 전하는 '오래된 예언자의 말씀'을 신뢰하고 응답했기 때문에 생긴 것으로 인식하였다. 샤를르 형제를 '문'이라고 가정한다면 그 문을 열어보니 그의 친척 60여 명이 기다리고 있었다. 그러나 교회를 개척하게 된 근본 이유는 서 선교사 가족도 예배드려야 했기 때문이었다. 이미 개종된 샤를르 형제의 친족 5명을 모아 현지인 교회개척위원회를 만들고 1년 가까이 밥상 공동체를 했다. 그들 스스로 교회 모델을 성경에서 발견하며 교회개척의 자발적 동기를 가지고 지역을 선정하고 땅을 찾기를 기다렸다. 또한, 프랑소아 망가를 목사 후보생으로 지명해서 신학교를 마치게 하고 교회부지 지역으로 이사를 시켜서 예배를 시작했다. 교회건축을 시작하기 전에 모임인원이 32명으로 성장했다. 선교지 사역에서 서 선교사 부부가 자신감을 가질 수 있었던 것은 선교단체의 규칙과 선교의 기본을 지키려고 노력해서 얻은 결과이며, 객관적인 근거 없는 사역에 몰두하는 경향을 가능한 피하려고 노력했기 때문이었다.

서 선교사에게 가장 어려운 점은 자녀교육이다. 국제 선교팀에 소속하여 사역하니 아이들은 삼중언어권에 있었다. 팀과 선교사 자녀학교 언어는 영어, 현지 언어 불어 그리고 가족 생활의 언어는 한국어이다. 서 선교사의 둘째 자녀가 언어장애를 겪고 있기 때문에 자녀 교육문제는 남들 이상으로 고통스러운 경우가 있다. 언어장애는 가시적인 장애가 아니기 때문에 제 삼자에게는 이해가 불충분해서 이중고를 겪게 된다.

서 선교사의 강점은 충분한 타문화 적응과 어느 누구와도 친분을 쌓으며 교제할 수 있는 능력이나. 장래계획은 특별히 이슬람권과 아프리카권에서 인권에 소외된 여성들을 위한 사역과 특별히 사모들에 대한 사역에 관심을 가지고 있다. 같은 사모로서 사모들만이 겪는 어려움도 있지만, 특별히 이슬람권에서 더 열등한 대우를 받는 어려운 이중고가 심하기 때문이다. 그는 지속적으로 사모수련회를 통해 사모들을 서로 격려하는 기회를 만들고 또한 여성으로서 사모들이 할 수 있는 사역들을 개발하고 지원할 수 있는 분야를 개척하고자 한다. 또한 하나님의 피조물로서 동등한 사역자로 세움을 받을 수 있는 성숙한 그리스도인으로 성장할 수 있는 교육의 기회를 교회 여성들에게 제공하는 것이다.

남편선교사와 같이 교회개척에 전력을 다하며 현지인 사모들을 격려하며 함께 지낸다. 그들도 모든 사모들이 겪어야 하는 비슷한 갈등들을 하며 사모의 길을 걷고 있기 때문이다. 내전으로 선교사들이 떠난 곳에서 그들이 소명을 다하는 모습에 감동을 받았고 또한 계속해서 서 선교사부부의 사역이 더 많은 사역자들을 키워내고 세워야 하는 분명한 이유를 찾았기 때문이다.

서은주 선교사 역지(가운데)

선교사로 산다는 것이 일반 그리스도인과 특별히 다를 것이 없다고 생각한다. 하나님과 매일 동행하는 삶이라면 선교적인 삶이 아니겠는가, 이 우선순위가 없다면 선교지의 삶도 헛되다고 생각한다. 처음에는 선교사가 영웅심을 가지고 선교지에 도착하겠지만 다 영웅으로 본국에 돌아갈 수 있는 것은 아니다. 사실 그런 영웅심에 빗대는 자체가 선교적이지 않은 불경스러운 말이겠지만 우리가 그렇게 살고 있다는 것이다. 많이 배우고 많이 경험해도 다 마찬가지로 선교는 어렵다는 것을 인정하게 될 때 비로소 우리가 아무것도 아니라고 생각하는 그 순간에 우리가 무엇인가 얻는 것임을 고백하게 된다. 우리가 그 무엇인가라고 생각하는 순간 우리는 망하는 것이다. 인격이 덜 된 선교사는 결코 선교지에서 하나님의 일을 할 수 없다. 먼저 사람이 되는 것이 보다 더 선교적이라고 말할 수 있는 것이다. 왜냐하면 결국 선교는 하나님께서 하시는 것이고 교회도 하나님의 것이기 때문인데 우리가 그것을 무시하고 우리 힘과 재주를 의지해서 얻는 것은 사라지는 것에 불과하다. 당시는 화려하다고 해도 선교사가 떠나면 무너지는 모래성을 누가 기억하겠는가, 하지만 우리가 쌓는 것은 무너지고 오직 그리스도만 기억되면 그것은 영성 차원이다. 그러므로 먼저 사람이 되는 것, 선교의 소명은 하나님께서 우리에게 이미 목적하신 뜻을 이룰 때에 우리가 하나님의 선교에 적합하게 쓰임 받을 수 있다. 선교사가 선교지에서 사는 삶이 그리스도인으로 사는 것과 별반 다를 것이 없다. 하나님의 성품이 우리 안에 완전히 형상화되는 삶을 선교지에서 실천하는 삶으로 표현되는 것이 선교라고 그는 생각한다.

서 선교사는 특별히 교회사역에서 여성들을 방문하고 그들과 어울리는 사역을 하고 있다. 그 여성들을 가르칠 수 있는 것은 그들의 삶에 관여해서 말할 수 있는 것은 그 자신이 한 목사의 사모이기 때문이다. 사역자 훈련에 참여하여 남편이 못하고 잊어버린 말들을 서 선교사가 보충해서 설명해 주는 역할을 하는데 그것은 남편의 묵비권으로 충분히 참여가 가능하다. 남편에게 부족한 부분이 지역 지도자들과의 교제인데 여성이 있다는 것만으로 분위기가 생동감이 있으며 가식적이지 않고 구체적인 대화를 가질 수 있다. 현지인 남성사역자들도 아내가 있기 때문에 여성의 말을 들을 줄 알기에 가능하다.

팀 안에서는 서 선교사는 종종 남편의 비서역할을 한다. 전화소통이나 의사전달 등을 훨씬 부드러운 화법으로 전달하게 된다. 그리고 약속들을 챙기고 구체적인 사안들을 발견한다.

서 선교사의 삶과 사역이 현지인에게 미치는 영향은 특별히 무슬림 이

세네갈 여성들과 서은주 선교사(왼쪽에서 두번째)

웃들에게 성경말씀대로 사는 삶의 모델이 되며, 이중적이지 않고 사랑을 실천하는 삶으로 보여지는 것이다. 서 선교사 부부는 마을 사람들이 그들 자신과 같은 사람으로 인정해 주는 것을 기뻐한다.

후배 선교 헌신자에게 서 선교사가 하고 싶은 말은 선교지 사람들이 피부가 검은 사람일지라도 당연히 우리와 성정이 같은 사람임을 기억하고 대우해야 한다는 것이다. 시간이 지나도록 피부에 와 닿은 성경 말씀이 있다면 그것은 바울과 바나바가 전도여행 중에 이고니온에서 앉은뱅이를 일으켰던 사건이다. 그곳 사람들이 앉은뱅이가 일어나는 기적을 보고 바나바와 바울을 신들이 사람의 형상으로 세상에 나타났다고 믿고 제사하려고 했었다. 그때 바나바와 바울이 사람들에게 했던 말은 "우리도 너희와 같은 성정을 가진 사람이라." 말하자면 "나도 너희와 같은 사람이다"였다. 베드로도 이방인 고넬료가 그의 발 앞에 엎드려 절할 때 같은 말을 했었다. 검은 피부를 가진 아프리카 사람들이 우리와 같은 성정을 가진 사람들이라고 그는 믿는다.

서 선교사가 그들을 좋아하면 그들도 그가 그들을 좋아하는 것을 느끼고 싫어하면 이 사람들도 그가 자기를 싫어하는 감정을 눈치챈다. 어느 날 대학교에 모임이 있던 날 영문과 학생인 형제가 점심을 대접한다고 학교 식당으로 서 선교사를 끌고 갔다. 길을 건너야 할 때 그 친구가 그의 손가락에 자기 손가락을 걸고 끌고 가는 것이었다. 그때 그는 그들과 함께 하는 그의 인생에 보람을 느꼈다. 이곳에서 절친한 친구사이에서나 보이는 표현이기 때문이다. 요즘도 새로 아프리카에 정착하는 동료들이 오면 아프리카 사람들에게 끼니를 잘 챙겨주는 인정을 베풀 수 있도록 부탁한다. 서 선교사의 선교지에 사는 대다수 95%의 사람들이 이슬람을 믿지만 사도들이 마음에 품었던 "그들도 우리와 같은 성정을 가진 사람이다"라는 믿음을 실천하지 않았다면 마을에서 교회를 세울 수 있도록 허락해 주지 않았을지도 모른다.

장횔랴라(본명: ㅈㅎㄴ)³¹⁾

- ◆ 선교지 도착 및 사역년도 : 1995년 2월 10일~2009년 현재
- ◆ 파송교단 또는 단체 : 바울선교회
- ◆ 선교사역지 : 서남아시아 A국
- ◆ 주요사역 : 제자훈련
- ◆ 가족사항 : 남편 000 선교사, 자녀 1녀

장횔랴라 선교사는 할머니와 부모님과 7형제가 함께하는 대 가족 속에서 성장하였다. 아버지가 엄격하셔서 자다가도 들어오시면 벌떡 일어나서 인사드리고 다시 자고, 아버지 앞에선 큰 소리도 못하고 항상 아버지 눈치만 살피면서 살았던 것이 아버지에 대한 모든 기억이다. 그래서 일단 아버지하면 무섭다는 생각밖에 없다. 초등학교 6학년 때 선생님이

하나님에 대해 "하나님은 아버지와 같으신 분"이라고 하셨다. 그러나 장 선교사가 하나님의 사랑을 깨닫기 전까지는 하나님은 너무나 무서운 분이었다. 하나님의 사랑을 깨닫고 아버지의 마음을 알게 되었다.

장휠라라 선교사 가족과 교회청년들

어린시절 장 선교사의 옆집에는 원불교가 자리하고 있었고 원불교를 지나서 교회가 있었다. 어느 해 겨울 교회에 가는도중 골목으로 불어오는 바람이 너무도 세차서 날아가지 않으려고 안간힘을 썼던 기억과 여름이면 냇가와 정자나무 아래에서 일주일 내내 성경학교를 다녔던 기억이 있다. 초등학교 6학년 겨울 성경학교 때 한국대학생선교회 소속 대학생들이 와서 예배를 인도했는데 그의 친구들은 방언을 받았다. 그 모습을 본 장 선교사는 그때 목사님이 되어야겠다고 다짐했다.

고등학교 1학년 때, 여성은 목사가 될 수 없다는 소릴 듣고 그리스도신학대학에 편지를 보냈더니 교수님께서 친히 답장을 해주셨다. 여성도 얼마든지 목사가 될 수 있다는 내용이었다. 훗날 신학을 하고 전도사 생활을 하는데 마음이 불안했다. 이 일은 자신의 일이 아니고 자신의 옷이 아닌 것을 입고 있는 느낌을 받았다. 그러나 축호전도를 다니면서 하나님의 천지창조를 설명하고 예수 그리스도만이 구주이심을 전할 때에 그는 힘이 솟고 있음을 느낄 수 있었다. 다른 한편으로 계속해서 영적 갈증을 느졌다. 그러던 중 1987년 사촌오빠로부터 선교의 도전을 받을 때 '바로 이것이다' 하는 느낌이 들어 시무하던 지방의 교회를 사임하고 서울로 올라와서 교회에서 일을 하면서 선교훈련을 받았다.

1992년도에 장 선교사는 제2회 '선교한국'(Mission Korea)에 참석하였다. 그는 속으로 '나 같은 아이는 적임자가 아니다'라고 선교한국 기간 내내 생각하였다. 토요일까지 일정임에도 견디다 못해 목요일 저녁에 집으로 돌아왔다. 집에 와서는 '내가 왜 집에 돌아왔지?'라고 생각하면서 금요일 오후에 선교한국 집회장소로 다시 돌아갔다. 금요일 오후 헌신과 결단의 시간 때 마음 안에서 앞으로 나가야 한다는 강한 누름이 그를 앞으로 나가게 했다. "하나님! 저는요 선교지에는 가지는 않을 거예요. 단지 선교사를 보내는 사람으로 앞으로 나갑니다." 그렇게 다짐하면서 앞으로 나가 결단을 했다. 선교한국이 끝난 후에 시골집에 내려와서 주일예배를 참석하고 그곳에 전도사로 있는 신학교 동기와 식사를 하는데 마침 방글라데시의 독신 여성선교사님과 교제하게 되었다. 그 독신 여성선교사님을 바라보는데 외계인같이 보였다. 어떻게 여성의 몸으로 그곳까지 가게 되었는지 물으니 "제가 하나요 하나님께서 하시는 것이죠"라고 답하였다. 그 당시 장 선교사에게 그 여성선교사는 영웅으로 보였다.

교회 여름휴가를 마치고 교회에 돌아와서 장 선교사는 더 이상 전도사 일을 하지 말고 선교사로 나가자는 생각이 들었다. 10월 말에 다음해 거취를 물어보는데 이번 해로 그만 두겠노라고 일단 말하였다. 그런데 전혀 뜻하지 않은 사람으로부터 결혼제의를 받고 고민에 빠지게 되었다. 선교를 가지 않으려고 했을 땐 아무사람도 나타나지 않았으며, 마음을 결단하고 나니 자신이 선교사로서 자격이 없나보다 하고 다시 주춤하게 되었다. 그 남성에게 결혼을 하겠노라고 선언한 후 좋아야 할 마음이 뒤죽박죽이 되었다. 결혼약속을 취소하고 1993년 최종적으로 결정하기 위해서 단기 선교를 필리핀으로 다녀온 후 가을, 바울선교회에 11기로 헌신하게 되었다. 구체적으로 어디로 가야할지 몰랐지만 훈련받는 동안 각 나라를 보여줄 때에 터키가 너무 마음에 닿아 터키를 품고 애통하는 마음으로 기도했다.

필리핀 훈련기간 중 선교지 답사기간 터키공항을 밟았을 때 고국에 온 것처럼 포근하여 말로 표현하기가 어려웠다. 터키에서 언어를 배우고 선교센터에서 일을 도우면서 이웃과 어울리지 않고 단지 센터에만 있었다. 센터에는 수양회나 기도회 등을 하러오는 현지 그리스도인들이 있었다. 믿지 않는 사람들에게 복음을 전하는 일을 해야 하는데 그러지 못하니 선교사로서 정체성의 혼란이 왔다. '도대체 무엇 하러 터키까지 왔나' 하면서 다시 정체성을 찾기 위해 2박 3일 금식기도하고 회복하는 와중에 한국에서 목회하는 분과 교제하게 되어 결혼을 하였다. 그 후, 서남아시아 A국으로 선교지를 옮기게 되었다.

T국에서 서남아시아 A국으로 옮긴 이후 적응하는데 그와 남편도 힘들었다. 그의 첫 선교지, 터키를 사랑하는 마음이 첫사랑처럼 정을 끊기가 힘들었다. 남편보다 그가 선교지를 먼저 왔기에 나름대로 조언을 함에도 남편은 듣지 않고 자신의 고집대로 하는 것을 보면서 단지 남성이라는 이유로 조언을 무시하는 것 같아서 마음이 힘들었다.

표면상으로는 남성이 일을 하는 것 같아도 내면으로는 여성의 도움이 없으면 안 된다고 그는 생각했다. 남편이 컴퓨터 학원을 시작하였으며 한글을 가르치는 일이 발전하여 대학에 한국학과를 설립되어 한국어를 가르치게 되었다. 더 나아가 다른 나라에서 온 피난민들에게 도움을 주고자 NGO도 설립하여 컴퓨터 기술로 도움을 주고 있다.

사람들을 만나면 장 선교사는 그 사람의 마음이 종교에 대해 열려있는지 아니면 닫혀있는지를 먼저 생각한다. 이슬람권에서의 사역이 우정선교가 밑바탕이기에 친구 삼는 일에 중점을 두고 있다. 그는 일을 이끌어 가는 사람을 돕는 도우미 역할을 잘 하는 편이다. 남편이 일들을 열어 가면 그 일들을 마무리 하는 일에 그의 강점이 있다. 때로는 남편이 일을 너무 벌여놓아서 힘들기도 하지만 시간이 지나면 다 해결되는 것을 보면서 성격이 정반대인 사람들도 사역이 가능함을 본다.

  장 선교사는 한국0000 하우스에서 컴퓨터와 한국어를 가르치며 사역하고 있다. 새로운 아이들이 올 때 그중에서 마음이 열려있는 아이들을 대상으로 복음을 전하고 있다. A국 인터넷사이트 사역으로 새로 개편된 인터넷 사이트에 많은 이들이 방문함으로 하나님께 감사드린다. 한 가지 소망은 홍보가 잘 되어서 인터넷 사이트를 통해 주님을 만나는 일들이 많아지기를 소원하며 그리스도인들이 더 든든히 믿음위에 서기를 기도한다.

  타국에서 온 피난민학교 컴퓨터 교실에서 아이들을 대상으로 가르치는데 많은 아이들을 만날 수 있다. 일주일에 3번 가서 직접 아이들과 접하면서 컴퓨터를 가르친다. 또한 오래 전부터 준비해오던 0000대학교에 한국학과가 생겨서 가르치게 되었다. 그의 직업은 컴퓨터 학원장과 대학의 한국어 강사이다. 학생들은 한국어를 배워서 한국에 방문하고자 하는 목적으로 열심히 공부한다.

  장 선교사가 현지인에게 주고자 하는 영향은 현지인들의 정신적인 부분과 생활을 바로잡는 데 도움이 되는 것이다. 장래계획은 충실히 하고 있는 일에서 열매 맺기를 소원하며, 더 나아가 현지인을 주님을 위해 필요한 인재들로 양성하는 것이다. 후배 선교 헌신자들에게 그가 하고 싶은 조언은 뜨거운 마음을 가지고 영혼을 사랑하며 자신의 직업을 가지고 선교에 동참하는 것이 효과적이라는 것이다.

심석윤[32)]

◆ 선교지 도착 및 사역년도 : 1995년 6월 5일~2009년 현재
◆ 파송교단 또는 단체 : 대한예수교성결교총회 해외선교부
◆ 선교사역지 : 아시아 K국
◆ 주요사역 : 교회개척과 제자훈련
◆ 가족사항 : 남편 김영준 선교사, 자녀 2녀

심석윤 선교사는 대학교 3학년까지 불교가 강한 집안에서 성장했다. 어느 날 친척의 소개로 교회에서 하는 야학에 영어 선생으로 들어가면서 그의 신앙생활은 시작되었으며, 많은 질문들을 하나하나 해결해가면서 믿음이 자라갔다. 그는 늘 미래에 대한 불확실성, 해답 없는 막연한 삶의

심석윤 선교사 가족

문제들을 갖고 있었는데 성경공부를 하게 되면서 예수님을 개인의 구주로 영접하였다.

그는 구원에 대한 기쁨이 있었지만 빨리 바뀌지 않는 주변 환경으로 인해, 오랫동안 불교와 기독교의 혼합적인 생활을 짊어지고 가야했다. 다행히도 고모가 전도사의 길을 걷고 있어서 감사하기도 했다. 온 가족이 불교에서 기독교로 바뀌는 데는 17년이 걸렸다. 그동안 많은 우여곡절 끝에

아버지를 마지막으로 불교문화를 청산하고 집안 모두가 교회에 출석하게 되었다. 보통의 한국 불교 가정에서 겪는 그런 종류의 많은 핍박과 고난이 있었다. 인내심을 훈련하는 기간이었다. 고난을 겪는 순간에는 막연하고 소망이 없어 보였지만 그는 믿음으로 그 시간들을 이겨 냈다.

주님을 영접하고 심 선교사의 삶이 변하기 시작했다. 개인적 취미생활로 사진 찍으러 주말이면 아름다운 강산을 찾아다니며 시간을 보냈으며, 붓글씨를 배운다고 많은 시간들을 보냈지만, 무엇보다 성경적 가치관으로 세계관이 바뀌면서 그의 생활태도가 달라졌다.

신앙생활 4년이 지나서, 어느 목사님의 권유로 대학원에서 선교학을 공부하게 되었다. 수업시간에 선교에 대한 긴박성과 사명감에 대한 부담감을 갖게 되었다. 특히 선교인류학자인 폴 히버트 교수는 수시로 "세계복음화를 위하여, 누가 복음을 들어보지 못한 자들에게 가야 하는가?"라는 질문을 하고 답을 주었다. 그는 바로 공부하고 있는 여러분이 그 사명을 감당해야 한다고 강조하곤 했다. 본인도 16년 동안 선교사로 사역했던 것을 강조하면서 학생들에게 도전하였다. 그 부담이 계속 뇌리에서 떠나지 않았고, 마침내 직장에 다니고 있는 남편을 설득하여 직장을 그만두고 선교의 사명의 길을 같이 가야 한다고 설득하였지만 말로 표현할 수 없을 정도의 인내의 시간들이 필요했다. 주님이 하실 것이라는 믿음 하나만으로 모든 것을 참아내야 했고, 절대 믿음이 요구되는 시간들이었다. 누구의 이해도, 누구의 도움도 바라지 않았다. 단지 교회가 똑바로 깨달아야 할 이 사명을 같이 가려고 했던 것이다. 그러나 선교사로 파송을 받고 사역을 시작한 후, 얼마간의 시간이 흐른 뒤에, 이것이 쉬운 길이 아니라는 것을 피부로 느끼는 시간들이 닥쳐왔다. 다시 한 번 선교에의 헌신을 점검해야 할 시간이 온 것이다.

먼저는 물질로 어려움을 겪었고, 두 번째로는 많은 도움을 주었던 어느 선교사의 엉뚱한 비난의 소리를 이겨내야 하는 어려움이 있었다. 둘 다 쉬운 일은 아니었다. 선교사를 파송한 지 1년 6개월 만에 교회가 어려우니 선교비를 못 보내겠다는 일방적인 통보를 받았다. 선교사로 파송할 때는 국회위원 선거공약을 하듯 약속을 하더니, 상황이 바뀐다고 선교사를 집어 팽개쳐 버리는 파송교회의 허술한 선교전략에, 맥없이 떨어지는 추풍낙엽처럼 심 선교사 가족은 땅에 떨어져야만 했다. 아무 대책도 안세우고, "교회가 어려워서 선교비를 지원하지 못한다"는 전화 한마디는 하나님의 뜻을 다시 물어 보도록 했다. 하나님의 뜻은 사람의 환경에 따라 바뀌는 것이 아니므로 새로운 훈련의 장에 들어섰다고 생각하고 파송교회를 잊어야 했다. 많은 선교사들이 이런 일들을 당하고 있는 것이 참으로 안타까웠다. 선교사가 자기 자식이라는 생각을 조금만이라도 갖는다면, 교회가 그 사명을 감당할 수 있을텐데 하는 안타까운 마음이었다.

형제, 자매처럼 지내던 선교사와의 갈등이 기도를 어렵게 했다. 선교에 대한 사명감도 무색할 정도로 이해하기 힘든 일이었다. 선교지 언어가 스트레스 지수의 90%이지만 그것은 그다지 문제가 되지 않았다. 전기와 가스가 없고, 겨울에 난방이 안 되는 곳에서 살았지만 마음속 한구석에 늘 기쁨이 있어서 견딜 수 있었다. 그러나 인간관계의 어려움이 얼마나 사역에 방해가 된다는 것은 처음 경험해 보는 일이었다. 이 모든 것이 그를 향한 하나님의 놀라운 인격훈련의 한 장으로 여기면서 이겨내야 했다.

이제 어느덧 13년이라는 세월의 흐름 속에서 모든 과거의 고난이 감사로 바뀌어 가고 있다. 그동안의 수고가 하나 둘씩 열매로 나타나는 것을 피부로 느낄 수 있기 때문이다. 일대일 양육을 통해 현지인들과 깊이 만나고, 그들의 문제점을 같이 나누고, 같이 기도하고 해결해 나가면서, 그들이 믿음으로 바로 서 가는 것을 보며, 자신이 왜 여기에 와야 했고, 이곳에 있어야 하는지에 대한 존재 의식을 매 순간 느껴간다.

개척교회가 10년이 되어가는 데도 경제적으로 자립이 안 되어서 어떻게 극복을 할 것인가하는 것이 큰 문제이다. 이슬람권 나라이기에 프로젝트를 세워보려고 해도 마음대로 계획을 추진할 수가 없다. 조금만 법에 저촉되면 교회문을 닫겠다고 협박을 한다. 또한 자녀들이 커가면서 학교와 나라를 선택하는 문제이다. 선교사라면 누구나 갖는 공통적인 과제 일 것이다. 경제적인 압박이 큰 문제이지만 선교사들의 이런 문제를 파송교회가 아예 관심조차도 없는 교회가 대부분이다. 그저 영어나 러시아어를 잘 한다고 선교사 자녀들이 똑바로 자라갈 수 있는 것이 아니다. 그들이 다음 세대에 선교 주역이 되기를 바라면서, 그들에 대한 투자는 조금도 관심이 없는 것이 오늘날 대부분 한국교회의 현실이다. 그 자녀들은 현장에서 모든 고난과 함께 부모들이 겪는 선교의 문제점들을 잘 알고 있다. 앞으로 선교의 주역이 되도록 그들에 대한 배려가 한국교회에 좋은 전략의 한 부분을 차지하는 날이 오기를 바라며, 선교사 자녀들에 대한 기도와 후원이 체계적으로 계획되기를 기대한다.

심 선교사의 장래계획은 일대일 양육을 통해서 교회가 열매를 맺고, 건강한 교회로 성장해 가는 것을 보는 것이다. 현지인이 목사가 되고 교회를 개척하여 다른 곳에서 사역하고 있다. 그 교회에서 다시 신학생이 길러지고, 계속해서 현지인 목사가 세워져 가고, 교회가 개척되어 가기를 바란다.

후배 선교사들에게 심 선교사가 하고 싶은 말은 하나님은 모든 그리스도인을 '가는 선교사, 또는 보내는 선교사'로 부르셨다는 것이다. 선교사가 되고 싶은 마음이 있으면 신중하게 결정을 내리고 영적, 지적, 육체적으로 잘 준비해야 한다고 조언한다.

ㅈ 드보라(본명:ㅈㅅㅎ)[33)]

- ◆ **선교지 도착 및 사역년도** : 1996년 9월 10일~2009년 현재
- ◆ **파송교단 또는 단체** : 기독교한국침례회 해외선교회
- ◆ **선교사역지** : 아시아 C국
- ◆ **주요사역** : 제자훈련
- ◆ **가족사항** : 남편 000 선교사, 자녀 2남

드보라 선교사는 충남 서산에서 3남 3녀 중 장녀로 태어났다. 아버지가 대단위 농장과 정미소 양계장 및 양돈을 하여서 가정형편은 부유한 편이었다. 성장 과정에서는 물질적인 어려움을 전혀 모르고 학업에만 전념할 수가 있었다. 오빠는 초등학교 때에 서울 외갓집에서 학교를 다

드보라 선교사 부부

녔기에 집안의 장녀로서 바쁘신 부모님의 일을 많이 도와 드렸다. 엄격한 아버지셨지만 육남매 중에 아버지의 사랑을 많이 받고 자랐다.

대단위 농토와 농작물을 경영하는 아저씨들과 양계장, 양돈장, 정미소 등에서 일하시는 분들이 15명 정도 있었다. 그 중에서도 집에서 일하시는 분들은 대부분이 장애가 있는 분들이었다. 벙어리, 귀머거리, 맹인, 절름발이 등 여러 장애를 가지신 분들과 자연스레 생활하는 환경에서 자라서인지 그분들이 장애인이란 생각이 전혀없고, 그들과 가족같이 한 집에서

식구처럼 지냈다.

　드보라 선교사가 예수님에 대하여 처음 알게 된 것은 초등학교 때이다. 5학년 때에 친구가 해미감리교회에서 성탄절을 준비하는데 그에게 독창을 한 곡 하라고 교회에 데리고 갔다. 그 뒤로도 가끔 교회를 나갔지만 주님을 영접하지는 않았다. 여고시절에도 열심히 교회를 갔지만 노래를 배우는 재미로 다녔다. 대학 진학 후 겨울 방학에 그의 여동생의 자취집에 갔다가 지금의 남편을 알게 되었다. 여동생이 나가는 교회에서 남편을 만났는데, 남편은 학생회장이었고 그의 동생은 부회장으로 있었다. 성탄절 준비를 위해 노래를 녹음하러 왔다가 드보라 선교사를 만나게 되었다. 남편을 통해 예수님을 영접하게 되었고 그의 제안에 따라 신학교로 편입하였다.

　예수님을 진정 그의 구주로 영접한 후 그분의 말씀대로 살아야겠다는 사명감이 생겨 교회에서 주일학교와 학생회 등을 맡아 헌신했다. 그에게 가르치는 은사가 있었는지 주일학교든 학생이든 맡아서 기도하며 열심히 하면 부흥의 역사가 일어났다.

　1980년도 가을에 남편과 결혼을 하여 두 아들을 두었다. 드보라 선교사는 결혼 후에 전도사로 있으면서 섬겼던 교회를 사임하고 개척을 하게 되었다. 결혼 초에 개척교회가 얼마나 어렵든지 첫 아이를 가졌을 때에는 먹을 것이 없어 빈혈로 쓰러지고 이웃교회에서 성미로 도움을 받는 등 말로 형용할 수 없을 만큼 고생을 했다.

　시부모님께서 개척비로 주신 논 10마지기를 팔아서 교회를 개척하였다. 한두 명 모이던 성도들과 기도하며 전도하며 주님의 사랑을 나누며 교제함으로 교회가 점점 부흥되어 땅도 사고 건물도 새로 지었다. 교회 옆집을 사고 또 다시 성전을 건축하고 선교하는 교회로 잘 부흥하였다.

드보라 선교사는 사모의 역할만 하지 않고 선교원을 운영하며, 여름성경학교 기간에는 지방회의 새 노래, 율동강사로도 활동했다. 그러던 중에 주님의 명령에 따라 외국으로 나가게 되었다. 드보라 선교사와 남편은 선교사를 파송하고 후원하는 것만 알았을 뿐 그의 가족이 선교지로 나가는 것은 꿈에도 생각하지 않았다. 만 15년을 개척하여 잘 성장하여 온 교회와 사랑하는 성도들을 뒤로하고 1996년 아시아 C국으로 갔다. 이제 C국은 그의 제2의 고향이다.

1996년 9월 10일 현지에 도착하여 남편과 그는 현재 근무하고 있는 대학에 언어연수생으로 등록하고 아이들은 집 앞에 있는 학교에 다녔다. 농촌에서 온 대학생을 집으로 초청해서 3개월 동안 같이 생활했다. 그 학생에게 복음을 전하였더니 예수님을 영접하였고, 그 학생은 드보라 선교사 부부에게 중국어를 가르쳐 주었다. 주님을 영접한 그 학생은 목회자가 되고자 소망하였으며. 자기 가족을 모두 전도하였다. 그의 할머니는 몸이 좋지 않았었는데 치료함을 받고 집 근처의 가정교회에 나가기 시작했다.

40세의 나이에 학생비자로 언어연수를 한다는 것은 흔치 않았지만 주님의 특별한 계획하심이 있었다. 드보라 선교사는 1997년 9월 학기부터 현재 소속된 대학에서 강의를 시작하였다. 학생들은 한국어를 공부하여 앞으로 무엇을 하겠냐는 식으로 수업시간에 영어책이나 기타 책을 펴놓고 있었지만, 점점 한국어에 취미를 가지게 되었다. 드보라 선교사부부는 학생들에게 좀 더 한국어에 열정을 갖도록 한국어 장학금을 설립하였다. 한국어를 배운 학생들이 한국의 기업체에서 실습할 수 있도록 기도하였다. 또한 한국에 유학 보내기 위해서 한국의 모 교회의 목사님께 부탁하여 드보라 선교사부부가 가르치는 대학과 자매결연을 맺어 한국으로 유학을 보냈다. 이런 사실을 사회에서도 알게 되어 2001년 4월에는 '우수교수' 표창을 받았다. 처음 시작 했을 때에는 인기가 없던 한국어가 이제는 가장 인기학과가 되어 대학에서만도 300여 명이 넘게 한국어를, 매주에 평균 15시간씩 배운다. 처음에는 그 혼자 가르치던 한국어가 이제는 한국인 교수가 8명이나 되고 현지인 교수가 7명이나 된다.

흙으로 지어서 쓰러져가고 비가 새는 교회 두 곳과 학교 두 곳을 재건축하였다. 다 쓰러져가는 교회에서는 불과 몇 십 명 안되는 성도들이 예배를 드렸지만 교회를 건축하고 나면 몇 개월 만에 수백 명의 성도로 부흥하는 주님의 은혜를 맛볼 수 있었다.

드보라 선교사 가정은 한국에서 15년 동안 목회하면서 선교사를 파송은 해도 그들이 선교사로 나간다는 생각을 안해서인지 처음부터 선교사로 부름 받을 때에 여러 교회에 선교비를 요청하는 것이 마음에 부담이 컸다. 그가 사십대에 이곳에 왔을 때에 평범한 중년 여인이었지만, 지구촌의 인구 사분의 일을 가진 넓은 땅에서 보잘 것 없는 자를 들어 사용하심을 보고 매일 놀라며 더 겸손해질 수 밖에 없음을 느낀다.

그는 한국인의 좋은 이미지와 기독교인으로서 좋은 이미지를 현지인들에게 남기는 것으로 여겨진다. 후배 선교사들에게 조언하고 싶은 말은 초심을 잃지 말고, 목양하는 자의 마음으로 최선의 삶으로 사역한다면 아름다운 열매를 맺게 된다는 것이다. 장래계획이나 소망은 현재하고 있는 일을 더 구체적으로 확대하여 학교를 세우는 것이다.

김라야(본명:김ㅈㅅ)[34]

◆ 선교지 도착 및 사역년도 : 1996년 6월 28일~2009년 현재
◆ 파송교단 또는 단체 : 대한예수교장로회 (합동)

◆ **선교사역지** : 1차 아시아 우즈벡키스탄(1996~2007년),
　　　　　　　2차 동유럽 우크라이나
◆ **주요사역** : 유치원사역
◆ **가족사항** : 남편 권00 선교사, 자녀 3남

　기독교가 4대째 내려오는 가정이었지만 부모님은 예수님을 진실로 믿지 않는 가정에서 김라야 선교사는 태어났다. 사업을 하시는 아버지 옆에서 어머니는 늘 부사장 역할을 하였다. 아버지는 예수님 믿는 형제나 다른 사람들에게 상처를 심히 많이 받아서 예수님으로부터 멀리 떨어져 있었기 때문에, 할머니가 실제적인 가정의 영적 가장이었다. 할머니를 따라 자연스레 주일학교에 다녔고, 교회생활을 시작했다. 집안 대소 간에 여러 명의 목사가 있는 가정이었지만 부모님이 예수님을 믿지 않아 불신 가정처럼 신앙에 대한 핍박이 있었다. 그러한 상황에서 꾸준히 주일학교를 다녔으며 초등학교 5학년 때 천국과 지옥에 대한 확신을 갖게 되었다. 초등학교 시절에는 교회에서 거의 살다시피 하면서 성가대를 하였다. 중학교 2학년 때부터는 집안이 이사를 하여 새로 옮긴 교회가 작은 교회라서 유

김라야 선교사 사역 모습

치부 교사를 시작하게 되었다.

그때부터 아버지의 구원을 놓고 기도하기 시작했으며, 중3때 사경회에서 은혜를 받아 선교사가 되기로 결심했다. 교회 내에서 성가대와 주일학교 교사, 학생회 임원과 청년대학부 임원으로 봉사하면서 성장했다. 중고등부 시절 임원을 하면서 섬기는 것이 무엇인지에 대해서 전도사님들로부터 많은 교육을 받았다. 임원은 섬기는 직분이라고 교회행사 때마다, 찬물에 손을 넣어 200여 명 분의 그릇들을 임원들이 다 닦게 하고 더러운 시궁창이 막히면 손으로 뚫도록 훈련시켰다. 현재 태국 어디선가 사역하고 계시는 김명수 선교사님이 중고등부 시절 담당 전도사님이셨다.

중3때, 하나님께 선교사로 자신을 보내주소서 헌신한 후 슈바이처나 리빙스턴의 전기를 읽으면서 의료사역자가 되고 싶었다. 그러나 하나님은 그를 전혀 다르게 인도하셨다. 1차 대학시험에서 떨어지고 방황할 때, 부모님과 담임 선생님이 영문과에 원서를 접수해 놓았다. 부모님께 무조건 순종을 익혀왔기에 입학시험을 치르고, 대학생이 되긴 했지만 영어에는 흥미가 없었다. 아버지가 딸을 안타까워하여 미국으로 영어연수를 보내주었다. 이것이 계기가 되어 정신을 차리고, 하나님은 꼭 의료 사역만을 통해서 영광 받으시는 것이 아니라는 것을 깨달았다. 때가 조금 늦었지만, 3~4학년은 열심히 기도하며 혼자서 선교지로 가서 살겠다고 자기 훈련을 했다. 그 당시 얼마 전 나미비아에서 돌아가신 고(故) 조현신 선교사에게서 고된 훈련을 받게 되었다.

김 선교사는 결혼을 하고, 공부를 계속하였지만 형편상 공부를 끝낼 수는 없었다. 아이들을 낳고 행복한 시간들을 보냈지만 속에서 계속되는 질문이 있었다. '난 선교사로 헌신하고, 다른 것은 생각지도 않으면서 지금까지 준비하며 살아가고 있는데, 하나님은 왜 계속 이렇게 살게 내버려

두시는 건지' 아이들 셋을 키우면서도 저녁 9시 이후는 자기 시간을 가져 가며, 자기관리를 하게 하신 하나님께서 결혼한 지 10년이 될 때까지 그냥 두시는 것이 이해가 안 되었다. 선교사로 나가기 전에 국내에서 학교 교사 사역을 계속했고, 나중에 선교지에서 필요할 것 같아서 간호조무사 교육과 호스피스 교육을 받았다.

하나님은 남편도 부목사로 다양한 훈련을 시키시고, 드디어 선교지로 옮겨 심으셨다. 현지 대학에서 강의를 시작했다. 한국 대학에서 받아뒀던 교사자격증을 갖고 강의를 시작한 것이다. 영문학을 공부시키고, 교사 자격증을 따게 하시고, 졸업 후 12년이 지나서야 선교지에서 사용하도록 인도하셨다. 자녀 세 명은 다 떨어져 공부하고 있으며, 남편은 사역지에서 혼자 사역한 적도 있다. 대학에서 사역하면서 제자양육을 시작했고, 그들을 훌륭한 교사로 키우기를 소망하며 양육했다. 학과장으로, 부 학과장으로 대학에서 가르치면서, 깨달은 것은 대학에서부터의 제자훈련은 삶을 바꾸기엔 너무 힘들고 늦은감이 있다는 것이다.

하나님은 김 선교사에게 어려서부터 세 가지 꿈을 주셨다. 첫째, 헬렌 켈러처럼 남들을 도우면서 사는 사람이 되고 싶은 것, 두 번째 대학 교수가 되는 것이었다. 박사학위를 공부하지 못했지만 하나님은 꿈을 이뤄주셨고, 그 마음의 소원을 만족케 해 주셨다. 세 번째로는 선교사가 되는 것이었다. 그에게는 이 소원이 계속되고 있다. 그를 부르신 그 하나님이 그의 마음의 소원을 이루시고, 훈련시키시고 그를 쓰신다는 것에 정말 행복해하고 있다. 대학에서 가르칠 때, 장애아동가정을 소개 받았다. 근육 디스트로피증을 앓고 있는 두 아이들을 돌보면서 그의 첫 번째 꿈이 실현되기 시작했다. 이후 장애아동을 위한 데이케어 센터(Day Care Center)를 집안에 만들어서 8명의 아이들을 한 반으로 만들어 7년간 운영했다. 이 사역을 하면서 아동들의 교육에 대해 더욱 관심을 갖게 되었다. 장애아동과 정상아동의 차별이 없는 학습 환경을 만들고, 이것을 통해서 이 땅의 지도자를 만들고, 하나님의 사랑을 표현하는 것으로 첫 번째의 꿈이 이루어졌다.

2005년 새로이 건물을 구입하고, 등록하여, 국가로부터 허가된 이곳의 유일한 사립 통합 유치원을 만들어서 유치원을 경영하면서 하나님의 사랑을 보여 주었다. 32명의 아이들과 19명의 직원들이 함께하고 있고 이를 예수님 안에서 잘 이끌어 가려고 힘을 다하였다. 사람의 인격이 어릴 적부터 만들어져야 하기 때문에 우리가 좋은 환경을 만들어줘야 한다고 생각하였다.

김 선교사는 부모님이 사업을 하시는 모습을 통해 고객에게는 어떻게 대해야 하는지 돈 관리는 어떻게 해야 하는지 알게 되었으며, 많은 격려와 칭찬 속에서 자랐다. 많은 형제 가운데 요셉처럼 자랐다. 그래서 그런지 생각이 긍정적이고, 적극적이다. 어린 시절부터 학교에서 반장, 소대장, 중대장을 했던 경험들이 고스란히 선교지에서 지금 사용되어짐을 본다. 부부선교사로 사역하면서 은사를 고려하여 잘할 수 있는 사람이 사역하게 했다. 한국어강의, 신학, 설교 등은 남편선교사가 한다. 양육, 격려, 상담, 유치원 사역은 김 선교사가 하였다. 그래서 나눠서 하다 보니 리더십도 개발이 되었다.

유치원 사역은 16명의 다양한 여직원들이 인도하고 있다. 이들에게 꿈을 실어주고, 보상을 해주고 적극적으로 밀어준다. 이들을 어떻게 인도할 수 있을지 잘 모를 땐, 그는 경영과 인간관계, 교수법 등 관련된 분야의 책을 읽으며, 배우려고 노력한다. 책에서 배운 내용을 정리해서, 세미나를 열어 직원들을 훈련시키기도 한다.

우즈베키스탄에서는 교회에서 리더훈련을 시키고 성경공부를 시키며 여성 리더십을 훈련시키는 일을 했다. 많은 부분에서 상담사역을 할 수 있었다. 신학교에서 사모세미나를 인도하기도 했다. 장애아동을 위한 데이케어센터를 설립 운영하였고, 사립유치원을 세워서 운영하였다. 우크라이나에서도 이러한 사역을 진행하려고 계획하고 있다.

현지인에게 김 선교사의 삶이나 사역이 미치는 영향은 첫 번째는, 교회 내의 여성지도력을 개발시킨 부분이 큰 영향력이었고, 두 번째는 우즈베키스탄 내의 교육계에 유아교육에 대한 중요성을 알리고 많은 사람들에게 유아교육에 대한 새로운 인식의 장을 열어준 점이다. 우리가 갖고 있는 기독교세계관에 입각한 유아교육 현장을 탐방하며 그들의 인본주의적인 유아교육관을 전환시켜 주고 있다.

김 선교사의 장래계획이나 희망사항은 한 여성선교사로서 선교지의 여성리더십을 개발하고자 하며, 어린이와 청소년 교육에 희망을 걸고 있다. 자신이 왜 그곳 현지에 와 있으며 어떤 상태에 있는가를 늘 체크하는 것이 그 어떤 사역보다 중요하다고 생각한다. 하나님 앞에서 자신의 삶과 사역이 어떤가를 돌아볼 때 한 사람의 선교사로서 하나님 앞에 바로 설 수 있기 때문이다. 이것이 선교사의 성공이라고 생각한다.

후배 선교 헌신자에게 김 선교사가 주는 조언은 사모도 한 사람의 선교사로서 하나님 앞에 당당하게 본인의 사역들을 만들어 가면 좋겠다는 것이다. 스스로 생각을 넓히고 마음을 넓히고 하나님의 눈을 갖고 세상을 품으라고 격려하고 싶다. 그는 예수님이 우리의 삶의 모델이고, 예수님이 내 구주이시고, 성경 66권은 변할 수 없는 진리이며 성경에 있는 역사들이 지금도 일어날 수 있다고 믿는다.

천사랑(본명:천ㅅㅇ)[35]

◆ **선교지 도착 및 사역년도** : 1999년 5월 29일~2009년 현재
◆ **파송교단 또는 단체** : 1차 1999년 5월~ 2004년 8월 인터콥
　　　　　　　　　　　 2차 2004년 9월 TIM 두란노 세계선교회
◆ **선교사역지** : 아시아 T국
◆ **주요사역** : 제자훈련
◆ **가족사항** : 남편 김순종 선교사, 자녀 1남 1녀

천사랑 선교사가족

천사랑 선교사는 2남 2녀 중 막내딸로 부산에서 태어나 6개월 째 되던 때에 서울로 이사하여 성장하였다. 어머님은 부산 초량교회의 초대 장로의 외손녀이셨고, 주기철 목사님께 유아 세례를 받으셨지만 정작 결혼은 불신자와 하게 되었다. 그 결과 18년이란 세월 동안 교회를 못 나가시고 마음에 큰 부담을 안고 사셨다. 천 선교사가 7살이 되던 해에 그의 집 바로 뒤에 개척교회가 생겼다. 어머니가 그의 형제들을 그 교회 주일학교에 보내주셨고 그의 신앙생활은 그렇게 시작되었다. 중학생이 되자 그는 믿음 생활에 회의가 들기 시작했고 예수님에 관한 이야기는 신화나 전설같이 여겨졌다. 교회 출석을 그만 두었지만 외할머니께서는 그때 계속 전도하시고 기도해 주셨다.

중3때 천 선교사는 예수 그리스도가 이 세상에 오신 것이 사실일 뿐 아니라 역사적 중심에 서신 분이라는 사실을 알고, 깊이 회개하는 마음이

생겼다. 회개하고 난 후 고등학교 1학년 때부터 목사님의 설교가 깊이 와 닿았고 성경을 읽기 시작했다. 성경에서 예수님이 말씀하신 구절이 감동이 되기 시작했고 구약 읽기가 끝날 무렵, 대학에 가면 꼭 성경공부 동아리에 들어가리라고 결심하게 되었다.

구원의 확신을 가진 후 주님과의 첫사랑으로 빠져 들어갔다. 고교 시절의 예민한 감수성이 주님에 대한 사랑으로 몰입되면서, 일기장은 온통 사랑의 편지가 되어 갔다. 새벽 기도를 시작하면서, 그가 훗날 죽을 때가 되면 주님과의 사랑의 여정을 자서전으로 써야지라는 생각을 할 정도로 진실한 사랑을 나누었다. 그 당시 천 선교사는 교회에서는 성가대 봉사를 하면서 찬송과 성가의 아름다움을 누리며 화실을 다니면서 미술대학 입학을 준비하고 있었다. 미술을 공부하면서 만물 하나 하나 속에 하나님의 솜씨를 보면서 감탄하였고, 특히 우주를 지으신 하나님의 솜씨를 경외하였고 과학적이고, 우주적인 지식에도 탐구열이 생겼다.

이화여자대학교 미술대학에 진학하면서, 천 선교사는 선교단체를 통해 성경공부와 제자양육에 힘을 쏟게 되었다. 대학 3학년 때 아버지의 사업 실패로 학교를 1년 휴학하게 되었다. 그때까지만 해도 그는 실내 디자이너의 꿈을 꾸면서 장래를 준비하고 있었다. 그러나 이 세상의 모든 것은 썩어없어질 것이라는 것을 알게 되었고, 세상의 종말이 어떠한 것인가를 느끼게 되었다. 대학에 다시 복학하였을 때 이상하게 같은 과 학생들이 주님께 많이 돌아오는 일이 발생하여 선교단체 모임에도 많이 연결되었다. 그들을 양육하게 되었는데, 그 양육했던 학생들 중에 우즈베키스탄과 방글라데시 선교사로 나가 있는 사람도 있다.

대학 졸업 무렵 천 선교사는 실내 디자이너의 길로 들어갈 준비를 하고 있었지만 선배들과 리더들로부터 대학부 간사와 대학생 선교를 위한 양육 리더로 남기를 권유 받았다. 많은 갈등을 하였지만 성령님의 인도하심을 느끼고 그 길에 순종하였다. 그때 그는 10살 때부터 원해 왔던 "실내 디자이너"라는 꿈을 귀한 향유옥합으로 깨뜨리게 되었다. 그 순종은 이대 캠퍼스에서 결혼하기 전까지 지속되었고 결혼 후에도 대학생 사역을 몇 년간 도왔다.

1989년 6월 중국 천안문 사건이 날 무렵 천 선교사는 철야 기도를 다녀오다가 새벽에 버스에서 그 소식을 들었다. 그 사건으로 죽은 대학생들이 거의 다 지금 지옥에 들어갔을 것이라고 생각을 하니 너무 마음이 아팠다. 그후 얼마 지나서 그는 북한을 다녀오는 꿈을 꾸게 되었으며 몇 번 거듭 그 꿈을 꾸고는 북한 선교를 결심하게 되었다. 결혼 할 사람과 같은 비전을 나누게 되었고 결혼 후 부부가 북한 선교를 준비하였다. 북한문이 열릴 듯 열릴 듯 했지만 열리지 않고 시간만 흐르게 되자 대학선배로부터 이슬람권 선교 훈련을 받아 보라는 권유를 들었다. 결국 열리지 않는 북한문을 뒤로 하고 T국으로 발을 딛게 되었다.

단기선교팀으로 처음 T국 땅을 밟는 97년, 이곳이 하나님의 눈물이 있는 땅이라는 것을 알게 되었다. 예레미야 애가 3장 48~49절 "처녀 내 백성의 파멸을 인하여 내 눈에 눈물이 시내처럼 흐르도다. 내 눈의 흐르는 눈물이 그치지 아니하고 쉬지 아니함이여"라는 말씀처럼 T국 땅을 둘러싼 삼면의 바다(흑해, 에게해, 지중해)가 투르크 족을 향한 하나님의 눈물바다처럼 보였다. 천 선교사는 그때 눈물의 하나님을 처음으로 만났다. 하나님이 잃어버린 자를 위해 그토록 우신다는 것을 그는 처음으로 안 것이다. 그 마음을 안고 기도하며 준비하여 2년 후인 1999년 5월 29일 T국에 온 가족이 들어오게 되었고 지금 사는 도시에 짐을 풀게 되었다.

하나님의 은혜로 그 어려운 T국 땅에서 1년이 안되어 다른 나라 국적의 사역자 두 가정과 함께 교회개척 사역을 하게 되었다. 처음에는 집에서 모임을 하게 되었으므로 주일 예배를 포함하여 주중 관심자 모임, 개인 교제, 전도를 위하여 친구 사귀기 등 모든 모임이 집에서 이루어졌다. 다른 사역자 가정도 포함해서 집안 치우기, 케이크 굽기, 차, 음식 대접하기 등이 주 사역이 되었다. 현재는 어린이 예배 교사, 여성들 양육, 찬양 인도 등을 하고 있다.

4년째가 되었을 때 모임은 가정 모임에서 건물을 세를 얻어 정식으로 교회 신고를 하게 되었다. 그 의미는 경찰이나 이슬람의 눈치를 보지 않고 원하는 장소에서 자유롭게 예배 모임을 할 수 있게 되었다는 뜻이다. 교회 모임이 그렇게 서기까지 가장 힘들었던 것은 이 지역의 영과의 끊임없는 영적 전쟁이었다. 첫째로 물질의 영과의 싸움. 하나님의 말씀에 관심이 많은 사람 같아서 사귀고, 나누고 교회에 연결이 잘 되었을 때 돈을 요구한다든지, 돈을 주지 않으면 3~4년 같이 하던 사람도 떠나 버리는 것들이 힘들었다. 이것은 지금도 계속되고 있다. 터키는 물질, 세속, 맘몬의 영이 깔려 있다. 둘째로 이슬람의 영과의 싸움이다. 전도를 위해 교제하다가도 이슬람의 강한 진에 부딪친다. 왜곡된 신앙 안에서, 두려움에 종노릇하는 삶에서 자유로워지기 위해서는 이 영적 전쟁의 대가를 치러야 한다.

선교사역을 한 텀 4년을 마쳤을 때 천 선교사는 정말로 이해할 수 없는 일을 겪게 되었다. 한국에 와 두 번째 딸아이를 출산했다. 산후조리원에서 산후 조리를 하고 있었는데, 큰 딸(둘째 아이)이 알레르기가 나더니 열이 나기 시작했다. 이 열이 일주일이 지나고 열흘이 지나도 떨어지지 않아 서울대학교 병원에 입원했다. 혼수상태가 사흘이 지속되었다. 병원에서는 병의 원인도 밝히지 못했고 모든 치료행위에도 불구하고 3일 간 깨어 있더니 다시 혼수상태에서 그 대로 하늘나라로 가 버렸다. 2004년 9월 4일 딸 해나의 생일에 그 아이를 땅에 묻었다. 천 선교사는 하늘이 무너지고 땅이 뒤집히는 것 같았다. 그렇게 예쁘고 순진한 '해나'가 죽어야 하는 이유를 찾지 못해 눈물은 마르지 않고 하나

천사랑 선교사 사역 모습

님께 이게 무슨 일이냐고 항변도 하고 원망도 하고 통회도 하며 살 희망을 찾지 못하는 시간을 보내야 했다. 그러다가도 새로 태어난 딸아이를 보며 이 아이 때문에 살아야겠다, 하나님이 또 딸아이를 주신 것이 오늘을 위함인가 생각하며 정신을 차리곤 했다. 그러다가 그때로부터 7년 전 T국 땅에서 만났던 우시는 하나님, 처녀 딸의 파멸로 인하여 눈물을 시내처럼 쏟던 아버지처럼 그 자신이 그 모습으로 울고 있다는 사실을 발견했다. 그것이 예언이 되었는지는 모르겠지만 조금이나마 아버지의 마음을 헤아리게 되었다. 그에게서 가장 사랑스러운 딸을 데려 가셨을 때 그는 T국 땅에서 많은 눈물을 흘릴 수밖에 없었다. 그리고 그것은 그의 두 번째 향유 부음이 되었다.

지금은 주님의 특별한 위로하심으로 천 선교사는 많이 회복하였고, 3번째로 낳은 둘째 딸 아이 미래가 한국 나이로 다섯 살이 되면서 많은 위로가 되었다. 딸을 묻고 T국으로 다시 돌아왔는데 사역의 어려움은 멈추지 않았다. 무슬림 이웃사람들은 그의 둘째아이 죽음으로 그를 '하나님의 저주 받은 여인'으로 바라보았다. 그런 상황 속에서 오히려 '남의 비판과 욕설'에서 자유로워질 수 있는 것을 배우게 되었다. 그들은 이 땅에서

복음을 전하는 이질적인 인간의 불행이 저들에게는 당연히 저주로 보이 겠지만, 그러나 그는 이 길에서 '십자가의 아픔'과 '아들을 내어 주신 아버지의 마음', '잃어버린 자에 대한 아버지의 눈물'을 체험하며 배웠다. 더욱 십자가에 가까이 가서 하나님을 붙들며 그의 그늘에 앉아 있어야만 했다. 주님과 더 깊은 연합을 하였고 눈물 없이는 아버지 앞에 나갈 수 없는 자가 되었다. 그래서 모든 비판과 저주 앞에서도 당당히 T국 땅을 지키는 자로 다시 설 수 있었다.

2007년은 하나님께서 찬양의 기름부음을 더욱 주셔서, 집회를 인도하였으며 한국어, 영어 찬양을 T국어로 번역하는 사역에도 한 걸음 더 나아갈 수 있게 되었다. 주 중에는 큐티(Q.T.) 나눔과 성경공부 모임을 인도하고 있고 자매 개인양육을 위해 심방 등을 하고 있다. 그러면서 이 땅을 밟으며 중보하며 매일 매일 축복한다. 주일이 되면 현지인 아주머니와 번갈아 가며 점심 식사를 모임에 준비해 가서 찬양하고 오후 성경공부를 인도하고 있고 격주나 한 달에 1번 정도 어린이 사역도 한다. 화요일 저녁에 다시 교인들이 모이면 같이 성경을 읽고 가르치고, 큐티를 나누고 말씀으로 기도한다.

천 선교사의 비전은 현재 양육하고 있는 형제, 자매들이 성장해서 교회 리더가 되고 또 교회가 없는 T국의 81개 도에 나아가 그들이 교회를 일으키는 자가 되도록 하는 것이다. 아직도 연약한 형제, 자매들을 보면서 실망하고 속상할 때가 많고, 문화가 달라서 이해가 안 될 때도 너무 많지만 용납하고 사랑해야 함을 더욱 배운다. 그들이 얼마나 이 땅에서 귀한 자인지를 느끼며 그의 면류관이라 생각하며 낮은 마음으로 섬겨야 함을 주께로부터 배우고 있다.

6. 2000년대

김미란[36]

◆ 선교지 도착 및 사역년도 : 2003년 4월 6일~2009년 현재
◆ 파송교단 또는 단체 : 기독교대한성결교회총회 세계선교부
◆ 선교사역지 : 일본
◆ 주요사역 : 제자훈련
◆ 가족사항 : 남편, 자녀 1남 1녀

김미란 선교사는 따뜻함과 원칙을 중시하는 부모님 밑에서 남동생과 함께 성장하였다. 친가와 외가 모두 독실한 기독교인 가정에서 태어난 그는 하나님의 교회를 최우선으로 섬

김미란 선교사와 교회청년들

기시는 조부의 믿음을 보며 성장하였다. 공무원이셨던 아버지와 중 · 고등학교 교사이셨던 어머니는 언제나 하나님을 최우선으로 섬기는 삶의 모습들로 큰 가르침으로 남기셨다. 모태신앙을 가지고 있었던 김 선교사에게 예수님은 가장 가까운 친구였다. 초등학교 6학년 때 교회 부흥회에서 강사 목사님의 간증에 은혜를 받았다. 목사님은 가난한 가정에서 자랐으며 매일 학교에 가는 길, 오는 길에 교회에 들러 기도를 하였다고 하셨다. 그 기도를 들어주신 하나님의 은혜로 이만큼 축복을 누리게 되었다고 하셨다. 하나님의 은혜를 누구보다도 사모하였던 김 선교사는 그 다음 날부터 초등학교에서 돌아오는 길에 교회에 들러 기도를 하기 시작하였다.

어느 날 갑자기 너무나 가슴이 뜨거워지며 자신이 어떻게 감당할 수 없을 정도로 주님의 십자가가 아주 크게 느껴졌다. 그 날 그는, 주님께서 십자가를 지신 것은 바로 그의 죄 때문이라는 것을 온 가슴으로 고백하며 뜨거운 눈물로 회개하였다.

그 날의 체험 이후로 김 선교사의 기도는 바뀌었으며 무조건적인 하나님의 은혜를 구하며, 그 은혜 안에서 예수님을 구주로 믿게 되었다. 예수님을 믿고 난 후, 중학교 3학년 때에 로마서 12장 1절 "너희 몸을 하나님이 기뻐하시는 거룩한 산 제사로 드리라 이는 너희의 드릴 영적 예배니라"는 말씀이 그의 안에 깊이 뿌리박게 되었다. 그날부터 그는 모두 주님께 드려지는 산 제물로서 살기 시작했다.

일반 대학원에서 한국복식사를 공부하던 그는 선교에 대한 막연한 생각만을 가지고 기도하는 기독청년이었다. 때마침 중국의 죽의 장막이 열리는 시기였기에, 당시에는 그곳을 땅 끝이라 생각하였고 그 땅 끝에 복음이 증거 되기를 위하여 기도하였다. 그런 그에게 1987년 10월 주일 오후에 만난 재일동포를 위한 선교대회를 열기 위하여 일본에서 오신 장로님 가족을 만나게 되었다. 그날 저녁예배에서 처음으로 일본의 선교현황을 알게 되었고 일본의 영적상태 아래에 있는 우리 동포들의 모습을 알게 되었다. 이틀간의 선교대회를 마치고 헌신자 초청 순서가 되었을 때 기도로 함께 하겠다는 뜨거운 결단을 하게 되었다.

그 선교대회가 끝난 밤에, 놀랍게도 일본에서 오신 장로님 가족으로부터 결혼제안을 받게 되었다. 그는 무척 당황하였지만 일본선교사로 정식 파송을 받은 2002년 9월까지 지난 15년 동안 일본 영혼들을 위하여 헌신하라며 눈물로 부탁하시는 연로하신 장로님(시아버님)의 말씀을 따르게 되었다. 남편이 어떠한 사람인지 알아보지도 않고 그저 일본선교에 헌신한다는 순수한 열심만으로 1988년 4월 결혼을 하여 그 해 5월 5일에 처음으로 일본 땅을 밟게 되었다.

김 선교사는 2003년에 교단 선교사로서 일본으로 가기 전에는, 한국 YMCA에서 동화구연 강사를 하면서 동시에 회사도 다니며 학교에서는 일본어와 한국어를 가르치기도 했다. 또한 교회에서 주일학교 교사와 어린이 성가대 지휘를 하다가, 천안성결교회에서 유치부 전도사로 섬겼다.

선교지인 일본에서는 김 선교사는 한국에서 온 여성이라는 위치와 부인선교사라는 입장에서 많은 어려움을 겪어야 했다. 인격이 무시되고, 하나님께서 쓰시려고 세우신 종이라는 존재 자체가 힘들 때는 빌립보서 2장 5절 이하의 말씀과 시편 37편의 말씀, 시편 18편의 말씀으로 힘을 얻었다.

남편이 있는 부인선교사라는 것이 일본교회에서 사역하는 데에 가장 큰 어려움이었다. 독신사역자인 경우에는 나름대로 여성사역자를 인정하고 세우지만, 남편이 있는 부인사역자인 경우에는, 남편이 동일한 사역자인 경우에는 남편을 먼저 세우고, 남편이 할 수 없는 부분을 보완하는 역할을 감당해야 하기 때문이다. 이것은 모든 일본교회의 경우라고는 할 수 없지만 대부분의 교회들이 일본의 전통과 풍습을 벗어나지 못했다. 일본의 교회는 일반 일본 사회보다도 더 전근대적인 사고를 가지고 보수적인 경향을 띠는 경우가 많았다.

또한 부인선교사는 현지에 시댁과 가족이 있을 경우 일인 다역을 감당해야 하는 자리에 있기에 참으로 많은 눈물을 뿌려야 하는 훈련의 장이었다. 어려서부터 재일동포로서의 많은 아픔들을 겪어야 했던 남편과 함께 보조를 맞추어야 하는 것도 쉽지 않은 일들 중의 하나이었다. 그러나 이 모든 일들은 하나님의 계획하심 안에서 진행되고 있는 일이라 믿었다. 만약 그렇지 않다 하더라도 주님은 이 모든 훈련들을 합하여 가장 좋은 선으로 이끌어주실 것을 믿는다.

　김 선교사는 놀라운 적응력을 갖고 있다. 노인들과 함께 하면 노인들과 동화하며 아이들과 함께 할 때에는 아이들의 모습 안으로 들어간다. 사람을 좋아하는 편이며 어려서부터 주변에 좋은 그리스도인이 많아서인지 사람을 믿고 마음을 여는 성격을 가지게 되었다. 그러나 관계 안에서 지혜를 가지고 분별하는 것도 더욱 필요하게 여겨진다. 상처를 입고도 다른 사람을 믿고 마음을 여는 것이 약점으로 작용할 때도 있다.

　언제나 주님의 인도하심에 온전히 순종하는 자가 되는 것이 김 선교사의 장래계획이다. 또한 일본 열도에 하나님의 마음을 심는 자가 되는 것이 소원이다. 이 일을 이루기 위하여 일본교회 안에 주님의 영을 붓는 통로로 쓰임 받길 원한다. 더 나아가 새로운 생명들이 튼튼하게 세워지고 훈련받는 일에 쓰임받기를 소망한다.

　지난 5년 동안 일본에서의 사역은 두 가지로 진행되었다. 일본의 기존 교회 안에 들어가 모든 일본교회들에게 인정받을 수 있는 위치를 확보하여 그 자리에서 살아있는 복음을 전하는 것과 또 하나는 지역의 사회봉사단체에 들어가 관계망을 형성하고 한국어 강좌를 만들어 일본 사회에 기독교에 대한 안전성을 전하고 예수 그리스도를 전하는 간접선교를 하는 것이었다.

　어른 설교와 어린이 설교, 중고등부 성경공부 인도, 성인 주일학교 인도, 전도집회 인도 등 그때 그때마다 필요한 자리로 하나님은 이끌어 주셨다. 한국어 강좌에서 만난 분들과의 관계를 돈독히 하기 위하여 집에서 한 달에 한 번 또는 두 번의 간샤카이(韓射會)라는 모임을 열었다. 이 모임은 한국어로 말하는 모임이라는 의미와 동시에 감사하는 모임이라는 뜻을 함께 가지고 있다. 십여 명에게 음식을 대접하는 것은 쉬운 일은 아니었으나, 함께 식사하며 복음을 증거하니 모두 가족 같은 따뜻한 마음을 나누는 사랑의 공동체로 성장하게 되었다. 2008년 5월부터는 이 분들 안에서 새로이 성경을 읽는 모임도 시작되었다.

2008년 4월부터는 제2기를 맞이하여 일본교계 안에서 폭넓게 사역하기 위해 일본교회와 협력관계를 잘 유지하려고 노력하고 있다. 기존 일본교회와의 친밀한 관계형성과 사역협력은 계속 이어가야 할 것이다.

현지 교회 교역자들과 성도들의 말에 의하면, 김 선교사의 가정은 일본의 성도들이나 교역자들에게서 좀처럼 만나기 어려운 순수한 믿음을 갖고 있다고 한다. 철저히 하나님을 믿으며, 그 믿음대로 사는 삶의 모범을 본다고 한다. 아직 예수님을 영접하지 않은 한국어 강좌의 현지인들의 말에 의하면, 함께 있는 것만으로도 새로운 힘이 생긴다고 한다.

후배 선교 헌신자에게 김 선교사가 하고 싶은 말은 제국주의적 선교를 하려하지 말아야 한다는 것이다. 어느 나라나 마찬가지겠지만, 그 나라에는 그 나라의 뛰어난 문화가 있고 그 교회에는 그 교회만의 뛰어난 달란트가 있다. 영적 우월감으로 돕는다는 자세를 갖지 않는 것이 필요하다. 주님의 모습처럼 그 땅의 사람들을 존중하며 그들이 가지고 있는 것들을 키워주며 그 모든 이들을 사랑으로 섬기면 주님 앞에 향기로운 선교를 감당할 수 있으리라 생각한다.

김 선교사는 오직 예수 그리스도의 십자가의 은혜만이 우리에게 가장 큰 축복임을 믿고 감사할 뿐이다. 그것은 구원의 은혜이며 모든 삶을 승리로 이끄는 문이며 주님과 하나 되는 유일한 길이다. 이 모든 것들을 믿고 누릴 수 있는 것도 오직 주님의 은혜이다.

이루디아(이ㅎㅇ)[37]

◆ **선교지 도착 및 사역년도** : 2000년 3월 20일~2009년 현재
◆ **파송교단 또는 단체** : 기독교한국침례교 해외선교회
◆ **선교사역지** : 인도
◆ **주요사역** : 제자훈련
◆ **가족사항** : 남편 김ㅇㅇ선교사, 자녀 2남 1녀

이루디아 선교사는 불교를 믿는 아버지와 기독교를 믿는 어머니 사이에서 태어났다. 아버지와 친할머니의 영향으로 불교를 믿고 있어 유치원부터 교회를 다니다 말다 하였다. 초등학교 4학년을 지나면서 자신의 의지로 교회를 다니게 되었으나 아버지는 반대하였다. 아버지는 이 선교사가 6학년 때 돌아가셨으며 그 이후에는 지속적으로 교회를 다녔다. 작은 아버지를 비롯하여 친가에서는 상업 고등학교에 진학할 것을 권고하였으나, 여자라도 끝까지 대학에 가야 한다는 어머니의 뜻에 따라 인문 고등학교에 진학하여 고2 때 하나님의 부르심으로 신학을 하게 되었다.

하나님의 부르심 이후 더 열심히 교회 활동을 하였다. 그 무렵 어머니는 외가가 있는 논산 근처 시골에 계셔서 이루디아 선교사는 침례신학대학교에 입학하여 하루에 3시간 거리를 오가며 통학하였다. 또한 교회의 전도사로서 일하면서 남동생 둘을 챙기고 집안일을 도맡아 했다. 저녁에 학교에서 돌아와서도 교회 학생들의 공부를 위해 시간을 보내기도 하며 교회봉사에 열심을 내었다. 대학교 4학년 때 실습을 나갔던 교회에서 현재의 남편을 만나 졸업한 그해에 결혼을 했다.

그는 어려서부터 교회를 다녔으며 방언이나 다른 은사들도 중학교 시절부터 경험을 했지만 구원의 확신을 갖게 된 것은 신학교 시절인 대학교

1학년 때이다. 4학년 선배 중 한분이 '자매는 구원의 확신이 있느냐' 는 질문에 신학교에 들어오기 위해 점검했던 말씀들을 되새기며 깊이 있게 묵상하는 시간들을 가졌다. 이 선교사는 요한복음 8장 31~32절의 말씀에 의해 구원받았음을 확신했다. '진리가 너희를 자유케 하리라' 는 말씀에 의해 구원을 확인했으며, 진리 되신 주님을 받아 들여 자유를 얻었다.

구원의 확신을 성경말씀에서 얻은 후 하나님의 자녀가 되었다는 사실은 무슨 일을 해도 기쁘고 그분과의 교제인 기도시간은 그에게 너무도 귀했다. 신학대학교 시절부터 기도 노트를 쓰기 시작하여 현재까지 쓰고있다. 오랜 시간에 걸쳐 그의 삶이 하나씩 변화되고 순간순간 일어났던 많은 문제들을 기도하며 해결해 갔다. 지난 시간동안 남편의 두 번에 걸친 암 발병과 인도에서의 교통사고에도 그는 쉬지 않고 하나님께 아뢰며 하나님과 함께 했다. 현재 남편은 건강하게 사역하고 있다.

그는 국내사역에 헌신했지만 남편을 만나고 남편이 선교에 헌신하여 선교에 마음을 갖게 되었다. 선교지로 나오기 전에는 부사역자의 사모 시절에 선교를 생각하는 남편을 보며 그도 선교지를 방문해 보고 싶은 생각과 하나님이 그를 부르시길 원하시는지 확인하고 싶어 그런 기회를 주시기를 위해 기도하였다. 재정과 어린 자녀들로 인해 선교지에 나가지 못하였는데 그 두 가지를 해결해 주시는 일이 생겼다. 얼마 후 교회의 한 집사님이 남편에게 이번에 단기팀에 사모님이 함께 가시면 어떻겠냐며 재정을 해결해 주시길 원하신다고 하였다. 영문을 모르던 남편도 이 선교사의 이야기를 듣고 직접 선교지를 한 번 보는 것도 중요하다고 생각하여 선교지를 방문하게 되었다. 그 당시 남편은 거의 매년 선교 정탐팀을 만들어 선교지를 방문하고 있었다. 선교지를 다녀온 후 침례교단선교대회인 "뱁티스트 비전"(Baptist Vision)에 참석하여 선교사로 헌신하게 되었다.

이 선교사는 결혼 전에는 전도사로 사역했고 결혼 후 협동으로 잠시 어린이 교회학교 전도사로 사역했다. 선교지에서 언어를 배우는 과정에 많은 실망감과 낙담을 경험했다. 2년이 선교사로서 공식적인 수련기간이었으나 언어의 진보가 너무 느렸다. 처음에는 가정을 방문하여 교육을 받았지만 더욱 진보가 느려서 언어학교를 다니게 되었다. 자녀들은 학교에서 돌아오면 스스로 집에서 자신들이 일을 처리해야 했다. 사역 초기에 선교지 문화를 완전히 이해하지 못하여 이 선교사는 자신의 사고방식으로 현지인들을 대함으로 그들과 갈등을 겪고 자신의 감정이 자주 격해지는 걸 경험했다. 언어도 잘 안되고 사고도 잘 정립이 안 되었을 때 화도 자주내고 사소한 일에도 부딪쳤다. 그러나 현지 언어에 익숙해지고 시간이 지남에 따라 이런 모습들은 자연스럽게 해결이 되었다.

선교지에 들어온 지 8개월 만에 남편이 교통사고로 위기 상황을 만났다. 언어가 되지 않은 상태에 남편의 큰 사고는 많은 어려움이 되었다. 남편이 치료차 3개월을 한국에 있는 동안, 아이 둘과 이 선교사만 선교지에 남아 살아갈 때 자신의 연약함을 피부로 절감했다. 그러나 그로 인해 그의 믿음은 더 견고해졌다.

그 이후 2년 뒤에 다시 남편의 암재발 소식을 접했는데 그때는 그 땅에 보내신 이 선교사의 가정을 다시 생각하게 되었다. 나름대로 열심을 내어 일을 하는데 반복되는 고난에 대해서 모든 그리스도인들에게 늘 고난은 있지만, 그 일을 어떠한 자세로 받아들여야 하는 태도의 중요함을 생각하게 되었다. 이러한 일들로 그 자신은 연약하지만 결국 하나님의 강함을 경험하는 기회가 되었다. 8년 넘게 현지에 있으면서 가장 어려웠던 점은 현지인 사역자들을 키워 가는 데서 오는 어려움이었다. 한국에 초기에 들어오셨던 선교사님들은 어떤 마음으로 어떻게 하셨을지 생각하게 되었다.

이 선교사의 강점은 기질상 정리정돈을 잘하고 적극적으로 말하고 행동하는 것이다. 하지만 너무 꼼꼼한 면이 있어 식구들이 힘들어 하는 부분도 있다. 일을 하나 해야겠다 생각하면 지속적으로 말하고 끝을 보기를 원하는 것이다.

사역초기에는 언어와 정탐, 개척을 동시에 했다. 현재는 네 살짜리 막내가 생긴 후 주일과 큰 행사가 있을 때만 주로 남편과 함께 움직인다. 막내가 유치원에 가면 현재 기아대책 어린이 개발사역으로 관리하고 있는 800명의 어린이들의 어머니들을 대상으로 만남의 장을 만들어 성경공부를 시작해서 부녀자 교육을 시작하고 싶다. 이 선교사는 힌두인과 무슬림을 위해 동시에 사역하고 있다. 그들에게 개발사역으로 다가가 가정방문까지 하므로 어머니들에게도 접근이 용이한 상황이다. 또한 무슬림을 위해 이 선교사 부부가 헌신했기 때문에 무슬림 사역에 중점을 더 두고 사역하고자 한다.

현재는 현지인 사역자들이 많이 생겨서 이 선교사의 자리를 잘 메꾸고 있다. 내년부터는 부녀자들을 위한 일은 이 선교사가 시작할 것이다. 현재 사역자들은 어린이들만을 관리하고 있어 부녀자들을 위한 일이 필요한 상황이다. 현지인 사역자들에게는 이 선교사가 뒤에서 돕는 내조자로 보일 것이다. 자매들에게는 어려움이 있을 때 도와주는 정도로 느끼며 현지 가정교회들의 교인들에게는 부부가 늘 함께 움직이기에 여성선교사로 보여지고 의지의 상대로도 여겨지고 있다. 이 선교사 부부가 몇 개의 가정교회를 하고 있어 매주일 돌고 있다. 평소는 늘 남편이 설교를 하지만 부활절이나 기타 중요행사시에는 이 선교사도 메시지를 전하고 있다.

이 선교사에게 선교는 현지인들을 섬기며 자신의 삶을 보여 주는 것이라고 생각한다. 현지 여성들은 이 선교사가 평소에 자연스럽게 이야기를 해 올 수 있는 대상으로 생각한다. 제자훈련과 적극적인 교회개척운동을 통해 이 땅에 하나라도 더 많은 가정교회들을 세워가는 것을 계획하고 있다. 그것을 성취하기 위해 다양한 방법으로 학교나 NGO 등의 활동을 계획하고 있다.

후배 선교 헌신자에게 이 선교사가 하고 싶은 말은 너무 당연하고 평범한 말이지만 무엇보다도 현지어에 집중하라는 것이다. 거기에 믿음과 열정을 가지고 쉬지 않고 전진하면 조금씩 진보가 있다고 생각한다. 또한 하나님은 우리가 얼마나 많은 일을 했느냐보다 얼마나 그분과 동행하며 일을 했느냐를 중요시하신다는 것을 늘 기억해야 한다.

ㅈ캐롤(본명:이ㅇㅁ)[38]

- ◆ **선교지 도착 및 사역년도** : 2001년 1월 28일~2009년 현재
- ◆ **파송교단 또는 단체** : WEC국제선교회
- ◆ **선교사역지** : 중동
- ◆ **주요사역** : 의료사역
- ◆ **가족사항** : 남편 ㅈ디모데 선교사, 자녀 1남

ㅈ캐롤 선교사의 아버지는 하나님을 믿지 않았지만 어머니께서는 신앙생활을 하셨다. 그는 어릴 때부터 주일학교에서 열심히 배우며 믿음을 갖게 되었다. 초등학교 6학년인 12살 때 장래희망으로 의료선교사가 되고자 서원하였다. 창조주 하나님을 아버지로 모심으로 든든하고 행복했던 유년시절을 보냈다. 어릴 적에 하나님께 의사선교사가 되겠다고 서원한 대로 이화여자대학교 의과대학에 입학하였다. 그러나 첫 3년간은 방황하였다. 86학번으로 의과대학에 들어가 한국사회의 불의와 군사정권에 대

한 이슈로 인해 어떠한 삶이 의로운 삶인가 고민하면서 3년간 운동권 학생으로 활동하였다.

1989년 어머니의 간절한 기도와 하나님의 인도하심으로 대학교 3학년 때 죄인을 구속하신 하나님 앞에 회심하여 다시 신앙생활을 시작하였다. 예수님의 지상

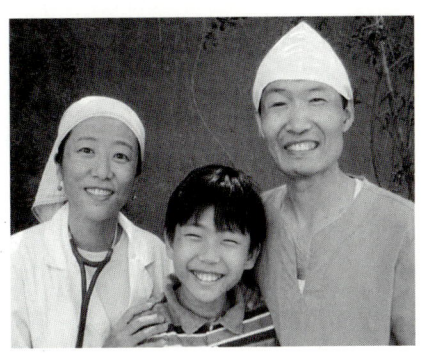

ㅈ캐롤 선교사가족

명령에 순종해 제자로의 삶을 꿈꾸며 23세에 재서원하였다. 하나님께 서원했던 꿈을 회복하고 청년부 모임, 중·고등부 교사, 선교단체모임을 통해 하나님 아버지와의 관계를 회복하고 성장하였다.

캐롤 선교사는 의과대학을 졸업하고 인턴, 레지던트 수련, 봉직의로 2년간 근무하였다. 그와 남편은 선교사로 현지에 들어가기 전에 호주 MTC와 미국 WEC 국제 선교회에서 선교훈련을 받았다.

중동에 도착 전에 이미 훈련과정을 통해 캐롤 선교사의 교만함을 깨시고, 타문화에 적응해 나가는 내성을 키워주셨기에 막상 선교지에 도착해서는 아주 겸손하고 즐거운 마음으로 사역을 시작할 수 있었다. 언어를 배우는 첫 일 년은 그야말로 허니문 시기였다.

2년째부터 시작된 병원사역과 방문사역은 일상의 삶에서 얼마나 사랑의 통로로 증인이 되느냐가 관건이었는데 자신의 힘으로 할 수 없음을 날마다 고백할 수 밖에 없었다. 속기 싫어하고, 손해 보기 싫어하고, 인색한 자신의 연약함을 매일 바라보게 되었다. 현재 가장 어려운 점은 이슬람권이라 영적 어두움으로 인하여 쉽게 열매가 없는 것과 그것에 대한 본인과 남들의 반응이 때로는 힘들게 하는 것이다.

캐롤 선교사는 낙천적이며 주변에 어려운 상황이 생겨도 하나님의 선하심을 신뢰함으로 담대하다. 의사로서 가정과 병원사역에 피곤하여 요리를 잘하지 못하므로 손님접대에 취약한 것이 그의 약점이라고 스스로 생각하고 있다. 그의 장래계획이나 희망사항은 날마다 삶 속에 그리스도의 향기가 되어 예수님을 닮아가는 것이다.

1992년부터 국민보건 및 의료를 통해 현지인들을 복음화 할 뿐 아니라, 실질적으로 필요를 채우기 위해 '국제적인 비정부 협력기관'(NGO)으로서 OO 정부와 협력하면서 1차 보건 및 의료사역을 위해 일하고 있다. 비정부 협력기관(NGO)으로서, 여러 나라에서 온 무보수 자원 의료진들(의사, 조산사, 간호사, 실험실 기사 등)이 여성과 어린이들 그리고 가정의 건강을 위한 1차 보건의료사역을 담당하고 있다. 주요사역은 양질의 의료진료와 건강교육, 현지인 의료종사자를 훈련시키는 것이다.

현지 주민들은 기독교가 무엇이고 하나님이 누구신지, 참 진리를 접해 볼 기회가 차단된 상태로 살아가고 있다. 그곳에서는 그리스도인으로서 살아가면서 그들에게 참 진리에 거하는 삶의 아름다운 모습을 보여주는 것이 무엇보다 중요하다. 그것이 강한 전도의 방편이 된다. 의료진료를 통한 사역은 주민전체가 크고 작은 질환들에 시달리고 있어서, 진료를 통해 한 가족 전체를 쉽게 접근할 수 있기에 장점이 있다. 가족단위로 만나서 가족 전체, 특히 가장에게 복음을 전할 기회를 가지면, 복음화에 더욱 효과적일 수 있으리라 기대한다. 의료를 통한 신뢰를 구축하고, 일대일 개인 전도를 통한 구원의 확신을 심어주고자 사역하고 있다.

그의 첫째 사역은 선교지가 이슬람 국가이므로 성경말씀이 전혀 받아들여지지 않는 상황일 때 매일의 새벽기도, 일요 기도회, 화요 기도회를 통해 기도사역을 하는 것이다. 또한 의사로서 정부병원에서 일하며 매일 성실하게 환자를 정성껏 치료하므로 기독교인으로서 향기를 나타내는 것이다. 방문사역으로 이웃, 친구, 환자, 여성 교도소를 방문하며, 특히 이곳 문화의 하나인 오후마다 차 마시며 담소하며, 이웃을 방문하여 구원에 대해 나눌 수 있는 좋은 기회를 자주 가지려고 한다.

캐롤 선교사가 의사로 사역하는 병원은 전세계 여러 나라에서 온 의사와 간호사들이 팀사역을 하고 있다. 다국적 팀으로 함께 매일 병원 시작 전 경건회를 갖고 금요예배를 드리며, 서로 베풀며 사랑하는 모습으로 그리스도인의 형제 사랑을 전하고 격려한다. 그의 남편 장디모데 선교사는 선교지에 나가기 전에 국내에서 간호학원을 다녀 간호사 자격증을 취득하여 같이 병원에서 사역하고 있다. 이슬람 국가에서는 남녀 구분이 확연하기 때문에 남성 간호사가 필요하다.

현지인들은 중동의 작은 마을이 이 세상의 중심이며 이슬람이 참 신앙이고 온 세상으로 퍼질 것으로 알고 있다. 대부분의 무슬림 여인들이 외국인 기독교 의사가 자신들의 삶 속으로 들어와 이웃으로 자매와 이모로 지내고 있다는 것을 볼 때에 그들은 무엇인가를 느낄 것이다. 기독교인이 이슬람 개종을 하지 않으면서도 행복한 가정생활을 하고 천국의 확신을 가진 담대함을 때때로 나눌 기회가 있다.

후배 선교 헌신자에게 캐롤 선교사는 하나님의 은혜의 강물에 풍덩 뛰어들라고 격려한다. 왜냐하면 하나님 아버지가 다 해 주시기 때문이다.

07

World Mission and Korean Women in Mission

한국 여성선교사의 중도 탈락 방지를 위한 방법

여성선교사를 모집하여 훈련시켜 파송하는 것은 매우 보람된 일이며 계속 진행되어야 할 일이다. 신입 여성선교사가 선교지의 언어와 문화를 배우고 적응하려면 많은 시간과 재정이 들어가므로 이미 선교지에서 사역하고 있는 여성선교사가 중도 탈락하지 않고 선교사역을 계속할 수 있도록 체계적으로 격려하고 후원하는 것이 중도 탈락 방지를 위해 더 중요하다.

1. 독신 여성선교사들의 중도 탈락 원인

장기 독신 여성선교사들의 수가 중도 탈락으로 점점 줄어들고 있으며, 신입 선교사수도 매우 적다. 열정과 헌신으로 선교지에서 사역하던 독신 여성선교사들이 중도 탈락하는 이유는 다양하다.[1] 사역지에서 오랫동안 사역하면서, 여러 가지 이유로 인한 재충전의 기회를 잃고 탈진상태가 되기 때문에 선교지를 떠나게 된다.

남성 위주, 목회자의 주도적인 사역 형태와 파송교회나 후원자들의 독신 여성선교사들에 대한 이해 부족으로 그들을 위한 배려가 한국에서는 많이 부족하다. 선교본부에서 평소에는 무관심하다가 무슨 문제가 생기면 본부는 먼저 실상을 파악하기보다는 가정선교사 편에 손을 들어주는 경향이 독신 여성선교사들을 낙심시킨다. 한국교회는 평신도선교사와 여성선교사에 대한 관심이 저조하다. 한국교회 내에서 여성이 단기로 나가는 것은 훈련차원으로 이해하여 주지만, 독신 여성이 장기선교사로 나가는 것은 환영하지 않는다. 독신 여성선교사들을 위한 부르심과 그들의 사역이 얼마나 중요한가에 대한 새로운 인식이 필요하다. 특히 한국교회 목회자들이 독신선교사의 중요성을 올바로 이해하도록 하여, 독신 여성이나 부인 여성선교사들에게 각자의 역할이 있다는 것을 인식 하도록 해야 한다.

한국교회가 교단선교사가 아닌 선교단체 소속 선교사는 무시하는 경우가 있다. 교단선교사들 못지 않게 공신력 있는 선교단체가 선교의 전문성을 갖고 선교사들을 훈련하고, 파송하고, 돌보고 있다는 것을 인정해야 한다. 사역의 형태와 필요에 따라 교단선교부와 선교단체는 이중멤버십(dual membership)을 허락해야 한다.

지속되는 동역자들 간의 갈등, 조직내외에서의 갈등, 현지인들과의 갈등 등이 있다. 팀사역을 하면서도 동역자라는 생각보다 서로의 사역을 존중해 주지 못하고 주도하려는 긴장관계가 있을 때 이런 갈등은 일어난다. 여성선교사들 중에서는 재정적 어려움은 잘 견디지만 자존심에 상처를 받거나 사역을 인정받지 못했을 때에는 낙심하기 쉬운 경우가 있다.

선교사로서의 낮은 소명의식, 질병, 개인의 정체성, 철저한 선교훈련 부족, 언어습득 실패, 열등감, 결혼에 대한 갈망, 결혼, 부모님의 반대와 미래에 대한 불안 등이 문제가 된다. 집안 식구들의 염려나 가족들의 만류나 이해 부족으로 인한 어려움이 발생하기도 한다. 독신 여성선교사 중에는 결혼하지 않은 것에 대하여 부부선교사와 비교하다 보면 열등감이 생긴다. 열등감은 내속에 있는 잠재력을 파괴한다. 희망을 꺾어 버리고, 비전을 없앤다. 낮은 자존감은 하나님의 사역에도 방해가 되며, 소극적이며 부정적인 사람이 되게 한다.

외로움, 팀에게서 가족과 같은 돌봄을 받지 못하거나 자신의 사회적, 감정적, 영적 필요를 나눌 수 있는 있는 동료 부재, 상담자와 어려운 일이 있을 때에 옆에서 대화할 상대가 필요하다.

은퇴 후에 대한 문제이다. 여성선교사들의 장래를 위한 제도적인 보장이 있어야 한다. 예를 들면, 연금이나 은퇴를 위한 대책들, 선교지의 경력이 교회사역의 경력으로 인정되거나 개인 개발을 위하여 선교지를 떠나 귀국 후에도 교회나 사회단체에서 계속 일할 수 있는 선교단체의 지원이 필요하다. 그러나 선교사들도 국내 본부사역에 일할 수 있는 자리는 한정되어 있으므로 선교본부나 선교단체의 입장을 이해할 수 있어야 한다.

안식년을 갖거나 연장교육을 한다면 독신 여성선교사들의 경우 후원이 지속적으로 이루어지지 않고, 선교지로 귀임할 때에도 재파송을 받기가 어려워지는 경우도 있다. 특히, 선교사가 연장교육을 위하여 일시적으로 사역을 중단하므로 후원이 잘되지 않아 재정이 부족하므로 선교지를 떠나게 된다.

문화적응의 실패이다. 선교사가 선교지의 문화에 대하여 충분히 이해하지 못하기 때문이다. 문화는 복음을 효과적으로 전할 수 있는 매체이므로, 선교사가 문화를 이해하지 못하고 타문화권에서 복음을 전하는 것은 참으로 무모한 것이다. 선교사가 현지인의 삶의 정황을 이해하고 그들의 문화를 존중하면서 그들을 사랑하는 마음을 가지고 복음을 전할 때 선교사가 전하는 복음에 관심을 가지기 시작한다.

총체적 선교를 하지 못하기 때문이다. 21세기 세계선교에서는 교회개척과 더불어 지역사회 개발, 구제, 사회복지 등을 병행하는 총체적 선교 혹은 전인적 선교(Holistic Mission) 형태가 되어야 하며, 복음전도와 교회개척에 우선권을 두어야 한다. 선교사들이 선교지로 파송되기 전에 총체적 선교신학에 대한 개념이나 훈련을 받지 않으므로 선교현장에서 독선과 아집에 사로 잡혀 교회, 교단, 선교단체, 민족 간의 담을 쌓고 쓸모없는 경쟁을 일삼는 경우가 있다. 또한 구체적이고 적절한 선교사역의 역할이 주어지지 않았거나, 주어졌다고 해도 선임 선교사의 주관적이고 독점적인 사역 형태 때문에 일어나는 문제들도 있다.

이슬람권에서 무슬림들에게 공공연하게 복음전도를 할 수 없어 사역의 열매를 쉽게 볼 수 없다. 이로 인하여 장기선교사들은 인생을 낭비한다는 생각이나 스스로에게 연민을 가지므로 낙심하게 된다. 국내 후원교회나 선교부에서 이슬람권 사역의 한계성을 이해하지 못하고 선교사에게 사역의 열매를 보고 하라고 재촉할 때 선교사는 낙심을 갖게 된다. 이슬람 문화는 가정을 중요시 한다. 이런 지역에서 독신 여성이 사역하는 데에는 한계가 있으며 현지 문화나 현지인들에게서 오는 압박이나 스트레스 등이 큰 요인이 된다.

2. 부인선교사들의 중도 탈락 원인

부인선교사와 독신 여성선교사들이 선교사역에서 중도 탈락하는 원인들 중에는 중복되는 부분도 있지만 부인선교사만이 갖고 있는 원인도 있다.[2)]
관계문제이다. 부부간의 갈등, 동료 선교사들과 현지인과의 관계, 소속

선교회와의 의견 충돌 및 본부 지도자들 간의 의견충돌 문제 등 부인선교사는 다양한 관계문제에 직면하게 되는데 이를 적절하게 다루지 못하면 중도 탈락으로 이어진다.

건강문제이다. 여성선교사가 선교지에서 생활하기 어려운 상태의 건강이라면 선교지로 출발할 때에 종합 건강검진과 아울러 최선의 건강을 유지한 상태에서 선교지로 나아가야 한다. 선교지는 선교사가 낳고 자란 곳이 아니기 때문에 기후와 풍토병, 선교지에서 자녀를 낳고 충분한 산후조리를 할 수 없어 질병이 발생할 수 있다. 또한 부인선교사들이 남편선교사들의 과업지향적인 성향으로 인하여 단기간에 가시적인 성과를 추구할 경우에 자신을 위한 건강관리나 휴식에 소홀한 결과로 병이 발생할 수 있다.

낮은 영성 관리이다. 가정살림과 어린 자녀들을 돌보는 데 시간을 많이 뺏기므로 개인적인 시간을 내어 깊이 있게 성경 읽고 충분히 기도하기가 힘들다. 이로 인하여 영성관리에 실패하므로 선교적 소명을 잊어가게 된다.

자녀와 가정의 문제이다. 선교지에서 자녀가 다닐만한 현지학교를 찾지 못하거나, 찾는다 해도 국제학교나 현지사립학교에 재정부족으로 인하여 자녀가 교육을 계속 받지 못할 때에 부모로서 낙심하여 선교를 포기하기도 한다.

사역지에서의 역할 변경이다. 새로운 역할에 대하여 준비되지 않았는데 선교본부에서 새로운 역할 임명하므로 부담이 된다. 또한 한국선교사들은 지나치게 독립적으로 사역하려는 경향이 있다. 이는 중복과 경쟁이라는 선교의 두 장애물을 생성하는 주요원인이 되기도 한다.

소명감의 부족이다. 부인선교사가 선교지로 나가기 전에 남편선교사가 선교지로 감으로 무조건 함께 가므로 선교지에서 오래 버티지 못한다. 소명이란 하나님의 부르심을 말하는데, 선교에 대한 소명의 불확실성에서 오는 소명감의 결여가 중도 탈락의 원인이 된다.

본국의 후원 부족이다. 재정적으로 부족할 뿐만 아니라, 기도의 부족도 한 원인이 된다. 선교지에 나온 지 오래되었는데 안부편지나 선교지를 방문하여 격려하는 것도 거의 없다면 선교가 지속되기 어려울 수 있다.

문화 적응의 실패이다. 많은 한국선교사들이 선교현장의 문화와 현지인들을 이해하는 능력이 상대적으로 부족하다. 특히 부인선교사들은 남편선교사들에 비하여 집안에 머무는 시간이 많으므로 선교지에서 오랫동안 살았어도 여전히 전통적인 사고방식의 한국여성인 경우가 있다. 한국선교사들이 단일 문화 속에서 자라왔기 때문에 다양한 문화 속에서 성장한 외국 출신 선교사들이 타문화에 대하여 개방적인 것과 달리 음식, 기후 조건 등 한국선교사들은 타문화에 대하여 폐쇄적이다.

3. 여성선교사들이 한국교회에 바라는 점

여성선교사들이 한국교회에 바라는 점을 인식하므로 그들의 중도 탈락을 막을 수 있다.

1) 독신 여성선교사들의 바라는 점[3]

선교지 상황이나 선교사와 상의 없이 파송교회나 선교본부 일방적으로 명령하달 식의 행정을 배재해야 한다. 한국교회는 정치, 권력, 명예심과 권위주의적인 분위기, 기관으로서의 교회가 아니라, 주님의 몸으로써의 선교사를 돌보고 관리해야 한다. 한국교회가 이제는 우리 자신만을 위하여 기도할 뿐만 아니라 잃어버린 영혼들을 향한 하나님 아버지의 애타는 마음을 알아 남아있는 미전도 종족의 복음화라는 이 큰 과제에 더 적극적으로 동참해야 할 것이다.

선교지에서 보이는 것과 만져지는 것에 급급해하지 말고 현지의 상황들을 구체적으로 알 수 있는 방안들을 개발하고, 그에 따른 지원을 할 수 있도록 해야 할 것이다. 현지 사역들 중에는 한국에 보이는 것과 많이 다른 것들도 있다. 전체 선교사들과 원활한 의사소통과 통로들이 열려있고, 객관적인 자료들도 수집할 수 있어야 한다. 가시적인 것에 너무 비중을 많이 두고 추구하기 보다는, 내실 있게 정말 하나님께서 기뻐하시는 선교의 뒷바라지를 해 주시기를 기대한다.

단기사역팀을 보내기 전에 현지 선교사들과 충분히 협의한 후 진행하도록 요청한다. 선교지와 선교사의 상황을 고려하지 않고, 후원교회와 파송교회가 일방적으로 선교사에게 단기사역팀을 보내면 현지 선교에 도움이 되지 않을 수가 있다.

선교사의 안식년 동안 숙소가 준비되어야 한다. 거처할 곳이 마련되어야 한다. 선교지에 있을 때에만 하는 돌봄과 지원이 아닌 선교지에서 돌아온 후 일시적이든 영구적이든 선교사들의 사역뿐 아니라 그들의 삶과 마음을 살피는 돌봄과 지원이 절실히 필요하다. 한국교회가 대체로 가족 선교사들을 위해서는 적극적으로 안식년 동안 거할 선교관이나 주택을 준비해 주고 있다. 반면에 독신 여성선교사들에게는 부모나 형제 집으로 돌아가도록 은근히 기대한다. 부모님이 돌아가신 선교사는 형제 집이나 친척집에 가서 얼마동안은 머무를 수 있지만 안식년 동안 내내 머무를 수 없다. 선교사를 방문하는 사람들 때문에 가족들이 번거로워하거나 매번 시중을 들어야 하므로 부담을 갖게 될 수 있다. 비록 가족이라 할지라도 서로 떨어져 있는 사이에 서로 사고방식, 생활 습관, 경제사정 등이 변하여 함께 지내기가 불편할 수 있다. 가족 중 신앙이 없는 사람이 있을 때는 더욱 그렇다. 때로는 가족들이 독신 여성선교사를 짐으로 여기어 독신 선교사가 결혼하여 나가기를 원하여 결혼을 강요하기도 한다. 이런 긴장감이 서로에게 계속 쌓이다보면 가족과의 관계가 불편하게 된다.

독신 여성선교사 스스로 거주를 해결하라는 식의 태도는 너무 무책임한 일이며 마음에 깊은 상처를 주는 일이므로 독신 여성선교사를 위한 선교관이 꼭 준비되어야 한다. 안정된 숙소가 없어 이곳 저곳 전전긍긍하며 눈치보는 처지가 되어서는 안 된다.

선교하기 힘든 곳, 이슬람권에 관심을 가져야 한다. 이슬람권이 열매와 전시효과를 줄 수 없는 곳이라 할지라도 시간이 필요한 곳이므로 선교사들을 격려하며 인내로 기도해 주는 것이 필요하다.

현지에서 훈련을 받는 것은 실제와 이론을 겸한 훈련이 되므로 필히 이수할 수 있도록 한다. 교단선교사로 파송 받을 때에 특성상 목사선교사들은 후원을 잘 받을 수 있으나 여성사역자들은 후원과 파송교회를 찾기 힘든 경우가 많다. 한국교회가 선교에 많이 동참하고 독신들에게도 다른 가정을 이룬 선교사들과 같은 기도나 물질 후원이 있어야 한다.

선교사들을 많이 협력하고 파송하는 것보다 질적으로 선별하여 준비된 선교사를 파송하여 사역을 잘 할 수 있도록 후원하는 일이 필요하다. 또한 신임 선교사 파송은 거창하게 하고, 팡파르를 울리며 하는데 선교지에서 장기사역을 하는 선교사들에 대해서는 무관심하거나 그들의 노후에 대한 대책이 거의 없는 실정이다.

한국교회 세계선교 역사를 고려하여 이제 한국교회도 지나간 선교사역과 역사를 뒤돌아보며, 21세기에 한국교회가 해야 할 선교사역방향을 위한 지역별 전략이 나와야 한다. 이를 위해 초교파적으로 교회들이 선교본부와 협력하여 시니어 선교사들 중 연구원들을 선별한다. 즉 '두뇌집단'(Think Tank Group)이 있어야 함을 깨닫고 지역별 연구를 위해 이해와 협력 그리고 재정적 투자를 해야 한다.

선교사에게 일방적인 통보만으로 후원을 중단하거나, 아무 말도 없이 그냥 후원을 끊는 배려 없는 자세는 재고되어야 한다. 재정적인 후원을 점차적으로 줄인다던지, 선교사와 의논하여 사역지의 어려움을 염두에 두는 배려가 필요하다. 또한 어떤 선교사의 제보만으로 선교사 본인의 변명은 듣지 않는 비민주적인 태도는 고쳐져야 할 부분이다. 특히 신학교와 같은 큰 프로젝트의 후원들을 일방적으로 대안 없이 끊을 경우 오는 선교지의 파장들을 고려해야만 한다. 선교사와의 대화와 이해가 좀 더 필요하며, 현지에서 일어나는 일들에 대해 잘 들어야 한다.

동료 남성선교사들이 한국적인 문화배경, 남존여비 사상에 물들어 있고, 그러한 교육을 받아 왔는데, 몇 달간의 훈련으로 그들의 가치관이 쉽게 변하지 않기 때문에 독신 여성선교사들을 대하는 데에 문제가 있다. 여성 사역자들을 그저 빈자리를 때우거나, 남성선교사의 사역을 돕거나, 그저 남성선교사 권위에 무조건 복종해야 한다는 생각이 그들의 사고에 만연해 있다. 물론 아니라고 생각하는 남성선교사들도 혹 있겠지만 대화를 하다 보면 잘 나타난다. 더욱 놀라운 문제는 부인선교사들 중에는 남편선교사들의 그러한 태도를 당연한 것으로 받아들이고 있는 경우도 있다는 것이다. 이러한 사고방식이 변화해야만 아름다운 동역이 이루어질 것이다.

평신도 독신 여성선교사들에게도 교회에서 사역보고나 성경말씀을 전할 수 있는 기회를 주어야 한다.

2) 부인선교사들이 바라는 점[4)]

　부인선교사를 어떤 목사의 사모로만 보지 말고 한 개체의 사역자로 인정하여 주기를 바란다. 부인선교사들은 자신들의 개발과 사역에 대해서 관심을 가져주면 좋겠다는 바람이 있다.

　선교경험을 가진 선교사들이 한국교회 선교발전을 위해서 공헌할 수 있도록 배려가 필요하다. 본부 사역이나 선교지에서 사역한 것들을 문서로 만들도록 정책을 세워주어야 한다.

　선교사들을 위한 지속적인 돌봄이 필요하다. 선교비 뿐만 아니라 선교사와 충분한 커뮤니케이션이 필요하다. 선교지를 직접적으로 방문하여 격려해 주어야 한다. 한국에서 가까운 지역은 비교적 자주 방문하는데 멀리 있는 아프리카나 남미는 방문이 드물어 외로워하고 있다.

　안식년을 1년 가지려면 서양선교사들 중에는 그 자리를 대신하는 선교사가 본부 등에서 보내져 사역을 지속적으로 할 수 있다. 서양선교사들은 1년 정도 안식년을 가지므로 재충전의 기회를 가질 수 있지만, 한국선교사들 중에는 대신할 선교사가 없으므로 안식년을 제대로 갖지 못하는 경우가 있다. 파송교회나 본부에서 선교사에게 강제적으로라도 안식년을 갖도록 하는 행정체계가 있어야 한다. 안식년 동안 선교사가 제대로 쉴 수 있어야 한다. 한국선교사들의 수는 엄청나다. 안식년이나 일시 본국을 찾았을 때 쉴 수 있는 공간 확보를 위한 노력들이 많이 필요하다. 선교사들이 본국에 왔을 때에 머물 숙소를 찾기 어려운 것이 현실이다.

　한국교회는 하나님의 큰 은혜를 경험한 나라이며, 이제는 세계 속에서 선교적인 면에서도 선두주자이다. 이런 상황에 지원본부로서의 한국교회는 효과적인 지원을 고려할 때이다. 진정 전방의 선교사들이 사역을 잘

할 수 있도록 돕는 일이 무엇이며, 초기 기독교가 형성될 당시와 같은 강력한 기도의 지원이 있어야 하겠다. 그럴 때 전방에서는 힘을 얻을 것이다. 자신들이 후원하고 있는 선교사들의 상황을 정확히 파악하는 체계적인 네트워크 시스템(Network System)이 필요하다.

무분별한 단기팀의 자제와 효과적인 사역정탐을 통해 효과적으로 현지에 도움을 주는 사역이 진행되어야 한다. 현재는 봉사단체나 기업에서 나오는 자원봉사팀들보다도 땅 밟기 형식의 단순 구경하기식 정탐이 많다고 여겨진다.

초교단과 초선교단체적인 네트워크를 통한 중복투자를 막는 일도 중요하다. 일부에서 그렇게 하기를 원하지만 쉽지는 않은 것 같다. 이에 대한 연구와 실질적인 노력이 가시화될 필요가 있다.

현지에서 배우는 것에 멈추어 있는 선교사들을 위해 재교육 시스템이나 연장교육을 진행해 주어 변화하고 있는 선교의 동향들을 공급해 주어야 한다. 선교지에서 지속적인 교육을 받을 수 없으므로 현장에서도 얻을 수 있는 지원이 필요하다.

선교지에서 여성선교사들 중에 상담을 필요로 하는 분들이 많다. 가정이나 사역에서 오는 스트레스들을 해결하지 못하며, 계속 채우지는 못한 상태에서 주기만 해야 하기 때문에 탈진 직전에 있는 사람들이 많이 있다. 가능하다면 여선교사들을 대상으로 상담해 줄 수 있는 사람들이 규칙적으로 공급되어야 한다. 사역에 치우쳐 선교사 자신이 어디까지 와 있는지 조차 파악하지 못한 채 끌려가는 사람들이 있다. 서양선교사들은 많은 부분들이 열려 있어 도움을 받고 충족되고 있는 것을 보게 되는데 한국교회에는 이런 정책이 거의 없다.

평신도 사역자에 대한 인정을 끊임없이 해주기 바란다. 한국교회가 눈에 보이는 성과에 치중하여 편파적인 선교사역을 하지 않아야 한다. 또한 선교사 2만 명의 시기를 맞고 있는 한국선교의 현실 가운데 선교사 자녀와 선교사 복지 등에 대한 대책들을 준비할 수 있어야 한다.

4. 여성선교사들의 중도 탈락 방지를 위한 제안

한국교회의 성장역사에는 전도부인이나 여전도사와 같은 여성들의 기여도가 크다. 세계선교에서도 여성의 역할은 지대하다. 한국교회의 선교가 지속적으로 발전하기 위해서는 새로운 선교사를 파송하는 것도 중요하지만 이미 파송된 선교사의 중도 탈락을 막아야 한다. 각 선교단체는 선교사를 많이 파송하기 보다는 단 한 명의 선교사라도 소명이 분명한 선교사를 잘 훈련시켜 파송하는 데에 초점을 맞추어야 한다. 이렇게 할 때에 21세기 한국교회의 선교미래는 발전할 것이다.

한국선교가 선교사들의 장기적인 사역을 격려하고, 선교사 관리를 잘 감당하여 21세기 세계선교의 주역으로서 역할을 잘 감당하기 위해서는 선교사 선발과정, 훈련과정, 선교사 파송 후에 다음 사항을 고려해야 한다.

1) 선발과정

선교사 선발과정에서 철저한 검증을 통해 잘 준비된 선교사를 선발해야 한다. 또한 소명감과 적절한 파송과 후원교회가 준비되어 있는지를 점검해야 장기적인 사역에 도움이 된다. 가족상황으로는 부부의 헌신, 자녀들의 연령과 태도, 부모님의 부양 문제, 건강한 가정생활 등도 중요한 고려요소이다.

사역에 필요한 실질적 기술과 경험을 갖추고 있으며, 다른 사람과 건강한 관계를 맺을 수 있는 정서적 안정감 등도 점검해야 한다. 인성 검사, 심리 검사, 의사소통 유형 검사 등의 검사를 통해 선교사로서 적합한 성품을 가지고 있는지를 정밀하게 검사해야 한다. 대인관계, 의사소통 기술, 갈등해소 등에 대한 방법을 선교사로 파송되기 전에 임상실험을 통해 충분히 훈련해야 한다. 이러한 훈련이 없이 선교사로 파송되면 선교지에서 팀원들 간에, 현지인들과의 관계에서 문제가 발생하기 쉽다. 선교사는 선교현장에서 혼자 사역하는 것이 아니라 동역자와 현지인들과 더불어 사역하는 것이므로 인간관계에 대한 철저한 훈련은 필수사항이다. 국내에서 자신의 성격적 결함으로 인하여 인간관계에 실패한 사람이 타문화에서 잘해 나갈 것을 기대하기 힘들다.

소명에 대한 확신이 있어야 한다. 하나님께서 자신을 부르신 부르심에 대한 확신이 있으면 선교지에서 어려운 상황들을 만나도 하나님이 모든 것을 책임지시며 인도하실 것이라는 믿음으로 어려움을 극복하며 사역할 수 있다.

2) 훈련과정

선교사 훈련의 중요성은 아무리 강조하여도 지나치지 않는다. 지난 20여 년 동안 WEC에 소속되어 사역한 한국선교사가 수백 명 이상이다. 그러나 그들 중 아직 부인선교사 중에서 사역지에서 오는 우울증 같은 문제로 중도 탈락한 사람들이 한 명도 없다는 사실이 훈련의 중요성을 입증해 준다.[5]

선교사 훈련이 모든 문제를 해결하는 것은 아니다. 그러나 적절한 선교 훈련은 훌륭한 선교사가 되기 위한 좋은 토양을 제공한다. 선교사 훈련이 일종의 통과의례가 아니라 선교 후보생들의 삶과 사역에 필요한 영성과 인성과 사역에 있어서 필요하고도 전문적이며 실제적인 훈련이 되어야 한다.

선교사의 사역에 인격이 묻어져 나오도록 훈련시켜야 한다. 인격에 스며들지 아니한 선교사의 경건생활과 기도생활은 힘을 잃을 수밖에 없다. 위기에 처했을 때 선교사의 영성은 그의 인격에 나타나 힘을 발휘할 수 있다. 선교사 자신의 구원의 확신, 성경공부, 개인전도 등이 선교사의 인격에서 자연스럽게 빛을 발하여 힘을 나타낼 수 있어야 한다. 선교사는 성경과 선교사의 삶을 통해 제자를 만드는 자이기 때문이다.

선교사들 간에 서로의 인격과 은사와 능력을 존중하는 '공동체' 의식을 갖도록 훈련시켜야 한다. 선교지에서 갑자기 병이 발생하거나 사고를 당하는 등 다양한 어려움을 만나게 될 때에 서로에게 의지가 되며 격려가 되어야 사역에 탄력을 받아 힘차게 임할 수 있을 것이다.

타 문화적응 훈련과 외국어 습득훈련을 해야 한다. 타문화 적응문제를 위하여 선교지 방문이나 단기선교 등을 통한 다양한 타문화 적응훈련 프로그램이 훈련 과정 속에 반드시 포함되어야 한다. 선교후보생이 선교지로 갈 나라에 대하여 미리 방문하여 단기사역을 하므로 선교사로 파송되어 가서 적응하는 데 미리 준비할 수 있어야 큰 도움이 된다. 또한 한국은 단일문화권이므로 한국문화와 한국인의 세계관과 가치관과 선교지 문화와 세계관과 가치관을 비교하여 차이점을 발견하여 선교지 사람들을 이해하고 선교지 문화적응에 도움이 되도록 한다. 선교사가 사역지에서 영어와 현지 언어를 사용하기 위하여 언어습득원리를 배워야 한다.

선교사의 훈련 프로그램은 강의실에서 공부만하는 방법보다는 비공식,

비형식 교육이 병행되어야 한다. 의대생이 의사가 되기 위하여 인턴과 레지던트 과정을 통해 환자를 올바로 치료하기 위한 수련의 과정을 몇 년간 받는 것처럼 영적치료자로서 선교사는 열정만 가지고 선교지로 나가서는 안 된다. 선교사로서 자신의 사역에 맞는 전문적인 능력을 갖추도록 선교지의 필요와 선교사의 은사를 고려한 실제적인 훈련이어야 한다.

여성선교사들에게 직업기술훈련이 필요하다. 선교지의 필요에 따라 다양하지만 요리, 재봉, 미용, 공중위생, 컴퓨터 웹디자인 등 여성선교사가 선교지에서 가정생활 외에 현지인에게 실질적인 도움을 줄 수 있는 직업기술훈련이 필요하다.

현장의 전문성을 구비하도록 돕는 '맞춤식' 훈련이 제공되어야 한다. 선교단체들 내의 선교훈련은 대개 선교의 기본훈련과정 또는 일반훈련과정을 다루고 있다. 이러한 훈련을 받고 선교현장으로 투입되면 각각의 사역적인 전문성의 준비가 없이 들어갔기 때문에 많은 시행착오가 있게 된다. 분명한 것은 기본 훈련 이후에 사역자의 전문성을 고려한 보다 전문적인 맞춤식 훈련이 필요하다.[6] 이것은 선교사가 선교지 적응기간을 단축시킬 뿐만 아니라 사역의 효율성을 높이게 될 것이다.

3) 선교사로 파송 받은 후

여성선교사들의 중도 탈락이 발생하는 다양한 원인들에 대하여 지속적인 연구와 정책 마련이 필요하다. 선교사 중도 탈락의 이유는 선교사의 선발과 훈련, 선교사의 생활과 사역, 선교지에서의 관리 등 선교사의 전 영역과 관련된 총체적인 문제이다. 따라서 선교에 대한 종합적인 연구를 통해 선교사 선발, 사역, 안식년 과정, 본국에 재적응 등에 대하여 다각적인 연구가 있어야 한다.

　선교사 돌봄은 중도 탈락을 줄이는 가장 중요한 요소이다. 파송교회와 선교단체는 선교사와 지속적인 의사소통을 해야 한다. 선교사의 상황에 대하여 관심을 가지고 현지에서의 지속적이고 체계적인 돌봄과 관리를 받을 수 있도록 해야 한다. 선교지의 선교사들을 위해서 현지에서의 지속적이고 체계적인 돌봄과 관리가 필요하다. 선교사들 사이의 갈등을 최소화하기 위해서는 상세한 업무 분장과 보고 체계를 제공해 주어야 하고 지속적인 재교육과 수련회 등을 통해 영적 건강이 유지되도록 도와야 한다. 선교사들이 필요로 하는 물품이나, 설교 테이프나 기독교 서적으로 영적인 공급을 받도록, 현장 선교사가 요청한 일들을 정확하게 처리하도록 한다. 또한 여성선교사들 중에는 그들의 우울증에 대한 상담이 필요한 사람들도 있다. 국제 선교단체에서 정신과 의사 심리학자 상담가들로 구성된 순회사역자제도를 마련, 선교사들의 정신적, 육적 건강관리에 관심을 기울이고 있다. 선교사에 대한 돌봄은 파송 못지 않게 중요하다. 상담가나 선교본부의 지도자들이 선교사를 방문하고, 상황을 살피며, 위기 시에 문제 해결 방법을 인지시켜야 한다. 원만한 대인관계를 형성하고, 선교현지에서의 정착과 사역의 침체를 극복하기 위한 상담활동이 중요하다.

　치유 상담을 통해 과거의 삶에 대한 치유, 새롭게 받은 상처들에 대한 치유 사역을 계속 진행하여 용기를 갖게 한다. 여성선교사의 상황이 그에게 상처를 준다면, 그의 상황이 변화되어야 한다. 그러나 그 상황이 변화되든 안 되든지 간에 먼저 여성선교사 스스로 변화해야 한다.[7]

　독신선교사는 때로는 외로움으로, 부인선교사는 남편이 선교지에서 사역에 파묻혀 가정에 대하여 소홀 하므로 우울증에 걸리기도 한다. 일반적으로 여성이 우울해지면 먼저 남편과의 관계의 질을 살펴보아야 한다. 여성에게 우울증은 구조적이며 사회적인 근거가 있다. 우울증은 단지 여성의 개인적인 문제, 약점 또는 병이 아니다.[8]

독신선교사는 다른 선교사에 비해 중도 탈락률이 높다. 독신선교사는 독특한 필요와 어려움에 직면하므로 특별한 관심이 요구된다. 여성선교사들을 위하여 초교파적인 총체적 돌봄 체제를 초 교단과 선교단체에서 만든다. 인터넷 웹사이트를 개설하여 선교지와 선교사들의 필요와 문제를 언제든지 문의하며, 책임지고 회신할 수 있는 기구가 있어야 한다.

여성인력의 발굴과 계속적인 교육 방안이 모색되어야 할 것이다. 이러한 문제들을 해결하기 위해서는 선교사들 사이의 분명한 역할 분담(job description)이 있어야 한다. 특별히 선교지의 지도력 스타일이 권위적이거나 일방적이며, 사역 중심적인 성향을 탈피해 함께 의논하고, 상호적이며, 사람과 사역 중심이 균형을 이루는 분위기가 조성되어야 한다.

체계적인 재정 후원과 격려가 필요하다. 오랜 선교역사를 지닌 서구 선교사들의 중도 탈락률 중 가장 높은 것은 은퇴로 인한 것이다. 그러나 중남미와 아프리카 선교사들은 파송교회로부터 지속적인 재정적 후원을 받지 못하므로 중도 탈락이 발생한다.

여성선교사들이 더 적극적으로 세계선교사역에 참여하기 위해서는 한국교회의 남성중심의 사역과 남성 우선적 지원을 탈피해야 한다. 한국교회의 전통은 목회자들이 대부분 남성이다 보니 세계선교지에서도 남성중심의 사역을 중시하고 여성선교사들이 비교적 과소평가되며, 재정적으로도 여성선교사들의 사역에 대한 후원이 남성들보다 약하다.

독신 여성선교사들을 위하여 팀 안에서 동료체제(buddy system)같은 것을 가져 정기적으로 자신들의 필요를 나누거나, 생일이나 크리스마스 같은 날에 함께 모여 가족의식을 느낄 수 있도록 팀에서 나이든 부부들과 함께 시간을 보내는 것도 좋은 방법이다. 또한 결혼중심의 사회에서 독신으로 산다는 것은 독신들에게 특별한 문제를 제기한다. 결혼을 모든 사람들에 대한 표준으로 보는 사회에서 개인이 사역할 수 있으며 독신으로 남을 수 있는 한 가지 방법은 독신자들과 부부선교사들이 선교회에서 함께 사역하며, 팀으로 사역하는 것이다.9)

파송교회와 선교단체와의 관계 개발 및 개선 등으로 사역지에서 필요한 사역들이 원활하게 이루어지도록 지원하는 것이 필요하다. 여성 사역자들을 위해 초교파적으로 정기적 안식프로그램, 연장교육, 연계 사역을 할 수 있는 장을 만드는 것이 시급하다.

부인선교사가 어머니라고 해서 자신의 능력을 발휘하지 못하는 것이 아니라 하나님 나라를 위하여 지혜롭게 사용할 수 있어야 한다. 아이를 키우며 집안에서만 있어야 하는 경우에도 이웃을 선교사의 집으로 초대하여 비디오를 보게 하면서 교제를 자연스럽게 할 수도 있다. 한국선교사들은 대체로 사람과 사역을 이분화하기에 때로는 스트레스를 받는다. 선교사의 일상적인 생활을 통해 계속 자연스럽게 맺는 교제가 있어야지 열정만 갖고 선교지에 오랫동안 사역하기는 힘들다.

여성선교사들은 자기의 은사와 선교지의 필요에 따라 자신만이 할 수 있는 사역을 개발하도록 적극적 격려하고 후원해야 한다. 여성선교사들이 남성선교사보다 좀 더 탈진을 경험하고 있다. 탈진에 가장 영향을 미치는 요인은 사역적 요인으로 나타났다. "사역의 열매가 나타나지 않고 사역의 진전이 없다"는 요소가 사역적 요인의 가장 큰 요인으로 드러났다.10) 오늘날 세계 환경은 변하고 있다. 세계가 직면한 도전은 인구증가, 에너지 소비, 식량증가, 사막화, 물 부족, 이산화탄소 증가로 인하여 지구온난화 등이다. 또한 도시화 현상이 증가되고 부익부, 빈익빈 현상이 더

심화되고 있다. 선교사역에 속도를 내는 것도 필요하지만 시대적 필요에 반응하는 방향 설정도 중요하다.

선교지를 떠나는 것이 바람직한 시점에서 선교사가 선교지를 떠나지 못하는 것도 선교사의 중도 탈락 못지 않게 심각한 문제이다. 선교사가 한 번 사역지를 정하면 그곳에서 뼈를 묻을 각오로 일하려는 자세를 갖는 것은 우선 대단히 바람직한 것으로 볼 수 있을 것이다. 그러나 결국 선교사는 외부에서 도움을 주기 위해 파송된 사역자이므로 결코 선교지에서 절대적이거나 중심적인 존재가 되어서는 안 된다. 선교사가 선교지의 교회로 하여금 지나치게 선교사에게 의존적이게 하는 것은 바람직하다고 할 수 없다. 선교지에 물질적, 영적 자원의 독점적 공급자가 되어 자신의 왕국 같은 것을 구축하려는 선교사가 있는 경우가 있다. 이런 선교사는 선교지를 떠나는 것이 더 바람직 할 수 있다. 이처럼 어떤 경우에는 선교지를 떠나야할 사람들이 떠나지 않고 계속 머무는 경우도 있다. 이런 경우에는 선교사의 중도 탈락은 오히려 올바른 일이라고 할 수도 있겠다.

선교사 가정의 관계성은 매우 중요하므로 관리해야 한다. 관계성이란 선교사 가정들 간의 관계, 선교사 가정과 현지인들 간의 관계, 선교사 가정과 후원교회의 관계이다. 선교사 중도 탈락이 종종 가정불화의 결과이기 때문이다. 그러므로 정기적인 섭촉과 목양이 적절히 제공되어야 한다.[11] 바람직한 부부관계, 자녀 교육에 대한 이해와 훈련이 필요하다. 자녀 교육을 위한 전문가의 확보와 지속적인 지원도 필수적인 요소이다.

선교사 수련회 때 밤늦게까지 함께 교제할 수 없는 것, 많은 정보들을 자세하게 듣지 못할 경우가 꽤 있다. 선교사들끼리 오랫만에 만나는 경우가 많으므로 이런 점이 개선되어 공동시간에 대화가 잘 진행되어야 한다.

재입국 프로그램이 준비되어 있어야 한다. 선교사들이 안식년 등을 맞아 귀국하게 되는 시점에서 건강 검진, 재입국하여 사역보고 및 사역의 평가, 충분한 휴식과 보충 훈련, 선교지 복귀를 위한 계획 수립 등이 체계적이고 전문적으로 이루어져야 한다.

4) 안식년 동안

한국교회가 선교사들을 위해서는 적극적으로 안식년 동안 거할 선교관이나 주택을 준비해야 한다. 본국 교회의 선교관들은 제약이 많다. 대부분의 선교관은 방 2개면 관리비 등의 목적으로 보통 매월 20~40만원을 지불해야 한다. 때로는 선교지에서의 집세보다 비싸다.[12]

안식년 기간에 영적 재충전을 위하여 선교사들을 위한 다양한 수련회나 세미나에 참석하도록 권장한다. 꼭 자기 교단에서 개최하는 수련회나 세미나뿐만 아니라 다른 교단이나 단체에서 개최하는 것에 참가하여 타 단체에서 양육 받은 사람을 이해할 기회도 제공하면 좋을 것이다. 선교사들이 본국으로 돌아왔을 때 그들의 경험을 나눌 수 있는 기회와 체제가 필요하다. 이러한 기회를 통해 자신의 선교를 점검하며 다시 나갈 수 있도록 준비하게 될 것이다.

5. 여성선교사들을 위한 개선안

첫째, 여성선교사들을 위한 목회적 돌봄이 있어야 한다. 안식년이나 국내 방문 중에 있다면 상담을 받거나 내적치유 세미나에 참석하도록 기회를 제공한다, 또는 상담가나 내적치유 강사를 순회선교사로 파송하여 선교지에 보내어 세미나를 개최하여 여성선교사들을 상대로 치유사역을 하거나 정기적으로 돌보도록 한다.

둘째, 여성선교사들의 은사와 능력과 관심사항을 파악하여 소신껏 일할 수 있는 기회를 제공한다. 부인선교사가 사역자로서 관심 있는 부분을 개발할 수 있는 기회를 제공하며 재정적으로 후원해야 한다. 선교지에서 교육, 어린이집 운영, 상담사역, 내적치유, 음악이나 미술 등 문화 사역, 가정사역 등 부인선교사들이 참여할 수 있는 사역들이 많이 있다.

부인선교사들도 그들의 전문성을 살려서 사역할 수 있도록 최대의 기회를 주어야 한다. 가령, 부인선교사가 어떤 분야의 학위를 받았는데도 그가 단지 여성이기에 그 전문성을 활용하지 못하고 묻어 둔다면 옳은 일이 아닐 것이다. 이슬람권 문화에서 여성이 특별히 앞에 나서서 할 수 있는 사역이 부족하고 한계점이 있지만, 그러한 상황에서도 현지 여성과 어린아이들을 위한 여성만이 할 수 있는 사역이 반드시 있다.

셋째, 안식년과 은퇴 후 노후대책을 확실하게 해준다. 한국교회가 세계선교에 지속적으로 참여하기 위해서는 선교사 파송에 신경을 쓴 만큼 선교사들의 사역비와 노후대책도 신경을 써야 한다. 교단 연금제도, 사적 연금, 국민연금 등에 가입해 줌으로 노후대책을 마련해 주어 선교사 은퇴 후 노후생활에 대한 안정감을 갖고 최선을 다하여 선교사역에 인생을 투자하도록 한다. 특히 여성선교사들을 위한 게스트 하우스와 양로원을 준비하여 안식년이나 은퇴 후에 거주 공간 때문에 떠돌이로 살지 않고 안정감을 갖고 노후를 보내도록 해야 한다.

넷째, 충분한 휴식과 영적 재충전이 필요하다. 남편선교사의 배려와 충분한 대화와 함께 선교단체들은 부인선교사들에게 충분한 휴식과 영적 재충전을 지원해야 한다. 열왕기상 19장 2~8절의 엘리야의 쉼이 한 예이다. 안식년 기간을 효율적으로 보내기 위해서 선교사는 안식년에 들어가기 전에 지혜롭게 파송교회와 후원교회, 친인척 방문 등 스케줄을 구체적으로 작성해야 한다. 특히 건강검진, 선교지에서 필요한 것을 배우거나 영적재무장을 하도록 배려해 주어야 한다.

다섯째, 여성선교사들의 생활과 사역의 가치와 의미를 격려해 주어야 한다. 여성선교사의 선교지에서 삶과 사역이 현지인들에게 얼마나 소중하고 의미있는가를 느끼도록 남편은 부인선교사의 수고를 인정해 주며 감사를 표현해야 한다. 또한 한국교회, 교단선교부 선교단체 등도 여성선교사의 사역을 인정하여 그에 대하여 칭찬과 격려를 아끼지 말아야 한다. 남편중심이 아니라 부부중심으로 사역이 발전하도록 해야 한다.

여섯째, 여성선교사들을 위해 정기적인 중보기도, 설교말씀 테이프, 음악CD, 여성잡지를 보내주거나 정기적으로 전자메일이나 국제전화로 안부를 물어보고 격려한다. 남편선교사가 가정에 대하여서는 너무 무관심하고 사역에 너무 집중하다 보니 부인선교사와 자녀들은 선교지에서 정서적으로 고립되기가 쉽고, 특히 부인선교사들이 우울증에 빠지기 쉽다. 따라서 남편선교사는 일주일에 하루나 반나절이라도 꼭 가족과 시간을 정하여 함께 대화를 나누며 시간을 함께 보내면 좋다. 서구 선교사들은 가족과의 약속을 잘 지키는데 반하여 한국남편선교사들은 스케줄을 만들어도 다른 일이 생기면 우선적으로 가족과의 약속을 취소하는 경향이 많다. 남편선교사들은 사역과 가정에 대한 균형을 이루도록 더욱 노력해야 할 것이다. 특히 치안이 불안정하고, 생활문화가 한국과 너무 다른 선교지에서 선교사 가정이 외부 문화에 대하여 정서적으로 고립되기 쉬우므로 외부문화와 조화를 이루도록 적응에 힘써야 할 것이다.

**일곱째, 선교사 자녀들은 부모의 부르심과 헌신에 따라 선교지로 간 사

람들이다. 이들이 겪는 문제 중에는 문화적인 정체성이 애매하므로 겪는 많은 혼란과 어려움이 있다. 이들은 전형적인 한국사람도 아니고 선교지의 현지인도 서구인도 아니다. 단일문화권에서 성장한 한국인 부모와는 내적으로 여러모로 다르다. 선교사들이 선교지에서 가장 힘들어하는 부분이 자녀교육이다. 또한 부모들은 한국에 돌아오는 것이 친척들이 있기 때문에 편안할지 모르지만 아이들은 그렇지 않을 수 있다. 아이들은 '고국'에서 이방인과 같은 느낌을 갖는다. 그러나 만일 식구들과 함께 한국을 자주 방문해서 친척을 자주 만났다거나 하면 그 소외감이 덜할 수도 있다.[13] 한국교회가 선교사 자녀들을 선교 회원으로 고려하여 미래의 선교자원으로 정책적으로 도와야 한다. 오늘날 국제화와 다문화를 지향하고 있으므로 이들을 보는 우리의 시각과 생각도 달라져야 한다.

여덟째, 여성선교사들에게 남성선교사들과 동일한 훈련 및 교육의 기회를 제공한다. 부인선교사도 언어 습득, 성경공부방법, 전도폭발 등과 같은 구체적이고 현실성 있는 훈련을 받도록 배려해야 한다. 부인선교사들은 언어 훈련과 문화적응 등 필수적인 과정을 이수할 필요가 없거나 언어 시험에 합격하지 않아도 이수증만 제출하면 된다고 한다든지, 재정적으로 여유가 없거나, 자녀가 어리다는 등의 이유로 부인선교사가 언어 습득과 문화적응의 기회를 놓치지 않도록 제도화해야 한다.

아홉째, 선교부에서도 선교지의 필요와 형편에 따라 부인선교사들에게 공식적인 역할을 제시해 주어야 한다. 부인선교사의 사역을 위하여서도 사역비를 책정할 수 있어야 한다. 하나님은 부인선교사들에게도 동일한 선교의 사명을 주셨다. 부인선교사들을 향하신 하나님의 기대가 크다. 부인선교사들도 선교사임이 틀림없으므로 그들의 자원을 총동원함으로 지상명령 완수가 가속화되기를 기대한다.

한국 여성선교사의 자기개발

　21세기는 3W(Woman, World, Web)시대, 즉 여성의 세기라고 한다. 세계선교운동에 있어서 여성은 지대한 역할로 기여해 왔다. 개신교 선교 역사에서 선교 인력의 2/3정도가 여성이었으며 현재에도 그러한 추세이다. 여성선교사들은 세계선교를 실행하는 데 있어서 가장 중요한 동력 중의 하나이다.

　여성선교사들이 세계선교에 적극적으로 참여하기 위하여 여성선교사의 은사에 따라 자기 개발을 활성화하도록 방안을 모색해야 한다. 이는 21세기 세계선교에 한국 여성선교사가 더 효과적으로 사역에 참여할 수 있도록 하기 위함이다. 21세기는 무한 경쟁의 시대이며, 준비된 사람이 활동하는 시대이다. 비전, 열성, 실력, 겸손하면 하나님이 사용하신다. 여성은 그 자체가 약점이 아니라 경쟁력이다. 여성선교사들도 자신이 준비해야 한다. 훈련소에서 땀을 많이 흘리면 전쟁터에서 피를 덜 흘린다. 독신이든 기혼이든 하나님이 각자에게 주신 생활의 기회를 기쁘고 감사하게 여기며, 의미 있도록 개발하여 하나님의 영광을 한층 멋지게 비추도록 해야 한다. 21세기의 선교사역은 사역의 다양화로 인하여 여성선교사를 더 많이 필요로 하고 있다. 여성선교사는 영적, 심리적, 육체적, 사역적 분야에서 균형 잡힌 자기개발을 해야 한다. 만약 여성선교사가 영적인 면에 대한 개발이 없이 사역적인 면만 개발하게 된다면 삶의 균형이 깨지며 성령의 능력을 의지하지 않고 하나님의 일을 자신의 능력으로 하려는 시험에 빠질 수 있다.

1. 여성선교사가 공통적으로 인식할 관점

독신 여성선교사와 부인선교사가 자기 개발을 위하여 공통적으로 인식해야 할 관점은 크게 네 가지이다.

첫째, 선교사로서의 정체성 확인이다. 여성선교사로서의 정체성과 역할을 분명하게 갖고 있어야 한다. 이를 위하여 여성선교사는 자신을 객관적으로 바라볼 수 있는 안목을 기르고 계속적으로 자기 성찰을 함으로써 자신의 길을 가되, 주위의 동료 선교사들과 연합이 필요할 때에는 잘 협력하는 자가 되어야 한다. 독신 여성선교사는 그 자체가 정체성을 갖기에 충분하다. 남편선교사가 부인선교사를 동역자 또는 팀사역자로서 인식하기보다는 늘 자신의 보조자로 여기거나 대할 때가 많다. 부인선교사들 중에는 하나님으로부터 개인적 부르심에 순종하기 보다는 스스로 남편의 사역에 편승한 자로서의 정체성을 가지고 있는 경우가 있다. 부인선교사들은 자신들의 정체성을 남성들의 보조자 혹은 내조자 정도가 아니라 개인적으로 선교사로서의 부름을 받았다고 하는 분명한 자기정체성을 가질 필요가 있다. 여성선교사의 정체성과 기쁨은 봉사와 관련이 있다. 자신이 하나님으로부터 선교사로 부름을 받았다고 여기는 확실한 선교적 사명은 선교사역 과정에서 발생할 수 있는 고난과 어려움을 극복할 수 있고 선교사역을 계속적으로 감당할 수 있도록 한다.

둘째, 자존감 회복이다. 여성선교사들 스스로 선교에 대한 열정과 더불어 지식적, 체계적인 교육과 역사적 고찰을 통한 스스로의 정체성과 자존감을 가져야 한다. 선교사가 하루를 방향과 계획 없이 이리저리 보낸 날은 저녁에 허탈할 것이다. 일을 많이 해야 인정을 받는다는 잘못에 빠져서는 안 되지만, 여성선교사의 강점을 은사와 부르심에 따라 개발해야 한다.

선교사 자신이 하나님의 사랑받는 존재이며, 하나님의 용서와 구속을 받은 하나님의 자녀이며, 하나님께 유용하고 필요한 존재라는 자신의 존재가치를 발견하는 것이다. 일반적으로 사람이 자존감이 낮을 때에 나타나는 공통적인 현상은 매사에 부정적이다. 부정적인 자아상을 가진 사람들은 열등의식이 강하며 자신의 존재와 가치에 대하여 왜곡된 모습을 가지게 된다. 올바른 자존감은 자신이 하나님의 섭리대로 창조함을 받은 존귀한 사람임을 발견함으로 갖게 된다. 자신의 존귀함과 가치를 발견한 사람은 어떠한 상황에서도 하나님의 절대주권을 인정하며 믿음으로 승리하며 감사하며 살아갈 수 있다.

여성선교사가 선교지에서 사역이 계획대로 발전하지 못하거나 특히 부인선교사들은 남편 내조와 자녀 양육으로 인하여 사역에 전적으로 참여하지 못한다 할지라도 자신이 무능한 것이 아니라는 것을 인식하며 하나님의 때를 기다릴 줄 알아야 한다. 하나님의 시각에서 자신이 얼마나 귀하고 아름다운가(롬 10:15)를 인식하여 자존감을 가져야 한다.

셋째, 은사와 사역 개발이다. 여성선교사들은 하나님의 은혜로 선교사가 되었으며, 그리스도의 몸을 세우기 위하여 하나님의 선물로 우리에게 은사가 주어졌다. 바울은 "각각 은사를 받은 대로 하나님의 각양 은혜를 맡은 선한 청지기 같이 서로 봉사하라"(벧전 4:10)고 권면하고 있다. 모든 사람은 달란트를 가지고 태어났으므로 달란트가 없는 사람은 없다. 그러나 은사는 하나님께로부터 받은 선물이며, 다 다르다. 이것은 그리스도의 몸을 세우기 위한 것이다. 하나님이 우리에게 주신 은사는 개인보다는 그리스도의 몸의 지체로서 공동체를 위하여 활용하며 봉사하도록 하기 위한 것이다. 자신의 은사는 인간관계 속에서 발견할 수 있으며 끊임없이 성장해야 한다.

부인선교사가 남편만 바라보고 현지에서 살다보면 정신적으로 고립되거나, 우울증에 걸리거나 심각한 경우 남편에게 도움이 되기보다는 짐이 되는 경우가 있다. 이를 방지하기 위하여 부인선교사나 독신 여성선교사도 스스로 지혜롭게 자기 개발을 하며 균형 잡힌 사역과 삶을 지향해야 한다. 부인선교사는 남편과 동등한 입장에서 선교사로서 파송되지만, 선교지에서 자녀교육과 가사문제 등으로 인하여 사역에서 소외되는 경우가 많으므로 자신의 은사와 사역 개발을 적극적으로 해야 한다.

넷째, 전문성 개발이다. 선교지에서의 첫 해는 적응기간으로 현지 언어와 문화를 배우며 선교지의 필요를 다각적인 면에서 관찰해야 한다. 한 명 또는 소수의 팀선교사들이 현지의 필요를 모두 채워줄 수는 없으므로 각 선교사들은 자신의 은사와 더불어 선교지의 필요에 따라 적합한 사역을 발견한 후 전문성을 개발해야 한다. 오늘날은 통신기술과 IT(Information Technology)의 발전으로 인터넷과 서적 등을 통해 독학으로 자신의 사역을 위한 전문성을 개발할 수 있다. 여성선교사들이 독신이나 기혼이나 선교지에서 유용한 선교사가 되기 위해서는 전문직 여성선교사로서의 적절한 교육과 훈련을 받음이 반드시 필요하다.

2. 여성선교사의 자기개발 영역

비전을 갖는 것만이 중요한 것이 아니라 그 비전을 이룰 수 있는 능력을 키워야 한다. 여성선교사들이 비전을 가지고 선교지에 왔지만 사역을 효과적으로 하기 위해서는 끊임없이 자기 개발을 해야 한다. 그리스도인들은 은사와 부르심에 따라 자기를 개발해야 한다. 선교지 첫 임기 동안에 선교지의 필요성을 파악하여 안식년 동안 전문적인 훈련이나 교육을 통해 자기개발을 해야 한다.

여성선교사는 선교지에서 생활과 자기 관리를 어떻게 할 것인가에 대해 대책을 세워야 한다. 스스로 자신을 개발하여 더욱 생동감 있게 가꾸어 여성으로서 하나님의 영광을 한층 멋지게 비추도록 해야 한다. 현재 자신의 모습, 5년 후, 10년 후의 자신의 모습이 어떤 것인지 그려 보기를 권한다. 여성선교사의 자기개발 영역은 영적, 정서적, 사회적, 지적, 사역적인 면이다.

1) 영적인 면

여성선교사는 영적 건강관리를 잘 유지해야 한다. 선교사로서 영적 관리는 잘하려고 노력하지만 심리적이고, 육적인 것에는 소홀하기 쉽다. 주님과 사람에 대한 첫사랑을 잃지 않도록 해야 한다. 하나님의 말씀과 기도에 강하며, 하나님의 은혜를 깊이 깨닫는 자가 되어야 한다. 사역에 쫓기다보면 하나님의 말씀과 가까이하는 것을 미루게 되며, 기도에 게으르기 쉽다. 하루의 일과 중에 하나님과의 교제에 우선권을 두고 날마다 실천하는 자를 하나님은 사용하신다. 영적인 것에 최우선을 두고 경건 생활을 지속적으로 깊이 유지해야 한다. 선교지에서 살아남기 위해서는 날마다 선교사의 삶과 사역에 하나님의 기름 부으심과 그분의 능력이 필요하다.

나의 나 된 것이 하나님의 은혜임을 깊이 깨닫고 선교사역을 감당할 때 하나님의 은혜를 갚으려는 태도보다는 하나님의 부르심과 은혜에 감사하여 순종하는 태도를 가져야 한다. 선교사가 하나님의 은혜에 감사하지 않고 은혜를 갚으려고만 선교사역을 한다면 율법주의나 공로주의에 빠지기 쉽다.

하나님의 뜻을 최선의 것으로 받아들이며 그분의 주권적 섭리에 감사하는 자가 되어야 한다. 하나님의 자녀들을 향한 계획은 비밀스럽고 다양하다. 그 계획은 높은 계단의 끝을 밑에서부터 바라보면서 한 계단씩 올라가는 것처럼 정해져 있지는 않다. 각 사람을 향한 하나님의 큰 그림을 볼 수 있는 통찰력이 필요하다.

2) 정서적인 면

여성선교사는 현실을 인식하며 다른 사람과 조화를 이루며 경직되지 않도록 노력해야 한다.

여성선교사는 다른 사람과 깊은 대화를 나눌 수 있는 특별한 시간을 마련하든지, 가능하면 집을 2주에 한 번씩 동료선교사나 현지인 친구들에게 정기적으로 개방한다. 독신이나 부인선교사가 마음을 열고 함께 대화를 나누는 것은 스트레스 해소에 큰 도움이 된다. 서로의 문제점을 나눔으로써 각자 해결책을 찾을 수 있고, 뾰족한 해결책을 찾지 못한다 할지라도 대화를 나눈 것 자체로 긴장이 해소되고 실질적인 도움이 된다.

여성선교사는 혼자 있는 시간을 효율적으로 활용하며 건설적인 면으로 즐길 수 있어야 한다. 독신만이 혼자 있는 시간을 갖게 되는 것이 아니다. 남편선교사가 사역 때문에 타지에 여행을 할 때에 아직 자녀가 없는 부인 선교사는 혼자 있게 된다. 독처(Aloneness)는 외로움(Loneliness)과는 다르다. 모든 사람에게는 독처하는 면이 있다. 부인선교사도 그 나름대로 외로움을 느끼며 살고 있다. 하나님과의 깊은 교제를 위해 의도된 정상적인 독처를 외로움으로 잘못 이해하는 혼돈을 해서는 안 된다. 여유시간을 갖는 것도 때로는 필요하며 이때에 독서를 하거나 테이프를 듣거나 휴식을 취하면 좋다. 그리스도 안에 거하는 활동적인 그리스도인들은 거의 외롭지 않다. 혼자 살면서도 조화가 잘된 여성들은 이 비밀의 시간과 장소를 하나님의 것으로 인식하고 긍정적으로 즐겁게 살아간다.

독신이나 부인 여성선교사의 정서적 관리도 중요하다. 사역에 깊이 들어가다 보면 때로는 육신도 마음도 지치고 간단한 취미 생활마저도 어렵게 될 때가 있다. 이럴 때에 유머는 생활이 경직되지 않도록 해준다. 긍정적인 유머 감각은 스트레스 해소에 큰 도움이 되며, 동료들을 화목케 하는 연결고리가 된다. 정서관리를 위해서 선교지에서 손쉽게 접할 수 있는 특유의 문화를 알아두는 것도 도움이 된다. 예를 들어, 러시아나 동유럽에서는 길거리에서 클래식 음악, 남미에서는 통기타 연주를 쉽게 무료를 들을 수 있다. 입장료가 저렴한 발레, 오페라, 클래식 음악 연주를 들으며, 간단한 취미생활을 통해서 유머를 개발해야 한다. 햇볕이 좋은 나라에서 사역하는 선교사는 손이 많이 가지 않는 식물이나 아름다운 꽃을 가꾸어 보는 것도 좋다. 선교지에서 집안에나 자기 방 한쪽에 한국에 있는 가족이나 친구들의 사진, 조그만 한국인형이나 토산품을 장식하여 자연스럽게 보는 것도 정신 건강에 도움이 된다. 어떤 사람은 한국을 그리워하지 않고 선교지에 빨리 적응하기 위하여 한국을 생각나게 하는 물건을 가까이하는 것이 합당치 않다고 생각할 수 있다. 그러나 정서적 안정을 위해서 한국 인형이나 사진 등이 필요할 때도 있다.

감사하며 긍정적인 사람이 되어야 한다. 세상에 문제없는 사람이 없다. 다만 문제 영역의 차이가 있을 뿐이다. 하나님을 사랑하는 자는 모든 것이 합력하여 선을 이루느니라(롬 8:28)는 하나님의 약속을 경험하게 된다. 항상 긍정적인 것에 초점을 맞춰서 생각해야 한다. 자기개발에 성공하기란 쉽지만은 않다. 자기개발의 결과를 눈에 띄는 성과에만 집착하지 말고 자기개발의 과정에서 나타나는 고통과 기쁨 모두를 긍정적인 자세로 받아들여 즐기면서 발전해야 한다.

하루를 소중하게 여기며 희망차게 살아간다. 인간은 보통 60년, 70년, 80년, 100년을 산다. 그러나 100년을 산다해도 한꺼번에 100년을 사는 것이 아니다. 인간은 하루 하루를 살고 있다. 인간이 오늘은 마지막 날이라고 생각한다면, 가장 충실하고 풍성한 열매를 맺을 수 있는 하루를 보내기 위해 노력할 것이다. 그리고 더없이 활기차고 희망찬 하루를 보내게 될 것이다.[1]

3) 사회적인 면

하나님의 뜻에 따라 자기의 관심 분야와 자기만의 독특한 분야를 개발한다. 건강관리, 적절한 휴식을 취하는 것과 서두르지 않도록 스스로 훈련한다. 걷기와 같은 간단한 운동, 스트레칭, 좋은 음식, 학문적으로 체계적인 연구도 있어야 한다. 또한 노년에 다른 사람에게 짐이 되지 않기 위한 실제적인 준비를 해야 한다. 건강관리를 위하여 수도시설이 되어있지 않은 곳에서 먹는 물 정화방법, 응급처치 방법 등을 미리 익혀 놓아야 한다. 그리고 미장원이 가까이 없는 곳에서는 적어도 자기 모발이나 다른 선교사들의 모발을 자를 수 있는 간단한 미용 기술을 익혀 놓아야 한다.

여성선교사는 요리하는 것을 귀찮게 여기지 말고 본국과 선교지 음식을 할 수 있어야 한다. 여성선교사가 선교지 음식을 현지인에게 배우는 동안 그들은 타국인이 자기 나라 음식에 관심을 가지고 배우는 것에 큰 의미를 부여하고 쉽게 친근감을 가지게 된다. 여성선교사들은 선교지에 나오기 전에 영어, 타문화 이해와 공동생활의 훈련도 받지만, 정말 배워야 할 청소 잘하고 요리도 잘하는 것을 소홀 해서는 안 된다.

두서너 주에 한 번 정도는 집에 사람을 초대하여 식탁의 교제를 하는 것이 좋다. 초대 대상자는 동료 여성선교사와 그의 가족이거나 현지인들이어야 한다. 현지인을 초청할 때에는 어느 한 사람만을 가깝게 지내거나 초대하기보다는 소그룹으로 사귀는 것이 좋다. 어느 한 사람과만 눈에 띄게 교제하면 주위 사람들에게 질투와 오해를 받을 수가 있으므로 어린이나 청년회원들은 남녀를 그룹으로 초대하여 쓸데없는 잡음을 일으키지 않는 것이 지혜롭다. 손님 초대는 독신의 삶을 사회적, 정서적으로 건강하게 하며 인간관계를 풍성케 한다. 가족이 있다할지라도 부인선교사가 손님초대를 하는 것은 선교지에서 사람을 풍성하게하며 사역에 기초를 놓는데 큰 도움이 된다.

예수님도 십자가에 달리시기 전에 제자들과 최후의 만찬(마 26:26~29; 고전 11:23~26)을 나누며 교제(eating fellowship)를 하셨다. 예수님은 제자들에게 자기를 기억하도록 하기 위하여 정해주신 방법이 떡을 떼며 잔을 나누는 것이었다. 예수님은 그의 행적 가운데 사람들과 함께 음식을 드시는 것을 중요하게 생각하셨다는 것을 잘 나타나 있다.[2]

가능하면 자동차 정비, 전기 수리 등 간단한 기술을 선교지에 나오기 전에 한국에서 배워가지고 와야 한다. 여성선교사가 외로움을 이겨내기 위하여 때로는 전화 통화나 편지 쓰기를 하는 것이 좋다.

인간관계에서 융통성과 열린 마음의 성품을 가진 자가 되도록 여성선교사는 노력해야 한다. 선교지에서는 항상 변수가 있을 수 있으므로 융통성과 수용성이 없으면 선교사 본인도 힘들고 주위 사람들도 힘들다. 특히 독신선교사는 그리스도인이기 전에 사람이기 때문에 혼자서 생활하고 결정하다보면 생각이 폐쇄적이 되기 쉽다. 부인선교사도 가족 이외의 사람들과 교제의 폭을 넓혀야 한다. 인격과 성품 개발을 위하여 늘 열린 마음을 가지고 따뜻한 사람이 되도록 노력해야 한다. 각 사람의 다양함을 인정해야 한다. 세상에 자기와 똑같은 사람은 없다. 이란성 쌍둥이도 다른 점이 있다. 획일성(Uniform)과 연합(Unity)은 다르다. 상대방이 나와 다른 것이 정상이며 그의 단점을 그의 특성으로 여기고 수용하며, 나와 다름을 인정해야 한다. 선교사역은 결국 인간관계이므로 여성선교사는 자신과 주위 사람들을 늘 고려해야 한다. 동료선교사들과 현지인들이 쉽게 접근할 수 있는 성품이면 좋다.

책임감 있게 성실하게 행동한다. 여성이라고 일처리를 소홀히 하여서는 안 된다. 멋진 여성이란 자기가 하는 일에 책임감을 갖고 겸손한 마음으로 당당하게 일하며, 나이에 상관없이 자기개발에 열심히 노력하는 모습을 가진 사람이다.

4) 지적인 면

여성선교사들은 왜 자신을 인정하여 주지 않느냐고 불평하기 전에 먼저 자기가 인정받고자하는 분야에서 전문가로서 실력을 갖추어야 한다. 사람은 성실한 것만으로는 안 된다. 기차는 두 개의 기찻길 위에서만 달리듯이, 성실과 실력이라는 두 개의 기찻길이 있어야 선교사역에 가속도가 붙을 수 있다. 실력을 갖추라는 말은 학위만을 이야기하는 것이 아니라 적어도 자기 사역 분야에서는 전문가로서 실력을 갖추어야 한다는 것이다. 40, 50대가 되면 인생의 위기가 온다. 자기의 정체감 등 위기감을 극복하는 방법은 공부하는 것이다. 또한 여성선교사가 장기적으로 사역하기 위해서는 계속적인 자기 개발과 더불어 파송교회와 선교단체에서의 체계적인 돌봄이 필요하다.

독서를 생활화한다. 대부분의 성공적인 지도자들에게는 그들의 삶의 여정 속에서 결정적인 영향을 준 두 가지의 위대한 만남이 있었다. 하나는 사람과의 만남이요 또 하나는 책과의 만남이었다.[3] 책을 절절히 활용하므로 우리는 자신이 투자한 것보다 훨씬 더 많은 것을 얻게 된다. 우리가 과거로 돌아갈 수는 없지만 책을 통해 과거를 알 수 있으며 미래를 볼 수 있는 통찰력을 가질 수 있다. 혼자서 공부하면 5~10년은 걸려서 터득할 수 있는 것이 단 몇 시간 또는 이삼일 만에 알게 되고, 단돈 몇 천원으로 전문가를 만나서 도움을 받게 되는 편리함이 독서의 유익이다.

5) 사역적인 면

자신의 한계가 있지만 새로운 일에 두려워말고 도전한다. 선교지의 필요와 자신의 개성에 맞는 일이 무엇인지 필요에 따라 새로운 사역을 시도해본다. 어떤 일을 시도해 보지도 않고 무조건 나는 할 수 없다고 단정하지 말고 관심 있는 분야에 도전하라. 협력으로 자신의 한계를 극복한다. 협력은 협동과 의미가 다르다. 협동은 여러 손이 모여 일을 완수하는 것이라면, 협력은 손뿐만 아니라 머리도 합하는 것이다.[4] 사람의 키가 하루 아침에 다 자란 것이 아니듯이 새로운 일에 익숙하게 되는 것은 한 번에 되지 않는다.

작은 일에도 최선을 다하며 성실해야 한다. 발명왕 에디슨은 "천재는 1%의 재능과 99%의 노력으로 만들어진다"라고 말하였다. 여기서 천재란 꾸준히 노력할 수 있는 능력이다. 하나님은 작은 일에 충성된 자에게 많은 것으로 맡기신다(마 25:23)고 약속하셨다. 개인적 성실성이 모든 관계의 핵심일 뿐 아니라 정신 건강과 자신이 선택한 삶을 효과적으로 추구하는 데에도 중요하다.[5]

자신의 부족함을 인정하고 끊임없이 배우는 노력이 있어야 한다. 자신의 부족한 부분과 모르는 부분이 있다는 것을 인정하고 새로운 것을 알려는 관심이 있어야 한다. 노력이 수반되지 않은 재능은 축복이 아니라 재앙이다. 타고난 천재라고 소문난 사람들에게 한 가지 분명한 것은 노력이 수반되지 않는 천재는 빛을 발할 수 없다는 것이다.

자신만의 특기와 전문성을 개발해야 한다. 즉 어떤 분야에서 전문인이 되어야 한다. 이 세상에는 다양한 사람들이 살아가는 삶의 방식이 다르다. 21세기는 특성화 시대이므로 차별성이 부각되는 시대이다. 아무리 높은 경쟁력을 물리치고 어느 회사에 입사하였다 할지라도 주특기가 없는 사람은 도태될 수밖에 없는 상황이다. 자신의 강점을 발견하여 끊임없이 개발하여야 한다. 자신이 관심 있는 분야에 애정과 인내심을 갖고, 성실히 일관되게 한 방향으로 꾸준히 개발한다면 언젠가는 그 분야에서 전문인이 될 것이다. 구약의 훌다는 여성이지만, 전문적인 자질이 준비되어 있었기 때문에 남성 지도자들의 조언 요청을 받아들일 수가 있었다.

한국인 독신 여성선교사들의 사역 만족도에서 가르치는 일이 가장 만족이 높다. 즉 선교사 자신이 맡는 사역에 만족할 때에 효과적인 사역을 할 수 있음을 증명한 것이라 하겠다. 이들은 대개 신학교, 교회, 중고등학교 종교시간에 성경을 가르치고 있다. 비자받기가 어려운 나라에는 전문인 사역자로서 성경 외에 컴퓨터나 음악교사 등으로 선교지에 입국이 허락되므로 독신 여성선교사들은 사역의 전문성을 개발해야 한다.

목표를 분명하게 세워야 한다. 인생의 목표가 있어야 자신이 어디로 가야 하는지 방향을 세울 수 있다. 목표가 선 사람은 더 멀리 그리고 더 빨리 더 많은 것을 얻는다. 목표를 설정한 그룹의 사람들은 그렇지 않은 사람들의 그룹에 비해 매월 평균 두 배 정도의 돈을 버는 것으로 나타났다.[6] 만약 목적지를 가기 위하여 방향을 정하지 않고 무조건 차를 몰고 거리로 나간다면 목적지까지 가는 데 많은 시행착오를 겪게 되며 시간을 낭비하게 된다.

자신의 사역의 효율성을 인식해야 한다. 부인선교사들은 일반 가정주부와는 다른 추가적 사명이 있음을 인식하여 부인과 어머니로서의 역할을 감당할 뿐 아니라 선교사로서 현장 사역에도 참여할 수 있다.

여성선교사는 현지 여성 지도자 양성을 위한 신학교사역, 상담·치유·가정 사역, 고아원·양로원·도시빈민·장애인사역, 초·중·고등학교의 학교사역과 캠퍼스사역, 영어교육, 사회복지사역, 이·미용, 양재 기술 등의 문화센터, 상담사역 등 현지여성의 필요에 따라 사역을 개발한다.

휴대폰이나 인터넷으로 대화그룹을 만들어라. 성경공부그룹, 여성 전도 그룹들, 여성 드라마 그룹, 교인들 중에서 개인 인생이야기를 수집하는 그룹, 부흥을 위한 교제그룹, 찬양그룹, 가정방문 그룹 등을 휴대폰이나 인터넷을 이용하여 만들 수 있다.[7] 한국사회의 여성들에게 교육의 위대한 공헌을 한 사람들이 한국에 온 서양선교사들이었듯이, 21세기 인터넷 시대에 여성선교사들은 현지여성인력을 이용하여 국제화 시대에 큰 영향을 미칠 수 있다.

09

World Mission and Korean Women in Mission

한국 여성선교사의 활성화와 리더십 개발

    21세기 세계선교를 고려할 때에 한국교회는 한국선교의 자원으로 여성선교사들에 대한 올바른 인식을 가져야 할 것이다. "여성인력을 안 쓰면 망한다. 여성은 배려차원이 아니라 기업의 생존을 위해 필요하다." 이 말은 세계 초일류를 지향하는 기업, 삼성의 이건희 전 회장의 말이다. 지난 1993년 6월 7일 이건희 삼성그룹 전 회장은 200여 명의 그룹 수뇌부를 독일 프랑크푸르트로 불러 모아 "마누라와 자식 빼고 모든 걸 바꾸라"고 지시하며 신(新) 경영을 선언했다.[1] 그 후 10년 만에 삼성은 전 세계가 주목하는 일류 글로벌 기업으로 성장하게 되었다.

    19세기와 20세기 선교사역의 중심 되는 위치에 여성들이 있었듯이, 21세기에도 여성들은 계속해서 큰 공헌을 할 것이다. 21세기 세계선교에 한국 여성선교사가 효과적으로 사역에 참여할 수 있도록 해야 한다. 수많은 여성선교사들이 헌신적으로 사역에 임하고 있지만, 선교에서 결정을 내려야할 때가 되면 몇몇 예외를 제외하면 주로 남성의 몫이 되어왔다. 여성선교사들 중에는 리더십에 대한 은사가 있는 경우가 있으며, 선교본부의 요청이나 선교지 상황 등에서 다양하게 리더십을 요청받기도 한다. 모든 여성선교사들이 리더가 될 수는 없으므로, 일반 여성선교사의 성격과 은사에 따라 균형을 이루는 역할과 사역을 활성화와 리더십 개발을 제안한다.

1. 여성선교사 활성화의 중요성

한국교회는 2030년까지 10만 명 선교정병 파송을 전개하기로 하였다. 그러면 어떻게 10만 명을 동원할 수 있을지 방법을 심각하게 고려해야 한다. 여성선교사 활성화의 중요성은 국내 상황과 세계선교지의 필요에 따라 다양하다.

첫째, 한국의 출산율은 1.17로 세계 최저수준이고 인구 고령화는 급속히 진행되고 있다. 지속적인 세계선교성장을 추구하기 위해서는, 한국교회는 여성인력의 적극적 활용이 필수불가결한 시점에 와있다. 그러므로 세계선교에 여성인력을 활용하는 것은 단순히 성 평등의 차원이 아니라 세계복음화를 위한 예수님의 지상명령을 지속적으로 순종하고자 하는 문제로 모색되어야 한다. 현재 한국가정의 자녀가 성장하여 선교지에 나가려고 하면 외로운 부모의 반대와 경제적 이유 등 현재보다 실직적인 면에서 어려움에 봉착할 수 있다. 따라서 오늘날 한국교회의 70%가 여성들이며 청년부 등에 여성들이 많은 것을 볼 때에 여성이 독신선교사나 부인선교사로 헌신하여 나가야 한다. 한국교회는 이제 하나님의 역사와 더불어 실제적인 대책도 제도적으로 마련되어야 한다. 세계선교 상황에 선교 인력이 부족한 상황이므로, 여성선교사가 더 필요하며 중요하다.

둘째, 낭비되는 여성선교사의 능력을 재개발하고 그 가치를 인정해야 한다. 여성선교사들이 선교지에서 그 가치를 실현할 수 있는 기회조차 갖지 못하는 선교는 미래가 없다. 한국교회는 여성선교사를 선교의 인재로 인정하여 존중하는 분위기를 만들어야 한다.

셋째, 여성선교사의 사역의 효율성을 인식해야 한다. 우리가 21세기 세계선교를 생각할 때에 세계인구 약 67억의 1/5이 되는 무슬림들을 무시할 수 없으며, 그중 23%인 6~7억의 무슬림 여성을 간과할 수 없다. 이슬람권 사회에서 성차별이 심한 지역에서는 여성선교사가 아니면 여성들과의 교제와 만남은 엄두도 못내는 상황이다. 아무리 능력과 은사가 많은 남성선교사들이라 할지라도 무슬림 여성을 만날 수는 없으며 따라서 복음을 전할 수도 없다. 무슬림 여성들은 오직 여성선교사들에게만 열려져 있으므로 여성선교사들에게는 특별한 기회이다. 이는 특별한 상황을 제외하고는 여성 사역은 여성, 남성은 남성과만 대화를 나눌 수 있는 이슬람 문화에서 필요한 전략이다.[2] 한국교회는 평신도 여성선교사들을 파송하여 무슬림 여성들과 우정 관계를 형성하여 복음을 전하도록 해야 한다. 한국교회는 많은 여성선교사들을 더 적극적으로 활용하며 격려해야 한다.

넷째, 세계선교의 주요 동력이 되는 독신 여성선교사의 숫자 증가가 답보상태에 있다. 오늘의 여성선교사들은 대부분 고령이며, 최근 1~5년 사이의 교단선교부와 선교단체에 장기 독신 신임선교사들을 찾아보기 힘든 것이 현실이다. 여성선교사를 배려하고 격려하는 분위기가 조성되어야 한다.

다섯째, 여성선교사의 불평등의 양상요인이 여성선교사를 중도 탈락시키거나 선교후보생 지원 감소 현상을 가져오고 있다. 한국교회가 선교사역에서 있어서 남성선교사 중심으로 후원하는 등의 불평등 요소가 많이 존재하고 있다.

2. 활성화를 위한 제안

첫째, 여성선교사들의 자존감 회복과 정체성 확인을 위한 상담의 기회를 제공해야 한다.

둘째, 여성과 사역에 관한 성경적 이해를 위한 교육과정, 인격개발, 사역개발 그리고 전략개발을 위한 전문적인 세미나와 포럼 등을 개최해야 한다.

셋째, 여성선교사의 리더십을 활성화해야 한다. 이것은 여성들만의 문제라기보다 이들을 훈련시켜 내보내는 지도자들이 함께 고민하며 풀어가야 할 문제이다. 건강하고 성경적인 여성선교사의 인식과 훈련과 활용을 통해 세계선교의 남은 과업이 더 효과적이고 신속히 완수될 수 있으리라 기대한다.

넷째, 한국교회의 지나간 선교사역과 역사를 재고해보며, 21세기 한국교회의 선교정책과 전략을 개발해야 한다. 이를 위해 초교파적으로 두뇌집단 그룹(Think Tank Group)을 만들고 이를 위해서는 연구 인력을 협력하는 것과 재정적인 지원을 해야 한다.

다섯째, 여성선교사들만의 모임을 전문성을 갖추어 정례화한다. 남편선교사들은 한국에서 매해 개최되는 노회나 선교사회에 참석코자 1~2년에 한 번 고국을 방문하여 파송교회나 후원자, 가족과 친척들을 만날 기회를 짧은 기간이라도 가진다. 그러나 특히 부인선교사들은 안식년이나 특별한 일이 아닐 때에 한국에 들어오려면 여러 가지 교단이나 파송교회의 눈치를 봐야한다. 독신이든 부인이든 여성선교사만을 위한 대회나 세미나를 매 2년마다 개최하는 것을 정례화하는 것이 여성선교사들간에 서로 도전과 위로가 될 것이다.

여섯째, 여성선교사는 특별한 사람이 아닌 누구보다도 격려와 사랑이 필요한 보통사람이라는 것을 인식해야 한다. 일부 후원교회에서는 선교사를 모든 면에서 특별한 사람으로 보려한다. 그래서 선교사가 약한 모습을 보이면 영성이나 소명 의식이 부족하다고 판단하고 정죄한다. 후원교회는 선교사가 자신이 솔직한 모습을 드러낼 수 있도록 선교사의 어려움을 받아줄 수 있어야 한다.[3]

일곱째, 여성선교사들 대부분이 전문대학이나 대학교 졸업자들이고 대학원 졸업생들도 있다. 이들 중에는 전문직에서 훈련받은 자들도 있다. 잡지 기자, 사진사, 상담, 사회사업가, 사업 지배인, 대중매체 관련 경험 등이다. 따라서 한국교회는 여성선교사들이 새로운 역할을 할 수 있도록 적극적으로 격려하고 체제를 세워야 한다.

여덟째, 여성선교사를 적극 양성해야 한다. 여성 인력 양성은 기업 성장 '급행열차'이다. 이처럼 여성선교사는 선택이 아니라 필수적으로 활용해야 될 인재임을 한국교회는 인식해야 한다.[4]

3. 여성 리더십 개발

여성이 무조건 리더십의 위치에 있어야 된다는 것이 아니다. 리더의 위치에 설 수 있는 능력을 갖춘 여성이 리더가 되어야 한다. 이런 여성이 되기 위하여 학문적, 사역적, 신앙적으로 실력을 갖추어야 한다. 여성선교사에 대한 한국교회의 인식이 과거에 비하여 발전된 면이 있으나, 그들의 리더십은 아직도 인정되지 않고 있다. 여성선교사들의 리더십 향상을 위한 기초적 준비는 현지어 습득, 선교사가 잘할 수 있는 일부터 성실하게 하고, 새로운 사역을 시도하며, 여가 시간을 활용하므로 여성선교사들은 다양한 사역 영역에서 활동하므로 리더십을 개발할 수 있다. 특히 부인선교사들이 남편선교사를 따라 선교지에 나왔을지라도 하나님께서 부인들도 선교를 위하여 부르셨으므로 자신의 은사를 개발하여 리더십을 펼쳐 나가야 한다.

21세기 한국선교는 자동적으로 유지되거나 발전하지 않을 것이다. 한국선교가 선진화되고자 한다면 여성선교사의 리더십 개발을 위한 구체적인 정책과 제도적인 뒷받침은 꼭 필요하다. 독신과 부인 여성선교사들의 리더십 개발을 위하여 한국교회 교단선교부 또는 선교단체, 선교지 내에서 선교사회, 여성선교사에게 다음과 같은 제안을 통해 올바른 정책이 세워지기를 기대한다.

1) 한국교회 교단선교부 또는 선교단체

(1) 인사 정책

첫째, 한국교회는 세계선교에 여성들이 크게 기여했음을 인정해야 한다. 대부분의 여성선교사들은 그리스도에게 깊이 헌신하려는 동기에서 선교에 참여하게 되었다. 그들은 선교의 현장에서 그리스도를 섬기는 데 그들의 은사와 재능을 사용하고자 열심을 내고 있다. 우리는 믿음으로 미래를 바라보면서 "너희는 가서 모든 족속으로 제자를 삼으라"는 그리스도의 명령을 온전히 실현하고자 하는 헌신된 거대한 여성인력을 검토해 볼 필요가 있다.

둘째, 선교사역에 있어서 선교위원회 지도자들은 여성의 잠재력에 대하여 연구해야 한다. 즉 여성의 능력과 문제들에 대해 연구해야 한다. 새로운 여성선교사 지원자들은 새로운 아이디어들과 새로운 방법들, 새로운 표현 형식들을 개발하고자 하는 가능성에 대하여 고무되어 있다. 여성의 잠재적 기여도의 가치를 인식하지 못하면 모든 선교지에서 일어나는 일들에 대한 여성의 독특한 통찰력을 잃어버리게 된다. 여성의 잠재력에 대한 연구를 하는 목적은 남성이 행한 일을 인계받겠다는 것이 아니고 선교사역을 수행하는 데 있어서 사람 즉 남성과 여성 안에 있는 하나님의 충만한 형상을 진취적으로 반사함으로써 풍요롭게 하고자 하는 것이다. 한국 여성선교사들의 잠재력은 뜨거운 기도와 헌신, 전도의 열정, 잘 훈련된 성경공부, 잃어버린 영혼에 대한 사랑, 동정심과 고학력 등이다.

셋째, 독신에게 결혼에 대한 부담을 주어서는 안 된다. 일부 선교단체나 교단에서는 독신선교사 파송을 회피하는 경우도 있는데 이것은 각 사람을 향한 하나님의 주권과 계획을 인정하지 않는 것이다. 독신으로서 할 수 있는 일이 많은데 결혼하지 않은 사람은 아무것도 못하는 것처럼 결혼에 대해 은근한 압박감을 주거나 독신을 비정상적인 사람처럼 취급해서는 안 된다. 부인선교사는 가정생활을 돌보며 사역을 해야하는 데 이중의 부담을 덜 수 있도록 체계적으로 도와주어야 한다. 선교본부와 남편선교사는 부인선교사의 자기 개발과 계속 교육의 기회와 환경도 만들어 주어야 한다.

넷째, 여성선교사에 대한 오리엔테이션이 미약하다. 현재 국내 교단선교부나 선교단체에 여성선교사에 대한 오리엔테이션이 전무하다. 여성선교사가 늘어나고 있기 때문에 안내(Guide line)가 필요하다. 그들이 직면하게 될 독특한 문제들을 어떻게 수용할 것인지에 대해 알려 주어야 한다. 오리엔테이션 시간에 남녀 독신선교사 및 부부선교사 후보생들이 함께 참가하여 서로의 특성을 이해할 수 있도록 한다.

다섯째, 일반적으로 한국교회는 선교지에서 여성선교사들의 사역이 남성선교사들의 사역보다 과소평가되어 그들에 대한 격려가 비교적 미약하다. 이러한 관점은 한국사회와 한국교회 내에서 남성 중심적이며 남성의 일을 더 높이 평가하고 중요하게 인식하는 경향이 선교지의 선교사들에게까지 영향을 끼치고 있는 것이다. 인식의 변화가 있을 때에 만이 한국선교가 지속적으로 성장할 수 있다.

(2) 의사결정에 관한 정책

첫째, 선교본부는 의사 결정 과정에 있어서 여성선교사를 포함시켜야 한다. 선교 전문위원들은 의사 결정 과정에 여성을 거의 포함시키려고 생각하지 않는다. 지도자들을 포함하여 모든 그리스도인들이 그들의 태도를 재고해 보아야만 한다. 이것은 단순히 인간의 정의 문제가 아니라 가치관의 문제이다. 선교부나 선교기관에서 토의를 할 때에 여성을 참여시키는 것은 그 기관이 얼마나 여성선교사들을 가치 있는 존재로 여기는가를 볼 수 있는 척도가 된다.

둘째, 여성선교사들은 그들의 제안이 전달되며, 그들의 생각들이 존중되고 있다는 것을 공적으로 알고자 원한다. 그들은 자신의 의견을 말할 수 있으며, 그들의 통찰력을 동료 남성선교사들과 함께 자유롭게 나눌 수 있는 공적 체제를 필요로 한다. 그러므로 한국교회는 귀를 기울여 여성선교사들의 소리를 들어야 한다.

(3) 지도체제에 관한 정책

첫째, 능력과 은사가 있는 여성의 리더십을 인정해야 한다. 이것을 개선하기 위해서는 소수의 여성이라도 자리를 만들어 정책의결기구 참여를 보장하며, 여성의 지도력 개발을 위한 양질의 교육프로그램을 활성화해야 한다. 특별히 선교에 있어 여성선교사의 수가 약 60%를 차지하는데도 이들을 대변할 수 있는 지도자들은 그리 많지 않다. 여성을 대변하는 지도자들이 필요한 것은 기독교 공동체의 건강을 위해 그것이 요구되기 때문이다. 건강한 리더십이 바람직한 선교를 유발한다. 베드로는 하나님께서 우리가 "주장(主張)하는 자세를 하지 말고 오직 양무리의 본이 되어"(벧전 5:1~5) 섬기기를 원한다고 말하고 있다. 여성들은 본능적으로 따스함과 부드러움을 가지고 있어 리더가 될 수 있는 자질이 있다.

둘째, 여성선교사를 선교회의 이사나 리더십 위치에 임명해야 한다. 교회와 선교기관들은 여성들이 그 부르심과 은사에 상응하게 의사결정과 지도적인 역할을 할 수 있도록 조직문화를 형성해야 한다. 여성선교사의 건전한 자리매김을 위하여 지도력을 제한하지 말고 확장하며, 팀사역에서 남녀 선교사의 동등권을 부여해야 한다. 이처럼 한국 여성선교사의 지도력이 개발된다면, 21세기 세계복음화에 강력한 선교자원이 되어 세계선교에 크게 공헌할 것이다.

셋째, 교단선교부와 선교단체는 여성부 또는 여성총무의 직제를 신설해야 한다. 현재 국내 교단선교부나 선교단체에서 여성부와 여성개발원이라는 부서를 몇 개 단체에서 설치하였지만 여성선교사들에게 실제적 도움을 얼마나 주고 있는가는 미지수이다. 교단과 선교단체의 선교사의 반이 넘는 여성선교사에 대해 정책적 배려를 위해서 '여성부'를 두어서 '여성총무'를 세울 필요가 있다. 그렇게 해야지만 소위 '안방회의'에 의한 의견수렴이나 간헐적인 여성선교사들의 의견수렴의 단계를 넘어, 여성들의 총체적 의견수렴과 책임 있는 정책들이 결정되고[5], 여성선교사들을 위한 실제적인 지원이 구체화될 수 있다. 여성선교사들이 필요로 하는 자료나, 서적, 여성선교사들을 위한 멘토역할, 뉴스 레터를 발행하여 여성선교사들의 사역을 의미 있게 만들고 향상하도록 도와야 한다.

넷째, 교단이나 선교단체들은 그들이 개최하는 각종 선교대회, 선교세미나, 선교포럼 등에 여성선교사와 여성선교 지도자를 주제 강의, 발표 및 발제자, 사회자로서 활동할 수 있도록 배려가 필요하다. 여성선교사들을 간증이나 발제에 대한 논평 등 비교적 비중이 약한 부분에 배치하는 것만으로는 안 된다. 여성선교사의 잠재력을 활용해야 한다.

다섯째, 여성선교 리더십 개발에 있어서는 역할 모델이 중요하다. 라합, 드보라, 미리암, 훌다, 에스더, 예수님을 따랐던 여인들과 바울의 여성 동역자들과 같이 성경 속에서 나타난 여성상들을 모델로 하여 여성선교사들의 자아상을 개발하여 여성 리더십을 활용하도록 격려한다.

여섯째, 여성선교사를 집중적으로 연구하는 연구소 설립과 네트워크(network)를 위한 협의회 등이 필요하다. 행동은 현재를 위한 것이라면 연구나 리서치는 미래를 위한 것이다. 즉 행동을 위한 밑그림을 잘 그릴 수 있도록 연구 활동의 가치를 인정하고 적극 지원할 필요가 있다. 여성선교사 연구소나 네트워크는 여성선교사 소속 교단과 선교단체를 뛰어넘어 여성선교사라는 공통점을 바탕으로 형성되어야 한다. 이런 것을 통해 여성들에게 필요한 자료나 상담 등이 여성선교사가 발전하는 데 자양분이 될 것이다. 여성들의 재능과 은사를 개발하고 잘 활용하도록 아이디어를 제공하면, 각자에게 주어진 사명을 잘 감당하게 될 것이고, 선교정책과 전략을 발전시키는 데 기여할 것이다. 이러한 연합은 정책을 획일화시키는 것이 아니라, 각 선교단체의 특성에 따라서 서로 다른 특징을 소개하므로 자신에게 맞는 선교단체를 선택하는 데 아이디어를 제공하게 될 것이다.

(4) 선교사 관리정책

선교사를 파송하는 것도 중요하지만 선교사로 파송한 이후에 그들이 장기사역을 할 수 있도록 잘 관리하는 것은 더 중요하다.

첫째, 독신과 부인 여성선교사가 안식년이나 일시 귀국한 경우에 머무를 수 있는 장소, 재충전, 건강진단의 기회를 제공해야 한다. 한국인 선교사들이 사역하는 나라들은 대부분 의료시설이 후진국 수준이다. 안식년 동안에 선교부나 선교단체에서는 선교사들이 의무적으로 건강진단을 받도록 배려해야 한다. 여성선교사들이 먼저 선교부나 선교단체에 요구하여 마지못해 허락하는 일이 없어야 한다. 한국교회가 성장한 만큼 이제는 선교관을 준비하여 선교사들이 고국에 돌아와서 나그네처럼 이리저리 거처를 옮기지 않도록 해야 한다. 본국에서 안정된 숙소에서 자유롭게 휴식하며 다음 사역을 준비하도록 배려해야 한다.

또한 선교사의 재충전을 위한 학업이나 피정들을 적극 후원하고 격려해야 한다. 선교사 개인의 발전은 선교지의 사역을 발전시키는 것이므로 선교사가 영적, 지적, 육체적, 사회적으로 발전하도록 도움을 주어야 한다.

둘째, 노후 보장과 은퇴 후 대책이 있어야 한다. 여성선교사들을 위한 실질적인 대책을 세워 추진해야 한다. 선교지에서 사역한 연수에 따라 한국의 주요 교단과 선교단체에서 파송선교사들에게는 노후보장과 은퇴 후를 대비하여 예산이 적립되고 있지만, 국내 물가상승과 주택비가 매우 급등하여 그 예산으로는 은퇴 후에 전세 값이나 주택을 마련하기에 부족한 실정이다.

서구 선진국의 선교사들은 국가적으로 사회보장이 잘 되어 있을 뿐만 아니라 은퇴 후 퇴직금과 연금을 받기 때문에 생활에 대한 염려 없이 본국에서 선교지를 위하여 계속 기도하며 젊은이들이 세계선교에 동참하도록 격려하고 있다.

셋째, 선교본부는 여성선교사의 안식년 기간에 대하여 융통성을 가질 필요가 있다. 독신 여성선교사 개인에 따라 가족선교사들처럼 4년 사역하고 1년 쉬는 것보다는 2~3년에 6개월씩 안식을 가지도록 배려하는 것이 좋다. 독신 여성선교사는 가족선교사들 보다 심신이 쉽게 지칠 수 있으므로 국내에서 부모님이 생존해 계시다면 고려할 만하다. 현대는 옛날보다 교통수단이 훨씬 발달했기 때문에 장기 독신 여성선교사들을 위하여 권장해야 한다. 부인선교사는 4년에 한 번 안식년 때만 한국에 들어오면 자녀들이 한국인으로서의 정체성을 확립하는 데에 어려움이 있다. 특히 한국에 할아버지와 할머니가 살아계신다면 그분들에게 손주들을 보는 것이 그들에게 위로가 되므로 재정적으로 허락된다면 부인선교사들에게도 한국방문에 융통성을 발휘하고 협조해야 한다.

넷째, 여성선교사가 선교활동을 하면서 발생할 수 있는 여러 상황들에 대한 개인적이고 실질적인 신변보호가 있어야 한다. 거주지에서 건강에 이상이 생겼을 때나 전쟁, 천재지변, 재난, 비상 사고가 발생했을 때의 대책이 구체적으로 필요하다. 선교사가 국제선교단체에 소속되어서 일하면 실질적인 신변보호가 구체적으로 잘 되어 있다. 그러나 국내의 소규모 자생 선교단체 중에는 파송한 선교사들을 위한 실질적인 신변보호 체계가 전혀 없어서 위기를 만났을 때 선교사가 스스로 대처해야만 하는 곳도 있다.

다섯째, 여성선교사에 대하여 올바른 책무와 사역평가 및 투자와 재교육이 있어야 한다. 독신선교사나 부부선교사는 엄밀히 말하면 자유업에 속한다. 선교사가 선교지에서 누군가의 밑에서 일반 직장처럼 점검을 받지 않고 각자가 하나님과 사람 앞에 신앙의 양심에 따라 사역을 하고 있다. 그러므로 때로는 선교사에 대한 객관적이고 올바른 책무와 평가가 필요하다. 다만 책무평가가 비판이나 실적위주를 위한 평가가 되어서는 안 된다. 책무와 올바른 사역평가를 기준으로 교정과 미래의 사역 방향을 점검하며 효율적인 계획을 세운다.

한국교회는 여성선교사에 대한 장기 투자와 재교육이 미약하다. 여성선교사들이 사역이나 삶에 있어서 뒤쳐지지 않고 계속 발전할 수 있도록 연장 교육을 제공해야 한다. 선교지에서 선교사가 학위가 있으면 고급인력으로 인정받게 되며 비자연장이 쉬워진다. 한국교회가 여성선교사를 제도적으로 양성시켜 21세기 세계복음화에 적극 참여해야 한다.

여섯째, 여성선교사들을 위한 훈련 프로그램이 필요하다. 선교지에 필요한 선교사가 되도록 잘 훈련시켜서 선교사를 파송해야 한다. 선교는 손과 발로만 하지 않고 머리로도 한다. 훈련 프로그램이 보다 실제적이고 사역의 전문성을 갖추도록 해야 한다. 여성선교사들의 사역을 더욱 효과적으로 하기 위한 구체적인 교육과 전문적인 훈련 프로그램이 필요하다. 이러한 프로그램들 중에 미전도 종족 연구방법론 훈련과 전문인 선교 훈련이 유익하다고 본다. 21세기 선교는 미전도 종족선교와 전문인 선교로 크게 압축되고 있다.

일곱째, 독신 여성선교사에 대하여 가족 선교사의 경우처럼 관심의 강도를 높여야 한다. 예를 들어, 선교사가 선교지로 출발할 때나 귀국할 때에 파송교회나 선교본부에서 인사차 공항에 나온다. 반면에 독신선교사가 일시 귀국이나 안식년으로 귀국할 때는 교회나 선교부에서 공항에 나오지 않는다. 파송교회와 교단선교부에 부득이한 사정이 있다면 몰라도 선교지에서 몇 년 만에 귀국하는 선교사를 어른이고 독신이니까 알아서 찾아 들어오라는 식은 너무 무성의하다. 부인선교사에게도 그의 문제와 필요가 무엇인지 개인적인 관심을 표현해야 한다.

여덟째, 여성선교사, 특히 독신선교사만이 겪게 되는 실제적인 문제를 토의하고 상담할 수 있는 기회를 정기화한다. 한국교회와 교단은 초교파적 여성선교사 대회를 정기적으로 개최해 21세기 세계선교의 전망과 여성의 역할, 독신 및 사모선교사의 과제 등을 논의하고 여선교사들의 역할과 선교정보, 지원체계 등 다채로운 방향에서 계속 논의하고 발전시켜야 한다. 각 교단차원에서 여성선교사 지원 프로그램을 만들뿐만 아니라 선교지에서도 초교파적인 선교사모임을 자체적으로 선교지의 상황에 따라 여성선교사들을 위한 프로그램을 운영할 필요가 있다.

여성선교사 대회를 통해 여성선교사가 모여서 예배, 성찬식, 찬양, 간증, 주제 강연을 중심으로 사역연차, 나이별 그룹 모임, 특강으로 선교정책과 실행방향 등을 듣고 나누며, 특별프로그램과 만찬 등으로 여성선교사가 가진 고충을 함께 나누고 치유하는 시간을 갖는 것이 필요하다. 그러나 여성선교사 대회에 여성선교사들만 모여서는 안 된다. 각 교단이나 선교단체의 책임 있는 위치에 있는 리더들이 처음부터 끝까지 특별한 상황을 제외하고는 모든 프로그램에 참석하여 여성선교사들의 이야기를 듣고 교회나 교단의 정책을 심도 있게 토론하는 장이 마련되어야 한다. 많은 경우에 여성선교사 대회에 참석하는 교회와 교단의 리더들이 개회나 폐회 예배, 특강 등 자신이 맡은 프로그램만 참석하고 가는 경향이 매우 많다. 교회와 교단 리더들이 여성선교사 모임에 잠시라도 참석하는 것은 귀하지만 자신의 프로그램에만 참석하고 여성선교사들의 이야기를 직접 들을 기회를 갖지 않고 나중에 보고서를 통해 결과만 듣는 것은 바람직하지 못하다. 이왕이면 좀 더 시간을 내어 여성선교사들의 이야기를 듣고 리더로서 자신의 의견을 이야기할 수 있는 토론의 시간을 갖는다면 여성선교사들에게는 매우 격려가 될 것이다.

(5) 선교전략을 위한 정책

여성의 위치가 각 나라마다 문화적으로 다르므로 독신과 부인 여성선교사를 위하여 특별한 선교 전략과 훈련 프로그램이 필요하다. 선교본부는 여성선교사의 정체성을 인정하며, 그들을 위한 선교정책, 선교전략, 다양한 프로그램과 여성선교사만이 할 수 있는 역할을 개발하여 제공해야 한다.

첫째, 여성선교사들에게는 영적 권위와 사회적 권위를 인정하는 공적 직함이 필요하다. 선교사라는 직함을 공개적으로 말할 수 없는 이슬람권이나 사회주의 국가에서는 대개 '선생님'이라는 직함을 공통적으로 사용하고 있다. 사역의 형태에 따라서 비즈니스 형태이면 '과장님', '부장님' 또는 학원이면 '원장님'등으로 다양한 직함이 사용될 수 있다. 보통의 세상 직업에서도 비서, 웨이트리스, 간호사 등으로 불리우지 독신 비서, 독신 웨이트리스, 독신 간호사라고 불리지 않는다. '독신'이라는 용어가 유독 결혼하지 않은 여성선교사에게 붙여지어 사용되는 데 배우자의 유무로 인해 공동체를 분리시키는 것은 조화와 단결을 장려하기보다는 차이를 강조하는 것이다.

둘째, 문화권에 따른 정책이다. 문화와 민족의 차이를 생각하지 않고 획일적으로 접근하는 것은 매우 위험하다.[6] 여성을 열등하게 보는 문화권인 일부다처제의 아프리카, 이슬람의 일부사처제, 인도의 하위권 여성을 위한 정책을 예로 들 수 있다. 일부 이슬람권 국가에서 일부사처제가 행해지고 있다. 또한 대부분의 아프리카는 목축을 주로 하는 농경 사회이다. 인건비를 주고 타인을 데려다가 농사를 짓기보다는 집안에 여성들이 농사일을 하며 남성들은 사냥을 하거나 가축을 돌보는 일을 한다. 아프리카에서는 여성을 열등하게 여기므로, 이곳에서 사역하는 여성선교사들에게는 전문성을 개발하거나 사역에 필요한 학위를 갖도록 배려해야 한다. 따라서 선교사는 선교지 사회·문화적인 면을 고려하여 이에 따라야 한다. 필리핀에서 여성독신은 문제가 되지 않아서 자유롭게 사역을 할 수 있다. 필리핀은 여성파워가 대단한 나라이다. 여성이라는 이유로 사역의 제한을 거의 받지 않으므로 여성선교사도 활발하게 교회개척, 미전도 종족, 제자훈련 등 여러 방면에 사역의 좋은 결실을 맺을 수 있다. 그러나 결혼문화가 중심적인 인도의 상류층 사회에서는 결혼한 기혼여성이 더 효과적으로 그들을 대할 수 있다. 아무리 능력 있고 학문적으로 뛰어나도 이슬람 문화에서 남성선교사는 무슬림 여성을 만나서 이야기할 수 없다. 반대로 여성선교사만이 무슬림 여성을 만날 수 있다. 아라비아 반도에 사는 무슬림 여성과 서유럽과 북미에 사는 무슬림 여성들은 다르다.

셋째, 종교권에 따라 지역 순회사역을 개설한다. 21세기 선교는 과거에 한 지역에서 일생을 사역하던 고정관념에서 벗어나게 되어 있다. 교통수단과 과학기술의 발달로 세계는 점점 더 지구촌이 되어서 세계가 이웃마을같이 되어 버렸다. 일생동안 한 선교지에 가서 사역한다는 고정관념을 깨고 선교의 필요를 빨리 포착하여 거기에 적절한 준비된 선교사를 보내야 한다. 예를 들어, 중동의 이슬람권에서 사역하던 선교사가 한 지역에서 몇 년간 장기사역자로 사역하기가 비자연장을 포함하여 문화적으로 어려운 지역이 있다. 특히 시골이나 오지에서 여성이 혼자사는 것이 주변의 사람들에게 이해되지 않을 수가 있다. 이런 경우에는 독신 여성선교사들이 아랍어를 유창하게 말할 수 있으면 다른 지역으로 2~3년에 한 번씩 옮겨서 사역하도록 하는 것도 지혜로운 방법이다. 특히 독신 여성선교사는 가족에 매이지 않고 여행에 자유로우므로 순회사역 선교사로서 적합하다. 바울은 돌아다니며 네 차례에 걸쳐 순회선교 여행을 로마감옥에 갈힐 때까지 하였는데, 이는 독신선교사의 특권을 잘 활용한 좋은 실례이다. 그러나 부인선교사는 가족이 있으므로 한 나라안에서 지역 순회사역은 가능하나, 한 나라에서 다른 나라로 국경을 넘는 순회사역을 하는 것은 가족의 합의하에서 진행해야 한다.

2) 선교지 내에서 선교사 협의회

첫째, 한국 여성선교사들이 가장 어려움을 느끼는 부분이 리더십이다. 여성선교사 스스로에게 문제가 있어서라기보다는 남성 동료선교사들이 여성의 리더십을 인정하지 않으려는 데서 생기는 어려움이다. 이러한 분위기를 바꿀 수 있는 토론이나 제도가 필요하다.

둘째, 여성선교사가 남성선교사 보조 역할이나 돕는 일만이 아니라 독립사역이나 연합사역을 하도록 권장하고 배려해야 한다. 단지 독신 여성이기 때문에 무조건 부부선교사의 조력자 내지 행정 분야에서만 일하기를 기대하는 것은 인적 자원을 충분히 활용하지 못하는 오류를 범하는 것이다. 부인선교사는 한 남편의 아내이면서 동시에 한 명의 선교사로서 하나님의 부르심을 받아 선교현장에서 일당백의 역할을 하고 있다.

일단 독신 여성선교사를 선교지로 보낸 후에는 한 가정으로서 인정하며, 보조 역할만을 해야 하는 불완전한 인격체로 보지 말고, 가정을 가진 자와 똑같은 주거 공간을 제공하고, 사역을 진행하도록 하는 것이 필요하다. 독신 여성선교사에게 독립사역을 하도록 인정하고, 지위, 권위, 재정확보 및 선교지 상황에 따라 사역에 필요한 권위를 부여할 수 있어야 한다.

주님이 주신 은사와 성령이 역사 하시는 능력에 따라 독립 사역을 할 수 있도록 후원을 아끼지 말고 권장하고 배려해야 한다. 여성선교사에게 한 팀의 일원으로서 조력자 내지 행정 분야만을 맡길 것이 아니라, 본인이 사역의 방향을 선택할 수 있도록 길을 열어 주고, 독립적으로 또는 팀의 일원으로 일하게 해야 한다.

셋째, 나이에 상관없이 남성 목사 선교사가 여성선교사들을 억누르거나 지배하려는 태도를 가지는 것에 대해 경고와 사전교육과 지침서가 필요하다. 여성을 열등하다고 생각하여 무시하는 아프리카인들보다 유교적인 기독교 영향의 한국 남성선교사들이 여성선교사들을 더 무시하고 차별하므로 현지인들로부터 권위를 잃어버려 사역에 어려움을 겪기도 한다. 여성선교사를 동등한 인격체요 사역자로서 존중하는 것이 필요하다. 하나님의 자녀로서 형제와 자매들이 경쟁하지 않고, 서로의 부족함을 보충하며 세워주는 것은 참으로 훌륭한 일이다.

넷째, 여성선교사에 대한 선입견과 편견을 버리고 새롭게 인식해야 한다. 단지 독신이라는 것만으로 염려하고 문제의 여지가 있다는 선입견을 가지고 미더워하지 않는 태도는 버려야 한다. 부인선교사라고 집안일이나 남편의 내조자로만 보아서는 안 된다. 여성선교사의 은사와 능력에 대하여 한국교회 내에 올바른 인식을 심어주는 것이 필요하다. 대부분 국제선교회의 리더들은 교회에 초청되어 결혼 또는 인간관계에 대하여 가르칠 때에 독신도 포함하여 말하므로 자연스럽게 교인들이 독신에 대하여 바르게 이해하게 된다. 일부 사람들에게는 독신이 결혼하는 것보다 하나님의 최선의 방법이라는 것도 가르치고 설명해주어야 한다. 선교사역에 있어서 부부선교사와 같이 독신도 많은 일을 할 수 있다. 독신이던 기혼이든 여성선교사들은 동일하게 하나님의 부르심을 받았기 때문이다.

다섯째, 선교지에서 독신 여성선교사나 부부선교사가 동등한 위치를 갖도록 공동분위기를 조성한다. 선교지에서 한국인 선교사 모임, 선교단체 회의에서 부부선교사들과의 대화에 독신선교사가 '독신'이라는 것을 부각시키거나, 결혼이나 자녀에 대한 주제로 독신선교사의 개인에 대한 이야기를 부각시키기거나, 때로는 부부선교사들과 대화의 공통주제가 없다고 해서 독신 여성선교사들에게 자녀들과 놀도록 부탁해서는 안 된다. 독신선교사들은 시간이 많다고 생각하여 부부선교사들이 사적인 부탁을 많이 하는데 이러한 불합리한 일은 없어야 한다.

여섯째, 신임 독신 여성선교사에게 일반적인 정보, 거주지 알선, 집이나 기타 가구 수리 등을 체계적으로 도와주어야 한다. 선교지에서 가족 선교사끼리는 이런 일들이 잘 이루어지고 있는데 비하여 독신 여성선교사들에게는 소홀하는 면이 있다.

일곱째, 여성선교사들을 위한 전문 상담자와 영적 지도자가 필요하다. 여성선교사를 위해 관심을 가지고 영적 상태, 감정생활 등이 균형을 이루고 있는지 목회적인 관심을 가져야 한다. 좀 더 사역의 미래와 여러 가지 사역의 깊이를 위해 나누고 도움을 줄 수 있는 모임과 지도자들이 필요하다.

타문화권에서 사역을 하는 여성선교사에게는 물질후원자, 기도후원자 외에 추가로 속내를 털어놓을 수 있는 상담자 그리고 영적으로 쇠잔할 때 지도해주는 영적 지도자가 절대적으로 필요하다. 그렇지만 선교현장에서 속내를 흉금 없이 들어주고 이해해주는 상대자를 찾기란 말처럼 쉽지 않다. 그래서 대부분 가슴에 묻어두고 생활하기 때문에 갈수록 스트레스가 누적되어 중도 탈락으로 이어지고 있는 실정이다.

3) 여성선교사 스스로 리더십 개발

첫째, 여성선교사들은 급변하는 시대의 흐름에 대처하는 능력을 향상하지 못하고 소극적이며 잘 준비하고 있지 않다. 훌륭한 리더십은 우연히 생기지 않는다. 그것은 의도적 노력의 산물이다.[7] 준비된 사람이 기회를 잡을 수 있다. 모든 사람에게 기회가 다가오지만 준비되어 있지 않기 때문에 기회를 놓치고 있다. 로마가 하루 아침에 멸망하지 않듯이 능력도 하루 아침에 형성되는 것이 아니다. 여성선교사들 스스로가 적극적으로 변화에 대해 대처하는 능력을 키우고 향상시키기 위하여 자기에게 맞는 것을 개발해야 한다. 아날로그(analog) 시대에는 사람이 똑똑하지 않아도 성실하게 일하면 성과가 있었다. 그러나 디지털(digital) 시대에는 성실하게 일하기만 하면 되는 것이 아니라 지식 기반을 기초로 하여 전문적인 능력을 개발시켜야 한다. 남성과 여성의 성별에 구분 없이 열정을 가지고 성실하게 사역할 뿐 아니라 자신의 사역에 전문성을 갖추어야 한다. 여성선교사들이 영적, 인격적, 학문적 능력을 갖추어 자신에게 맞는 능력을 갖추어야 한다.

둘째, 여성선교사들이 남성선교사들보다 사역을 위한 학문적 준비가 뒤떨어져있다. 복음의 진리는 영원토록 변하지 않지만 오늘날은 성경이 쓰였던 시대와 문화적으로 많은 차이가 있음을 인식해야 한다. 성경번역가, 선교리서치 사역자, 선교동원가, 신학교 교수, 선교행정가 등 다양한 분야에서 사역하기 위해서는 학문적 기초위에 자기 분야를 발전시키는 것을 게을리 하여서는 안 된다. 이것은 학위만을 강조하는 것이 아니다. 현재 행동하는 사람은 내일을 산다고 볼 수 있다. 연구를 하는 사람은 미래를 보는 안목을 갖게 된다. 한국 여성선교사의 수가 남성선교사에 비하여 더 많지만 선교학 전공박사 학위를 가진 여성선교사나 선교사출신 학자는 남성에 비하여 소수의 인원 밖에 없다.

셋째, 여성선교사들이 사역지의 필요에 따라 실질적인 분야에 전문성을 개발하는 노력이 있어야 한다. 한국문화는 여성들을 소극적으로 만들며 여성의 역할을 고정관념으로 인식하고 있는 편이다. 그러한 문화 속에서 성장한 한국인 여성선교사는 선교지에 도착한 후 자신의 전문성 개발을 위해 적극적으로 노력해야만 한다. 국내에서 여성들이 진출한 분야는 매우 다양하다. 요리사, 건축기사, 공장장, 지하철 운전기사, 교수, 국회의원, 트럭 운전사 등 본인이 자격과 능력이 있다면 남성이 진출한 대부분의 분야에서 활동하고 있다.

닫는 말

하나님은 세계복음화를 위하여 남성과 여성, 독신 여성선교사나 부인 선교사 모두를 결혼의 유무와 관계없이 부르셔서 사용하신다. 여성선교사는 비현실적인 사람들이거나 특별한 사람들이 아니고 하나님의 뜻에 순종한 사람들이다. 여성이나 남성이나 그리스도 안에서 하나요, 다 아브라함의 자손이요, 약속대로 장차 유업을 함께 이어받을 것임에 틀림이 없다(갈 3:28~29).

여성선교사들은 하나님께서 각자에게 주신 은사를 활용할 의무와 책임을 가지고 선교 현장에 있는 것이다. 하나님은 남성와 여성, 결혼유무와 관계없이 다함께 구원받은 그의 자녀로서 세계복음화를 위하여 남성선교사와 경쟁자가 아닌 동역자로 여성사역자들을 세우셨다. 그러므로 선교와 교육과 봉사 면에서 여성에게도 남성의 동역자로서 무한한 활동의 은사와 기회가 주어져야 한다. 하나님은 나이나 성별이나 지위에 따라 차별대우하는 분이 아니시다. 하나님은 결혼한 여성이나 독신 여성을 동일하게 대하시며 성령을 부어주시며 사용하신다.

선교현장에서 여성선교사들의 사역과 활동은 본국 교단선교부나 선교단체에서 그들의 사역을 인정하며 지원하느냐에 따라 비례한다고 해도 지나치지 않다. 여성들이 선교사역에 필요한 존재라는 것은 명백하다. 그러나 그들의 능력과 헌신이 동력이 되기 위하여 토론되는 것은 미약하다. 여성선교사가 그들의 은사를 다 발휘하여 선교사역을 수행할 수 있도록 한국교회나 선교단체들은 여성의 사역 기회와 영역을 근본적으로 제한하는 한국교회나 선교단체의 문화적, 제도적 제약을 개선하여 세계복음화에 여성인력을 더욱 효과적으로 사용하도록 해야 한다. 이를 위하여 여성선교사의 정체성을 인정하며 그들을 위한 선교정책, 선교전략, 사역을 개발할 수 있는 다양한 프로그램들이 세워져야 한다. 여성선교사들이 한국교회의 배려를 통해 존재감을 얻도록 그들이 계속 발전할 기회를 주어야 한다. 여성선교사의 세계선교 기여도를 인정하며, 그들을 인사정책에 반영하고, 남성선교사의 보조 역할에서 벗어나 독립사역이나 연합사역을 하도록 권장하고 적극 배려해야 한다. 여성선교사가 결혼의 유무와 관계없이 세계복음화의 대사명을 실행하기 위하여 여성선교사들에게 한국교회와 선교기관들은 그들의 부르심과 은사에 상응하게 의사결정과 지도적인 역할을 할 수 있도록 조직체계를 만들고 분위기를 조성시켜야 한다.

여성선교사들은 21세기 세계 흰횡에 맞게 사역과 역할을 발전시켜야 한다. 여성선교사들은 자신들의 정체성과 자존감을 확립함과 더불어 시대적 흐름을 잘 파악하여 선교의 전문성을 갖고 사역에 임해야 한다. 이슬람권은 아무리 잘 훈련되고 능력 있는 남성선교사라 할지라도 문화적으로 무슬림 여성과 개인적으로 접촉할 수 없고 여성선교사들만이 무슬림 여성을 만날 수 있다. 이처럼 문화적으로 특수한 상황이 있는 이슬람권, 아프리카, 아시아 지역에는 아직도 많은 여성과 아이들에게 교육, 음악, 컴퓨터, 예술, 영어, 체육, 신학교육 등으로 사역에 참여할 수 있는 기회가 많다. 이러한 선교사역을 통해 여성선교사와 남성선교사간의 협조와 효율적인 팀사역이 동등한 입장에서 가능하다.

성경적 근거들과 실제를 살펴볼 때, 성경이 말하는 하나님 나라에서의 여성들은 하나님의 형상으로 지어진 보배롭고 존귀한 동역자들이다. 또한 성령 안에서 하나님 나라를 위한 여성의 봉사에 있어서도 제한이 없다. 여성들도 성령의 인도를 따라서 말씀에 순종함으로 리더십을 개발하여 최선을 다해 세계선교에 동참하는 것이 하나님이 원하시는 뜻이다. 이는 한국 교회사역과 선교사역에서도 동일하게 적용된다. 한국 여성선교사의 지위는 하나님 앞과 교회 공동체 앞에서 차별 없이 동등하며 성령에 의해 부어진 은사를 따라 봉사함에 있어서 그 어떤 제한도 둘 수 없다.

한국교회와 선교단체들의 정책과 전략은 공통점도 있지만 서로 다른 점이 많다. 각 선교단체마다 자체의 특성이 있고 신조가 있으며 선교지에 따라 정책과 전략이 서로 다르다. 균형 잡힌 선교사역을 위하여 여성의 역할에 대한 특별한 고려가 있어야 한다. 이제 한국교회가 여성선교사들을 파송하는 데에만 주력할 것이 아니라, 21세기 한국선교사 선진화되고자 한다면 한국교회가 여성선교사들을 향해 더욱 귀 기울이며, 여성선교사의 리더십 개발을 위한 구체적인 정책과 제도적인 뒷받침은 꼭 필요하다.

여성들은 19세기와 20세기에 복음을 세상에 전파하는 일에 중대한 역할을 해왔다. 21세기의 세계복음화를 위해서도 여성선교사의 사역과 역할은 더욱 필요로 하고 큰 공헌을 하게 될 것이라 믿는다. 세계선교에 참여한 한국 여성선교사들의 열정과 헌신은 아직 끝나지 않았으며, 그들의 사역은 현재 진행형이고 계속 전진해 나갈 것이다.

… 미 주 …

제1장

1) 메리 에반스, 『성경적 여성관』 정옥배 역 (서울: 한국기독학생회출판부, 1992), 45.
2) 창 1:27-28.
3) 용혜원, "구약에 나오는 믿음의 여인들 설교하기," 『그 말씀』 1996년 3월호, 91.
4) 김정우, "창세기 1-3장에 나타난 여성의 위치," 『기독교교육 연구: 기독교와 여성』 (서울: 한국로고스연구원, 1991), 19-21.
5) C. F. Keil and Delitzsch, *The Pentateuch* (Grand Rapids: William B.Eerdmans Publishing Company, 1980), 103.
6) 리브가-창 25:22; 사라-창 30:6, 22; 한나-삼상 1:10.
7) 김영재, 『되돌아 보는 한국 기독교』 (합신대학원 출판부, 2008), 270.
8) Gien Karssen, *Her Name Is Woman* : Book 1. (Colorado Springs: Navpress, 1981), 65.
9) Herbert Locker, *All The Women of The Bible* (Grand Rapids: Zondervan, 1976), 119.
10) Gien Karssen, *Her Name is Woman* : Book 2. (Colorado Springs: Navpress, 1981), 152.
11) Hebert Lockyer, 76.
12) Gien Karssen, *Her Name is Woman* :Book 1, 31.
13) Gien Karssen, *Her Name is Woman* :Book 2, 85.

14) Herbert Lockyer, 67.
15) Gien Karssen, *Her Name is Woman* : Book 1, 60.
16) Alvera Mickelsen, ed., *Women, Authority & The Bible* (Downers Grove: InterVarsityPress, 1986), 71.
17) Aida Besancon Spencer, *Beyond The Curse* (Peabody: Hendrickson Publishers, 1995), 61-62.
18) Gien Karssen, *Her Name is Woman* : Book 1, 184.
19) Susan E. Smith, *Women in Misssion* (New York: Orbis Books, 2007), 17.
20) Gien Karssen, *Her Name is Woman* : Book 2, 228-229.
21) Hebert Lockyer, 121.
22) Gien Karssen, *Her Name is Woman* : Book 1, 188.
23) Hebert Lockyer, 244.
24) L.E. Maxwell & Ruth C. Dearing, *Women in Ministry* (Camp Hill: Christian Publications, 1987), 66.
25) Ralph D. Winter & Steven C. Hawthron,ed., *Perspectives* (Pasadena: William Carey Library, 1999), 269.
26) F.F.Bruce, *Paul: Apostle of the Heart Set Free* (Grand Rapids:Williams B. Eerdmans Publishing Company, 1983), 251.
27) 이준호, "교회에서 여자의 위치와 역할에 대한 바울의 견해와 한국교회여성 안수논쟁", (백석대학교 기독전문대학원 신약신학 2006학년도 박사학위논문), 403-4.
28) Alvera Mickelsen,.ed, 153-154.
29) 돈 윌리엄즈,『바울의 여성관』, 김이봉 역 (서울: 기독교문사, 1989), 169.
30) 이정순,『하나님을 향해 홀로선 여인들』(서울: 죠이선교회출판부, 2000), 40.
31) 메리 에반스, 190.

제2장

1) Ruth A. Tucker, *From Jerusalem to Irian Jaya* (Grand Rapids: Academie Books, 1983), 228.
2) Ibid., 232.
3) 이상규, 『한국교회 역사와 신학』 (서울: 생명의 양식, 2007), 89.
4) Keith E. Swartley, ed., *Encountering The World of Islam* (Waynesboro: Authentte, 2005), 294.
5) 이동휘, "선교사의 집중사역," 『바울선교』 제119호, 2009년 7, 8월호, 1.
6) Keith E. Swartley, 344.
7) 이정순, 『하나님을 향해 홀로선 여인들』 (서울:죠이선교회출판부, 2000), 50.
8) Ralph D. Winter & Steven C. Hawthorne, 272.
9) J.C. Pollock, 『황무지에 장미꽃같이』 공영수 옮김 (Interserve Korea 발행), 23.
10) Elizabeth A. Tebb, 『인터서브 155년 역사』, 공영수 옮김 (서울: 인터서브한국, 2008), 15-16.
11) Ibid., 18-19.
12) 한국세계선교협의회, 『2009-2010년 한국세계선교 총람』 (서울: (사)한국세계선교협의회, 2009), 304.
13) 로저 스티어, 『허드슨 테일러』(하권) 윤종석 옮김 (서울: 두란노서원, 1990), p.123.
14) J. Herbert Kane, *Life and Work on Mission Field* (Grand Rapids : Baker Book House, 1980), 146-147.
15) Eileen Vincent, *CT Studd and Priscilla* (England: WEC Publications, 1988), 87.
16) Frances Hiebert, "Missionary Women as Models in the Cross-Cultural Context," *Missiology* Vol.10 No.4 (October 1982), 455-460.
17) 노만 그럽, 『C.T.스터드』 심민호, 한송희 옮김 (서울: 도서출판 두란노, 1992), 207.
18) Eileen Vincent, 222.
19) 한국세계선교협의회, 280.

제3장

1) Sakhi M Athyal, *Indian Women in Mission* (India: Mission Educational Books, 1995), 14.
2) 이정순, 『하나님을 향해 홀로 선 여인들』, (서울: 죠이선교회출판부, 2000) 23.
3) Goh Poh Gaik, "Significantly Single," *Women to Women* June/July 1991, 7.
4) 이정순, 24.
5) *The Gospel Message*, Spring 1978, 6 (J. Hebert Kane, *Life and Work on Mission Field*, 149에서 재인용)
6) J. Hebert Kane, *Christian Missions in Biblical Perspective* (Grand Rapids: Baker Book House, 1976), 87.
7) F. F. Bruce, *Paul: Apostle of the Hearts Set Free* (Grand Rapids: William B.Eerdmans Publishing Company, 1983), 270.
8) 마이클 그리피스, 『늑대와 함께 춤추는 어린 양』 최태희 역 (서울: 죠이선교회출판부, 2006), 343.
9) 미나또 아끼고, 『여성의 진정한 자기 확립』 김혜강 옮김 (인천: 엘맨출판사,1992), 159.
10) Walter Trobisch, ed., *Essays on Love* (Illinois: InterVarsity Press, 1974), 83-84.
11) 한국세계선교협의회 편저, 『세계선교의 비전과 협력』 (서울: 도서출판 횃불, 1996), 218.
12) 에이다 럼, 『싱글의 미학』 편집부 옮김 (서울: 한국기독학생회출판부, 1996), 86.
13) Stan & Ginger Gabril, *Being a Woman of God* (California: Campus Crusade for Christ, n. d.), 10.
14) 이정순, 45.
15) Ruth A. Tucker, *From Jerusalem to Irian Jaya* (Grand Rapids: Academie Books, 1983), 233.
16) Catherine Allen, *The New Lottie Moon Story* (Nashville: Broadman, 1980), 140-142.
17) 마이클 커웬, 『아프리카 선교사』 박종수 역 (대구: 보문출판사, 1994), 171.
18) 이정순, 90.

19) Ibid., 92-97.
20) Ibid., 93-94.
21) Ibid., 96.
22) Stan & Ginger Gabriel, 22.
23) Cheung Kai Yum, "The Status of Women in Hong Kong, Macau and Taiwan," *Chinese around the World* October. November 1993, 6.
24) 마저리 훠일,『영광스러운 상처』유경애 옮김 (서울: 죠이선교회출판부, 1993), 43.
25) 룻 터커,『여선교사 열전』이상만 옮김 (서울: 도서출판 엠마오, 1995), 334.
26) J. Herbert Kane, *Life and Work on the Mission Field*, 143.
27) 이정순, 87.
28) Ibid., 88.
29) Ibid., 105.

▸제4장

1) 김교철, "한국 여성 최초의 중국 여선교사 김순호와 중국 여성 선교,"『중국을 주께로』1997년 5.6월호 (서울: 중국어문선교회), 83.
2) 총회록, 제17회, 1928년, 53.
3) 총회록, 제20회, 1931년, .20.
4) 주선애,『장로교여성사』(서울: 혜선문화사, 1979), 189.
5) 총회록, 제22회, 1933년, 85.
6) 총회록, 제23회, 1934년, 111-113.
7) 총회록, 제25회, 1936년, 43.
8) Ibid., 42.
9) 총회록, 제28회, 1939년, 37.
10) 총회록, 제28회, 1939년, 80.
11) 총회록, 제29회, 1940년, 23.
12) 한국기독교 100주년 기념사업협의회 여성분과위원회 편,『여성! 깰지어다, 일어

날지어다, 노래할지어다-한국 기독교 여성 100년사』(서울: 대한기독교출판사, 1985), 192

13) 박기호, "박광자 선교사," 『한국선교KMQ』 vol 8 No3. 2008 여름호, 통권 26호. 85-87.

14) 이문균 · 장영일, 『사랑의 빚을 갚으련다』 (서울:한장사, 2002 개정판), 90-91.

15) Ibid., 211.

16) Ibid., 360.

17) Ibid., 417.

18) 김신숙 선교사와의 이메일 인터뷰, 2008년 7월 28일.

19) 이요섭, 『나의 갈길 다가도록』 (부천: 예빛서원, 2004), 169.

20) 이정순, 『하나님을 향해 홀로선 여인들』 (서울:죠이선교회 출판부, 2000), 66.

21) Ibid., 66

22) 김영자 선교사와의 이메일 인터뷰, 2008년 5월 12일.

23) 김선옥 선교사와의 전화 인터뷰, 2008년 8월 21일.

24) 네비관구에는 43만 8천명의 인구가 살고 있으며, 그중 80%가 식수공급과 의료시설이 열악한 시골에 살고 있다. 따라서 건강상태가 나쁘고 저개발 지역이므로 가구당 수입도 매우 낮다. '에이즈와 더불어 긍정적으로 살아가기' 『세계선교』 2008년 03,04월 제34권 233호. 한국월드컨선선교회.

25) 김자선, 『그 왕을 위하여』 (서울: 중앙M&B, 2007), 51.

26) Ibid., 206-207.

27) 이정순, 71.

28) Ibid.

29) 송용자 선교사와의 이메일 인터뷰, 2008년 6월 29일

30) 송광옥 선교사와의 이메일 인터뷰, 2008년 9월 1일.

31) 장로회신학대학교 여동문회 출판위원회, 『장로회신학대학교 여동문회 50년사』 (서울: 미션아카데미 ,2009), 333

32) 강영순, '몽골 땅의 한 줄기 빛이 되어,' 『선교타임즈』 (2003년 9월호), 82-84.; KBS 1TV '한민족 리포트' 비디오 (2003년 4월 14일 방영).

33) 이정순, 75.

34) 이혜진, "故 김옥희 선교 추모의 글 편히 쉬십시오", *GMP* (Global Missions Pioneers), 2007 겨울호·2008 봄호(합본호) 제56호, 6.
35) Ibid.
36) 임일규, "에이즈와 맞서 싸우는 하나님의 사랑, 남아프리카의 김용애 선교사," 『선교타임즈』 2008년 7월호, 31-33.
37) 이정순, 72-74.
38) 2007년 3월 21일 광염교회 금요심야기도회 간증을 정리함.
39) 김정영 선교사 '기도편지' 2009년 3월 27일자.
40) Ibid.
41) 송은섭 선교사와의 이메일 인터뷰, 2008년 7월 14일.
42) 최현미 선교사와의 이메일 인터뷰, 2008년 6월 25일.
43) 황복환 선교사와의 이메일 인터뷰, 2008년 7월 23일.
44) 이수대 선교사와의 이메일 인터뷰, 2008년 8월 11일.
45) 정아나 선교사와의 이메일 인터뷰, 2008년 6월 22일.
46) 지인희 선교사와의 이메일 인터뷰, 2008년 8월 21일.
47) 허정숙 선교사와의 이메일 인터뷰, 2008년 5월 22일.
48) 권경숙 선교사와의 이메일 인터뷰, 2008년 7월 6일.
49) 강릴리아스 선교사와의 이메일 인터뷰, 2008년 6월 11일.
50) 선인장 선교사와의 이메일 인터뷰, 2008년 6월 30일.
51) 신사라 선교사와의 이메일 인터뷰, 2008년 6월 28일.
52) GHNI는 처음 국제 CCC에 속해 있었으나 2003년 10월 빌 브라이트 (Bill Bright) 박사가 작고 후에는 단독으로 활동하고 있다
53) 박에스더 선교사와의 이메일 인터뷰, 2008년 6월 10일.

제5장

1) 해리엇 뉴엘(Harriet Newell, 1793-1812)의 남편 사무엘 뉴엘(Samuel Newell, 1785-1821)과 앤 저드슨(Ann Hudson, 1789-1826)의 남편 아노니람 저드슨

(Adoniram Judson, 1788- 1850)는 미국 선교사 파송위원회(American Board of Commissioners for Foreign Missions, 또는 미국선교회 American Board)가 파송한 미국최초의 선교사들이다. 그들은 1812년 2월 19일 미국을 출항하여 112일 항해 끝에 인도에 닿았다. 1812년 6월 18일 인도의 칼카타에서 윌리엄 케리(William Carey)를 만났다. 해리엇 뉴엘과 앤 저드슨은 매우 가까운 친구로서 우정을 나누었다.

2) Dana L. Robert, *American Women in Mission* (Macon: Mercer University Press, 1996), 33.

3) 노충헌, '시니어 사모 선교사에게 듣는다,' 『기독신문』 2006년 7월 5일자, 16면.

4) Dana L. Robert, 417.

5) 루이스 A. 틸리, 조앤 W. 스콧 지음, 『여성 노동 가족』, 김영, 박기남, 장경선 옮김 (서울:도서출판 후마니타스, 2008)

6) J.M. 테리, E. 스미스, J. 앤더슨 편저, 『선교학 대전』 한국복음주의 선교신학회 역(서울:CLC, 2003), 821.

7) 마이클 그리피스, 『늑대와 함께 춤추는 어린양』 최태희 등 역, (서울:죠이선교회 출판부, 2006), 370

▶제6장

1) 이덕주, 『한국교회 처음 여성들』 (서울: 홍성사, 2007), 145.

2) Ibid.,147.

3) Ibid.,148.

4) 박기호, 『한국교회 선교운동사』 (서울:아시아선교연구소, 1999), 92.

5) 이덕주, 152.

6) 최찬영, 『최찬영이야기』 (서울: 죠이선교회출판부, 1995), 93.

7) Ibid, 96.

8) 박기호, 『한국교회 선교운동사』 (서울:아시아선교연구소, 1999), 129.

9) Http://news.cgntv.net/index.asp?pid=2136&vid=21022(2008. 10. 24 접속)

10) 오윤표, 『선교사 김영진』 (총회출판국, 2003), 22.

11) Ibid, 31

12) Ibid.

13) Ibid, 22

14) Ibid, 32.

15) Ibid, 34.

16) Ibid, 73.

17) Ibid, 104.

18) Ibid, 156.

19) 이문균 · 장영일, 『사랑의 빚을 갚으련다』 (서울: 한장사, 2002 개정판), 258.

20) Ibid, 259.

21) Ibid, 270-271.

22) 이은숙 선교사와의 인터뷰, 서울 신일교회 선교관, 2008년 7월 11일.

23) 권오애 선교사와의 이메일 인터뷰, 2008년 8월 5일.

24) 조성숙 선교사와의 이메일 인터뷰, 2008년 6월 13일.

25) 고명금 선교사와의 이메일 인터뷰, 2009년 3월 30일.

26) 김복향 선교사와의 전화 인터뷰, 2008년 6월5일.

27) 오봉명 선교사와의 이메일 인터뷰, 2008년 6월 27일.

28) 하천사 선교사와의 우편 인터뷰, 2008년 6월30일.

29) 김영이 선교사와의 이메일 인터뷰, 2008년 6월 29일.

30) 서은주 선교사와의 이메일 인터뷰, 2008년 6월 29일.

31) 장휠랴라 선교사와의 이메일 인터뷰, 2008년 6월 27일.

32) 심석윤 선교사와의 이메일 인터뷰, 2008년 6월 14일.

33) ㅈ드보라 선교사와의 이메일 인터뷰, 2008년 8월 6일.

34) 김라야 선교사와의 이메일 인터뷰, 2008년 5월 31일.

35) 천사랑 선교사와의 이메일 인터뷰, 2008년 7월 3일.

36) 김미란 선교사와의 이메일 인터뷰, 2008년 7월 5일.

37) 이루디아 선교사와의 이메일 인터뷰, 2008년 6월 27일

38) ㅈ캐롤 선교사와의 이메일 인터뷰, 2008년 6월 8일.

제7장

1) 제4장 한국 독신 여성선교사의 사역실제에 나오는 29명의 독신 여성선교사 중에 17명이 저자의 이메일 질문에 응답한 내용과 저자가 선교현장에서 만난 여성선교사들의 면담을 정리한 내용.

2) 제6장 한국 부인선교사의 사역실제에 나오는 21명의 부인선교사 중에 17명이 저자의 이메일 질문에 응답한 내용과 저자가 선교현장에서 만난 여성선교사들의 면담을 정리한 내용.

3) 제4장 한국 독신 여성선교사의 사역실제에 나오는 29명의 독신 여성선교사 중에 17명이 저자의 이메일 질문에 응답한 내용과 저자가 선교현장에서 만난 여성선교사들의 면담을 정리한 내용.

4) 제6장 한국 부인선교사의 사역실제에 나오는 21명의 부인선교사 중에 17명이 저자의 이메일 질문에 응답한 내용과 저자가 선교현장에서 만난 여성선교사들의 면담을 정리한 내용.

5) 유병국, 『달리는 자를 향한 외침』 (서울: 도서출판 코람데오, 2006), 86.

6) 강승삼 편집, 『한국선교의 미래와 전방개척선교』 (서울: 한선협kwma, 2006), 535.

7) Jeanne Stevenson Moessner, ed., *Through the Eyes of Women* (Minneapolis: Fortress Press, 1996), 33

8) Jeanne Stevenson Moessner,ed., 260.

9) 켈리 오도넬 편집, 『선교사 멤버케어』 최형근외 4인 옮김 (서울: CLC, 2004), 188.

10) 고현주, "장기 선교사의 탈진실태와 요인 분석에 관한 연구: 선교사 멤버케어 적용", (석사학위 논문, 총신대학교 선교대학원, 2004), 79.

11) 윌리암 D. 테일러 편집, 『잃어버리기에는 너무 소중한 사람들』 백인숙외 4인 옮김 (서울: 죠이선교회출판부, 2003), 247.

12) 이한신 · 안은경, "안식년을 앞두고", 『동아시아 기도』 2006 여름호 Vol. 138, 22.

13) 정한나, "한국 제3문화 아이들", 『동아시아 기도』 2006 겨울호 Vol. 139, 21.

제8장

1) 김하 역,『탈무드 잠언집』(서울: 도서출판 토파즈, 2008), 61.
2) 하워드 벨벤,『예수님의 선교』(네비게이토출판사, 1987), 51.
3) 김상복 편집,『지도자에게서 배우라』(서울: 도서출판 엠마오, 1992), 191.
4) 톰 모리스,『Beautiful CEO Good Company』윤희기 옮김 (서울: 도서출판 예문, 2002), 116.
5) 스티브 코비,『성공하는 사람들의 8번째 습관』김경섭 옮김 (서울:김영사, 2005), 240.
6) 지그 지글러,『서로 하지 않으면 아무것도 할 수 없다』, 이구용 옮김 (서울:큰나무, 2000), 74.
7) Lamin Sanneh, *Disciples of All Nations* (Oxford: Oxford University Press, 2008), 284.

제9장

1) 김승용,『여자의 자리는 여자가 만든다』(서울: 비전코리아, 2006), 18.
2) 이정순,『이슬람 문화와 여성』(서울: CLC, 2007), 106.
3) 선교사케어넷,『땅끝의 아침』(서울: 두란노, 2007), 77.
4) 함영이 "여성인력양성은 기업성장 급행열차," Http://woota.co.kr/numz/blog.php?blid=woota&bno=12586(2009년 7월 29일 접속)
5) 김한중 외 6인 편집,『남은 과업원수』제2차 고신세계선교포럼 자료집 (서울: 총회출판국, 2008), 453.
6) 한홍,『거인들의 발자국』(서울: 비전과 리더십, 2004), 148.
7) 헨리 블랙커비,『영적 리더십』, 윤종석 옮김 (서울:도서출판 두란노, 2002), 209.

참고문헌

국내서적

강승삼 편집.『한국선교의 미래와 전방개척선교』. 서울: 한선협kwma, 2006.
김상복 편집.『지도자에게서 배우라』. 서울: 도서출판 엠마오, 1992.
김승용.『여자의 자리는 여자가 만든다』. 서울: 비전코리아, 2006.
김영제.『되돌아 보는 한국 기독교』. 합신대학원 출판부, 2008.
김자선.『그 왕을 위하여』. 서울: 중앙M&B, 2007.
김정우.『기독교교육 연구: 기독교와 여성』. 서울: 한국로고스연구원, 1991.
김한중 외 6인 편집.『남은 과업완수』. 제2차 고신세계선교포럼 자료집. 서울: 총회출판국, 2008.
박기호.『한국교회 선교운동사』. 서울: 아시아선교연구소, 1999.
선교사케어넷.『땅끝의 아침』. 서울: 두란노, 2007.
오윤표.『선교사 김영진』. 총회출판국, 2003.
유병국.『달리는 자를 향한 외침』. 서울: 도서출판 코람데오, 2006.
이덕주.『한국교회 처음 여성들』. 서울: 홍성사, 2007.
이문균·장영일.『사랑의 빚을 갚으런다』. 서울: 한장사, 2002 개정판.
이상규.『한국교회 역사와 신학』. 서울: 생명의 양식, 2007.
이요섭.『나의 갈길 다가도록』. 부천: 예빛서원, 2004.
이정순.『하나님을 향해 홀로선 여인들』. 서울: 죠이선교회출판부, 2000.
_____.『이슬람 문화와 여성』. 서울: CLC, 2007.
장로회신학대학교 여동문회 출판위원회,『장로회신학대학교 여동문회 50년사』.

(서울: 미션아카데미, 2009), 333

주선애.『장로교여성사』. 서울: 혜선문화사, 1979.

최찬형.『최찬형 이야기』. 서울: 죠이선교회출판부, 1995.

한국기독교 100주년 기념사업협의회 여성분과위원회 편.『여성! 깰지어다, 일어 날지어다, 노래할지어다-한국 기독교 여성 100년사』. 서울: 대한기독교 출판사, 1985.

한국세계선교협의회 편저.『세계선교의 비전과 협력』. 서울: 도서출판 횃불,1996.

한국세계선교협의회.『2009-2010년 한국세계선교 총람』. 서울: (사)한국세계 선교협의회, 2009.

한홍.『거인들의 발자국』. 서울: 비전과 리더십, 2004.

번역서적

Elizabeth A. Tebb.『인터서브 155년 역사』. 공영수 옮김. 서울: 인터서브한국, 2008.

J. M. 테리, E. 스미스, J. 앤더슨 편저.『선교학 대전』. 한국복음주의 선교신학회 옮김. 서울: CLC, 2003.

J.C. Pollock.『황무지에 장미꽃같이』. 공영수 옮김. Interserve Korea 발행.

노만 그럽.『C.T.스터드』심민호, 한송희 옮김. 서울: 도서출판 두란노, 1992.

돈 윌리엄즈.『바울의 여성관』김이봉 옮김. 서울: 기독교문사, 1989.

로저 스티어.『허드슨 테일러 하권』. 윤종석 옮김. 서울: 도서출판 두란노, 1990.

루이스 A. 틸리, 조앤 W. 스콧 지음.『여성 노동 가족』. 김영, 박기남, 장경선 옮김. 서울: 도서출판 후마니타스, 2008.

룻 터커.『여선교사 열전』. 이상만 옮김. 서울: 도서출판 엠마오, 1995.

마이클 그리피스.『늑대와 함께 춤추는 어린 양』. 최태희 등역. 서울: 죠이선교회 출판부, 2006.

마이클 커웬.『아프리카와 선교사』. 박종수 옮김. 대구: 보문출판사, 1994.

마저리 휘일.『영광스러운 상처』. 유경애 옮김. 서울: 죠이선교회출판부, 1993.

메리 에반스.『성경적 여성관』. 정옥배 옮김. 서울: 한국기독학생회출판부, 1992.

미나또 아끼고. 『여성의 진정한 자기 확립』. 김혜강 옮김. 인천: 엘맨출판사, 1992.
스티브 코비. 『성공하는 사람들의 8번째 습관』. 김경섭 옮김. 서울:김영사, 2005.
에이다 럼. 『싱글의 미학』. 편집부 옮김. 서울: 한국기독학생회출판부, 1996.
윌리암 D. 테일러 편집. 『잃어버리기에는 너무 소중한 사람들』. 백인숙 외 4인 옮김.
   서울: 죠이선교회출판부, 2003.
지그 지글러. 『서로 하지 않으면 아무것도 할 수 없다』. 이구용 옮김. 서울: 큰나무,
   2000.
켈리 오도넬 편집. 『선교사 멤버케어』. 최형근 외 4인 옮김. 서울: CLC, 2004.
톰 모리스. 『Beautiful CEO Good Company』. 윤희기 옮김. 서울: 도서출판 예
   문, 2002.
하워드 벨벤. 『예수님의 선교』. (네비게이토출판사, 1987).
헨리 블랙커비. 『영적 리더십』. 윤종석 옮김. 서울: 도서출판 두란노, 2002.
『탈무드 잠언집』. 김하 옮김. 서울: 도서출판 토파즈, 2008.

✢국외서적

Allen, Catherine. *The New Lottie Moon Story*. Nashville: Broadman, 1980.

Athyal, Sakhi M. *Indian Women in Mission*. India: Mission Educational Books,
   1995.

Bruce, F. F. *Paul: Apostle of the Heart Set Free*. Grand Rapids: Williams B.
   Eerdmans Publishing Company, 1983.

Gabril, Stan & Ginger. *Being a Woman of God*. California: Campus Crusade
   for Christ, n. d..

Hiebert, Frances. "Missionary Women as Models in the Cross-Cultural Context,"
   Missiology Vol. 10 No. 4. October 1982.

Kane, J. Hebert. *Christian Missions in Biblical Perspective*. Grand Rapids: Baker
   Book House, 1976.

Kane, J. Herbert. *Life and work on Mission Field*. Grand Rapids: Baker Book

House, 1980.

Karssen, Gien. *Her Name is Woman* : Book 1. Colorado Springs: Navpress, 1981.

_____. *Her Name is Woman* : Book 2. Colorado Springs: Navpress, 1981.

Keil, C. F. and Delitzsch. *The Pentateuch*. Grand Rapids: William B. Eerdmans Publishing Company, 1980.

Locker, Herbert. *All The Women of The Bible*. Grand Rapids: Zondervan, 1976.

Maxwell, L.E. & Dearing, Ruth C. *Women in Ministry*. Camp Hill: Christian Publications, 1987.

Mickelsen, Alvera., ed. *Women, Authority & The Bible*. Downers Grove: Inter Varsity Press, 1986.

Moessner, Jeanne Stevenson., ed. *Through the Eyes of Women*. Minneapolis: Fortress Press, 1996.

Robert, Dana L. *American Women in Mission*. Macon: Mercer University Press, 1996.

Sanneh, Lamin. *Disciples of All Nations*. Oxford: Oxford University Press, 2008.

Smith, Susan E. *Women in Misssion*. New York: Orbis Books, 2007.

Spencer, Aida Besancon. *Beyond The Curse*. Peabody: HendricksonPublishers, 1995.

Swartley, Keith E., ed. *Encountering The World of Islam*. Waynesboro: Authentte, 2005.

Trobisch, Walter., ed. *Essays on Love*. Illinois: InterVarsity Press, 1974.

Tucker, Ruth A. *From Jerusalem to Irian Jaya*. Grand Rapids: Academie Books, 1983.

Vincent, Eileen. *CT Studd and Priscilla*. England: WEC Publications, 1988.

Winter, Ralph D. & Hawthron., Steven C., ed. *Perspectives*. Pasadena: William Carey Library, 1999.

▶간행물

강영순. '몽골 땅의 한 줄기 빛이 되어'.『선교타임즈』2003년 9월호.
김교철. "한국 여성 최초의 중국 여선교사 김순호와 중국 여성 선교."『중국을 주께로』1997년 5,6월호 . 서울: 중국어문선교회.
용혜원. "구약에 나오는 믿음의 여인들 설교하기."『그 말씀』1996년 3월호.
이동휘. "선교사의 집중사역."『바울선교』제119호, 2009년 7,8월호.
임일규. "에이즈와 맞서 싸우는 하나님의 사랑, 남아프리카의 김용애 선교사."『선교타임즈』2008년 7월호.
정한나. "한국 제3문화 아이들.'『동아시아 기도』2006 겨울호 Vol. 139.
이한신,안은경. "안식년을 앞두고."『동아시아 기도』2006 여름호 Vol. 138.
이혜진. "故 김옥희 선교 추모의 글 편히 쉬십시오." GMP(Global Missions Pioneers), 2007 겨울호·2008 봄호(합본호) 제56호.
노충헌. '시니어 사모 선교사에게 듣는다.'『기독신문』2006년 7월 5일자.
박기호. "박광자 선교사."『한국선교KMQ』vol 8 No3. 2008 여름호, 통권 26호.
한국월드컵선선교회. '에이즈와 더불어 긍정적으로 살아가기.'『세계선교』2008년 3, 4월 제34권 233호.
총회록. 제17회, 1928년.
총회록. 제20회, 1931년.
총회록. 제22회, 1933년.
총회록. 제23회, 1934년.
총회록. 제25회, 1936년.
총회록. 제28회, 1939년.
총회록. 제29회, 1940년.

Cheung Kai Yum. "The Status of Women in Hong Kong, Macau and Taiwan," Chinese around the World October. November 1993.

Goh Poh Gaik. "Significantly Single," *Women to Women* June/July 1991.

The Gospel Message, Spring 1978, 6 (J. Hebert Kane, Life and Work on Mission Field, 149에서 재인용)

▸ 논문

고현주. "장기 선교사의 탈진실태와 요인 분석에 관한 연구: 선교사 멤버케어 적용". 석사학위 논문, 총신대학교 선교대학원, 2004.

이준호. "교회에서 여자의 위치와 역할에 대한 바울의 견해와 한국교회 여성안수 논쟁". 박사학위 논문, 백석대학교 기독전문대학원 신약신학, 2006.

▸ 기타

KBS 1TV '한민족 리포트' 비디오 (2003년 4월 14일 방영).
강릴리아스 선교사와의 이메일 인터뷰, 2008년 6월 11일.
고명금 선교사와의 이메일 인터뷰, 2009년 3월 30일.
권경숙 선교사와의 이메일 인터뷰, 2008년 7월 6일.
권오애 선교사와의 이메일 인터뷰, 2008년 8월 5일.
김라야 선교사와의 이메일 인터뷰, 2008년 5월 31일.
김미란 선교사와의 이메일 인터뷰, 2008년 7월 5일.
김복향 선교사와의 전화 인터뷰, 2008년 6월5일.
김선옥 선교사와의 전화 인터뷰, 2008년 8월 21일.
김신숙 선교사와의 이메일 인터뷰, 2008년 7월 28일.
김영이 선교사와의 이메일 인터뷰, 2008년 6월 29일.
김영자 선교사와의 이메일 인터뷰, 2008년 5월 12일.
김정영 선교사 '기도편지' 2009년 3월 27일자.
김정영 선교사 광염교회 금요심야기도회 간증. 2007년 3월 21일.
박에스더 선교사와의 이메일 인터뷰, 2008년 6월 10일.
서은주 선교사와의 이메일 인터뷰, 2008년 6월 29일.
선인장 선교사와의 이메일 인터뷰, 2008년 6월 30일.
송광옥 선교사와의 이메일 인터뷰, 2008년 9월 1일.
송용자 선교사와의 이메일 인터뷰, 2008년 6월 29일.

송은섭 선교사와의 이메일 인터뷰, 2008년 7월 14일.
신순이 선교사와의 이메일 인터뷰, 2008년 6월 28일.
심석윤 선교사와의 이메일 인터뷰, 2008년 6월 14일.
오봉명 선교사와의 이메일 인터뷰, 2008년 6월 27일.
이수대 선교사와의 이메일 인터뷰, 2008년 8월 11일.
이은숙 선교사와의 인터뷰, 서울 신일교회 선교관, 2008년 7월 11일.
이루디아 선교사와의 이메일 인터뷰, 2008년 6월 27일.
ㅈ캐롤 선교사와의 이메일 인터뷰, 2008년 6월 8일.
장휠랴라 선교사와의 이메일 인터뷰, 2008년 6월 27일.
정아나 선교사와의 이메일 인터뷰, 2008년 6월 22일.
ㅈㄷ보라 선교사와의 이메일 인터뷰, 2008년 8월 6일.
조성숙 선교사와의 이메일 인터뷰, 2008년 6월 13일.
지인희 선교사와의 이메일 인터뷰, 2008년 8월 21일.
천사랑 선교사와의 이메일 인터뷰, 2008년 7월 3일.
최현미 선교사와의 이메일 인터뷰, 2008년 6월 25일.
하천사 선교사와의 우편 인터뷰, 2008년 6월 30일.
허정숙 선교사와의 이메일 인터뷰, 2008년 5월 22일.
황복환 선교사와의 이메일 인터뷰, 2008년 7월 23일.
Http://news.cgntv.net/index.asp?pid=2136&vid=21022(2008. 10. 24 접속).
함영이 "여성인력양성은 기업성장 급행열차." Http://woota.co.kr/numz/blog.php?blid=woota&bno=12586(2009년 7월 29일 접속).

세계선교와 한국여성선교사들
World Mission and Korean Women in Mission

2009년 9월 30일 초판 발행
2013년 8월 20일 개정판 발행

지은이 | 이 정 순

펴낸곳 | 사)기독교문서선교회
등록 | 제16-25호(1980. 1. 18)
주소 | 서울시 서초구 방배로 68
전화 | 02) 586-8761-3(본사) 031) 942-8761(영업부)
팩스 | 02) 523-0131(본사) 031) 942-8763(영업부)
홈페이지 | www.clcbook.com
이메일 | clckor@gmail.com
온라인 | 기업은행 073-000308-04-020, 국민은행 043-01-0379-646
　　　　　예금주: 사)기독교문서선교회

ISBN 978-89-341-1308-9 (93230)

* 낙장·파본은 교환해 드립니다.

이 도서의 국립중앙도서관 출판시 도서목록(CIP)은 서지정보유통지원시스템 홈페이지(http://seoji.nl.go.kr)와 국가자료공동목록시스템(http://www.nl.go.kr/kolisnet)에서 이용하실 수 있습니다.(CIP제어번호: CIP2013011901)